XUN HUA WEN SHI CONG SHU

循化文史丛书

主　编　韩大全

副主编　黄军成

政协循化撒拉族自治县委员会　编

泉润四庄

QUAN RUN SI ZHUANG

中国文史出版社

图书在版编目（CIP）数据

泉润四庄 / 政协循化撒拉族自治县委员会编 . -- 北
京 ： 中国文史出版社，2022.11
（循化文史丛书）
ISBN 978-7-5205-3860-2

Ⅰ . ①泉… Ⅱ . ①政… Ⅲ . ①风俗习惯史－循化撒拉
族自治县 Ⅳ . ① K892.444.3

中国版本图书馆 CIP 数据核字 (2022) 第 197567 号

责任编辑：王文运　李晓薇

出版发行：中国文史出版社
社　　址：北京市海淀区西八里庄路 69 号　　邮编：100142
电　　话：010-81136606　81136602　81136603（发行部）
传　　真：010-81136655
印　　装：深圳市国际彩印有限公司
经　　销：全国新华书店
开　　本：889mm×1194mm　1/16
印　　张：28
字　　数：387 千
版　　次：2024 年 1 月北京第 1 版
印　　次：2024 年 1 月第 1 次印刷
定　　价：460.00 元（全四册）

*泉润四庄* 编纂委员会

主　　编：韩大全　循化县政协主席
副 主 编：黄军成　青海民族大学教授

编　　审：马成俊　青海民族大学副校长
　　　　　韩新华　青海省政协学习和文史委员会原副主任

统　　筹：马海龙　循化县政协秘书长兼办公室主任
　　　　　马国祥　循化县政协原秘书长兼办公室主任
　　　　　韩文明　循化县政协办公室副主任

编　　务：马进仓　循化县政协办公室秘书
　　　　　马丽莎　循化县政协办公室秘书
　　　　　韩德明　循化县政协办公室秘书

工作人员：田喜平　韩晓光　马德明　桑　杰　李萍华　韩梅娟　马宗智

# 增强中华文化认同　构筑共有精神家园

习近平总书记在党的二十大报告中指出："中华优秀传统文化源远流长、博大精深，是中华文明的智慧结晶，其中蕴含的天下为公、民为邦本、为政以德、革故鼎新、任人唯贤、天人合一、自强不息、厚德载物、讲信修睦、亲仁善邻等，是中国人民在长期生产生活中积累的宇宙观、天下观、社会观、道德观的重要体现，同社会主义核心价值观具有高度契合性。我们必须坚定历史自信、文化自信，坚持古为今用、推陈出新，把马克思主义思想精髓同中华优秀传统文化精华贯通起来、同人民群众的共同价值观念融通起来，不断赋予科学理论鲜明的中国特色，不断夯实马克思主义中国化时代化的历史基础和群众基础，让马克思主义在中国牢牢扎根。"习总书记 2023 年 6 月 2 日在全国文化传承座谈会上进一步指出："中国文化源远流长，中华文明博大精深。只有全面深入了解中华文明的历史，才能更有效地推动中华优秀传统文化创造性转化、创新性发展，更有力地推进中国特色社会主义文化建设，建设中华民族现代文明。"县政协征集编纂的《积石古风》《福天宝地》《泉润四庄》《时空回响》四部反映各民族历史文化史料著作即将与读者见面，这是新一届政协为全县民族文化事业奉献的倾情之作，也是我县近百年文化遗珍的一次拾遗和汇集，对于保护和传承文化遗产、推动文化事业繁荣发展具有十分重要的意义。

循化是全国唯一的撒拉族自治县，是春天的使者踏访高原最早的一方热土，是黄河上游流动的风情画廊。多年以来，撒拉族、藏族、回族、汉族等各民族交往交流交融，手足相亲、守望相助、休戚与共、和衷共济，共同演绎了你中有我、我中有你的生动历史，共同创建了全国民族团结进步示范县。在这片热土上，循化各族儿女在清水湾的惊涛骇浪里演绎了"英雄救英雄"的壮举，在红光村的悲壮历史中赓续传承红色基因，诞生了十世班禅大师额尔德尼·确吉坚赞、爱国老人喜饶嘉措等爱党爱国爱教名人及邓春兰、邓春膏博士等文化先驱，留下了"各民族像石榴籽一样紧紧抱在一起"的深厚根基，凝结成了中华民族多元一体、团结融合的一个缩影。

存史资政，继往开来，是中华民族的优良传统，也是时代文明进步的重要标志。县政协征集、编纂的四部历史文化专辑，以新的视角挖掘民族文化的题材，提炼民族文化的丰厚资源，全面系统介绍各民族社会文化、交流交往等，笔墨生动，图文并茂，创意新颖，富有时代感，是可信度较高的史料。该系列书籍的付梓问世，既吸收了传统史料之精华，又凝聚了现代发展之新篇，是一部展示各民族辉煌发展历程的成就展，也是一部记述各民族开拓进取推动时代变迁的奋斗史，更是一部描绘各民族热爱生活、追求生活、创造生活的生动写照，四部著作犹如四片连接紧密的拼图，填补了循化汉族、藏族、回族文史资料著作空白，向读者呈现出了一幅全面反映循化社会、经济、文化状况的宏伟历史画卷，提供了高品质的文化产品和精神食粮。

历史是一面镜子，文化是精神、是脊梁。前事不忘，后事之师，通过大量阅读和深刻认识全县各民族的文化与发展，才能更进一步增强中华民族的认同感，提升中华民族的凝聚力，为建设"黄河上游丹山碧水、浓郁风情、产业鲜明、宜业宜居现代化和美循化"做出积极贡献，惟勤惟实，把"十四五"规划擘画的美好蓝图变为现实。希望这套丛书能够给读者呈现出各民族丰富多彩、波澜壮阔的美丽画卷，愿勤劳、智慧、勇敢的循化各族人民在中国共产党的领导下，承先辈之壮志，穷集体之智慧，尽民众之力量，施发展之大计，展富裕之蓝图，人尽其才，物尽其用，浓墨重彩地描绘和美循化美好的明天！

中共循化撒拉族自治县委书记 黄拔

2023 年 6 月 18 日

# 以史为鉴　开创未来

　　在蒙昧初开的洪荒年代，大禹率众抡斧斫山，疏浚导河，开启了这一方土地的文明先河。公元13世纪初，撒拉族先民拔寨起营，从遥远的中亚举族东迁，沿着古丝绸之路万里辗转，来到祁连山东南脚下的黄河谷地——循化，将这一方风景秀丽、气候宜人的温润河川选择为无数次转场的最后一站，在东方乐土上续写一个民族新的生命之歌。

　　新中国成立后，获得新生的撒拉族、藏族、回族、汉族等各族人民共同依偎在伟大祖国的怀抱，沐浴着党的阳光雨露，在沿着中国特色社会主义阔步前行的征途中，守望相助，互鉴共荣，共同见证了积石山下、黄河岸畔的沧桑巨变，聆听了华夏盛世、九州太平的百年乐章。从争取国家独立到建设社会主义，再到全面建成小康社会，回望一个世纪的来时路，多少风卷云舒，沧海桑田，在历史的大舞台一次次拉开帷幕，又一次次终场谢幕。而在跌宕起伏的历史进程中，被大禹治水的史前文明浸润过的这片土地从来没有缺席过，一代代循化人紧跟时代潮流，融通四方，博采众长，在黄河浪尖上表达生存的姿态，谱写气势如虹的生命壮歌，在丹山碧水间创造风情卓著的民族文化、瑰丽多彩的民俗文化、深邃悠远的黄河文化、感天动地的红色文化、高山仰止的人文景观,为博大精深的中华文化增添了独特亮眼的活力。

值此党的二十大胜利召开、全面开启中华民族伟大复兴第二个百年奋斗目标新征程之际,由县政协组织编纂的文史资料《积石古风》《福天宝地》《泉润四庄》《时空回响》即将付梓,这是继《兴旺之路》《中国撒拉族百年实录》《凝固的乐章》《筑梦之路》等文献后,循化文史工作又一项丰硕成果,为审视循化的前世今生提供了新的历史坐标,打开了崭新的视觉维度。

这套文史资料是历史见证人亲力亲为、所见所闻的实录,也是考究者对循化各民族历史文化的追寻探索、研究考证、抢救挖掘的重要成果,其时间跨度之大、人物类型之多、选材角度之宽、内容涉猎之广,无疑是循化文史宝库的重要收获。借此,我们不仅能够直观感受到循化多元文化交织相融的瑰丽与厚重,更是对研究循化历史文化提供了比较丰赡的第一手资料,在宣传循化、增强地域文化自信方面必将产生积极意义。

县政协调集各方力量,在不到一年时间里,能完成如此宏大的史诗性文化工程,实属不易。我们应当感谢参与此次文史编纂工作的同志们,是他们在历史深井中的钩沉,在时光河流中的淘洗,在阡陌村巷间的捡拾,用一行行文字擦亮尘封的岁月,用四部书的纵横度采撷那些在大时代大变革大发展波峰上闪耀的浪花,释放岁月缝隙里的光芒,使那些不该忘记的、可圈可点的人物鲜活如初地呈现在我们面前,使那些游弋在我们的记忆之外的事件变得清晰如昨,使循化历史人文底蕴变得更加深厚,文化循化的魅力得以充分彰显。

作为黄河上游历史文化资源相对富集之地,循化在全省乃至全国都有不可忽略的吸引力和关注度。希望政协文史工作以这套丛书的出版为契机,进一步增强文化使命感,不断延伸探寻历史的目光,挖掘整理好尚未面世的珍贵文史资料,为建设"黄河上游丹山碧水、浓郁风情、产业鲜明、宜业宜居的现代化和美循化"提供历史经验、精神动力和智力支持。

祝贺《循化文史丛书》出版。

中共循化撒拉族自治县委员会副书记、县长

2023 年 6 月 20 日

# 留住历史记忆　回望百年沧桑

　　循化县政协文史资料征编工作始于 20 世纪 80 年代初，当时征编的两本油印本《循化文史资料专辑》《循化文史》开启了循化文史资料的先河。从此，历届政协高度重视文史资料征编工作，先后征集出版了《兴旺之路》《凝固的乐章》《筑梦之路》等八辑文史专辑，发挥了文史资料"存史、资政、团结、育人"的作用，为研究循化的近现代历史留下了真

实、鲜活的珍贵资料，对挖掘地方文化资源、弘扬爱国主义精神、繁荣文化事业、促进民族团结发挥了积极作用，获得了社会各界的广泛好评。

　　循化是全国唯一的撒拉族自治县，历史悠久，人杰地灵，文化独特。长期以来，各民族在长期交往交流中相互尊重、相互欣赏、相互学习、相互借鉴，形成了你中有我、我中有你、谁也离不开谁的和谐民族关系。循化是撒拉族、藏族、回族和汉族等各民族文化和情感记忆的载体，是各民族休戚与共、荣辱与共、生死与共、命运与共的共同精神家园，各民族历史源远流长，文化底蕴深厚，民族风情浓郁，这些丰富的遗产为循化县创建民族团结进步事业打下了良好的基础。如何保护、挖掘、整理和开发循化各民族丰厚的文化底蕴和优秀文化，提升循化历史文化品位，振奋民族精神，传承民族文化，是人民政协文史资料工作面临的重要

课题。为此，循化县十六届政协以对历史负责、为各民族负责的求实态度，在广泛听取各族各界人士的意见、建议后，结合循化历史传承、区域文化、民族特点，本着创建民族团结进步事业、促进各民族交往交流交融、构建中华民族共有精神家园、铸牢中华民族共同体意识的精神，为进一步增进民族团结，增强民族自信心，填补汉族、藏族、回族文史专辑空白，决定征编以四个世居民族为主体的系列文史专辑，最终形成《积石古风》《福天宝地》《泉润四庄》《时空回响》四部全面展示循化各民族的史料著作，并将之政协历年来征集的存稿编入《时空回响》专辑中一并出版。

各专辑的撰稿人，大多是循化近百年来重大历史事件的亲历、亲见、亲闻者，内容涵盖了循化各民族社会变迁、名人贤士、社会贤达、重大历史事件、重要历史人物和各界人士艰苦创业兴办企业、从事金融外贸、潜心科研、致力教育、关注民生的事迹史料及研究成果。协助当事人整理史料或代笔撰稿的同志，有许多是资深的专家、学者和文史爱好者。

此次征集和编纂文史资料，在短短一年时间内征集了近 200 万字的稿件，这得益于县委、县政府的关心和支持，特别是县委书记黄生昊，原县长韩兴斌，县长何林多次听取工作汇报，提出指导意见，为征集工作的顺利进行给予了大力支持。同时得益于各位专家、学者的无私帮助，凝聚着编纂工作者的心血和汗水，融入了广大文史爱好者的爱心。青海民族大学党委副书记、校长、博士生导师马维胜教授，从文史征集思路、定位、策划及人才支援等方面给予了指导和帮助；青海民族大学党委常委、副校长、博士生导师马成俊教授，致力反哺家乡文史事业，充分发挥研究撒拉族历史文化的专业特长，亲自参与征集、撰稿、编辑、审稿工作；青海省政协学习和文史委员会原副主任韩新华同志，充分发挥 30 余年征集、编辑政协文史资料的深厚功底和丰富经验，全程参与征集、撰稿、审稿及版式设计等各环节工作，不遗余力、无私奉献；青海民族大学经济管理学院黄军成教授，负责征编《泉润四庄》专辑，牺牲个人的业余时间，多次深入循化，走村入户征集史料，保质保量地完成了该专辑的征编任务；青海省《群文天地》执行主编侃本同志，将长期以来研究藏族文化历史的心血倾注到《福天宝地》的征编工作中，使得该专辑内容全面，丰富多彩；县政协文史委员会原主任彭忠同志和《中国青年报》驻青记者站原站长、著名记者唐钰同志，联手深入挖掘循化地区汉族的历史故事、著名人物、民俗风情等内容，展示出了循化汉族深厚的文化底蕴。

为了在较短的时间里高质量完成文史资料的征编和出版工作，2021年暑假期间，马成俊教授带领黄军成教授、韩学俊老师、姚鹏、方玮蓉、刘子平等几位博士深入循化县帮助撰写文史资料。在最后的审稿环节，马成俊副校长还邀请青海民族大学唐仲山、张科、李建宗、王刚等教授，姚鹏、方玮蓉、刘子平、冶敬伟四位博士以及马汀楠等，集中精力进行审稿，为此次文史资料的顺利完成做出了贡献。终稿阶段，马成俊、韩新华二位同志进行全面统稿，在严格把好政治关、史实关的基础上，从文章结构、字词句段、标点符号等方面全面把关。文稿审定后，韩新华同志又参与了整部丛书的装帧设计与图文录入工作及出版的后期工作。

此次呈现给大家的四本文史资料专辑凝聚了大家的心血和汗水，比较全面地反映了循化县各民族近现代以来的重要人物、重大事件，特别是被历史遗忘或者是在历史的尘埃中即将消失的重要人物和事件，为大家呈现出了很多原始的资料。在这套文史资料丛书即将付梓面世之际，我谨代表循化县政协向所有参与征集、编辑、审阅、修改、校对、编印的各位专家、学者和工作人员致以崇高的敬意和衷心的感谢！

文史资料工作是人民政协一项富有统一战线特色的基础性工作，发挥着"存史、资政、团结、育人"的重要作用。期待此次出版发行的四部文史资料，能为循化县新时代社会主义文化建设、增强文化自信发挥积极的作用。

我们要深入学习贯彻习近平总书记关于加强和改进人民政协工作的重要思想，深刻把握时代要求、深化规律性认识，推动政协文史工作从以抢救挖掘为主，向抢救挖掘与做好经常性文史工作并重转变，从重视史料征集向更加重视史料研究、利用转变，使之更好成为人民政协专门协商机构特色优势的基础支撑，成为促进中华儿女大团结的有利抓手，成为发挥委员主体作用的有效载体。要继续积极、主动地开展抢救性保护工作，启动循化县口述史的采集编辑工作，进一步深入挖掘循化地区社会变迁、生产生活、民风民俗、民族语言、文化艺术等史料，运用现代化的音像存储手段，将面临消失的珍贵历史、文化资源，生动、直观地保存下来，留住历史记忆，发挥社会效益，为打造人文循化、书香政协做出积极的贡献。

是为序。

循化县政协党组书记、主席

2023 年 6 月 30 日

# ○目录 CONTENTS

一

人物春秋

# 深切缅怀马文鼎先生

韩文政[*]

九曲黄河一泻千里，穿越华夏大地，孕育了古老璀璨的中华文明。四千多年前，大禹治水导河积石，凿通山岩的位置就是现今青海省循化县积石镇以北的小积石山，黛色的青山雄居黄河北岸，黄河从山脚下缓缓流过。大禹用神斧劈凿河道，浚通水流的峡谷就是孟达峡，险要狭窄的峡谷使黄河水流湍急如镞，奔腾而过，绵延千里，成为孕育中华文明的摇篮。如今河水出口处已经建起了气势宏伟的积石峡水电站，黄河大坝拦蓄而成的水库，使"高峡出平湖"的诗句成为新中国现代化建设的历史见证。

洪荒的历史湮灭了祖先茹毛饮血的原始蛮荒，走进陶罐汲水、彩绘生活的文明世界。积石山下的黄河儿女因母亲河的濡育而人才辈出，他们共同为家乡的文明进步、为国家的繁荣富强写下了一页页光彩照人的华章。青海省人大常委会原副主任马文鼎先生就出生在钟灵毓秀、人杰地灵的循化。

## 贫寒的出身

1919 年 12 月 30 日，岁末寒冬，马文鼎出生在循化县城积石镇寺门巷一个贫寒的回族农民家庭，他的父母靠租种几亩薄田艰难度日。马文鼎的出生为这个家庭增添了

---

[*] 韩文政，青海省民委政策法规处干部。

明媚的喜悦，身体羸弱的母亲暂时忘却了生活的艰辛，绽开了满足的笑靥。从此，她和丈夫起早贪黑、辛勤耕种，抚养几个孩子慢慢长大。

然而天有不测风云，马文鼎不满 10 岁的时候，母亲满含对丈夫和五个儿女的无限牵挂，因病溘然长逝。母亲的早亡和家庭的贫困使马文鼎的童年艰辛而困苦，这也是旧中国无数贫苦孩子的真实写照。

幸运的是马文鼎有一位才貌双全的姑姑，随丈夫在西宁生活。当她得知弟弟的不幸遭遇，为了减轻他的生活负担，便托人捎话，让弟弟把马文鼎送到西宁，由她照顾抚养，正好与同岁的儿子结伴上学，快乐成长。那时候西宁城是很多贫苦大众梦中的天堂，马文鼎的父亲再三斟酌后，决定让儿子投奔西宁姑姑家，从此可以远离自家艰难贫苦的生活，而且还可以读书识字，指望他将来有一个好的前程，光耀门楣。循化到西宁有 150 多公里的路程，不但要坐牛皮筏子渡过黄河，还要翻山越岭，风餐露宿好几天才能走到。自从妻子生病去世后，一直没人给孩子们做鞋子，马文鼎还光着脚丫乱跑。马文鼎的父亲便借了一头上好的骡子，又借上一路的盘缠，刚续弦过门的妻子紧赶慢赶为父子二人烙好干粮，准备好水皮袋，剪了两块旧毛毡，用准备纳鞋底的麻绳包好马文鼎的双脚，送父子二人上路。寺门巷的邻舍们听说马文鼎父子要上西宁，而且还要让儿子留在西宁生活的消息后都来送行，而他们无论如何也想不到，这位衣衫褴褛甚至没有一双鞋子的少年自此踏上了一条命途多舛、经历跌宕的人生道路。

父子俩上路时正值暮春时节，天气已经暖和起来了，一路上花红柳绿，麦苗漾漾。年少的马文鼎和父亲相互轮换着骑乘，懂事的他尽量让父亲多骑一会，自己多走一会，包着毛毡的双脚趔趄着一步一步走向陌生的城市。尽管这样，孩子好奇的天性还是胜过了脚下的艰难，经过四五天的鞍马劳顿和风餐露宿，父子俩终于抵达西宁城。马文鼎睁大双眼仔细地看着眼前的一切，西宁城的街道宽阔而热闹，衣着考究的城里人、买卖杂货的商人和来自四面八方的旅人穿梭在街巷，比肩接踵。街道两边店铺里摆满了琳琅满目的山货、土产和各种精美的物品，让人目不暇接，吆喝声、唱喏声此起彼伏，眼前的一切都在少年马文鼎的心中留下了深深的印记。

木轮马车的车轮，碾过西宁城从东到西的大街，来到城西湟水北岸姑姑的家门口。当马文鼎和父亲走进姑姑的家门时，宽敞整洁的庭院、青砖石阶的门楣、木雕镂花的屋檐和窗棂、鹅卵石铺成的小径、满院盛开的花卉，都让他们感到陌生而又诧异，这是马文鼎连做梦也梦不到的地方，他想着自己今后要在这个陌生之家生活下去，心中不免泛起一丝怯意。自此，他在心里一遍又一遍地默念父亲临别时的叮咛，努力用孩子的方式讨得大人的欢喜。

## 寒门出学子

经过一段时间的休整和适应，姑姑便与丈夫商量，决定让马文鼎和他们同岁的儿子一起入私塾学习，于是马文鼎便穿着姑姑亲手做的新鞋子进入学堂，成为少年读书郎。进入私塾后，聪慧过人的马文鼎对念书特别用心，凡是先生教过的《三字经》《增广贤文》里的字词和句子，他都默记在心里，当堂背诵时十分流利，总要比同伴表现得突出许多。他很珍惜来之不易的学习机会，小小的心里装满了父亲的嘱托——只有好好读书，长大了才会有出息！时光流转，一晃就是几年，失去父母庇佑的马文鼎虽有姑姑的细心照顾，但总归是寄人篱下，因此他也更加谨慎地生活，更加勤奋努力地读书。

此时，现代教育的新风已经吹到了偏远的青海西宁。1930年青海在过去私塾的基础上设立了高小，1932年设立了初中，1935年设立了高中，现代教育的模型已经初显端倪。马文鼎念了几年私塾，因其聪慧过人，被私塾先生推荐送到官办高小接受现代教育。高小快毕业时，因姑夫赴民和县税务局任职而举家搬迁，马文鼎因上学而一个人留在西宁城，又开始了食不果腹、孤苦无依的生活。高小毕业后，喜爱他的老师推荐马文鼎进入昆仑中学读书。当时昆仑中学是国民党军阀培养有文化的军人和新型军事人才的官办中学，实行军事化管理，除了文化课外，还设有教官专门负责军事操练，教员中有很多受过正规现代教育的一流人才，进入其中可以食宿无忧。在昆仑中学，马文鼎刻苦用功，成绩一直名列前茅，他的国文和数学时时受到老师赞赏，经常参加学校组织的作文竞赛、文艺表演和书法比赛等活动。有一次，马文鼎在作文竞赛中获首奖，全文用正楷毛笔字抄好后悬挂在小校场的展览墙上展示，标题下署名的"马文鼎"三个字引起各界人士的兴趣，更引起了军方的关注。1938年中学毕业后，马文鼎被强行招入当时的国民革命军八十二军，先后任军部传令兵、上尉书记员、少校文书主任、中校后勤科长等。

1943年，马文鼎从西安陆军大学参谋班毕业，1945年1月任国民党暂编第八十二师上校作战科长，同年3月任八十二师副参谋长。1947年，马文鼎因其出色的军事才能，由青海军方推荐进入南京国民党中央陆军军官学校将官班深造，和蒋纬国成为同班同组同学。蒋纬国想通过马文鼎了解一些西北的民俗风情，更想进一步探询青海军队的一些情况，便有意和他结交。两人还就国内形势、国共合作等大事各抒己见，因志趣相投过从甚密。有时蒋纬国还带着马文鼎同去上海看名角的京剧，品尝洪长兴的清真美食，马文鼎一度成为同学中的风云人物。

## 陈兵陇东

1946年6月26日，蒋介石撕毁国共两党签订的停战协定，悍然发动全面内战，向共产党领导的华东、晋冀鲁豫、晋绥、东北等全国解放区发动大举进攻。

1947年3月14日，国民党西北行辕召开军事会议，研究西北布防，根据会议要求，八十二师及全部人马相继进驻陇东，与胡宗南、马鸿逵所属部队组成反共阵线，重兵进犯陕甘宁边区和延安中共中央驻地。1947年3月18日，毛泽东主席和中共中央机关、解放军总部撤离延安，将一座空城丢给胡宗南。解放军按照毛主席采取灵活机动的运动战，集中优势兵力各个击破的军事战略思想，挥师南下先后解放了西安、咸阳、宝鸡等大城市，令胡马联军闻风丧胆。1948 年 4 月，中国人民解放军西北野战军主力经陕西淳化、旬邑，切断西兰公路，深入宝鸡准备挥师北上。在泾川河以北的玉都庙镇、屯子镇、荔镇一带遭到胡马联军的阻击。经过苦战，解放军终于摆脱重兵围攻，安全进入陕北。这就是西北解放战争史上名震一时的"西府之战"。

"西府之战"结束后不久，彭德怀司令员从山西太原亲临西北前线坐镇指挥。同时，华北野战军十八和十九两个兵团由潼关渡河西进，神速驰援西北战场，战争形势发生突变。国民党军队的西北战场也和全国战场一样，节节败退，溃不成军。马继援、马文鼎带领的八十二军在咸阳围攻战中遭到解放军的痛击而受到重创，丢盔弃甲后退守甘肃平凉。

## 兵败如山倒

中国人民解放军在西北战场根据敌情制定了钳马打胡、先胡后马的作战方案。1949 年 7 月 24 日，盘踞西北的国民党军队在静宁召开青海、宁夏、陇南诸兵团师以上军官参加的军事会议，制订了"关山会战指导复案计划"，企图与解放军在平凉一带展开决战。这个作战方案以宁马 6 个师的兵力在平凉以东进行正面防御，以青马八十二军和各部于六盘山一带迂回作战，侧袭解放军右翼，胡宗南部从秦岭出动策应攻击，企图用最后的拼命一搏来守住平凉这个甘、青两省的扼要。不料这个方案刚出笼，宁夏马鸿逵因慑于解放军的作战能力，害怕自己部队在正面作战首先会被解放军歼灭，不愿意充当他们的"马前卒"而暗度陈仓，命令前线总指挥官卢忠良率部撤回宁夏。宁马溜走之后，青马孤立无援也连忙撤回兰州。国民党西北军政长官公署参谋长刘仁绞尽脑汁制订的"关山会战指导复案计划"就这样墨迹未干而流产了。

1949 年 8 月中旬，青马八十二军退守兰州。马继援、马文鼎极力掩饰内心的惶恐，草草而孤注一掷地制订了兰州防御作战计划，命令各山头和黄河北岸的守军修筑加固工事，加强警戒，试图利用河谷东南面的群山和黄河天堑做屏障固守兰州，准备和攻城的解放军做最后顽抗。开战前夕，马文鼎带领随从坐着吉普车亲临前线视察防线，训示守军师团长做好战斗准备。与此同时，毛主席指示西北野战军对青马和宁马应区别对待，要求攻城部队打兰州一次打不开而用二次、三次攻击的准备。8 月 19 日，解放军作战部队兵临城下，兰州上空战云密布。8 月 21 日，解放军以九个团的兵力发起试探性攻击，激战终日摸清了敌人的兵力布置、工事构筑、火器配备等军情。8 月 25 日清晨发起全线猛攻，经过整日血战，下午连续攻克沈家岭、狗娃山、营盘岭、豆家山一线主要阵地，于黄昏前占领兰州市区，次日清晨控制黄河铁桥，截断青马残部退路，迫使马继援、马文鼎带领残兵败将弃城逃遁，迂回永登逃往西宁。

1949 年 8 月 26 日，兰州宣告解放。9 月 5 日，西宁宣告解放。

## 走向光明

从平凉、兰州一路溃退的八十二军残部在大通桥头会合后召开会议，在讨论投诚还是继续西逃的前途问题时，马文鼎和副军长赵遂与顽固派意见相左而带领部分人马转移到湟中县上五庄。后来，他们统领这部分官兵总共 320 人放下武器，无条件投诚，与解放军取得联系，归向人民怀抱。解放军派代表接受了这部分人的投诚，并对这些投诚官兵作了妥善处置。

后来，马文鼎跟随王震将军的特使马丕烈先生到西宁面见解放军首长，受到礼遇，解放军高级将领给了他学习改造，重新做人的机会。

在投诚军官学习培训班里，马文鼎仔细阅读解放军发放的学习材料，生怕漏掉一个字。晚上，在宿舍的大通铺上，他的思想还游离在那些字里行间，试图从中找出国民党政府及其 800 万军队千里溃败的原因，也想知道共产党领导的人民解放军取得全面胜利的秘诀。除了参加正常的集体学习，马文鼎向解放军管理人员索要毛泽东在抗日战争初期发表的《论持久战》，认真学习起来。当他读到毛主席号召全国人民建立最广泛的抗日民族统一战线，发动人民战争坚持抗日的军事思想时，深深地体会到了共产党人温暖宽广的胸怀。作为军人的他从内心深深认识到《论持久战》是把握战争全局，预见未来，克敌制胜的战略法宝。

至此，他终于明白国民党军队是败给了毛泽东的军事战略思想，更是败给了机体内部的浮华骄奢和蒋家王朝的不得民心。想到这里他豁然开朗，把希冀的目光投向未来的新中国，投身自己的新生活。

解放初期，马文鼎在青海省军区担任高参。1949 年 9 月，按照青海省军管会领导贺炳炎、廖汉生的工作指示，马文鼎派人携带信件赴新疆，说服驻疆的骑五军起义。但是新疆的国民党驻军已经提前通电起义，新疆实现了和平解放。

1950 年至 1953 年底，马文鼎履新担任青海省人民政府委员兼省民委副主任。这一历史时期是中国共产党民族宗教政策逐步建立和积极实践阶段。国家开始投入大量的人力物力，在全国范围内进行大规模的民族成分识别，确定了 50 多个新的民族成分，使解放前长期处于贫穷落后的少数民族堂堂正正地成为新中国大家庭的一员，享受中国共产党民族政策的阳光雨露。

作为一名在社会变革中成长进步的党外人士，马文鼎积极协助领导，发挥自己熟悉情况的工作优势，深入基层，满腔热忱地宣传党的民族宗教政策，为识别和确定我省撒拉族、土族等新的少数民族做了大量有益的工作。

1954 年初至 1958 年，马文鼎调任省农林厅第一副厅长。他深入农村牧区为恢复和发展农业生产，推进农业生产新技术、推广粮食种植新品种，新建水利工程吃苦流汗，风雨无阻努力工作，深得同事、领导的赞许和赏识。

1958 年，马文鼎被错划为"右派"，进而被打成反革命逮捕入狱，开始了长达 18 年的牢狱生活。妻子和四个未成年的孩子下放到平安、循化等地接受监管，从事农业生产劳动。1976 年马文鼎获特赦出狱。接着他被宣告无罪，平反昭雪，得以和妻子儿女团圆。

1976 年至 1978 年，省委安排马文鼎在西宁市委统战部参加集体学习。西宁的春夏温暖宜人，重获自由的马文鼎感受着这个光明的世界。1978 年底至 1979 年 7 月，马文鼎任省政协常委。

1978 年 9 月，马文鼎开始担任省人大常委会副主任，他深感这无上荣誉中蕴含的责任和义务，开始勤勤恳恳、坚定不移地投入为人民服务的神圣事业中，工作之余他孜孜不倦地学习新理论、新知识，并做了大量的读书笔记。他还认真研读毛泽东选集和邓小平文选，领会精髓，掌握要义，指导自己的工作。通过电视和报刊了解、掌握国际政治，分析国际形势，购买大量书籍，重点阅读领袖人物传记和历史类书籍。这些学习内容他都有详略得当的笔记和批注，笔迹清晰而隽秀。这样的学习笔记他一直坚持到离世的前两年，让人心生无限敬意。

为了做好分管的省人大常委会教科、文化、卫生等工作，他不顾高龄体弱，深入农村牧区调查研究，听取基层领导和干部群众的意见建议，向省委和省人大汇报事关全省改革、发展和社会稳定、民族团结方面的大事，提出自己的工作建议。时任省委书记的赵海峰同志，20 世纪 50 年代就与马文鼎很熟悉，从那时起，他一直关心和帮助马文鼎。担任省委书记后，赵海峰总会虚心听取马文鼎的意见和建议。在一次省委召开的工作会议上，赵海峰当众肯定和表扬马文鼎的工作，要求领导干部要向马文鼎同志学习，对省委的工作提出有益的意见和建议，做到知无不言，言无不尽。当马文鼎同志听到这些消息后，思想上的顾虑彻底解除了，工作上的步子迈得更轻快了。

马文鼎历任青海省人民代表大会第五、六、七、八届常务委员会副主任，分管省人大教育科学文化卫生委员会、省人大民族委员会。在担任领导期间，他时常带领省人大常委会部分委员和专门委员会的同志深入西宁市、各自治州、自治县开展代表视察、调查研究和执法检查工作。先后就党的十一届三中全会以来的经济政策和民族宗教政策落实情况、西宁地区中小学教育和厂办学校的状况以及《义务教育法》的贯彻实施等工作深入调研，召开论证会、座谈会，广泛听取基层干部群众的意见建议，掌握第一手资料，为省委、省政府、省人大常委会开展相关工作提供决策依据。

## 敢为环保鼓与呼

青海作为黄河、长江、澜沧江的发源地被誉为"中华水塔"，是国家生态安全的重要屏障，自然资源和生态保护工作关系中华民族的兴衰存亡。作为省人大常委会的领导，从 1985 年开始马文鼎就很敏锐地关注到这项重要工作。经过深入调研和思考，就事关我省生态、教育、科技等重要问题，向当时的省委、省政府领导和省人大领导汇报，提出自己的建议，得到领导和有关方面的重视与支持。

1988 年 12 月下旬，七届全国人大第五次常委会议在北京召开。马文鼎就我省土地资源管理、食品安全、传染病防治和环境保护等重要工作作专题发言，受到万里委员长和与会领导的重视。他在大会上指出，青海地处青藏高原，土地资源特别是可耕地资源非常紧张，有的建设项目占用耕地较多，农村非法侵占农业承包地现象比较突出，土地资源保护问题需要引起国家有关部门和全省的重视。各级人大要加大执法检查力度，依法治理非法侵占土地问题，依法保护土地资源。他指出青海由于地处偏远，长期处于落后和封闭状态，医疗卫生条件较差，解放前青海农牧区流行病相当严重。新中国成立后，党和政府大力推进预防和治疗工作，各级各地都建立了疾病预防控制机构，对有的传染病和流行病实行免费治疗，很快遏制了蔓延现象，有的从根源上得到治理，有的已经彻底灭绝。但是随着形势的变化，有的地区性病又死灰复燃，需要引起我们的高度重视。同时还要加强食品安全执法检查力度，保障食品安全，保护人民群众的生命健康。在发言中他重点就甘肃省兰州连城铝厂废气污染、青海省乐都芦花、马营、马厂三乡生态环境，危及人民群众生命安全问题进行如实反映。

马文鼎的专题发言引起全国人大领导和国家有关部委的高度重视，很快有的工作逐步得到加强和改善，有的问题得到有效解决。特别是乐都三乡受污染问题，全国人大常委会责成、督促国家有关部委、甘青两省政府和有关部门，最终得到有效解决。

## 群众工作的典范

1981年1月23日，互助县高寨镇曹家堡村和西村群众因土地问题发生冲突，造成一起严重的流血事件，影响波及西宁、海东、海南等有关地区。如不及时解决，后果不堪设想。中央高度重视，省委紧急研究部署，成立了以省委书记扎喜旺徐为组长、副省长郑校先为副组长的领导小组处理、解决这个问题。省委领导小组下设工作组，由省人大常委会副主任马文鼎担任组长，从省政协、省民委、省民政厅和海东地委、海东行署以及互助县委、县政府、县政协抽调得力领导干部组成省委领导小组工作组，驻村深入调查，了解事件真相。

当时，曹家堡村是一个纯汉族聚居村，有11个生产队，359户2106人；西村是一个纯回族聚居村，有6个生产队，153户891人。这两个毗邻的村庄自解放以来，在党的民族政策的感召下，回、汉两族群众睦邻友好，互助生产，从未发生过纠纷。自1958年开始，由于村中个别村干部借西宁市新民社迁来高寨乡和返回的间隙，趁机把中村调整给新民社的340多亩土地划归曹家堡村耕种。中村群众发现后向县、社两级反映，没有得到重视解决，造成后来的土地纠纷和群众冲突。根据省委的部署和指示，马文鼎率领工作组全体成员迅速深入两村开展调查研究，安抚群众情绪，根据实际确定具体工作内容，制定工作方法和步骤。在初步掌握情况后，工作组于1月28日召开碰头会听取情况汇报，研究下一步工作，并及时向省委、省政府和工作组成员单位、省公检法机关和有关单位书面报告工作进展和群众思想动态。工作组指令曹家堡村和中村派出公道正派的群众代表各5名、书记员各2名由马文鼎带领，和工作组全体成员共同到双方有争议的水浇地、山旱地现场察看，当面对证确认，澄清两村自公社化以来土地变更因缘和有关情况，明确地界和所有权，并由各自的书记员作了翔实、准确的记录。马文鼎又发挥他善于绘制军用地图的优势，拿起工具绘制了两村发生土地纠纷的地理概要图，清晰标出经工作组和双方代表实地察看确认后发生纠纷的水地、山地面积，水渠、公路、村庄、电灌站的位置，还用醒目的红线标出两村固有的地界，作了简要的文字和图例说明。这张图直到他辞世前还保存在他的办公室，今天已成为他的珍贵遗物。在省委的领导和他的具体指导下，双方群众代表面对面回忆两村历史上民族团结、互助生产的美好往事，在互谅互让、协商讨论的基础上，共同达成解决问题的方案，最终使问题得到妥善彻底的解决，并以互助县委、县政府的公文确定下来，上报下达，家喻户晓。至今，群众还深情地回忆当年马文鼎帮助他们解决矛盾、促进民族团结的往事，称赞他坚持党的政策原则，贯彻党的民族政策，充分发扬民主，为他们合情合理、公平公正地解决了土地纠纷。

工作结束撤离后，他和工作组几位负责同志及时向省委、省政府领导汇报了有关工作，得到了省委、省政府的充分肯定，省委书记扎喜旺徐同志当即称赞马文鼎同志具备解决复杂问题的能力，是群众工作的典范。

## 风雨同舟　肝胆相照

在省委的领导和关怀下，1984 年 9 月中国国民党革命委员会青海省委员会正式成立，省委书记赵海峰出席成立大会并讲话。自此马文鼎作为民革青海省委会的主要负责人，走上民主党派的领导岗位，为促进祖国统一、为家乡的建设和经济发展尽忠竭智。为了加强民革的自身建设，积极参政议政，马文鼎利用他的广泛联系，动员省垣大专院校、科研机构的专家、学者加入民革，加强人才队伍建设，更好地发挥他们的专业优势，通过多党合作和政治协商的正确途径向省委、省政府献计献策。在发展民革党员工作中，马文鼎重点物色年轻的经济学家、大型国有企业的工程师和专业技术人员，通过基层统战部帮助考察和培养人才。在选调机关干部时，马文鼎尽量照顾那些在"文革"中受过迫害的老领导的子女和学有专长的青年人才，他们工作积极热情，为省民革的各项工作奉献了青春年华。

1979年1月1日，全国人大常委会发表《告台湾同胞书》，郑重宣告中国政府和平解决台湾问题的大政方针，呼吁两岸就结束军事对峙进行商谈。马文鼎利用自己与蒋纬国、马继援等人的联系，分别给他们写信，通过熟人捎带青海的土特产，联络感情，宣传"一国两制"方针政策的主要内容，宣传新中国成立30多年来共产党领导全国人民取得的翻天覆地的变化，动员他们来大陆参观游览，亲眼看看家乡的新面貌，有生之年为祖国统一做贡献。在国家领导人的敦促和两岸人民的强烈呼吁下，台湾当局迫于压力逐步开放台湾同胞回大陆探亲的渠道。台湾同胞陆续回到大陆探亲，结束了两岸30多年妻离子散、骨肉分离的悲惨局面。青海籍台湾同胞也陆续回家乡探亲，后来有的台胞还在西宁举办了画展，这其中也有马文鼎同志的一份贡献。

2001年1月14日，马老先生带着对亲人的眷恋和牵挂，微笑着离开了这个世界，享年82岁。青海省人大常委会讣告发文，称赞他"热爱中国共产党，热爱社会主义，拥护党的十一届三中全会以来的路线、方针、政策。在担任领导工作期间，紧密联系群众，团结周围同志和民主党派人士积极参政议政。多年来，他坚持深入基层调查研究，为宣传党的民族政策、加强民族团结、维护社会稳定和安定团结的政治局面做了大量有益的工作，付出了辛勤的努力，做出了积极贡献。马文鼎同志是一名与中国共产党真诚合作共事的爱国人士"。

经历了新旧两个时代，不管是在旧军队任职还是新政府工作，马文鼎一身正气、两袖清风、平易近人、刚直不阿，从来不谋私利，也不为自己的亲眷谋职。他的儿孙一直都过着自食其力的生活。

斯人已去，风范长存。今天我们缅怀马文鼎先生坎坷而光荣的一生，就是要学习他上下同心、矢志不渝、清正廉洁，为国为人民服务的高尚品格，学习他关键时刻坚信党的领导毫不动摇的政治信念，学习他淳厚朴实做人做事的高风亮节，坚持学习、坚持真理、不畏风浪、勇往直前的奋斗精神，为实现祖国的富强、人民的幸福贡献我们的一切，无怨无悔。

# 黎明前的抉择

## ——追忆绽福寿先生二三事

韩新华[*]

### 缘　起

绽福寿先生是一位德高望重的回族知名爱国民主人士。他生前历任青海省政协第四、五、六、七届常委。曾任民革青海省委常委、顾问，青海省黄埔同学会副会长。

我与绽福寿（按照循化方言，绽读作 chàn）先生是同乡，又有着十数年的同事情谊。在老人谢世之际，我曾萌生一个愿望，与其凄凄哀哀以泪水送别亡灵，不如用文字将"绽老故事"记载下来，让老人的道德风范、音容笑貌常存人间。但是，即便是寥寥几行文字，我也一直没得落笔的机会。心中一直觉得欠着绽老先生一份悼念情，每每思之，心头便涌出难以言说的愧疚和不安！

欣闻循化县政协要征集出版《泉润四庄》一书，天时、地利、人和三全其美，给了我了结夙愿的机会。仲夏之夜，我用汗水蘸着泪水，拟就了这篇文字，权当是献给绽老先生的一炷心香。

---

[*] 韩新华，青海省政协学习和文史委员会原副主任。

## 初识绽委员

初识绽福寿，我是从一本书开始的。

那是 42 年前一个偶然的机会，我读到了青海省政协文史资料研究委员会编辑出版的《青海文史资料选辑》。这本内部资料讲述的都是近百年来青海乃至西北地区发生的大事件和大人物的故事，撰写这些史料的人，大多是马步芳家族统治青海时期的军政要员或社会名流。因为是他们所亲身经历、亲眼所见、亲耳听闻的第一手史料，披露的多是台前幕后鲜为人知的故事，读来别开生面，常常让人不忍释卷。

其中有位撰稿者叫绽福寿，是循化县循阳乡（今积石镇）瓦匠庄人。看过他写的《马步芳集团崩溃前夕的混乱情况》《新疆回族团的组成与解体》等史料，我有一个深刻的印象：这个"绽团长"不简单！在马步芳军事集团里，他的官职不算大，但总是出现在一些重大历史事件的关键节点上。此人绝非等闲之辈！

真正认识绽福寿先生，是 1985 年我调到省政协文史办公室之后。

我的工作是征集、编辑有关青海的历史事件和历史人物的史料，编辑成《青海文史资料选辑》出版发行。也就是说，我由这本刊物曾经的读者变成了现在的编辑者。缘于政协文史资料的爱国统一战线和"三亲"特点，我经常要找那些"历史老人"或撰写或求证或核对史料，有时还得代笔替这些年事已高的老人撰稿，由此，我便与神交已久的绽老先生熟识起来。与我想象中的形象截然不同，经历繁复、文笔精到的特约撰稿员绽福寿，居然是个慈眉善目、温柔敦厚、和蔼可亲、飘逸着书香兰气的胖老头！最让我心生敬仰的是，他是青海省政协连续四届的驻会常委，是一位受人尊敬的爱国民主人士。

## 家庭与足迹

绽福寿，又名绽海山，乳名宋得。1914年6月出生于循化县循阳乡（今积石镇）瓦匠庄村一个回族农民家庭。

据绽福寿讲，其祖上原有薄田2小石（约合10亩），后来又典租了几亩，合起来大约15亩的样子。骡子1匹，大小3头牛，房产13间，树滩1处，植有杨、柳近百棵。以这样的家产，在瓦匠庄算是比较好的人家。到了绽福寿父亲绽定坤辈上，家道开始中落。究其原因，在绽福寿看来，一是"我父曾娶妻三个，她们不理家事，分化挑拨，一家不合，对我更甚。我从小在外做事，常常因未顾家庭，没有带钱而发生口角，我从小到大受到的压迫厉害"。二是土地改革中，"牛、骡均入了合作社，仅剩几亩薄田。""每年以种瓜、种辣子向外发售，维持零用，种的粮食勉强够家人食用。""自己幼时每天清晨提着奶桶，沿街叫卖，补贴家用。"土改时他家被定为富农成分，后来又被改成中农。

绽福寿幼时被送进村里的清真寺习学经文，直到14岁才入青海回族教育促进会循化分会设立的循阳小学读书，待到小学毕业时已经19岁。按他的说法，是属于"大器晚成"的那类人。随后，他又到青海回族教育促进会附设中学（今西宁昆仑中学前身）求学，三年后毕业。

1937年1月，时年22岁的绽福寿投身国民党一〇〇师司令部机要处担任中尉录事，翻译往来电报。七七事变后，绽福寿考入中央陆军军官学校成都本校十四期二总队步兵科，于1939年毕业。其间，由该校教育长陈继承介绍加入了中国国民党。1940年，他又被派到广西洛垢陆军步兵学校干部训练班第六期学习轻重兵器，年底结业返回青海。

1942年，在家赋闲了一年的绽福寿被马步青委任为陆军骑五军军官训练团教导大队少校分队长。仅供职两月余，"加起来总共上了5个课时的步兵操典"，就因染上疾病回家调养。是年11月，马步青又委任其为陆军骑五军暂编骑兵第一师参谋处中校参谋，病未痊愈的他未到职。随即又被马步芳委任为青海省保安处视察室少校主任，绽仍因病未能履职。

1943 年 6 月，绽福寿被马继援委任为陆军八十二军炮兵团教官。不到半年，又被马步青委任为陆军第四十集团军骑五军副官处上校处长。1944 年 4 月，绽福寿被马步芳委任为骑五军骑五师少将参谋长。次年 9 月，骑五军近万人从民和享堂移防新疆，绽随军赴疆驻防迪化（今乌鲁木齐）。

1947 年 7 月，张治中、宋希濂呈报南京政府，在新疆组建了直属国防部的 4 个独立骑兵团，即回族团、汉族团、蒙古族团和哈萨克族团。绽福寿被国防部任命为十一团（即回族团）少校团长，归新疆警备总司令部指挥。

## "这把火在我的心里烧了一辈子"

1949 年 8 月中旬，绽福寿奉陶峙岳将军之命，带领 80 名军官、军佐，携两个团的武器装备，星夜驰援正在兰州构筑防守工事的八十二军。马步芳召见绽福寿，说共产党已占领临洮，河州新编军武器装备不足，命令其急速赶赴河州编制部队。绽受命赶到河州时，新编军已经土崩瓦解。听闻军长韩起功正在向西宁方向溃逃，绽亦紧随其后尘退到化隆甘都。此时绽又接到马步芳的命令，让其在化隆一带强征民兵，编制一个步兵师，沿甘都黄河一线构筑河防工事，以图阻滞解放军渡河西进。马步青、马全义先后任该步兵师师长，绽福寿被委任为民团团长。此时，已经解放了临夏的人民解放军二军正以排山倒海之势挺进循化，守河无望的马全义困兽犹斗，生怕构筑河防工事的木料落入解放军之手用作渡河筏排，命令绽福寿从速将其烧毁。绽福寿面对堆积如山的木料，惋惜老百姓的血汗被付之一炬，更惧怕被指日即可渡河的解放军拿下问罪，畏首畏尾，迟迟不敢下手。马全义嫌"心软"的绽福寿迟疑拖延，遂命令副军长马仲福带着绽强行点火。是夜，数以千计的木料终被浇上汽油点燃焚烧。一时间，火借风势，风助火威，熊熊火光映红了黄河，映红了天空，大火整整燃烧了一天一夜，隔河 40 里的循化清水一带都能看见冲天的火光。

绽福寿老人曾对我说，当命令手下人泼上汽油火苗蹿起的那一刻，他心里骤然有一种从未有过的恐惧。可是，惊恐和后悔有什么用呢，哪个有胆量提着脑袋违抗上峰的命令？又有谁有回天之力灭掉这吞噬天空、黄河和大地的大火？绽福寿只是眼睁睁看着大火往天上烧，往心里烧。他说那是他一生中"最惊恐""最煎熬"的一夜，他甚至想过，"要是这场火能把自己也一起烧掉，那该多好"！

1949 年 8 月 27 日，王震司令员率部进驻循化草滩坝后，立即派地方绅士韩梅亭先生（系绽的姻兄）凫过黄河到绽福寿处，传达王司令员的"十六字"意图，让绽福寿"审时度势、解散民团、放下武器、放弃抵抗"。绽福寿看到解放大军此时已经集结在黄河南岸的草滩坝、乙麻目村一带，大军压境，势不可当，自忖河防工事已成灰烬，唯有保全官兵性命才不致成千古罪人，遂同意无条件接受王震司令员的指示，并当即与妻侄韩起禄师长通话，就解散武装与其达成了共识。

提起对光明的选择，绽福寿老人的内心时时充满了欣慰和自豪。他说，"在人生、命运何去何从的关键时刻，自己的每一步都像在刀尖上玩命，关乎生死存亡、荣辱成败"。他深知，马步芳父子多年来着意栽培他、提携他，为的就是让其死心塌地为马家集团卖命；眼看着锐不可当的人民解放军以排山倒海之势逼近，让他心惊胆战。他很清楚以他手下的这些乌合之众负隅顽抗，天亮之际便是他们灰飞烟灭之时。与其以卵击石，一条黑道走到底，成为历史的罪人，不如弃暗投明，归顺共产党、解放军，可以少欠一份对地方、对百姓的罪责。

在经过痛苦、慎重的思考之后，绽福寿终于作出了明智的决定。他随即命令自己麾下的民团率先收缴武器溃逃四散，并鼓动其他河防部队和民团相继撤退，甘都防线就此完全失守，解放大军如入无人之境，没费一枪一弹便渡过了黄河天堑。绽福寿撤至化隆巴燕镇时，见心存侥幸的韩起禄骑兵民团仍在守防，遂力劝其认清时务，立即放弃防守以求自保。韩起禄接受劝谏，将其民团就地解散。如此一来，自化隆甘都至西宁全线坦途无阻，解放军长驱直入西宁。9月5日，青海西宁宣告解放。

在黎明前的黑暗里选择走向光明，在这件事情上，绽福寿其实也有他难言的心头之痛。一方面，他烧毁了河防工事数以千计的木材，使劳动人民的财产化为灰烬，实属罪不可恕。另一方面，他深明时势，毅然放弃抵抗，为解放青海自行解除了最后的障碍。绽福寿回忆当年的河防之殇，不禁慨叹："我戎马半生，没杀过人，却放了火；为解放大军清除了障碍，可一把火把老百姓的木头烧成了灰。固然是身不由己的奉命而为，但毕竟罪责难逃啊！"

## 胸怀暖阳上新疆

绽老先生告诉我，马步芳的儿子马继援飞逃台湾的前一天（8月31日）晚上，他已经回到了西宁，此时解放军一兵团的鲁德参议、李参谋等十多人已经先于大部队抵近西宁。绽福寿立即晋见了李参谋，表达了自己投诚归顺的意愿。为了表明诚意，他将民团残存的4辆卡车、3门迫击炮、3挺重机枪和其他物资悉数上缴政府，并表示要积极配合党和政府协助收缴流散于社会的武器，做好宣传，揭露谣言，维持社会稳定。

绽福寿深明大义、弃暗投明，毅然跟着中国共产党走的态度，受到李参谋的肯定和表扬。随后，在马全钦的引荐下，绽福寿谒见了王震司令员及其他领导人。在听取绽福寿的自我介绍后，王震司令员详细询问了新疆的军政情况和军队的思想动态。对新疆了如指掌的绽福寿摊开军事地图，详细介绍了天山南北军队的驻地、武器装备、兵力配置、交通设施、重要军事人员的姓名以及国民党军队与伊犁、塔城、阿山三区和蒙古国军队对峙的势态等情况。他研判新疆方面不会与解放军为敌，和平解放已成大势。

绽福寿说："王震将军发现我对新疆情况很清楚，分析判断有理有据，想必可以在解放新疆中发挥积极的作用，就十分礼貌地称呼我为绽福寿先生，说他马上就要率军进疆，如果请我跟他一起去做和平谈判工作，我会愿意吗？我一听王震将军对我如此器重和信任，感动得不得了，当即表示不负将军的厚望，不惜牺牲生命，也要协助共产党、解放军完成这个功盖天山的千秋大业。王震司令员听我说到'肝脑涂地''马革裹尸'等字眼，不禁爽朗地笑了起来。他说，哪有这么严重啊！我们就是要争取不动枪不动炮，用和平的手段解放新疆，最大限度地保护地方和人民的生命

◎绽福寿先生手迹 （韩新华 提供）

财产。这是党中央和毛主席的英明决策，也是我们的光荣而艰巨的任务。当然，我们也要做好另一种打算。"

此时，绽福寿的父母在循化老家，自己亦有家眷在西宁。为了解除后顾之忧，全力以赴做好和谈工作，王震司令员还专门给绽福寿的父亲绽定坤写信，说："您的孩子绽福寿跟着我到新疆工作，您的家庭、财产和生命均由人民政府给予切实的保障。特此函告，诚望予以支持。"对此，绽福寿敬佩得简直五体投地，每每提及此事，绽老总是发自肺腑地说："王震司令员真是大气魄、大手笔、大胸怀、大智慧，是运筹帷幄之中、决胜千里之外的将军，也是统一战线工作的光辉典范。"

就这样，绽福寿先生肩负着历史的使命、民族的重托，跟随王震将军的脚步，踏上了和平解放新疆的伟大征程。

## 和谈工作团的"形象大使"

一野一军团进军至酒泉当晚，王震司令员在当地清真寺置备了一桌丰盛的饭菜，热情招待和谈工作团一行，并指示绽福寿、马全钦等先行进疆，广泛开展宣传工作，澄清谣言，稳定人心，为后续跟进的大部队扫除障碍。宴席结束，绽福寿一行即乘坐一辆大轿车，在警卫战士的护送下快速西进。在途经哈密、鄯善、吐鲁番等地时，他们以亲历亲见的事实向当地驻军和群众介绍了和平解放西宁的经过，宣传了解放军秋毫无犯的纪律和人民子弟兵本色，对民族风俗习惯和宗教信仰的尊重，对清真寺的保护。劝诫他们不信谣言，不传谣言，维护好社会稳定，积极迎接解放大军的到来。因为当年驻守的回族团"绽团长"在这一带口碑很好，大家相信他的话，很快打消了疑虑。

和谈工作团抵达乌鲁木齐当日，绽福寿一行立即分头拜访了陶峙岳总司令、包尔汉主席、韩有文师长等军政高层人士，传达了王震司令员的指示。他们都异常高兴，纷纷表示要积极迎接解放大军的到来，全面做好和平解放新疆的准备。

当晚，韩有文师长带着新疆日报社记者采访了绽福寿先生。绽福寿向记者详细介绍了解放军强大的军事力量和铁的纪律，对少数民族的尊重保护，对起义投诚官兵的优待照顾以及西宁和平解放后的新风貌。第二天，绽的长篇谈话见诸报端，在新疆各族各界引起了巨大的反响。在此期间，陶峙岳总司令、包尔汉主席、屈武市长、刘孟纯秘书长、监察使马良骏等高层人物分别宴请绽福寿一行，回族文化促进会还举行了隆重的慰问演出。

9月24日、25日，驻守新疆的国民党将军陶峙岳和新疆省政府主席包尔汉审时度势、深明大义，下达命令，率领部下十万官兵起义，和平解放新疆已成定局。绽福寿一行随即将工作重心放到慰问高举义旗的骑五军将士上，前往奇台、阜康、昌吉等地的驻军营地，喜报故乡青海平安无战事，希望官兵安心无虞。《新疆日报》先后五六次对工作团的工作动态进行了全方位的跟踪报道。一时间，"和谈代表从解放区带来的真实消息，安定了新疆的十万军心"成为全疆最热门的话题。

绽福寿在回忆这段经历时，饱含深情地说："新疆军政高层高度重视和隆重款待我们，都是党中央和毛主席英明决策的结果，是中国共产党对爱国人士的高度信任和真诚合作，是统一战线政策的巨大感召力。我个人只是发挥了在官兵和群众里的一点影响，做了一些力所能及的事情。"

1950 年 2 月，新疆起义部队整编结束，绽福寿被任命为中国人民解放军第七师驻迪化（乌鲁木齐）办事处处长。王震司令员考虑到绽福寿先生有家眷在西宁，单身在疆工作多有不便，就发给他返青护照，让他回西宁将家属、家产搬到新疆。岂料此时新疆的乌斯曼股匪在兰新沿途的哈密、星星峡一带骚扰抢劫、杀人放火，搞得路绝人稀。绽福寿整顿行囊携家带口到了兰州河口，最终不得不折返西宁，如是先后两次均不得进疆。万般无奈的绽福寿写信给王震将军，说明原委，告假容后再行。王震及时复信给绽福寿，劝他万不可冒险行事，静待剿灭股匪、路途平安无虞时再作打算。

## 风雨跌宕人生路

随着时光的一天天流逝，绽福寿返回新疆的愿望日渐渺茫。他毅然决定留在青海，就地参加革命工作，报答中国共产党的恩德，报答青海的各族父老。

1950 年 8 月 15 日，绽福寿主动加入了第三期西宁解放军官训练班学习。经过 4 个月的紧张学习，对党的方针政策有了进一步的认识。

1950 年 11 月，省委统战部保送他到西北人民革命大学政治研究班学习，一年零七个月后以"学习态度端正，理论联系实际；有组织观念；能较好地掌握批评与自我批评；劳动积极；有领导能力"的良好政治鉴定顺利毕业。返回青海不久又被保送至青海省青年干部训练班（今青海民族大学前身）学习了一年。学习结束后即被分配到省公安厅劳改局，先后担任监狱管教员、供给干事、劳改产品供销所营业员、仓库保管干事等。

1954 年 4 月，绽福寿被安置为青海省民族委员会委员，并被调往省民委机关，任总务科副科长。

1959 年 9 月，绽福寿由省委统战部保送至中央民族学院干部训练班学习，两年半后学习结束返青。

1966 年"文化大革命"开始。绽福寿因"历史问题"被青海省委决定批准逮捕。在经历了 6 年监狱羁押之后被审查释放，之后即被遣回循化老家，开始了长达 7 年的务农生涯。

1979 年 6 月 19 日，青海省委常委会议讨论同意撤销逮捕绽福寿的错误决定。绽福寿得以平反昭雪，工资补发，被查抄的财务也得以作价偿还。仅过了 3 天，6 月 22 日青海省委批准将绽福寿先生安置为青海省政协委员，随后连续当选第四、五、六、七届省政协常委，并担任省政协祖国统一工作委员会副主任。

青海民革成立之后，绽福寿先生担任了常委，继而又担任顾问并兼任祖国统一工作组组长。同时，他还被推举为民革中央团结委员会委员。

1989 年 5 月，黄埔军校青海同学会成立，绽福寿当选理事，任祖国统一联络组组长。在 1991 年 6 月的一届四次会上，他当选为青海黄埔军校同学会副会长。

绽福寿在国民党部队先后担任过多种要职，深得马步芳的器重，与许多军界要人如马步青、马文鼎、马呈祥、韩有文、马振武等人关系密切，与去台人员的眷属也多有联系和交集。他充分利用自己的身份和影响，积极开展联谊工作，通过各种渠道和方式向马步芳政权去台军政人员宣传党的对台工作方针政策，宣传青海的巨大变化和各族人民的幸福生活，取得了很好的社会效果。

1987 年 5 月，绽福寿先生被评为青海省各界爱国人士为祖国统一振兴中华服务先进个人，受到省政协、省委统战部的隆重表彰。

# "要把真心给穷人"

1985年初，省政协将民和县塔城乡确定为扶贫联系点，抽出4名干部、1名司机组成第一轮扶贫工作组。我也被抽调到了工作组。

当时的塔城乡是民和县最典型的贫困乡。山大，沟深，完全靠天吃饭。我们下去时乡上还没通电，光是蜡烛就带了几大箱。所谓的公路，也只有手扶拖拉机能勉强通过。我们第一次下塔城，多处暗沟冰坎，连越野"巡洋舰"都过不去，只得背着行李从马营镇徒步走到了塔城乡政府。

乡政府所在的苏家湾村有一眼"瞎迷"泉，像眼泪般渗出来的水供养着周边几个村的人和牲畜。乡上的炊事员半夜4点起来"咣当咣当"赶着毛驴去抢水，争着挤着才能从牛、驴、羊的嘴巴底下抢出来两桶。泉水苦涩难咽，黑灯瞎火里捞回来的水里还常常漂着黑乎乎的羊粪蛋。尽管我们也是农民的孩子，可是一见这黄汤就恶心反胃。下到塔城乡第二天，我就吐泻如注，吃药、打针均无济于事。得了消息的老父亲放心不下，专程从循化绕道西宁下塔城看我，碰巧我上了西宁看病，等他第二天被马永福乡长用骡子送到马营镇再送上班车到川口再搭班车返回西宁时，没得消息的我又下了塔城，我们父子未能见面。就诊时，大夫说我是典型的生理性加心理性水土不服，如果实在离不开那个水源，只能硬扛，过上一段时间也许会适应。刚进省级机关还不到十天半月的我，哪有脸面说困难提要求？只能暗自咬紧牙关逐步适应。

过了两三个月，绽福寿常委到我家里，说他也要去塔城转转看看。我劝老人打消念头，一是塔城地方全是沟沟梁梁坡坡，年纪大了腿脚不灵便，弄得不好反倒会成为负担。二是麻雀都不做窝的苦焦地方，万一再弄个水土不服，老人身体肯定受不了。可是绽老决意要去，他说："我是省政协常委，不下去怎么能知道下面的实际情况？不知道群众的想法和要求，我怎么有的放矢地参政议政？"我无言以对绽老的反问，只得汇报给带队的赵万寿主任。赵原先是海东军分区副司令转业到省政协任办公厅副主任，与行伍出身的绽老有共同语言。结果，星期一下塔城的"陆地巡洋舰"里多了一位古稀老人。

一到塔城乡政府，我们赶紧张罗着给绽老安顿铺床。知道他呼噜打得山响，便腾出一间客房给他单住。绽老见了连连摆手说他下来就思谋着要睡老乡家的热炕。我说这地方穷得叮当响，不要再给老百姓添麻烦。没想到绽老较上了真："都是富人的话，还需要我们扶贫干什么？"见执拗不过，赵主任让我和窦师傅开着车把绽老送到就近的苏家湾村马成林村长家，让他看方便安顿绽老的住处。

在此后的三四天里，我忙着在包点的村里落实外出搞副业的事情。问绽老的行踪，才知道老人串了东家串西家，碰上个人就聊个没完，从庄廓院墙聊到庄稼收成，从吃水困难聊到娃娃上学，问得详细，了解得清楚。乡亲们说："吃喝呗，我们也木啥好吃的，老人呗，吃的是麻雀的食，串到谁家就随便吃上些呗；睡觉呗，谁家都是大热炕。放心，冻不下。"我知道这里一到五六月，好多人家都开始借着吃明年的收成，我们下村，不管多远都要回到乡政府吃饭。绽常委倒是自寻方便，碰上洋芋吃洋芋，碰上豆面吃豆面，每顿饭他都留下伙食钱。一些大爷、大妈不无感激地说："这个老汉手大得很，30、50的给，我们都有买碎小的钱了。"

开头一两天不见绽老回来，赵主任也不着急，还说绽老是个"老兔子"，就放开让他转转。到了第四天，赵主任开始慌了，赶紧打发我和窦师傅开车从红合岘到接官岭再到王家山一个村一个社地打听老人的下落，最后居然从接壤甘肃永靖县川城乡的王家湾村把这只"老兔子"接了回来。我们开玩笑说，"绽老这是走州过县要到人家甘肃调研扶贫的样子"。

当晚开会汇报工作情况，"编外组员"绽老也正儿八经地汇报了他这几天里的所见所闻所想。其实，我们从一开始只当绽老是下来观观景、散散心而已，没想到老人是在认认真真地搞调查研究，才三四天时间，他了解的情况比我们详细得多。他说："都说这里的'人懒'，男人们整天阳洼里晒日头。他们不是不想出去搞副业，更不是懒，只是放不下家里的活。山大，沟深，买不起机械，所有的庄稼活都得花大力气，婆娘娃娃们干不动。万一副业烂了工，庄稼再荒掉，日子阿门过？冬天男人们闲了，副业也没有了。我看这个地方扶贫，最好还是请政协领导到省上有关部门争取一些适合各家各户搞的项目，既不耽误庄稼活，还能挣上钱。"绽老的话是对的。我们还真的联系了一些养小尾寒羊、养长毛兔，种百合、芦笋的扶贫项目。后来，我们硬是"押着"30多个男人到茶卡盐场捞盐。苦倒是大一点，但刨去吃喝每天还能落个七八块钱。没想到这些人连铺盖卷也没打开，第二天天没亮就拦车到西宁再到民和辗转跑回来了。过了周末我们下塔城，看见他们已经在乡政府墙根下晒太阳！我们被气得无语，他们竟然满肚子的牢骚，一块钱没挣上，反倒搭上了几十块的班车钱。追问之下，他们才说了心里话："你们工作组是好心呗，钱好是好呗，我们下苦人，苦上也不害怕呗。田里的庄稼哈撂下是不成呗，男人们走过是卡码里不来呗，婆娘娃娃们哈指望不上呗。"其实，他们说得也不无道理。

绽老还列举了他走访过的最穷的"窑洞人家"：两个大人，两个小孩，外加一只瘸腿羊羔，两只鸡，一孔窑洞，又低又矮，一亩多点的薄田，全部家产折合下来还不到400块钱。全家总共两只饭碗，害怕娃娃拿不稳打碎了，大人把一只碗嵌进锅灶台面里不让动，两个孩子轮着从碗里捞着吃……

善良的绽老流泪了。他说："我活到这么老，没见过这样困难的人家。我是旧社会过来的党外人士。解放30多年了，还有这样穷的人，我们的老脸上也挂不住啊。省政协扶贫调研搞得正是时候。"绽老指着我说："你们年轻，农村工作经验少。下乡，最关紧的就是毛主席说的'三同'。扶贫扶的不是穷人吗？你没吃过穷人的粗茶淡饭，没睡过穷人的土炕，没往穷人的地里背过一背斗粪，你怎么能知道穷人家的真实情况？你的心里没有穷人，穷人凭啥要给你说心里话？所以，扶贫不能扶在纸上、墙上，要扶到穷人的面柜里，扶到穷人的锅台上，扶到穷人的地头上，要扶到穷苦人的心窝里。像你们转上一圈回来，再转上一圈又回来，你们转着，他们看着，能了解到实情才怪了。"

绽老的一席话说得我脸上烧烘烘的。说实话，刚到省政协的我对自己要求还算是比较高的，以致在塔城乡留下了"能吃苦、干劲大"的名声。第一轮工作组回撤时，乡党委王善林书记和马永福乡长还给省政协主管扶贫的汪福祥副主席提要求，把我"让"给他们乡上当个副书记。汪主席笑着说"小韩还没有入党呢！"没想到王书记说："啊哟汪主席，这算多大个事？今晚上就入给呗。"他们朴素真诚的要求感动了政协的领导，扶贫回去不久，我果然成了共产党员，汪福祥就是我的介绍人之一。但是，我知道就对农业、农村、农民"三农"问题的了解程度而言，我与不是中国共产党党员的绽福寿先生还有很大的差距。

从塔城回来后，绽老特意收集了一些半新不旧的衣被和零碎用品，洗得干干净净，叠得整整齐齐，托我捎给那些他走访过的贫困户。乡亲们也在豌豆成熟的季节让我捎一些给他们的"胖老汉朋友"尝鲜。如果心里没有穷人，谁能做到这样？绽老的善良和真诚让我感动了很长时间。

2020年夏天，我和朋友去民和游玩，顺便去看了看牵挂中的塔城。只是乡政府已不复存在，曾经从转导乡析离出来的塔城乡，又一次被并入了转导乡。路，早已通了；电，早已通了；自来水，也早已通了。新打的庄廓多了，新盖的砖房多了，地头上手扶拖拉机、摩托车也多了，墙根下晒日头的人少了，磕碰熟鸡蛋赌输赢玩的娃娃们都进了学校。我定点包干的苏家湾村更是旧貌换了新颜。我又顺着一条小路去找那个小碗嵌在锅台上的窑洞人家，不料窑洞早已被废弃了。村里人说公家出钱给这一家人打了庄廓，盖了新房乔迁新居，一双儿女嫁的嫁娶的娶，早当上爸爸妈妈了。我想，假如绽老在天堂有知，一定会为他们祝福。

## 故地重游情依依

1987年11月下旬，省政协组织了一个小型的参观考察组，赴新疆学习考察民族宗教和政协工作。考察组由省政协副主席、西宁东关大寺教长韩生贵阿訇带队，成员有省政协常委、民革青海省委常委、黄埔军校青海同乡会副会长绽福寿和省政协委员马迪甫，我和马光二人作为工作人员随行。这次新疆之行从 11 月 21 日开始到 12 月 11 日结束。在 20 多天的日子里，我们跟随新疆维吾尔自治区政协副主席、新疆民革主委韩有文先生的脚步，几乎走遍了整个北疆地区。

山一程，水一程。一路走来，让我再一次感知了绽福寿先生的善良和真诚。

临行前一天，绽老特意叮嘱我带够棉衣棉裤，说新疆的热了不得，新疆的冷不得了。我仗着年轻气盛身体壮，没把绽老的话当回事，只穿了一件薄薄的夹衣，以便显得苗条、精干、利索。却不曾想到飞机在乌鲁木齐落地时，竟然遇上了当年最恶劣的寒流来袭！飕飕的冷风直往人怀里扑，像钢针扎，更像刀子戳，冻得我蜷缩成一团。绽老调侃我说，不听老人言，吃亏在眼前！一俟在"八楼"安顿好各位领导，自治区政协行政处伊萨木丁处长就带着我直奔百货大楼，购买了棉衣、棉裤、棉帽、棉靴、棉围巾、棉手套，把自己包裹得严严实实。猝然光顾的寒流把韩生贵副主席和马迪甫委员的耳朵也冻成了"马奶子"葡萄的模样，耳垂上渗出来的黄水都流到肩头上了。唯有经验老到的绽老安然无恙，毫发未损。大家都说绽老和新疆有情有缘，寒流也让着他三分。

临近傍晚，韩生贵阿訇和马迪甫委员要做礼拜，绽老也费劲地挪动身体洗了小净。我问绽老为啥到新疆就做上礼拜了？他意味深长地说："这是我们的发祥之地。韩有文师长带着千千万万个骑五军将士在这里弃暗投明走上了革命的道路。新疆也是我的眷恋之地，有多少骑五军的将士为了新疆各族人民的幸福安康，把命放在这里了，他们是我的战友，也是我们青海的乡亲。知道战友来了，乡亲们来了，亡人们指望我们做两番礼拜为他们祈祷后世的吉庆哩！"韩生贵阿訇赞许说，"这是做礼拜的意义所在"。

## "绽团长，我们想你"

原国民党新疆独立回族团的士兵来自回族聚居区的迪化（今乌鲁木齐）、吐鲁番、昌吉、奇台等 12 个县市。绽福寿辖有 4 个骑兵连和重机枪、迫击炮、勤务连各一个连，共有士兵 1000 余人，鞍具齐全的军马 2000 匹。吐鲁番地区是他旗下曾经的驻防之地。

"绽团长"在 35 年后重游吐鲁番，自然别有一番滋味涌上心头。那天，我们在市政协和当地的民族宗教界上层人士举行座谈，我发现院子里聚集起了一群戴着回族白帽、维吾尔族花帽的老人，说是要等着和"绽团长"见上一面。

一俟座谈会结束，这些老人一下子拥上来紧紧地抱着绽老不放。不少人流着眼泪，掏出一大堆葡萄干、杏干、无花果干和巴旦木等当地特产，非要送给"绽团长"带到"口里"。原来，这些老人大都是独立回族团的官兵，是绽福寿当年的部下，有几个还是当地的老百姓。他们说当年的回族团团部虽说在迪化老满城，但绽团长几乎都跟部队驻在吐鲁番、鄯善、托克逊一带。他没有军阀作风，说话温和，从不打骂、呵斥战士，重情重义，很得官兵的拥戴。他还体恤民生疾苦，与地方政府的关系处得很融洽，经常指派官兵帮老百姓修路挖渠，做了不少对地方有益的事情。他们说，"遇上村里人去世，绽团长还会带些士兵前去参加葬礼做祈祷"。所以，"绽团长"在吐鲁番一带的老百姓中有很好的口碑。那天来的人当中有许多并不是回族团的兵，而是代表村民来看望"绽团长"的。

在新疆参观访问的 20 多天里，我们一路走过吐鲁番、鄯善、托克逊、喀什、昌吉、呼图壁、阜康、阜远、米泉、奇台等地，每到一地，绽老总不忘做上两番礼拜。到了托克逊地方，他还在凌晨时分拽着我到当地的"埋扎"上香，说这是当地人的坟园，也睡着回族团的几个亡人，我给他们上个香，做个好都哇，心里好受些。我当时觉得这里人生地不熟，黑灯瞎火的怕出意外不好交代。绽老说这里的"埋扎"是他当年常去的地方，这里的人都很善良，老人们大都认识"绽团长"。

这样的"军民关系"与我以往的认知有点相悖。绽老说他们虽然是国民党部队，他还是国防部直接任命的回族团团长，但他们确实不是那种军纪败坏、鱼肉百姓的队伍。"我的回族团战士都是来自贫苦的回族人家，出来当兵的都是为了吃个饱肚子。驻在人家的地盘上，就得和当地的老百姓、和当地的政府处好关系，骑五军尤其是这样。古人说过了，水能载舟也能覆舟。没有很好的群众基础，怎么能做到说起义就起义，一夜之间都变成人民的子弟兵？"绽老说的话很有道理。

## 风雪达坂见真情

"达坂城的姑娘辫子长，两只眼睛真漂亮。"我们从吐鲁番回乌鲁木齐的那天晚上，伴着文艺家的歌声，在著名的达坂城遭遇了一场恐怖至极的暴风雪。

我们在达坂城吃过晚餐时已近 10 点了。猛烈的峡风在旷野上刮起，天空灰蒙蒙的，达坂城的同志说可能会变天，执意挽留我们次日再走。但行程早已定好，韩生贵和韩有文两位领导决定还是连夜赶回乌鲁木齐，毕竟只有 100 来公里，两个小时就可以赶到。再说，达坂城本来就是有名的风库，风年年这样刮，人天天这样走，不会有事的。

没想到刚走出几十公里，暴风雪就劈头盖脸地砸下来。一时间，天地混沌，疯狂的风裹着疯狂的雪，在戈壁滩上追逐、翻滚、撒野、肆虐。我们的车艰难地往前挪动，狂风卷起沙石，砸得车身噼啪乱响。就在不太长的一段路上，我们先后看见有 3 台装满货物的大卡车被掀翻在路上，可见暴风雪的威力有多么可怕。只是不知道卡车司机们是弃车逃了命还是被困于车内，善良的绽委员提议停车，看看能不能施以援手。有经验的赵师傅不敢停车，说现在下去只有两条路，要么就地冻死，要么被暴风雪刮上天。

车窗外狂风搅着暴雪越刮越急，汽车大灯连 10 米开外的景物都照不清了，我们各自低头担心，赵师傅小心地操控着"陆地巡洋舰"往乌鲁木齐方向移动。突然，坐在副驾驶位上的绽老急急喊司机停车："停下！赶快停下！救人！救人！"司机不知道发生了什么，猛踩刹车停了下来。"你看那人招手哩，不救是死过哩！"仔细一看，一台拖拉机果然被风雪掀翻在公路边沟里。没等我们反应过来，拖拉机边上的那人狠劲地拉开我们的车门，连滚带爬地钻了进来！惊慌失措的他几乎被冻僵了，半天说不出一句话。等他暖和过来后，才知道这个没有经验的柴窝堡人，在和一台大卡车会车时没抓死方向盘，瞬间的侧风一下子把拖拉机掀了个底朝天。

"我一个死定了的人被你们救活了！啊呀，你们是真正的朋友，救命的朋友！"那人千恩万谢地在柴窝堡下了车。我们说要谢就谢这个坐在前面的老头，要不是被他看见，要不是他叫司机冒险停车，这个可怜人恐怕真的一辈子都回不了家。因为除了我们，这一路再没遇见过能动的车。直到下车，那人也没问上这个胖胖的老人叫什么名字，只知道他是青海来的领导。

我知道柴窝堡是新疆美食大盘鸡的发祥地。每每吃起这道著名的佳肴，我总会想起戈壁滩上惊悚的风雪之夜，想起那个死里逃生的陌生人，想起慈眉善目的绽福寿老人。


## 高山仰止　景行行止


我这大半生到过山南海北的许多地方，但社交半径却小之又小，总觉得没必要把太多的人请进自己短暂而珍贵的生命里，纯粹的益师良友两三足矣，绽福寿先生便是我屈指可数的忘年之交中的一位。

回想刚到政协时，我的学识比阅历更浅，心气却比本事更大，为此得到过绽福寿先生不少的批评和教诲。诸如他时常提及的"善良、包容""忠诚、敬业""谨言、慎行""自省、自律""笃学、精进"，等等，既是对我做人处世的诫勉，更是他一生为人之道的写照。老人为人良善实诚，处事圆润稳健；不以物喜，不为己悲；遵从内心，不疾不徐；胸怀大度，乐观豁达；讲究礼仪，热情好客。他的品性操守，一直是我做人处世的镜子。我和绽福寿先生住在一栋楼的两个单元，可以说是鸡犬相闻，朝夕相见，两家你来我往，殷勤有加。每逢年节,虽粗茶淡饭,必先请老人"口到"。我亦不时偕家人去他家拜访,他总是当贵客相待,催老伴备茶备饭。哪怕是续茶倒水慢了一会儿,他都显得特别难为情,其古道热肠可见一斑。

绽福寿行伍出身,却绝无兵痞戾气,反倒有一种浓浓的书香之味。老人文字功底极好,遣词造句凝练、准确。在我刚来政协不久,常常为文史资料撰稿不得要领而困惑时,绽老写的许多稿件便成了我的"模版"。老人还写得一手好字,与文化界名人多有来往。20世纪80年代末,我曾在老人家里拜读过著名书法家沙孟海先生专门题写给绽老的蝇头小楷斗方一件,依稀记得是诸葛亮的《出师表》,许是他们惺惺相惜的缘故吧。

1999年4月,85岁高龄的绽福寿先生被批准退休。为统一战线工作奔波了整整半个世纪的他离开了岗位,回归家园颐养天年。

2005年7月8日晚上10点40分,享年91岁的绽福寿先生因旧病不治在西宁谢世。

次日上午,省政协有关领导和我们在政协机关的循化籍同乡一行,沉痛护送老人的遗体回到他的祖籍循化县积石镇瓦匠庄村,包括托坝、沙坝塘及线尕拉等四庄的回族父老以及汉族友邻,隆重迎接德高望重的游子绽福寿先生落叶归根。先生安葬于瓦匠庄坟园,心心念念想与荣耀家族的先贤相伴,长眠在这块安静美丽的故土,这是老人生前的遗愿,也是家乡父老的心愿。

时光的河流冲淡了最初的悲恸和不舍,却将一个乐呵呵、笑眯眯的胖老头形象永远铭刻在了他的亲人、他的朋友以及每一个被他爱过、也爱过他的人们的记忆里。

善良、谨慎、真诚、谦逊,是绽老先生91年生命之旅最亮丽的底色,也是我们今天悼念他、缅怀他的全部理由。

又记:回想当年调到省政协文史办时的我,踌躇满志,梦想练就一支史家之笔,为后人留下一些有用的历史记忆。但是,采访、征集的计划,屡屡被不胜其烦的琐事挤兑得七零八碎,只能眼看着那些传奇式的"故事老人"们一个跟着一个撒手人寰,多少珍贵的史料湮于烟火、归于尘土……

假若老人的生命再能延续几年，假若我能掂清生命中的孰轻孰重、孰急孰缓，假若我能与喧嚣繁杂的事务拉开一段距离，假若我能多一些执着和勤奋，或许可以……如果说，这样的追悔对有志于文史资料工作的后来者们能有一点启示的话，那就是立足当下，"瞻前顾后"，将时光的绳索抓得紧些再紧些，切莫让"人亡史失"成为痛彻心扉的遗憾。

# 从马夫到抗日将领

## ——我爷爷马玉麟的传奇人生

马兰芳[*]

　　我的爷爷马玉麟，字子祥，回族，行伍出身，国民党陆军少将。1885 年出生于循化县积石镇瓦匠庄村，1960 年在故乡去世，享年 75 岁。先后参加五原誓师、北伐战争、抗日战争和新中国建设，从一介马夫成长为一名驰骋疆场的抗日将领，用生命与激情书写下一幕幕富有传奇色彩的人生故事。

一

　　循化县积石镇瓦匠村有一座远近闻名的学校——循阳学校，从这里走出去的各种人才数不胜数，遍布在全县各行各业，甚至还有走出省门、国门的。据说学校前身是村里一大户人家的私塾，民国时期改建为官办学校，解放后又陆续做了几次修葺和扩建。由于学校建在我家隔壁，得益于优越的位置条件和良好的校园氛围，我家除大姐帮父母干活而耽误上学外，其余 5 个兄弟姊妹都在循阳学校接受了启蒙教育。

　　改革开放后，父亲得到平反恢复公职，就近在循阳学校教书育人，父亲对这份来之不易的工作格外珍惜，工作兢兢业业、勤勤恳恳，桃李满天下。后来哥哥也在循阳

＊　马兰芳，循化县融媒体中心主任。

学校成了一名光荣的人民教师。由于接受了良好的教育，姊妹们相继成为国家干部，家境也慢慢地好了起来，循阳学校彻底改变了我们家庭的命运。

由于我家是村里的干部家庭，前些年母亲也常常被村里人羡慕："法土麦把娃娃们教育得好，各个学业有成，都当了国家干部。"这时，大字不识的母亲却乐呵呵地用朴实的语言答道："循阳学校修建时，娃娃们的爷爷给了大钱，出了大力，帮了大忙，是他老人家积了德，这捐资助学的福报回赐到孩子们身上了。"然而，从我记事起，在村人异样的目光中隐隐感觉到爷爷是我家的不祥之人，以为是爷爷的原因让我们家人吃尽了苦头，是爷爷拖累了我们家庭的进步。

20世纪六七十年代是我家生活最为艰难的时期，虽然爷爷早已去世，但是因为爷爷是旧军官的缘故，我家被划为地主，父亲也被牵连后开除公职下放到农村进行劳动改造。父母总是被生产队安排最苦、最累、最脏且工分最低的活，一年到头忙忙碌碌、累死累活也挣不了几个钱，分的粮食总不够吃，常常是吃了上顿没下顿，生活比村子里最穷的人家还苦。加上运动接连不断，大家都怕与我家扯上关系。直到党的十一届三中全会召开后，我们才感觉到自己也能够正常地融入村民生活了。

母亲说爷爷见过大世面，知道教育的重要性，除捐款1000大洋外，还把门前的5亩田产捐了作为学校。姨夫说爷爷是个虔诚的穆斯林，牵头组织重建了村里的清真寺，为了不增加村民的负担，除爷爷自己倾囊相助外，还亲自向马鸿宾、马鸿逵等银川的达官显贵募捐，才使瓦匠庄村有了一座像样的清真寺，至今寺里还保存有爷爷从银川驮来的瑞兽（麒麟）、琉璃宝瓶等物。大姑姑说爷爷勇武忠诚，为人豪爽大气，体恤下层士兵，是个真英雄，对国家和民族做过大贡献。大表哥说爷爷倔强、认死理，不争不抢当马福祥家族的"老黄牛"，不懂得转弯使舵，导致家人牵连受害吃尽了苦头。叔叔说奶奶从来没有后悔嫁给爷爷，爷爷是个真正的男子汉，值得她托付终身。父亲说爷爷是时代造就的人物，他只是做了一个旧式军人该做的事情。

爷爷究竟是一个怎样的人？是我家的"福星"还是"灾星"？这个问题始终困扰

着我。这些年，各类信息的发达与公开，促使我更多地关注有关爷爷的故事，借助档案、书籍等的零星记载，在长辈们的描述中，我对爷爷的传奇人生有了一个初步的了解，从而在内心深处由衷地对爷爷生出敬重之情。

2021年5月，得知县政协计划编辑出版文史资料的消息，我便产生了将爷爷的生平整理成文的想法，并在国庆节前夕专程去银川市向叔叔和小姑姑了解爷爷奶奶从军生活的故事，到宁夏回族自治区和银川市档案馆、图书馆查阅相关资料，与叔叔、婶婶赶赴内蒙古自治区巴彦淖尔市五原县、乌镇、乌不浪口、四义堂、乌拉脑包等地，实地追寻爷爷奶奶并肩战斗的足迹，在一系列零零散散的故事中逐步解开了困扰我大半生的谜团。

## 二

循化县积石镇瓦匠庄村坐落在积石山下黄河岸边，距县城一公里左右。黄河水从村旁缓缓流过，这里民风淳朴，环境优雅，物产丰富，是一个由回族、汉族、撒拉族、藏族四个民族共同居住的老村庄。村中央有一眼神奇的蛤蟆泉，泉水清澈甘冽，从未枯竭，给这一方风水宝地留下了一段神奇而美丽的传说。

1885年，爷爷出生在瓦匠庄村清真寺附近一户贫困佃农家中，小名东拉亥，一家人靠给城里大户人家耕地度日子。爷爷从小聪明机智，胆识过人，小小年纪就展露出与同龄孩子不一样的禀赋，得到清真寺阿訇的格外眷顾和悉心教导，在经堂教育中逐渐长大成人。

晚清政府腐败无能，闭关自守，积贫积弱，中华大地一步一步走向半殖民地半封建的苦难社会，广大百姓处于水深火热之中。在这样的年代里，各民族群众艰难度日，在漫漫长夜中期盼黎明的曙光。穷人家的孩子没有一技之长，干苦力是唯一的生活出路。爷爷和许多普通老百姓的孩子一样，因为贫穷去不了私塾，上不了学，只能羡慕富人家的孩子光鲜亮丽地去私塾念书，而爷爷在捡柴拾粪、放羊割草、打短工当麦客的艰苦生活中长成了一个大小伙。

因为贫穷，爷爷迟迟未能娶妻，直到1905年，已经二十出头的爷爷在家人的东借西凑下从孟达塔沙坡村娶了个撒拉族女子成了家。由于娶妻欠下债务，家庭贫穷的面貌愈发严重，一家人吃不饱，穿不暖，再加上债主催债，只好告别已有身孕的妻子独自外出谋生挣钱。

没有盘缠，也没有干粮，沿途边找活计边乞讨，翻过了达力架山，蹚过了乌龙沟水，一路风餐露宿来到了河州地界，走村串户卖苦力，什么脏活累活苦活都抢着干，但也只能维持个人的温饱，挣不了几文钱，也找不到一个稳定的营生。

几个月后的一天傍晚，实在找不到活计也找不到住处的爷爷饿着肚子漫无目的地流浪，看到一处草料场就钻到草垛里准备临时歇息过夜，看见一个兵勇前来拉草料，就鼓起勇气搭话问礼，喊了一声"大哥"，向他简单道明自己的难处，请求帮忙找个能干活吃饭的营生。那人打量一番后，二话没说，拉着爷爷来到一处马棚，问爷爷能否顶替他在军队喂马。爷爷喜不自胜，当即答应，只要有饭吃，有处住，干什么都行。只是担心被识破，不能长久。那人却说，"不碍事，只管精心喂马，没人会注意一个马夫"。

原来这位大哥名字叫马玉麟，是个富家子弟，被父母送到军营里当兵，希望将来能有出息，取得功名光宗耀祖。他到军营后受不了高强度操练，就找了个比较轻松的活——喂养战马。可他还是吃不了这种苦，日日琢磨如何摆脱当兵的差事，想开小差跑回家，却又担心受军法处置而连累家人。不曾想今天来了个流浪汉，身量年龄与自己差不多，便计上心来，让爷爷换了衣帽，进了军营，又留下几文钱，再三嘱咐，若有人问起，务必咬定自己就是马玉麟。从此爷爷便以马玉麟的身份留在了军营，当了一名马夫。

此后，爷爷既害怕冒名顶替的事情败露，也担心自己失去这份固定的营生，在担忧和焦虑中却也不敢有丝毫大意，细心饲养军马。几个月过去了，除了粮草主管，谁也没有注意冒名顶替的事，粮草主管还对爷爷非常满意，夸爷爷做事踏实，出点子教他怎么应对。喂马半年，除了吃饱住好，还能领上一点军饷，爷爷觉得自己命大福大，运气实在太好，定是得了真主护佑。

河州离循化比较近，多有商人往来，爷爷不定期地通过商人给家里捎个口信、报个平安，捎带点钱物，缓解家里的困境，半年后得知妻子平安诞下女儿，高兴之余，专程回到家乡探亲，从此感觉人生有了新的期盼。

冬天里马儿膘情多下滑，长官们一般都会前来巡察。有一天，军营的大长官带着随从查看战马，却发现今年的马群比往年壮实，膘肥体壮，皮毛锃亮，就把爷爷唤来，问了名字。爷爷虽然响亮地自报姓名为马玉麟，心里却也忐忑不安，担心因为撒谎而受到更为严厉的处罚，于是趁长官称赞的时机鼓足勇气主动说明了事情的原委。大长官哈哈大笑说："你这个娃娃很机灵，马儿也喂得好，人也实诚，好好干，将来定能出人头地。"

这次见面给这位大长官留下了深刻的印象。不久，爷爷被传唤到营帐，与十几个年轻人整整齐齐列队等待接受命令。一会儿，在随从的陪同下，大长官来到队列前，一一点名，共18人，其中有马鸿宾、马鸿逵、马腾蛟等。

大长官训话后，爷爷才明白他们都是精挑细选出来的，除了身体健壮、脑瓜子灵活外，重点考察人品是否过关，他们是大长官专门着意培养的心腹和贴身保镖，从即日起要集中训练，苦练十八般武艺，关键时候要为大长官拼命。这时候爷爷才知道，这位大长官名叫马福祥。

从此以后，爷爷就不用喂马了，天天苦练武艺，骑马射箭，打靶格斗，同时还要学习认字识图、侦察地形、带兵训练等，过上了严格而平实的军营生活。由于爷爷诚实、勤快、勇敢、机智，作为近侍，深得马福祥的欢心，成为马福祥颇为倚重的"十八卫士"之一，被马福祥亲自取字"子祥"，寓"遇难呈祥之意"。

# 三

辛亥革命推翻了清朝政府，成立了中华民国，统治中国几千年的封建制度宣告结束，中国社会各种思潮泛滥，各种势力犬牙交错，地方军阀异军突起，城头变幻大王旗。他们各自为政，抢山头、占地盘，拉帮结派、明争暗斗。爷爷也在改朝换代的风云中摸爬滚打，在马福祥的军队中从侍从一步步升任为班长、排长、连长、团长。由于爷爷身先士卒，体恤士兵，严管身教，从不克扣军饷，从不打骂士兵，在下层官兵中深得人心。马鸿宾、马鸿逵二人各自领掌人马后，爷爷被马福祥安排到了马鸿宾部。

1926年9月，冯玉祥同共产党员刘伯坚、苏联顾问乌斯曼诺夫等人到绥远省五原县召集国民军将领鹿钟麟等8人及国民党中央执行委员于右任等商讨国民军大计，决定成立国民军联军，推举冯玉祥为国民军联军总司令。

9月17日，国民军在五原县城举行了誓师授旗典礼，冯玉祥宣布：为表明国民军忠于孙中山先生的三民主义，决心出师北伐，国民军全体将士集体宣誓加入中国国民党，并郑重地向全国发出誓师宣言。爷爷也以马福祥麾下一名低层军官（团长）的身份全程参加了这次誓师大会，宣誓加入中国国民党，正式成为中国国民党党员，从此开始了西征、北伐、抗日等一系列革命活动。

会后，冯玉祥、于右任抗着旗子，爷爷和众多官兵走向五原大街集体游行拥护国民革命，旗帜鲜明地打倒军阀、打倒帝国主义，他们高唱《国民革命歌》，"打倒列强，除军阀，努力国民革命，齐奋斗……"的歌声响彻五原大地，响彻中华大地，对全国的大革命运动产生了积极的影响。

誓师大会后成立了国民联军总司令部，鹿钟麟任总参谋长，刘伯坚任政治部副部长，聘请乌斯曼诺夫为政治军事顾问。至月底，散布在各地的冯玉祥旧部前来投奔，总数达万余人。国民军重振军威，向陕甘一带进军参加北伐，极大地壮大了北伐军的力量，对中国革命产生了深远的影响。

五原誓师期间，爷爷陪同马鸿宾师长与冯玉祥将军单独会面。冯玉祥将军在询问爷爷名字后风趣地说："玉麟，子祥，你把我的名字都占全了啊！"说完哈哈大笑，并和马鸿宾、爷爷二人合影留念，谈笑间再三告诫爷爷要做一名优秀的革命军人，在战场上建功立业，报效祖国。五原誓师后，马鸿宾部改编为西北革命联军革命军二十二师，马鸿宾为师长，下辖三个旅，爷爷为六十四旅下辖的一名团长。

1927 年春，冯玉祥命马鸿宾部出击甘肃地方军队韩有禄、黄得贵等，在金村庙、龙湾激战七昼夜而不克，只好退守庆阳。得知马部战败的消息，冯玉祥亲自前来督战，在视察马鸿宾部队时看到许多团队官兵精神懈怠，士气低迷，只有爷爷的团队军容整齐，秩序井然，认为爷爷带兵有方，就当场擢升爷爷为六十四旅旅长，并命令立即组织进攻。爷爷虽然识字少，文化水平低，但多年跟随马福祥、马鸿宾，对带兵打仗自然有些心得。经过仔细查勘地形，寻找敌人的薄弱点后，精心策划，采用主攻、佯攻和侧翼掩护、迂回包抄等计策，仅用两天时间就攻下目标，随后又一鼓作气将敌人追剿到陕西泾阳一带，爷爷因有勇有谋、战绩突出而得到冯玉祥将军的赏识。同年秋，爷爷被冯玉祥将军调遣至陕西朝邑、三原一带。

1928 年 1 月，国民党二次北伐组建四大集团军，冯玉祥出任第二集团军司令，第六军军长马鸿宾兼二十二师师长，二十二师奉命驻守陕西渭北。1928 年 3 月，甘肃马仲英等起事，冯玉祥命马鸿宾只身赴甘肃调停其事，但是渭北的防务也不容懈怠，于是委任爷爷为渭北驻防司令并代理二十二师师长，为了表示信任和支持，将随身携带的一架军用望远镜和一支手枪赠予爷爷。据大表哥回忆，此望远镜在 1949 年循化解放时爷爷赠送给了解放军的某部师长。

## 四

随着北伐战争节节胜利，汪精卫和蒋介石都以为羽翼丰满，1927 年 4 月突然发动反革命政变，大肆逮捕、屠杀中国共产党员，使中国共产党和中国革命遭受了巨大的损失。同时，当时的中国兴起了新文化、新思想，涌现出一大批新青年，我的奶奶也是其中之一。

我的奶奶秦瑞卿，又名秦水清，汉族，1908 年出生在陕西省蒲城县秦家堡，是当地大户人家的大小姐，曾就读于陕西省县立三原女子中学。奶奶年轻、漂亮、聪慧、活泼、有文化、有主见，在校期间受到新文化运动的思想影响，对独立、自由、民主充满憧憬，从三原女子学校毕业后，坚决不接受父母的包办婚姻而报名参军，参加了冯玉祥部西北革命联军。爷爷被冯玉祥调度进入陕西驻防后，被编入宋哲元第四方面军战斗序列，驻防渭北三原、泾阳、富平、蒲城、朝邑等地，在宋哲元指挥下击溃了黄得贵、消灭了韩有禄。在这一时期,四处逃婚的奶奶无意中辗转来到爷爷的部队从事文书工作，机缘巧合与爷爷在渭北三原县相识。

爷爷经常出征在外，与大夫人聚少离多，身边也需要一名常伴左右的知识女性。奶奶来到部队后，与爷爷接触较多，虽然爷爷文化水平不高，年过四十，但长相英武，性格豪爽，为人坦诚，深受奶奶爱慕。奶奶不顾父母竭力反对，毅然决然要嫁给爷爷。爷爷赢得奶奶芳心，自然心中万分喜欢，对奶奶百般疼爱，很少拂其心意。1928 年 3 月，爷爷风风光光地从蒲城迎娶了奶奶为第二房夫人。太爷、太奶拗不过宝贝女儿，只好遂了奶奶心愿，却也担心军旅生涯刀枪无眼，又派遣 10 名家丁照顾奶奶生活。

奶奶嫁给爷爷后，对爷爷的思想作风产生了许多影响。奶奶有主见，想法新颖，富有激情。当时民国政府极力打压各种进步思想，尤其是对共产党和共产主义思想严厉打击，进步学生运动被当局镇压。作为渭北的防守部队，当局把抓捕的青年学生交给爷爷的部队严加看守。这时候，奶奶的老师、同学、老乡就找到部队里来，私下说情，希望释放无辜学生。奶奶碍于各种情面和来自娘家的压力就极力劝说爷爷想办法，不要为难学生们。爷爷在奶奶的劝说下只好前往查看，当看到这些学生都和自己的女儿年龄差不多，还是一群大孩子时，思女心切的爷爷生出怜悯之心，暗地里授意部下不得为难学生们，并积极加入营救学生的活动中，出主意、想办法打通各个关节，并出面为学生们作担保，使被捕学生能够得到顺利释放。

阎锡山、冯玉祥联合部分军阀反蒋之际，时任陕西省主席的刘郁芬为了要挟杨虎城就范，把杨虎城的母亲软禁了起来，这使把忠孝节义放在第一位的杨虎城将军非常着急。刘郁芬的做法引起了大家的公愤，奶奶作为蒲城同乡，也非常气愤。这时，杨家也托人找上门来，奶奶打抱不平，瞒着爷爷带着小股警卫，悄悄赶去把杨虎城将军的母亲救了出来。爷爷非但没有责备奶奶，私下里还夸奶奶办事利落，为能娶到这么有主见、有义气的妻子而感到高兴。后来此事败露，爷爷受到刘郁芬的诘难，为了缓和关系，爷爷主动去见刘郁芬，保证以后管住家人。爷爷说："两军交战，祸不及妻儿，为难人家老母亲的确不是大丈夫行为。打仗是男人的事情，有什么任务就交给我。"于是爷爷自请出潼关参加中原大战，但是，部队还没到洛阳，中原大战就已经以阎、冯的失败而告终。爷爷得知消息后，为了保存实力，带领部队连夜撤退180里返回。1930年冬，杨虎城进驻长安，原留防渭北的二十二师部队由爷爷带回了宁夏。

阎、冯倒蒋失败后，马鸿宾接受了蒋介石的任命，其部队改编为暂编第七师，马鸿宾任师长，爷爷为十九旅旅长。后来马鸿宾受命担任甘肃省主席，爷爷被马鸿宾任命为宁夏省防司令，负责宁夏全省的军事防务。当时，甘肃政局混乱，各方势力割据，爷爷便极力提议马鸿宾赴任时带主力部队前往以防不测，但马鸿宾并没有采纳这个建议，一意孤行，只带了少部分随从前往兰州，果然不久后就发生了"雷马事变"，马鸿宾被雷中田软禁。爷爷得知消息后立即陈兵兰州附近（河口），在军事上进行施压，并将消息及时上报给马福祥，这时吴佩孚为了扩展自身势力、增加个人名望也参与到了此事。在吴佩孚的出面交涉和马福祥的极力斡旋下，南京政府也出面干涉此事，雷中田只好将马鸿宾释放，爷爷将马鸿宾平安接回了宁夏。后来吴佩孚借口游玩前来银川游说，意图拉拢马鸿宾等部队伺机东山再起。马鸿宾深知其利害关系，避而不见，授意爷爷巧妙应对，每天山珍海味美酒佳肴热情招待，整日游园听戏逛山玩水，吴佩孚无奈只好悻悻而归。

# 五

1931 年九一八事变后，日本占领东三省，东北军撤回关内。眼看大片国土日益沦陷，日本扶持建立伪满洲国，蒋介石不管不顾东北人民被日军奴役和蹂躏，却把主要的精力都花在了"围剿"红军上，积极调遣军队"围剿"江西革命根据地的红军，中国西北处于相对安定状态。爷爷也没有接到任何作战任务，于是，乘军务闲暇之际，带奶奶到循化看望自己的老母亲和大夫人及女儿们，一家人其乐融融，充分享受难得的团聚时光。

这时，儿时的伙伴们也来看望爷爷，大家互相嘘寒问暖，经常促膝长谈到深夜，拉家常诉情谊。当爷爷得知村里的孩子们还上不了学，清真寺也急需重建的难心事后，就积极奔走相告，各方呼吁修建学校的事宜，不仅倾力捐资，还把家里的 5 亩田产作为校址一并捐给了学校，才使循阳学校能够顺利在瓦匠庄村建设落成。为了不增加村民的负担，他将出面筹资重建村清真寺的事情也独自应承了下来。1932 年，在爷爷的努力下，经过各方募捐，终于建成了瓦匠庄村清真寺。

蒋介石大肆宣扬"攘外必先安内"的战略，倾尽全力"围剿"中国工农红军，迫使红军开始了两万五千里长征。红军长征胜利会师后，中国共产党及红军主力都集中到了陕北地区。蒋介石又把 20 多万东北军调到西北，命令张学良、杨虎城、马鸿宾等部对陕甘宁的红军进行"围剿"。爷爷还没有过上多少安宁的好日子，就被马鸿宾紧急召回部队，在张学良的统一调度下开赴前线打仗。爷爷也想不通蒋介石不打日军打红军的做法，内心深处不愿意打红军，但是又不能不执行军令，与红军有了几次小摩擦。

后来红军方面就送信给爷爷，给爷爷讲红军的主张和联合起来共同抗日的道理，使爷爷更加坚定了中国人不应该打中国人的想法，遂回信答复赞成红军抗日救国的主张，表明自己不愿意与红军为敌的态度，与红军达成了互不攻击的默契。

1936 年 9 月，爷爷被国民党政府授予陆军少将，蒋介石以期用封官许愿的做法激励官兵"围剿"红军，但爷爷并不为其所动，继续与红军保持和平状态。后来，马鸿宾一方面处于军事力量悬殊而不再主动出击红军，另一方面也因为将领们的消极态度从思想上逐渐淡化了对红军的"围剿"，两军处于互不侵犯的局面。

全面抗战爆发后，爷爷隶属于第八战区第十七集团军第三十五师，战区司令长官是朱绍良，副司令是傅作义、马鸿逵。集团军总司令是马鸿逵，副总司令是马麟、马鸿宾，马鸿宾为八十一军军长，所辖部队为三十五师和一个独立旅第三十五旅，爷爷为三十五师一〇三旅旅长，辖二〇五团（团长马文清）、二〇六团（团长张海禄）共3000多人。

五原是拱卫宁夏和大西北的重要屏障，是日军西下的主要阻挡。绥远抗战，乌镇是敌我双方对阵的焦点，是日军进入河套平原的东大门，战略位置十分重要。1938年，马鸿宾被任命为绥西防守司令，他主动提出担当五原一带的防守主力。马鸿逵为了表示对马鸿宾主持绥西防务的支持，派出两个骑兵旅开赴绥西前线归马鸿宾指挥，并将马腾蛟安排到马鸿宾部担任了三十五师师长。5月，三十五师开赴绥西前线，爷爷为一〇三旅旅长。作为三十五师的主力部队，爷爷担任绥远省五原县乌镇（六分子棍至乌吉蒙太）一带的防务。

遵照马鸿宾的指示，爷爷带领部队迅速到达五原乌镇，在乌镇—乌吉蒙太的沿黄河套地区，勘察地形，积极修筑工事和战壕，制定具体作战方案，重点要隘分段设防，严阵以待，准备抗击日军。同时，根据傅作义将军的总体指挥，爷爷经常带队辗转在绥远各地，与日伪军展开各种遭遇战、伏击战、阵地战、反击战，大大小小战斗打了几十次，击毙、击伤和俘虏日伪军近千人，战果颇丰，宁夏和河套地区流传着爷爷的抗日英名。

# 六

从 1938 年 5 月到 1939 年夏天，爷爷赴绥西抗战已经过去了一年，在极其严酷的战争环境中，奶奶顺利地诞下一对双胞胎女儿。在这一年多的阵地反复争夺中，敌我双方都有伤亡，除了军事对抗，日本同样采取卑劣的内部分化手段意图达到自己的目的，而一些投敌叛国、出卖民族的汉奸等的产生便是日本分化策略的产物，他们对日本侵华犯下了不可饶恕的罪过，成为中华民族的千古罪人。

蒋辉若，又名蒋文焕，汉族，是马福祥的旧部旅长，与爷爷曾同在马福祥的部队共事，因不满马福祥家族式管理军队，在马部擢升无望后转而投靠了日本人，成为宁马军中有名的汉奸。

1937 年，日军占领了包头。我抗日军队被迫后撤设防誓与日军共存亡之时，日军又出花招成立了"包头回民支部"和"西北保商督办公署"，特意任命蒋文焕为督办，希望与回族诸马合作，企图以成立伪"回回国"为诱饵，利用诸马内部小矛盾导演民族分裂的丑剧，日军多次支使蒋文焕出面邀请马鸿逵密谈。马鸿逵拒绝面谈，派省党部书记周百锽前往。周百锽对蒋文焕投敌卖国的走狗行为给予了严厉驳斥，日军的策反企图未能得逞，恼羞成怒对银川进行了轰炸。

后来日军仍不死心，千方百计想在马鸿宾内部进行挑唆瓦解。

1939 年夏，板垣征四郎再次来到绥西与蒋文焕密谋，由蒋文焕出面邀请爷爷见面。爷爷对蒋文焕投敌卖国的行径早已深恶痛绝，为痛斥蒋文焕的汉奸嘴脸，同时也为了彻底堵死军中个别将领的动摇思想，经马鸿宾同意前往乌达镇与板垣征四郎会面。临行前，奶奶也再三叮嘱爷爷："你我虽为不同民族，但同为中国人，切不可相信蒋文焕的花言巧语，被蒋文焕收买利用而做出遗臭万年的事情。"

果不其然，蒋文焕以昔日交情为筹码，巧舌如簧大打感情牌，软硬兼施对爷爷威逼利诱，妄图拉拢爷爷为日军卖命，以达到分化马鸿宾部队的图谋。他还与板垣沆瀣一气，要爷爷认清形势，不要以卵击石，与皇军为敌。爷爷义正词严，当场怒斥蒋文焕贪生怕死、不知廉耻、投敌叛国，做下辱没祖宗的可耻勾当，痛骂日本狼子野心，妄图霸占中国的强盗行径。板垣叫嚣："大日本帝国军人威猛勇武，以一敌百，你不要不识抬举。"看到板垣征四郎厚颜无耻口出狂言，爷爷怒怼："别说以一敌百的屁话，有本事你我一对一试试？"在唇枪舌剑中，双方约定第二天中午各出100人进行决斗，看看到底谁厉害。

回去后，爷爷选出武艺高、胆子大、志气强的100名精壮士兵，组成敢死队，全体沐浴祈祷，随军阿訇做战前动员后前往赴约，与日军进行百人决斗。爷爷亲自挥刀上阵，一声号令，我方一名号称"刀子客"的临夏大河家士兵箭步上前，以迅雷不及掩耳之势，几刀下去就砍倒了两个日本人，瞬间提升了我方的士气。壮士们怒目圆睁，同仇敌忾，挥舞着大刀冲向前与敌人厮打在一起。很快，决斗变成了混战，日军一个个倒在血泊中，我方也有人倒下。不到一个时辰，打得日军晕头转向，落花流水，日军伤亡80多人，我方也伤亡十几人。眼看大势已去，板垣征四郎只好乖乖解剑认输。

此事让蒋文焕在主子面前颜面扫地，他恼羞成怒，带领部队尾随追击。爷爷深知其睚眦必报的禀性，赴约前早已在必经之地柳树湾设下埋伏，对追击的日伪军进行了伏击。日伪军一头钻进爷爷布下的伏击圈，我方一阵猛打，打死、打伤日伪军200多人，缴获两辆汽车和部分枪支、弹药。这次决斗我军大获全胜，极大地鼓舞了全体官兵的士气。爷爷把缴获的汽车、弹药、枪支、军刀等统统拉到五原县城游行展示，一时间，百姓奔走相告，编曲传唱，给予我军无限的期望，有力地打击了日军的猖狂气焰。

据大表哥和父亲回忆，爷爷带到循化的两把日本军刀就是这次决斗的战利品。爷爷也把这两把日本战刀视为一生的荣耀而倍加珍惜，一直保存在身边，遗憾的是后来在循化流失。

# 七

　　1939 年底，抗日战争进入相持阶段后，蒋介石发动冬季攻势。傅作义将军按照命令组织各部向包头进攻，在制定周密作战方案后奇袭包头，导致日军小原一明的骑兵第十三联队大部被消灭，骑兵第十四联队遭到重大的损失，联队长小林一男大佐被击毙，引起日军的报复性反击——绥西战役。

　　1940 年 1 月上旬，日军决定发动进攻并着手调配部队进行作战准备。日军先后调集驻包头、固阳、萨拉齐的骑兵团，平绥、同蒲路沿线（张家口、大同等地）及华北方面的部队，以及伪蒙古军李守信部和伪绥西自治联军王英部等 6 个师，总兵力达 3 万多人，配备了 12 架飞机，出动大炮、坦克、汽车近千辆进犯绥西。

　　由于敌强我弱、敌众我寡，为避其锋芒，傅作义将军提出"避不利、夺胜利、打游击、耗敌力、全歼灭"的战略部署，准备诱敌深入、消耗军备、寻找战机、一举歼灭。1 月底，日军兵分三路，主力部队剑指五原乌镇，兵锋直插三十五师主力阵地，一场极其惨烈的战役即将拉开序幕。

　　当时，马鸿宾军长在重庆开会，对部队在武器、后勤保障、协调作战等方面没有起到任何作用，部队严重缺乏武器弹药。同时，由于马腾蛟师长体弱多病，初来乍到，对军队不甚熟悉，在军官中也缺乏威望，部队调度不灵。于是，抗击日军的责任就这样重重地落在了爷爷的肩上，作为乌镇—四义堂—乌拉脑包一带防守的主要军事将领，爷爷义不容辞地担负起临场指挥的重担。在敌我力量极其悬殊的情况下，率领官兵顽强作战，有力地阻击了敌人的进攻，为大部队顺利转移赢得了宝贵的时间。

　　在得知黑田重德师团长指挥日军中路部队杀气腾腾向八十一军三十五师防区扑来的消息后，面对装备精良、弹药充足、数倍于自己的敌人，我军官兵中出现了怯战、畏战思想，甚至有人惶惶不可终日，主张放弃阵地，尽快撤退。更为不堪的是个别军官讽刺挖苦"马玉麟逞能恃强，百人决斗惹怒了日本人，却连累到了大家"，"现在日寇大兵压境，还需要你马旅长带头上阵再显神威"，"你也没后人（儿子），你无常了，我们替你收尸，几个姑娘我们做主嫁掉算了"，等等。爷爷听了这样的话后很生气："保家卫国是军人神圣的职责，值此国难当头，身为军人，怎可当缩头乌龟？军人以服从命令为天职，即便力量悬殊也要坚守阵地，马革裹尸、战死沙场是军人的荣耀，如果贪生怕死不战而逃，有什么脸面去见地下的列祖列宗？"于是，为了表示自己誓死杀敌、与日军血战到底的决心，爷爷把奶奶和双胞胎女儿也带到了战场。奶奶也坚定地说："我不怕日军，咱两个女娃也不怕。你到哪里，我和孩子们就跟到哪里。"看到爷爷、奶奶大义凛然、视死如归的样子，官兵们深受感动和鼓舞，默默走到各自的阵地进行作战前的准备。在此后的三天三夜中，官兵们爬冰卧雪，啃冷馍馍，宿战壕，再也没有人发牢骚、说怨言。就这样，爷爷以"人在、家在、阵地在"的大无畏气概投入抗击日军的血战中。

1月31日上午，日机开始行动，3架飞机先后飞到我防区进行侦察。我防守部队就躲到提前挖好的洞里隐藏，官兵们戏称为"狗洞洞"。侦察结束后，敌人开始了一轮又一轮的狂轰滥炸，整个阵地弹石乱飞，被炸翻了好几遍。由于我军提前做了准备，敌机轰炸时，官兵们都躲到"狗洞洞"里，没有造成多大的伤亡。

可是，敌机在上空盘旋侦察时，通过飘扬的军旗发现了工事中隐蔽的指挥部。当敌机轰炸时，两个孩子和奶妈躲在里面，听到外面炮声隆隆，奶妈紧张地将一对双胞胎女孩搂在怀里，生怕她们发生意外。谁也没有想到指挥部目标已经暴露，被敌人锁定为重点轰炸对象。当敌机携一颗颗炸弹砸向指挥部时，爷爷奶奶的一对可爱的双胞胎女儿和奶妈顷刻间尸骨无存。这时，爷爷和奶奶都在更为紧张的前沿阵地指挥作战，根本不知道孩子们已经遇难。

夜幕降临，黑田重德率领的中路主力部队到达我军阵地前，日伪军的汽车队伍像一条毒蛇伏卧在查石山下。2月1日早晨，在四义堂阵地正北、乌不浪口阵地的正东，在两个阵地处L形的枣树林子里，日军完成大部队集结。在飞机、大炮的火力掩护下，日军的机械化部队坦克、装甲车、汽车分头向四义堂和乌不浪口阵地发动攻势。我军借助防守工事和防坦克堑壕、地雷区阻挡敌人，双方进入阵地争夺战。

由于我军武器陈旧，不能远战，只能近战。爷爷就沉着冷静地指挥二〇五、二〇六团官兵先用缴获的日本步枪对付远处的敌人，待敌人逼近后再用老式步枪阻击。当敌人靠近战壕时，再跳出战壕与敌人拼刺刀，抢敌人的武器和弹药。就这样，我方以短兵相接的方式，连续击退了敌人对四义堂阵地的多次进攻。

在敌人铺天盖地的炮火攻击和恶狼般的进攻面前，奉命驻守在乌不浪口的二〇八团团长马钟和二营营长马希舜不战而逃，导致乌不浪口战局顷刻陷入颓势。爷爷得知这一消息后一方面请求马腾蛟师长紧急调度其他部队，一方面要求二〇八团余部继续作战坚守阵地。

夜幕降临，敌人对我阵地开始了最后一次攻击，机步枪、大小炮火向我阵地猛烈射击，均遭到我军的顽强阻击。敌人见久攻不下，竟向我阵地发射毒气弹。我军虽事先准备了简易的纱布包锯末的防毒口罩，但因毒气太浓，轻者流鼻涕、淌眼泪、咳嗽，尚能勉强作战，重者则胸闷、头痛、呕吐，根本无法作战，但官兵们依然坚守阵地，谁也不愿意后退。

马钟团长率先逃跑后，乌不浪口防守出现重大缺口。如果乌不浪

◎本文作者马兰芳与爱人马德育（马兰芳 提供）

口阵地失守，驻守乌镇—四义堂—乌拉脑包的一〇三旅将成孤立无援之军。虽然四义堂阵地已经使爷爷自顾不暇，但爷爷还是抽出二〇五、二〇六团各一个营前往增援堵挡缺口，但终因寡不敌众，到深夜，乌不浪口失守，二〇八团余部从山后撤退。

子夜，寒风刺骨，气温降到零下30多摄氏度，战士们又冻又饿又累，蜷缩在壕沟里，就着雪，艰难地进食早已变成冰坨坨的馍馍，稍微补充一点能量。敌人见久攻不下四义堂阵地，便再次向四义堂阵地发射大量的毒气弹。这让本就力量悬殊的我军更是雪上加霜，由于准备的煤油用光了，有些战士就用尿浸湿防毒口罩，可是气温太低，不到一会儿就结成了冰疙瘩，过滤不了毒气。强化学毒气弥漫在战场的各个角落，许多士兵痛苦地倒在了战壕里，死亡的阴影笼罩在四周。

这时，从指挥部方向传来消息，孩子们已经被敌机炸死了。奶奶得知后撕心裂肺地哭喊着，在壕沟里跌跌撞撞地奔跑，疯了似的要去寻找，爷爷强忍悲痛，抱住奶奶不让乱跑。官兵们也得知了这一消息，悲痛与仇恨使大家忘记了饥饿和疲惫，所有人都流下了伤心的泪水，官兵们下定决心，一定要给死去的亲人报仇。

## 八

2月2日凌晨，战斗再次打响，日军用重炮轰击、飞机俯冲、坦克开路的方式大举进攻四义堂阵地，爷爷继续指挥二〇五、二〇六团与敌人顽强作战。但我军弹药极度缺乏，战士们只好躲在战壕里，让敌人枪打炮击，等待敌人接近阵地后才冲出战壕与鬼子进行肉搏战。官兵们的顽强抵抗激发起敌人的强势攻击，坦克、大炮持续不断，一次又一次向四义堂阵地发起报复性进攻。

正在这时，投降日伪军的汉奸王英带领他的绥西自卫联军和汉奸王守信的两个骑兵队从乌不浪口东面的小山处窜出，使我四义堂阵地腹背受敌，战士们纷纷中弹身亡。士兵们不甘被动挨打，积极寻求突破，意图杀出一条血路。但是，在两天两夜的激战中，日军先用飞机空袭，后用大炮、坦克轮番轰炸、碾轧，最后又卑鄙地发射了毒气弹，部队饥寒交迫，极度疲惫，许多战士中毒较深，不能作战，突围未能取得成功，更多的士兵在突围中牺牲了，阵地不断被收缩。即便这样，官兵们依然宁死不屈，有些士兵的子弹打光了，就冲出战壕与鬼子拼刺刀，有些机枪打哑了，士兵们就抡起大刀砍向敌人，与鬼子厮打在一起。战士们的刺刀捅弯了，就抱住敌人用牙咬，有的拉响手榴弹与敌人同归于尽，场面极其悲壮、惨烈。

由于伤亡惨重，后援不继，四义堂阵地被日伪军团团围住，周围全部是大沙漠，又有白雪覆盖，除了战壕，没有任何可利用的地形做掩体，再继续作战下去，只能全军覆没。马惇靖多次向其父亲马鸿宾请求增援，但没有结果。马惇靖从少年时就被马鸿宾托付给了爷爷，爷爷没有儿子，二人感情深厚，情同父子。爷爷看着这个自己一手带大的年轻人，只好向马鸿逵求援："马福禄被八国联军杀死了，你想让他孙子（马惇靖）也死在日本人手里吗？"马鸿逵听了这话后无言以对，指示爷爷务必坚守阵地，等待救援。随后马鸿逵安排骑一、骑二旅迅速增援，并下达死令，活要见人，死要见尸，救不出人（马惇靖），提头来见。骑一旅马光宗部在五原县城附近，接到命令后率先赶到，从外围打击敌人，用骑兵的快速运动优势冲破了一个口子，此举极大地缓解了四义堂阵地的困局。

这时，骑二旅及傅作义将军指挥的一○一师也赶来掩护三十五师剩余官兵战略撤退。可惜由于救援滞后，敌人早已占领了我军撤退路线的制高点，堵住了我军右撤的道路，我军撤退时遭到日军穿插。当我军在通过第二道壕沟向南撤退时，敌人在壕沟的东端架起机枪顺势扫射，许多士兵被射杀在壕沟中。在另一条南北走向的洪水沟中，敌人又占领了北头，我军无路可退，大批官兵又被射杀。同时，由于许多士兵中毒较深，行动缓慢，后勤无人，许多伤员无人救运，也被日军射杀在壕沟中。

2月2日下午，敌人占领四义堂阵地。我军在乌拉脑包集结到部分部队，然后又迅速撤回到乌镇。大街上到处都是弹坑，奶奶发疯般四处寻找一双女儿，却毫发未得。

爷爷和马腾蛟师长抓紧收拢部队，意图再次组织夺回阵地，可是人员伤亡惨重，弹尽粮绝，商量一番后只好撤出乌镇。晚上，日军占领了乌镇。

乌镇、乌不浪口两个前沿阵地被敌军占领后，我军即向折桂乡方向撤退。在这次战役中，爷爷奶奶、马腾蛟师长、马惇靖参谋长都中了敌人的毒气，爷爷的左耳朵被敌人的炮弹炸聋，身上多处受伤，双腿也因冻伤而留下了终身残疾，爷爷奶奶永远失去了一对可爱的双胞胎女儿。当年奶奶嫁给爷爷时，从渭北带出的 10 名家丁全部被爷爷编入警卫部队，在这场极其惨烈的阻击战中 9 人壮烈牺牲，只有 1 人突出重围。

# 九

此后，按照傅作义将军的指示，三十五师一路战略撤退，一直退到了临河、磴口。在这次战役中，三十五师折损大半，特别是爷爷的部下伤亡惨重，一〇三旅二〇五、二〇六团共 3000 多名官兵最后只剩下 1000 多人。仅四义堂战场牺牲官兵达 800 多人，乌不浪口战场牺牲达 300 多人，在战略撤退中还冻死、冻伤 700 多人。

参加绥西抗战的宁马军队也被老百姓称为西军，也叫"十三两兵"，一个原因是部队给养不足，日均口粮约 13 两，等于现在的 8 两多；另一个原因是每次开战，士兵只能领到 13 发子弹，一发子弹重约 1 两，所以也称"十三两兵"。

当爷爷撤退到临河兵站时，看到仓库里堆放着很多新式武器和大量弹药，爷爷一下子瘫坐在库房门口，一个劲地喊叫："娃娃们死得太冤太屈了，有这么多的武器弹药闲置着，为什么就不能拿来打敌人，为什么就不能给自己的士兵用？"后来，爷爷像死人一般不言不语，在库房门口呆呆坐了一下午，直到日落黄昏，才被部下拉起身继续后撤。

许多年以后，奶奶说，这是她第一次看见爷爷流泪。她说她的男人比其他军官强，有骨气，不惜命，不贪财，没有辱没祖宗的脸面，教育我们长大后要像爷爷一样做一名堂堂正正的人。

叔叔说，奶奶在晚年时常常想起那些追随自己的家丁，他们远离家乡和亲人，如兄弟一样保护自己，奋勇杀敌却魂断他乡，不由悲从心起，至死念念不忘。

在这次阻击战中，三十五师2000多名官兵血洒绥西，他们用顽强的意志和无畏的斗志，勇敢面对数倍于自己的日伪军，用血肉之躯筑起中华民族保家卫国的精神之魂。

由于二〇八团团长马钟和二营营长马希舜临阵脱逃导致战局迅速陷入败局，无数官兵战死疆场，爷爷和马腾蛟师长极其愤怒，强烈要求马鸿宾对二人军法从处，执行枪决。但因种种原因，马鸿宾只是将这两人戴上手铐、脚镣游街示众，并没有严惩。为此事，原本罹患肺结核的马腾蛟师长气急攻心，吐血不止，从此一病不起。

不久，马鸿宾补充二〇五、二〇六团兵力，充实了部队装备，队伍短暂休整后重返绥西跟随傅作义将军继续与日军作战。

3月，冰雪消融，春回大地。胆略超群的傅作义将军在成功实施了前期诱敌深入的策略后，利用黄河解冻的有利条件掘开绥西河道，使日军的机械化部队泥泞难行，指挥部队反攻五原，一举取得名震全国的"五原大捷"，收复塞北重镇五原。这也是全面抗战以来，中国收复的第一座城池。五原战役全面肃清了日伪军在河套的势力，给日军以沉重的打击，巩固了我大西北屏障，使日军进窥我大西北的野心彻底幻灭。直到1945年日本投降，在五年多的时间里，日军再也没能向西侵犯我一寸国土。而担当前期诱敌重任的便是马鸿宾三十五师一〇三旅二〇五团、二〇六团和一〇四旅二〇八团。

五原大捷后，爷爷带着部下再次来到四义堂、乌不浪口一带寻找阵亡官兵遗体，发现上百具官兵遗体曝尸野外，就选择乌不浪口一块向阳的坡地为墓园，将寻获的官兵遗体用回族的丧葬仪式进行了埋葬。在傅作义将军的主持下，于清明节举行了隆重的悼念活动。而更多的遗体已经被当地百姓所埋葬，就没有再进行移坟。

## 十

五原大捷开创了抗战反攻胜利的先河，极大地鼓舞了全国上下抗击日军的斗志。五原战役结束后，爷爷荣获国民政府颁发的一枚宝鼎勋章。1940 年夏，三十五师回到宁夏整休，爷爷在警卫营的护送下携奶奶回青海循化省亲，从银川—兰州—临夏沿途宣传抗战事迹，一路受到广大群众的热烈欢迎。

日本侵华使中华民族处于空前危急的状态，"国家兴亡，匹夫有责""团结起来，一致抗日"的呼声也传到了青藏高原，传到了循化这个贫穷落后的小山沟里，循化各族群众抗日爱国的政治自觉和行动自觉空前高涨。在得知我县抗日英雄荣誉归来的消息后，县上专门修建了一条从县城通往瓦匠庄村的道路，即现在的大埋扎路。全县各族同胞从达力加山—起台堡—俄加—白庄—扎木泉—石巷—下滩—县城沿途设点，热情迎接抗日民族英雄回到家乡。每到一地，乡亲们自发组织，敲锣打鼓，夹道欢迎，拉牛宰羊犒劳官兵，争先恐后端上酥油奶茶，送来鸡蛋、焜锅馍馍等，有的还临时搭建帐房，极力挽留抗日英雄驻足停留，热忱邀请爷爷给群众讲述与日军战斗的故事。县上专门举行了隆重的欢迎仪式，给予抗日民族英雄最高礼遇。

经过绥西抗战，马惇靖也逐步成长、成熟。爷爷负伤后身体欠佳，精力也大不如以前，就把军队交给马惇靖打理。1940 年 12 月 27 日，爷爷奶奶喜得麟儿，这就是我的父亲马继德，爷爷的长子。

1943 年，马惇靖任三十五师师长，爷爷任宁夏省少将参议，

◎马玉麟曾经战斗过的四义堂遗址　（马兰芳 提供）

至此，爷爷的军人生涯基本结束。1947 年 11 月，爷爷任宁夏保安司令，眼看国民政府日渐腐败、不得人心，1948 年底，爷爷以耳不聪、腿不灵为由彻底退职回家。1949 年 2 月回到了故乡——循化。

1949 年 8 月 27 日，中国人民解放军第一野战军一兵团二军五师，翻越达力加山，进入循化县，于当日下午 4 时许解放了循化县城。爷爷与马瑞斋等众多群众一起，牵牛拉羊、拿着犒劳物品热烈欢迎解放军入城。

循化是青海第一个得到解放的县城，因此中共西北局领导高度重视循化县的建政情况。在习仲勋书记的推荐和介绍下，郭若珍书记多次上门做工作，希望爷爷能够配合县委开展工作。在各级党委和领导的亲切关怀下，作为爱国民主人士，爷爷以极大的热情投入循化县新生的社会主义政权的巩固工作中。他不顾腿疾复发，日夜辗转各村，向散兵游勇们宣传中国共产党的政策与主张，以身说法，协助中共循化县委开展收缴枪支马匹等工作。县上也给予了爷爷多种优待，不仅定期发放生活补贴，而且还专门安排了一辆汽车方便爷爷出入村庄开展工作。

新中国的成立使年过花甲的爷爷感受到新生的人民民主专政的社会主义国家所焕发出的蓬勃与朝气，决心在有生之年为新循化建设发挥余热。于是，爷爷积极参加了循化撒拉族自治县各项筹备工作，县委也多次安排爷爷主持政府有关会议，鼓励爷爷为循化建设建言献策。爷爷也连续担任了循化撒拉族自治县人民代表大会第一、第二届政府委员会委员，中国人民政治协商会议循化撒拉族自治县第一届、第二届委员会委员，先后得到了中共循化县委郭若珍、李恩普、李新鼎三任县委书记的信任与赞许。

1959 年，爷爷因历史反革命罪株连被逮捕入狱，后准予回家。受爷爷牵连，父亲也被开除公职后流亡外地。1960 年 2 月 14 日，爷爷在家中病故。

当时正值三年困难时期，村人腹空体乏，竟无一人帮衬埋葬，是大表哥勉强在村大埋扎（坟园）挖出一块浅浅墓穴将爷爷草草安葬，奶奶倔强地从黄河边抱来一块白石仁立在爷爷坟头。此后不久，奶奶也被迫携叔叔和小姑姑远走银川。

1978 年，中国共产党十一届三中全会胜利召开。十一届三中全会以后，循化县平反冤假错案工作全面展开，爷爷的历史遗留问题也得到正确对待，经过相关部门的认真核查，1981 年，爷爷被平反昭雪，父亲也恢复公职在循阳学校成为一名人民教师。

在得知爷爷平反昭雪的消息后，奶奶不顾疾病缠身，特意从银川赶来祭奠爷爷，以告慰爷爷在天之灵。1982 年，奶奶也安详地在银川走完了自己艰难而曲折的一生，这个从渭北平原勇敢出走的热血女性用激情、智慧、坚强与信念诠释了生命最美丽的华章。

至今，循化县还留存有一条从县城通往瓦匠庄村的村道。紧挨着道路北边的坟园是瓦匠庄村的大埋扎（坟园），与我家相距不足 200 米，我的爷爷就长眠在这里。如果仔细倾听，在这里还能听到从循阳学校传来的琅琅读书声。多少年来，园中那一抔黄土掩盖下的一缕英魂在白石的相伴下静静地守望着这条曾经迎接抗日民族英雄荣耀归来的大道。

如今，我们已经迎来了新时代，迈入了新征程，我等后人当铭记先辈们的光辉业绩，始终将国家和人民的利益放在首位，堂堂正正做人，踏踏实实做事，时刻不忘落后就要挨打的历史教训，勤奋工作，开拓创新，在中国共产党的坚强领导下为中华民族的伟大复兴贡献自己的一分力量。

# 永远的永，宝贵的贵
## ——我所知道的绽永贵先生

韩新华

1988 年 10 月 7 日，星期五。在这个被当地的回族群众认为"尊贵"的日子里，一个循化籍的回族老人永远地离开了他眷恋的世界。

老人有一个尊贵的名字——绽永贵（按照循化方言，绽读作 chàn），比这名字更为尊贵的是他的身份——青海省政协第五届委员会委员，第六届常务委员会委员。

都说在礼拜五逝世的人是有福气的，但我依然为绽老的过早谢世感到惋惜和悲痛。绽永贵先生被推荐为省政协委员到因病辞世只有五年零七个月，这怎能不让人扼腕叹息！

在命运的波峰浪谷里沉浮跌宕了一生的老人，有幸在党的爱国统一战线组织的怀抱里度过了最后的一段岁月，这是他生命中最暖意、最幸福的高光时刻，也折射着共产党的人性之光、智慧之光。

一

炯炯的眼神、清瘦的脸颊、稀疏的胡须、单薄的身板，这是绽永贵老人给我的第一印象。

那是 1985 年 4 月在西宁宾馆举行的省政协五届三次会议上，我第一次见到了绽永贵委员。刚调到政协不久的我被指派担任特邀组的秘书，巧的是，特邀委员绽永贵先生就在这个小组。

在给委员们添茶续水中，我发现坐在会议室后排边座上的是一位年逾古稀的老人，安静、内敛、神情肃然。我记住了他座签上的大号，姓绽，名永贵。

确切地说，更多引起我注意的是老人近乎"另类"的着装：一顶牛仔款式的小礼帽端正严实地扣在脑袋上；一件夹克皮衣，飞行服款式，新颖、时髦；一条猩红的领带板板正正，与乌黑光亮的皮衣形成鲜明的反差。这不合节令、不合身材的着装让老人受罪不少，脑袋、脖颈、眉宇间汗水淙淙，让他擦拭不及。但这并没有影响老人开会的兴致，他聆听委员发言的神态，让我想到了"全神贯注""聚精会神""谦逊""虔诚"这些词，对老人的敬重之情油然而生。

次日上午的日程是政协委员列席人代会听取政府工作报告。绽委员的打扮再次让我眼前一亮：一袭风衣，潇洒飘逸！国际流行的卡其色，立领，束腰，新潮、时尚、大气。

与代表、委员们清一色的短袖衬衫相比，绽委员的装束别有"鹤立鸡群"的韵味。有人调侃说，绽委员的皮夹克和风衣，是政协会上"亮丽的风景线"。而在我看来，这是老人的修养和对"两会"的敬重。我甚至猜想,或许这是件"有来历的衣服"也未可知，不然老人为什么会如此不舍呢？

趁着茶歇，我与老人闲聊。他一听我满口的循化话，眼睛里瞬时放出亮光："尕娃，你要看'拿闹'现在成了'炒面头'，可我是循化人，是地地道道的瓦匠庄人！瓦匠庄，知道啦？托坝和草滩坝中间的庄子。还有一个蛤蟆泉，清秀着清秀着，干净着干净着，果子树、尕海（杏子）树们多着多着。循化解放的时候，我们瓦匠庄差一点点就成了县府所在地。我们瓦匠庄人会种菜水，尕萝卜、羊角葱、白菜、菠菜、韭菜、芫荽们香着香着，辣子、茄子、菰子、黄瓜、菜瓜们嫩着嫩着……我们瓦匠庄人老八辈，善良、厚道、仁义，出了烧砖瓦的匠人，也出了好多很人……"老人生怕我没有印象，极尽所能地向我描述瓦匠庄的地理坐标、土特产品以及乡风民俗、乡老名宿，用了一连串重叠的词语向我炫耀他老家的物产。

我知道，循化的瓦匠庄、托坝、线尕拉、沙坝塘是号称"中原四庄"的回族聚居村，民风淳朴，人才荟萃，出了很多人品好、学问好、人缘好、家风好的"很人"。我想，绽委员一定是瓦匠庄绽家门下的一个"很人"。

我告诉老人，我曾经在循阳当过"戴帽子中学"的语文老师，瓦匠庄有很多我的学生。我对瓦匠庄有很深的感情，还缘于我的母亲就是瓦匠庄的女乡，有不少的亲戚一直在走动。"啊哟哟，我们远是远嘛还扯着亲戚关系哩。"老人听我一说，高兴得不得了。

看得出来，老人一辈子背井离乡在外漂泊，行囊里全是化不开的乡愁，这让我顿生亲近这位老乡亲的愿望。

老人告诉我，时年七十又二的他担任省政协特邀委员已经三个年头了。

## 二

省政协藏龙卧虎、出将入相，是大智大仁者的汇集之地。尤其是特邀委员，个个都是"一本厚书"。我想，绽永贵委员能和这些"能人""高人"同聚一堂共商国是，一定有其特殊的背景和非凡的经历。

一次委员活动日的午餐小聚，为我打开了一条探视"绽老故事"的小径。

几杯香茗让几个"历史老人"笑靥如花，话匣子一经打开就收不住了。绽福寿先生神情骄傲地给我"赞"他的堂兄绽永贵："你甭看我这个阿哥现在邋里邋遢的样子，当年'吃粮'的时候可是一表人才，他才是我们绽家出的很人！马步芳在河西走廊俘获的苟秀英、王定国后来跑了，谁帮的忙？就是我的老哥绽永贵他们！苟秀英是谁？是张琴秋，张琴秋是谁？是西路军的组织部主任，解放后当了纺织工业部副部长。王定国是谁？是'延安五老'之一谢觉哉的夫人，现在当了全国政协委员！还有一起跑出去的杨万财也在天津当了部队的大官！我这老哥可是与共产党、对西路军有情谊的人！"绽福寿这么说着的时候，绽永贵老人的眼角里早已闪开了泪花："还是共产党好，重情谊，讲义气。多少年前的事情，人家一直记在心上，还把我的晚年安排得这么好。共产党的恩德我真的报不完啊！"

一边是马步芳部队里曾经的参谋处长，一边是西路军将领张琴秋和王定国，一边又是与共产党肝胆相照的政协委员，当这些不同的印象在我的脑海里交替出现时，绽永贵老人的双重人生，对我来说是神一样的存在。

三

绽永贵的父亲叫绽福元，循化瓦匠庄人。出身寒门，却做得一手好饭。1906年，马麒升任循化营参将，绽福元即被雇佣到马府当厨师，兼做担水、劈柴、喂马等各样杂活。因为为人忠厚老实，手脚勤快，加上有绝技手艺，深得马参将的赏识。1912年，马麒被北洋政府任命为西宁镇总兵，继而又做了青海省主席，成了青海的"土皇帝"。一路追随的亲信中，善带兵不怕死的被委以营长、团长；有些文化的被擢拔到各部门当了课长、处长；老实巴交的绽福元一直跟在马麒身边近身伺候。及至马麒之子马步芳主政青海，绽福元依然在马家府邸当差，帮着打理碎小杂务。

绽永贵长到七八岁时，显露出超人的聪明智慧和机敏。父亲担心放在乡下会荒废孩子，将他从循化带到西宁就学。老实巴交、大字不识的绽福元给爱子起了一个高大上的名字：永贵，永远的永，宝贵的贵。

由于父亲常年在马府当差，绽永贵随意出入马公馆，整天与马步芳的儿子马继援、外甥马呈祥们厮混，一来二去竟成了莫逆之交。

1925年，绽永贵从西宁第一中学毕业。1928年筹备青海建省，次年正式建制，时年17岁的绽永贵即被新组建的建设厅招为秘书处录事。一年之后，绽永贵又被安排到马步芳部新编第九师参谋处当了上尉参谋。绽永贵说他从小喜好读书，厌恶行伍兵器，最见不得那些仗势欺人的兵痞戾气。只是军装还没穿到身上，他又被推送去江西南昌土木工程学校，专攻桥梁、道路、房屋设计与施工，这正遂了他想学一门实用技术赖以养家的心愿。他起五更睡半夜，勤奋苦读，三年后以优异的成绩毕业。回到西宁不久，技艺在身的绽永贵即被指定负责修建惠宁桥（今西宁小桥的前身）。惠宁桥工程甫通车，绽永贵又被派去黄埔军校第四期高等教育班接受培训。学习一年结束回到青海，分配在马步芳第一〇〇师参谋处当了少校参谋课（科）长，时年 24 岁。

# 四

话分两头。1936 年 12 月，中国工农红军第四方面军西路军政治部文工团在河西走廊永昌一带到红九军驻地慰问演出，不幸落入马步芳部韩起功骑兵的重围。一场险恶的遭遇战中，不少团员壮烈牺牲，幸存的 30 余名战士被敌人俘获，随即被押至西宁。其中，有服装舞台股股长王定国、音乐股股长杨万财等。马步芳放话"剧团有用，留下不杀"，又从其他被俘人员中将有特长、会表演的补充进来，使文工团人数增至 40 余人。尔后，文工团改名为新剧团。

新剧团由一〇〇师管辖，师参谋处中校主任赵永鉴任团长，绽永贵亦被安排辅佐赵永鉴管理新剧团。我问老人，作为负责修建西宁惠宁桥的工程技术人员，为什么让他去管新剧团的事？老人诡秘一笑说，"马步芳知道赵永鉴阴险刁横，派他去是为了放一个眼线，防备赵使坏手。最主要的是绽永贵忠诚老实，办事牢靠，接触马步芳的机会多，时间长了对马步芳的心思能揣摩个八九不离十。有些不便让赵永鉴知道的事，马步芳就私下里派绽永贵去新剧团办理，免了许多不必要的妨碍和掣肘"。老人说："赵碍于我和马公子们有勾连，虽然恨得牙长八尺却不敢太过嚣张。"

绽永贵长得俊朗、帅气，又有文艺天赋，擅吹口琴，演出时亲自登台伴奏，很快就与剧团的人建立了十分融洽的关系。王定国觉得绽永贵足智多谋，胆识过人，重情谊，讲义气，最主要的是虽然身在敌营，却心地善良，有正义感，于是慢慢把他当成了值得信任的朋友。

1937 年农历五月初五，是"宜嫁娶"之日。团员杨万财和赵玉贞在新剧团"喜结良缘"，作为"大哥"的绽永贵特意送了一包水果糖和一瓶五加皮酒表示祝贺。据绽永贵讲，喜欢照相的他还与"新郎新娘"和新剧团全体团员照过一张合影，可惜照片在解放后被捕入狱时被公安局抄走，从此没了踪影。

虽然过了半个世纪，绽老依然可以顺溜地叫出新剧团许多人的名字，如女团员有王定国、宋时华、孙桂英、党文秀、黄光秀、赵玉贞、陈淑娥、苟秀英、苟先珍，男团员有杨万财、秦永侯、吴绍凯、赵天林、李含炳、古德月、牙狗子、德娃子等人。他说那些人的长相面貌、说话唱歌的声音、跳舞的姿态，依然清晰地浮现在眼前。

日子长了，绽永贵和文工团们越来越熟悉了，有了信任，也有了感情。既是要好的朋友，又像家里的亲人。他们遇到难事都叫绽永贵帮忙，有时遇到有人故意找碴刁难，绽永贵也主动从中斡旋调停。绽永贵说他是个学土木工程设计施工的技术人员，没听过打西路军的一声枪响，没听过共产党的一句红色教育。脑子里没有任何"革命"的意识，只是非常同情这些和自己一般大小的被俘人员，担心他们受到欺辱和杀害。将心比心，他们在生死的关口上，能帮一把，是做人的本分。万一能救他们逃出火坑，也算是为自己攒了一份后世的善功。

到了后来，绽永贵才知道王定国、宋时华、孙桂英、杨万财等人其实都是共产党员，后来被他们设法弄到新剧团"做饭"的苟秀英，更是西路军大名鼎鼎的将领。绽永贵发现这些红军战士虽然身陷囹圄，但对共产党的红心始终没有变。他们把舞台当成了战场，利用演出的机会，巧妙、机智地与马步芳展开斗争。比如，他们演戏时把骂毛延寿的一段唱词改成"骂一声蒋介石，你是卖国的奸贼……为何投降日本……"他们还因为一再把赵永鉴改过的歌词"国旗飘飘"唱成"红旗飘飘"，气急败坏的赵永鉴要下狠手收拾他们，幸亏有绽永贵从中斡旋调停才得以了事。

老人还给我讲述了一段趣事。某一年白崇禧来青海视察的时候，马步芳在西宁关帝庙设宴款待。新剧团被调来跳舞助兴，绽永贵也奉命为她们吹琴伴奏。跳舞过程中，女演员党文秀以"鞋子又大又重，旋律又快又急，我木得法子"的借口，在踢腿时把鞋子甩到了前排的长官席上，不偏不倚落在白崇禧和马步芳座位之间的茶几上，打得盖碗茶七零八落，洒了一身汤水的白崇禧以为是谁扔了手榴弹，吓得心惊肉跳。诚惶诚恐的马步芳为了挽回面子，不久便指示手下将党文秀暗中杀害以取悦白崇禧。

老人说，他从小仰慕威武不屈、贫贱不移的'很人'，因为没有信仰的人做不到这样。看到掉进虎口的红军战士理想信念不改，他最初的怜悯和恻隐之心，渐渐地变成了对他们的敬佩和敬重。

# 五

因为与新剧团走得勤，人熟稔，绽永贵也认识了不少在其他地方服苦役的西路军战士。戚永洁是西路军的医生，被俘后放在马步芳的"八大工厂"之一的皮毛厂里撕羊毛。绽永贵不时借着自身的便利，偷偷带些吃的、用的去看戚永洁。一来二去，戚永洁被绽永贵的善良和正义所感动，绽永贵也爱上了纯洁美丽的戚永洁，不久，永贵和永洁结成了夫妻。

戚永洁成了绽永贵的老婆，不用再服苦役，身心也有了相对的自由。应该说，戚永洁是被绽永贵解救出来的西路军被俘战士。从那时开始，戚永洁经常用各种方式给绽永贵灌输革命的道理，劝他利用自身的便利条件帮助和照顾这些被俘人员，至少做到不虐待、不欺负、不打骂，在可能的时机下还要设法营救，帮助他们逃离虎口。戚告诉绽永贵，杨万财和赵玉贞其实是一对"假夫妻"，他们"成亲"是为了"将计就计"应付马步芳"没有虐待俘虏"的虚假宣传，其实是以"小家庭"的名义蒙蔽敌人，保存革命实力。戚永洁甚至悄悄告诉丈夫，和她一同在羊毛厂里撕羊毛、服苦役的苟秀英，真实姓名叫张琴秋，是西路军政治部的组织部长，是著名的红军将领。那时候马步芳知道张琴秋已被俘获，《河西日报》也刊登消息称"西路军政委、军政委员会主席陈昌浩夫人张琴秋被擒解青"，说她在"俄国留过学，精通五国文字，现年三十岁左右"云云。只是不知道押往西宁的被俘女红军中哪个是张琴秋，正在想方设法甄别被俘人员的真实身份，情况十分危急。戚请求丈夫设法保护并尽力营救苟秀英及其他没有暴露身份的共产党员。

对戚的请求，绽永贵二话没说就答应了，几经斡旋之后，果然将苟秀英以"给剧团里的北方人做面食"的名义调到了新剧团。有人监视时，苟秀英假装洗菜刷碗，没人时就让她调养身体。"马步芳没有想到张琴秋会混在吹吹打打、唱唱跳跳的剧团里。"绽永贵在讲述这些往事时，眼神里不时闪过一丝得意与狡黠。

后来，由于叛徒出卖，苟秀英及红九军被俘干部吴仲廉的真实身份还是不幸暴露。因为张琴秋身份显要，马步芳不敢擅自处置，遂派国民党青海省党部特派员、军统特务李晓钟和复兴社特务原春晖，将张琴秋连同被俘的红九军干部吴仲廉、陶万蓉三人押解至南京"邀功请赏"。

张琴秋被解走后，马步芳加大了对被俘人员的监视和虐杀。绽老告诉我，有一次他从中校副官马正虎那里得悉马步芳正在准备批准一份拟活埋、暗杀被俘人员的计划。他急速赶到新剧团，要她们小心提防，见机行事。由于情况紧急，绽永贵又来到文工团员们的住处，与她们秘密商议，与其坐以待毙，不如伺机逃离。绽永贵还为他们设计了出逃的路线和应急的方案，只等时机一到就放她们逃离。

时间很快就到了1937年的端午节，绽永贵私下里为她们筹措了一些钱粮，只等一个好的时机就帮她们逃离魔窟。谁料到马步芳先动了心机，端午节第二天便突然决定将王定国等人解至驻防张掖的韩起功部关押，这样一来，逃离计划便落了空。是日，绽永贵来到王定国的住处，将事先准备好的干粮、鞋袜等一应碎小塞到她们手里，说好全程护送她们到张掖。随即王定国一行被押离西宁，绽永贵也自带护兵一路陪送。翻过达坂山行至门源青石嘴地方时，押解的士兵心生疑惑，遂以"事关重大，长官有交代"为由，让绽永贵就此留步返宁。绽不便坚持，遂将一摞银圆塞给王定国，说此去张掖，不知是福是祸，让她们一路多加小心，保护好自己，慎重行事，静待时局变化。

我问绽永贵老人，"当年你虽然是工程技术人员，但毕竟是马步芳的少校参谋，给王定国这些共产党员通风报信，又密谋帮她们逃走，还要亲自护送她们去张掖，你不知道这有多危险吗？"绽老说："说我叶子麻胆子大不怕死，肯定是假的。谁不知道这是脖子上挂镰刀的危险活啊！说我父亲一直在马家府邸打杂做佣人不假，说我是马公馆里长大的也是真的。但是，军阀们的心思哪有卡码？翻脸就要命的事太多了。万一出了麻烦，谁也保不了我的脑袋不落地。"老人又说："人心都是肉长的，我不能眼睁睁地看着她们被折磨死。我打算护送她们到张掖，就是担心有人在山高人稀的扁都口对王定国们暗下毒手，没想到有人也怀疑我半路做手脚放走王定国，因为谁都知道我与王定国们走得近……"

绽永贵心里一直放心不下张琴秋、王定国们的生死安危，但又不敢明着打探，后来拐弯抹角向带点姻亲关系的韩起功部下打问，也仅仅得到"沾了国共合作的光，被共产党打捞走了"16个字，更多信息一概未知。不过，战士们既然已经回到了共产党的怀抱，绽永贵悬着的心也算落到了实处。

# 六

1942年，马继援赴重庆学习，马步芳担心儿子寂寞，遂命令参谋课长绽永贵和赵佩（曾任国民党立法委员）飞赴雾都陪马继援读书。一年后，学有专长的绽永贵奉调回青，被安排在建设厅担任青新、青藏公路二段总段长，负责这两条公路的改善工程，至青海宣告解放。

迎来新生的绽永贵对共产党领导的新生活充满新奇与向往，憧憬着要用学到的土木工程技术为民族、为地方做些贡献。没想到，1951 年 3 月 1 日军管会一纸通令将其收至西宁市管制训练班接受强制教育。不到一年，他即以"私藏枪支，拒不交公，打击民兵，拒绝民兵清查户口"的罪名被判处 10 年徒刑。

在监狱遭受了 6 年多的刑罚之后，绽永贵于 1957 年被提前释放。当绽永贵背着破烂的行李卷，踉踉跄跄回到家时，屋里尘土蔽地，空空如也，老婆不知去向。经打问，才知道盼夫无望的戚永洁回了四川阆中县戚家沟二龙场的老家。

在那个特殊的年代里，与绽永贵结为夫妻的戚永洁躲过了他人的欺凌和折磨。而绽永贵被捕入狱后，街坊邻居的白眼歧视却让她不堪忍受，有关部门三天两头的盘问和长年累月的监视更让她倍感屈辱。对老婆的凄凉离去，绽永贵是理解的。他说，我们是夫妻，但她首先是红军战士。我不忍心让一个红军战士跟着我这个历史"罪人"遭受屈辱。当年结婚，是我解救了她，现在她走了，也算是我继续救她吧。

归无所归、依无所依的绽永贵被安置到西宁市砂石场就业，一辆大板车、一把大铁锹，是他赖以活命的工具。原本人高马大的绽永贵在监狱里被折磨得皮包骨头，在砂石场，他就像一头毛驴，整天和砂子、石块、土方缠在一起，挣死扒活地干，挣的工资也只够他一个人勉强糊口。

1960 年，砂石厂解散，绽永贵以"历史渣滓"之名被赶到湟中县三合公社当了农民，4 年后又被赶回西宁市郊的中庄乡褚家营村，成了地地道道的庄稼人。

1974 年幸遇"落实政策"，老人被允许迁回西宁市城东区下北关 195 号。表面上看，绽老过上了每月有 28 斤口粮供应的城市居民生活，其实，每个月都得找熟人借钱才能 3 斤 5 斤地把面从粮店买回来。在这段日子里，绽永贵又组建了新的家庭，因为生活难以为继，加上这样那样的不顺意，时间不长，家庭破裂，绽永贵又过起了孑然一身的日子。

绽永贵老人说："这几十年我就像一片漂在河面上的枯树叶，随着波浪翻滚，跟着旋涡打转。眼睛睁着哩，看去时黑着哩。脸上笑着哩，心里的血淌着哩。人啊，一旦没有了自由，连个牲口都不如……"

七

1982 年，绽永贵迈入了古稀之年。这一年，对他来说是一个意义非凡的年份，老人的日子从此苦尽甘来。或者说，老人从一个人见人躲的"残渣余孽"一跃成了共产党器重的爱国民主人士，开始过起了扬眉吐气的日子。

三、四月间的某一天，一封从全国政协办公厅寄出的挂号信送到了老人手里，信封上写的是"绽永贵先生亲启"，字体端庄、秀丽。老人捧着信却迟迟不敢打开。回想自己后半生过的是被关押、挨训斥、受歧视的日子，怎么会与全国政协有关联？老人小心翼翼地打开信封。信内有两页纸，老人顾不上读正文，急忙先看落款。不看不知道，一看差一点被"惊掉下巴"。写信人竟然是当年新剧团的王定国和杨万财！

这些老红军战士还健在！她们还记着我！老人强捺住狂跳的心脏，一字一句读起来。王定国在信中说：

绽永贵先生，你还记得我吗？我是一九三六年至一九三七年在青海一〇〇师剧团里的王定国。你当时是保护我们的，常常为我们说话。有一次晚上，赵永鉴打我们，你还同他吵了起来。在物质上你也多次帮助过我们。过冬时，你为我们买过一双棉鞋；去张掖时，你来送行，还给我们二十块白洋作为盘费……

杨万财在信里这样写道：

你这几十年可好吗？这几十年，我和定国同志经常谈到你在革命低潮时对我们的帮助。想到这些，我们是很感激你的……

未及读完，老人早已涕泪纵横。老人告诉我，当他一字一句读完这封信时，有一股暖流在全身汩汩流动。看到这些熟悉的笔迹，读着这些暖心暖肺的话，他的第一个感觉是"共产党惦念着我绽永贵！"

不久，王定国和杨万财又分别来信，盛情邀请绽永贵先生到北京做客，她们已经做好了相聚的安排。

是年5月，老人东凑西借凑足了路费，一路春风踏上了开往北京的列车。与此同时，杨万财和陶万荣也分别从天津和大连赶到北京，在王定国的家中等候老人的到来。

回想当年，一边是身陷囹圄的红军战士、共产党员，一边是马步芳军营里的少校参谋，这不共戴天的敌人却在那个特殊的年代、特殊的境遇里建立了生死攸关的情谊。35年杳无音讯，今夕故人得以相逢，几位白发老人抛洒幸福的泪水，畅谈战友情、朋友情，从白天聊到天黑，又从夜晚聊到天明。

绽永贵知道了王定国等战士被转押至张掖不久，即在八路军兰州办事处党中央代表谢觉哉的斡旋之下，被成功营救回到了党的怀抱。后来，王定国与谢觉哉结为夫妻。按照党的指示，王定国同志北上延安，先后担任了延安市妇联主任、中共中央法制委员会党支部书记、华北人民政府司法部机要秘书等职。全国解放后，王定国同志先后担任了中央人民政府内务部机要科科长、最高人民法院党委办公室副主任等。后来被调入全国政协办公厅，担任谢觉哉副主席的秘书。与绽永贵再度见面时，王定国已经是全国政协委员。

在张掖一带失散的西路军战士的生死安危一直是王定国放不下的牵挂。这些兄弟姐妹们有多少还活在人间？他们的红军身份是否得到党的承认？他们的生活是否得到有关部门的妥善安置？王定国常常为此寝食不安。

1981年，69岁的王定国老人以全国政协委员的身份，重走河西走廊段，翻乌鞘岭，进张掖，过金昌，穿酒泉，抵嘉峪关，一路追寻探访失散战友的下落。在各级党和政府认真负责的调查核实后，王定国同志掌握了西路军失散战士流落河西走廊、青海的情况和人员名单。其中，马步芳的少校参谋绽永贵也列在王定国同志的追寻名单中。

绽永贵还知道了张琴秋被国民党解往南京不久，即被中共驻南京办事处的中央代表周恩来、叶剑英成功营救。张琴秋回到延安后，担任了抗日军政大学女生大队大队长、中国女子大学教育长等。新中国成立后，张琴秋担任了纺织工业部副部长，长达20多年。不幸的是这样一位功名卓著的西路红军领导人，走出了敌人的枪林弹雨，却殒命于"四人帮"的残酷迫害，终以跳楼的壮举捍卫了自己的一世英名。当年和张琴秋一起被押解南京的吴仲廉也在"文革"中被迫害致死。

绽永贵还听杨万财（其时已改名杨林）谈起当年与赵永贞"结为夫妻"的事情，原来是按照王定国等几个共产党员的共同研究决定，是对付马步芳迫害被俘人员的权宜之计。杨万财还笑说当年一场"假夫妻"，竟然"骗"了绽永贵的好酒、好糖。后来，杨万财被编入马步芳骑兵暂编第一师，随军东下参加抗日。兵至西安，该师参谋长赵仁心生同情，暗中应允杨万财带上枪、马驰离部队。杨万财一路飞驰到了革命大本营延安。当与绽永贵再度重逢时，杨林已是天津驻军某部的政治委员。

绽永贵也详细讲述了自己这几十年人不是人鬼不是鬼、见不得日头见不得人的悲惨经历。

回首峥嵘岁月，几位劫后幸存的老人几度哽咽，几度潸然……

# 八

绽永贵在北京逗留的几天里，王定国在北京的几个儿女都来看望这位对母亲有过救援之恩的老人。他们先后陪着绽永贵老人游览了天安门广场、毛主席纪念堂、人民英雄纪念碑及故宫、八达岭长城等名胜古迹。王定国、杨林和陶万荣还各自拿出一些钱送给老人做回青的盘费。说老人当年冒着掉脑袋的危险，给她们20块白洋送行。今天她们代表牺牲和健在的西路军战士把钱还给老人。王定国的儿女们还为绽永贵老人买了很多礼品，有滋补药品，有老人喜欢的香烟以及生活用品。绽永贵说他最喜欢的还是皮夹克和风衣！那件风衣，是王定国的二儿子、著名电影导演谢飞专门比照那些年流行的日本影星高仓健穿的风衣款式买给老人的。

难怪只要是政协开会，不管晴天雨天，老人总会轮换穿上这两件"有故事的衣服"庄重地进入会场。老人知道它们在他心里的分量。

◎王定国、杨林同志手迹　（青海省委统战部 提供）

## 九

绽永贵老人带着满满的幸福回到了西宁，可是王定国、杨林的心里却有一块沉重的石头吊着，老人的晚景让他们心酸，更让他们不安。

很快，王定国和杨林手写了一封信，送到了国家民委常务副主任胡嘉宾同志手中：

胡嘉宾同志并转国家民委：

关于青海绽永贵的情况，向你委予以反映，望能得到适当对待。

一九三七年，红四方面军西路军在河西走廊失利后，新剧团人员集体被马步芳部队停去，四十多名红军人员押送到青海西宁，其中有四方面军西路军组织部长张琴秋同志（解放后任中央纺织部副部长）。在敌营遭受种种虐待，还要掩护张琴秋同志不被发现缉捕。这时，在敌营任参谋的绽永贵，出于同情革命同志，便千方百计设法保护。他是负责修建桥梁工程的，被停补充团人员由他带领管理，但从不打骂红军人员，逃跑的也不追不抓，有时还给资助路费。后来敌人发现我党在西宁的活动，突然将王定国等十几个同志送往张掖。绽永贵得知此事后，亲自送这批人员到离西宁很远的地方，并送给他们一些白洋作路费。后来，绽永贵和我红军人员戚永洁同志结了婚，知道了被停人员苟秀英就是要通缉的张琴秋，还有几名党员，他都设法保护，未被发现。其中还有陶万荣同志。

现在，绽永贵已七十多岁了，是回族人，十年动乱中受到很大迫害，生活也很困难。根据这些情况，我们认为应当给予政治上和生活上适当的照顾，以有利于党的民族团结。因此，请你委批示青海方面予以解决。顺致

敬礼

王定国（盖章）

杨　林

一九八二年七月二十日

胡嘉宾很快将王定国的来信呈送国家民委主任杨静仁：

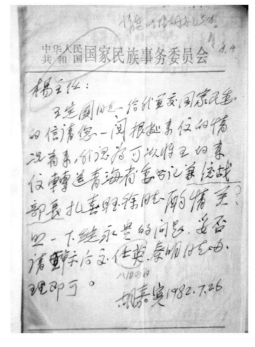

◎胡嘉宾同志手迹 （青海省委统战部 提供）

杨主任：

王定国同志给我并交国家民委的信请您一阅。根据来信的情况看来，我认为可以将王的来信转送青海省委书记兼统战部长扎喜旺徐同志酌情关照一下绽永贵的问题。妥否，请审示后交任英、秦明同志办理即可。

8月4日，杨静仁主任和任英副主任圈阅此信。同日，秦明副主任批示：

请盘哈按胡老意见办。

根据领导指示，8月6日，国家民委人保处给青海省委书记扎喜旺徐致信，称：

王定国、杨林二同志给胡嘉宾同志并转国家民委的信，反映了绽永贵的情况及要求。静仁和嘉宾同志指示，要我们将信转给你，请你批示有关部门办理。

8 月 11 日，扎喜旺徐在王定国的来信上批示：

请海峰同志阅批，方新同志研究适当办理。

1983 年 3 月 15 日，根据扎喜旺徐的指示，省人大、省政协人事安排小组研究决定将绽永贵先生安排为青海省政协第五届委员会委员。

至此，在国家民委杨静仁，青海省委扎喜旺徐、赵海峰等领导的关心和支持下，绽永贵先生的政治待遇得到了解决。

枯藤发了芽，铁树开了花，从社会最底层一跃成了堂堂的省政协委员，这让绽永贵老人乐得合不拢嘴。他逢人就说："没想到我早年间为共产党帮了一些小忙，却被共产党记了一辈子的恩。共产党好，王定国好，重情谊，讲义气，给了我这么高的政治待遇。和张琴秋、王定国、杨万财们比，我算个啥？在牺牲了年轻生命的那么多红军战士面前，我真的受之有愧啊！"

十

秋菊傲霜的 9 月，刚刚迈入古稀之年的全国政协委员王定国老人重返高原古城西宁。踏进 47 年前的囹圄之城，她不忍目睹那依稀斑驳的旧时模样！老人此行是专门为探寻、走访当年散失在青海的西路军战士而来。为他们呼吁确认红军身份，为他们协调解决生活中的困难。协调、解决绽永贵老人的生活待遇问题，也是王定国此行的重要内容之一。

9 月 23 日上午，王定国老人在青海省政协主席沈岑和省委统战部有关领导的陪同下，踏进了西宁市城东区下北关 195 号，这里是绽永贵委员的家。

北京一别仅隔 100 多天，两位老人又在西宁相逢，欣喜之情自不待言。这是王定国早已安排好的议程，她要亲眼看看这位老朋友真实的生活状况，帮他走出窘境。而

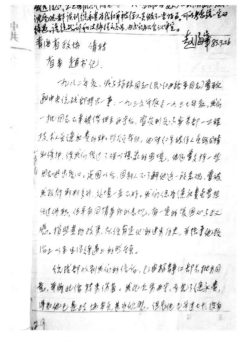

◎王定国同志手迹 （青海省委统战部 提供）

对绽永贵来说却是天降惊喜，他不知道王定国要来青海视察工作，更想不到她会带着省政协和统战部的领导亲自登门看望自己。

王定国仔细询问了绽永贵先生的家庭情况和需要组织上帮助解决的困难。看到老人孤苦伶仃，家徒四壁，日子过得十分凄凉，王定国数次转过身，对着无人处擦拭眼角的泪水。我曾跟绽永贵求证这个细节，老人说王定国和沈岑主席从心底里同情、关心自己，心里酸得压不住，也跟着王定国哭了起来。绽永贵说他一直忘不了王定国离开时对他说的话："绽委员，希望你在晚年继续为党和政府多做工作。相信党和政府，好日子一定会来的。"

当晚，王定国老人在胜利公园驻地伏案疾书，给青海省委书记赵海峰同志写了一封长信，呼吁省上有关部门妥善解决绽永贵委员的生活困难：

青海省政协请转省委赵书记：

　　一九八二年夏，我与杨林同志（原红西路军同志）曾致函中央统战部一事：一九三六年底至一九三七年夏，我们一批同志不幸被俘押至西宁后，曾受到原马步芳部一工程技术人员绽永贵的种种照顾和帮助。他对红军被俘人员的同情和保护，使我们度过了难以想象的困境，他还曾支持一些同志逃出虎口。新中国成立以后，因别人不了解他这一段表现，曾被我政府判刑多年，处境一直不好。我们认为绽永贵虽曾担任过伪职，但早有同情革命的表现，有一定的爱国心与正义感。按照党的政策，应该肯定他的进步历史，并给予他政治上以至生活上的照顾。

　　统战部收到我们的信后，已由杨静仁部长批示同意，并将此信转来你省。我此次来西宁，重见了绽永贵，得知他已是政协委员，甚为欣慰。但是他已年过七十，没有固定收入，生活十分困窘，特请你们考虑能否每月给他适当的经济补助，使其维持生活。另，他与妻子早已分居，多年孤身无靠，有一女儿随其母住在西宁东郊储家营，他希望将其女儿的户口迁至市内，同自己住在一起，以便照顾日常生活。这二点如能解决，他将更为感激党和政府的关怀，对统战工作也十分有利。

　　以上意见，仅供参考。致以

敬礼

　　　　　　　　　　　　　　　　　　　王定国　于西宁

　　　　　　　　　　　　　　　　　　　　1983.9.23

三天后，赵海峰同志即在来信上作了批示：

　　应选同志（时任青海省委统战部部长——编者注）：王定国同志（谢觉哉

同志的夫人、全国政协委员）此次来西宁，向我和沈岑同志谈到绽永贵为我红军被俘人员做了一定好事。可以考虑给一定的待遇。请统战部和政协提出意见，由书记办公会议审定。

赵海峰

1983.9.26

赵海峰同志的指示迅速得到了贯彻落实。经省委统战部与省政协会商，1983 年 10 月 4 日，青海省委统战部以青统发〔1983〕148 号文给青海省委报告关于省政协委员绽永贵驻会、定级的意见。

11 月 10 日，省委召开书记办公会议，研究并同意省委统战部《关于省政协委员绽永贵驻会、定级的报告》。隔日，书记办公会议以通字 120 号文通知省委统战部，同意安置绽永贵为省政协驻会委员，其工资级别为行政 22 级。

至此，在王定国、杨林、杨静仁、胡嘉宾、任英、秦明、扎喜旺徐、赵海峰、沈岑、韩应选等中央和地方高层领导的亲自呼吁和关心支持下，绽永贵先生的政治待遇和生活安置都一一得到了圆满的解决。

一个从马步芳阵营走过的古稀老人，能得到我党这么多高层领导的关心和帮助，在如此短的时间里被安排为省政协委员并且驻会，绽永贵先生是少有的特例。这体现了我们党对爱国统一战线工作的高度重视，更体现了人民政协不忘老朋友、广交新朋友、深交党外朋友的优良传统。

"我从一个'人下人'能有今天'人上人'的待遇，这是梦里也做不来的事情。我余生不多，要竭尽所能报答共产党的恩情。"绽永贵先生如是说。

# 十一

人民政协是共产党领导的多党合作的统一战线组织，是委员之家。绽永贵先生1983 年初被安排为委员，刚过半年即被安排驻会，1988 年又当选为第六届省政协驻会常委。考虑到年龄、健康等原因，组织上没有给他安排具体的工作。老人喜动不喜静，加上家里只他孤寂清冷一个人，他总是没事当有事地前往大什字政协机关老伙计们的某间办公室，在烟熏火燎中谝上一阵闲传。

绽永贵先生喜欢抿两口小酒，好像也只是偶尔为之，我从没见过老人酒后失态的样子。真正叫我叹为观止的是老人的嗜烟如命。按当时的条件，老人抽的都是档次不高的"海河""青鸟"之类，但数量很大，口袋里随时都会有两盒以上，以备不间断的接续。

接触多了，我发现平时寡言少语的老人，其实是一个随心、随性、活泼、开朗的"活宝"。即便在受尽磨难的岁月里，他依然乐观、豁达，强忍筋骨疼痛却想着法儿寻找属于自己的乐趣。及至老年，虽然瘦成了精猴，牙齿掉光光，但说话依然是满满的幽默和风趣。但凡有他的场合，总是笑话连篇，欢声笑语，此起彼伏。绽福寿先生常常拿他的堂哥绽永贵调侃说："我和他是绽家大门里出来的两兄弟。我有儿子，但没有胡子。他有胡子，但没有儿子。我们两个都在马步芳部队里混过事，现在又都是政协常委，都是一条板凳上的贵客。"绽永贵也说："我俩人算是一门两将，一个核桃分成的两瓣。"

# 十二

20 世纪 80 年代中期，改革潮涌，百废俱兴，政协监督协商、建言献策的大事多、要事多、急事多，难事更多。记得那时政协全委会一开就是 20 多天，中间还组织委员到厂矿企业参观考察，有时甚至休会一半天让委员们休整放松。常委会议开得更勤，每次开个十天八天也是常有的事，因而我也总有大段的时间在西宁宾馆做会议小组秘书。

政协开会讲规矩、讲规范、走程序，讨论发言必须记录存档，还要根据记录整理成简报，呈送领导掌握舆情，把握导向。简报是会议的一面镜子，领导高度重视，委员们也格外看重。发言上了简报，这是身份，更是待遇。

与委员们发言时的踊跃、积极反差明显的是绽永贵委员的内敛和沉稳。这位场外十分活跃的老人一进入小组讨论室，便瞬时安静沉稳下来，只顾埋头抽烟，几乎听不见他的声音，更别提发表什么意见了。可是，这样好吗？记录本里没有发言，简报里不见名字，领导会怎么看？委员们会怎么说？我隐隐担心。"发言，发言，不会发言，只会抽烟"，这是机关里早就流行的揶揄之辞，尽管说的是政协刚刚恢复时的某种状态，但我不想让我的老乡亲成为真实的笑柄。

思谋再三之后，我替老人干起了"无中生有"的营生。先是把绽永贵的名字连缀在发了言的人名之后，佯装绽永贵委员也发表了大意相近的言论，其实，"甘露均沾"只是为了遮人耳目。但是，总是缀在别人屁股后面终究不是个事，于是我索性当起了"枪手"，以老人的语气写上一段高大上的话直接编进简报。如此隆重的会议，这样弄虚作假，当然不合适，但事出无奈，委员们见了往往会心一笑。老人自己看了，却是意外加了惊喜，高兴得不得了。每次看到简报中有他整段的"发言摘要"，他总会悄悄给我竖一下大拇指："你是特邀委员的'特邀秘书'。也是一个'很'人！"

我相信，这样的操作一定成了我和老人友情的润滑剂和黏合剂。

原先，我以为老人不发言，可能是顾忌到刚从社会最底层上来的人，与全省各族各界的精英们坐在一起共商国是，一时还不适应、不习惯。后来，腼腆的老人向我透露了他的心思，原来，他是不便发言、不敢发言。他说他虽然是驻会委员，但还有一条"尾巴"留在屁股上。我忙问缘由，原来是他当年被凭空捏造罪名判了10年刑，尽管提前3年多释放出来，但他一直在申诉撤销冤案。他说："这个又脏又臭的尾巴不割掉，我有什么脸面在人前说话？"我劝慰老人：白的不会变黑，迟早会还你清白。

4月底的一天下午，我在机关里遇见了绽永贵老人。他头剃得锃光瓦亮，说话高声大嗓门，精神好得很。老人眉飞色舞地说："我的劳改罪名撤销了！我被宣告无罪了！省高级法院上午刚刚判的。"绽老从此清清白白、堂堂正正做人了。我为绽老高兴！

从此，绽永贵委员爱上了发言，好像还上了瘾，抢着挤着要把"一肚子两肋巴"的心里话全部说完。不管大会小会，他总会掐住最恰当的时机发表自己的观点和想法，一路说来不带刹车，只是没有那些高大上的词语。事实上，老人来自社会底层，与街头巷尾的普通市民朝夕相处，熟悉基层的社情民意，了解群众的喜怒哀乐。所以，他的话接地气，有事实，有根据，都是老百姓想说却没处说、没机会说的真话、实话。他提的意见建议，都是政府一时顾不上办但必须要办的事情。这样一来，一些喜欢拿绽老"开玩笑"的人说，"以前的绽老是夹克风衣闪亮登场，现在的绽老参政议政、履行职责，'枪枪打在靶心里'"。老人听了，也回以玩笑："我父亲一辈子在权势人家当佣人，给我起个'永贵'的名字，就是指望我能翻身做个人前显贵的人。只有共产党才让我成了真正'永贵'的人，我总不能让共产党失望，总不能给我的先人丢脸吧！"

## 十三

绽永贵与王定国老人的联系一直在继续着。

1987年5月，王定国来信，再次邀请绽永贵到北京小聚。她甚至与杨林、陶万荣们商量好了，准备把绽永贵老人从西宁请到北京，再从北京接到天津，然后从天津接到大连，到处转转看看玩玩，让老人好好散散心。

收到邀请信，老人开心得不得了！他买了不少送给老朋友们的礼信，计划好了行程，准备择个好日子启程！可是，没想到就在要走的当口上，一起"突发事故"让老人的北京之行戛然而止。

那天，老人领了工资从政协机关返回家中，刚走进下北关巷口，却被一伙十二三岁的小混混撞翻在泥水中。这帮小混混满嘴"阿爷，阿爷"地叫着，有的拉胳膊，有的抬腿，有的扯衣襟，把老人"扶"进大院后飞散而去。老人哪想到口袋里的钱竟然被这群贼娃子们趁机掏了个一干二净。

听到此事，我们几个同事不禁义愤填膺，都说应该帮老人报警，即使用最温和的招数，也要找到小混混们的家长把钱如数找补回来。没想到老人竟然爽朗一笑说："使不得！万万使不得！我一个孤寡老人在下北关，没少受到左邻右舍的宽待和照顾。憨娃家们一时顽皮，就当我给他们的糖瓜钱罢了。再说，共产党拿我当贵客，每月的工资像泉水不断地淌着哩，不能为了那一点身外之物留下一世的笑谈。"

老人大半生在命运的激流中沉浮，尝尽了含垢忍辱、逆来顺受的苦涩，免不了有委曲求全甚至懦弱怕事的心境，让我感动的是，那瘦弱单薄外表下的善良之心！感恩、知足，豁达、宽容，是老人生命中淬炼而成的宝贵品质。

虽然遭遇了一次"劫难"，但老人美意未改，准备再启北京之行。他悄悄告诉我，政协的领导同情他的遭遇，已经答应给他解决路费。只是，此时老人的健康状况已经不允许他再出远门了，几经盘桓，终究未能成行。

## 十四

俗话说，是祸挡不住，越是担心，坏事便越会接踵而至。一次青海湖之行，差一点给绽永贵老人闯下天祸！

那是5月的一个周末，机关组织干部职工去青海湖游玩。因为鸟岛海拔高，领导劝老同志们不要参加，但平时难得出去的绽永贵老人执意不肯放弃。领导怕伤了老人的心，就勉强同意了。

绽永贵委员被安排乘坐一辆小中巴，领导考虑到我平时与老人接触较多，叫我跟随一路照顾。行至刚察县城，停车小憩。坐在后排的人纷纷下车抽烟、撒尿，唯有坐在前排靠窗户一侧的绽老悄无声息地斜倚在座位上。我询问是不是不舒服，他说头疼，气不够喘，浑身稀软。仔细看时，他脸色发白发青，嘴唇发黑发紫。听车上有经验的人说这是高原反应，得赶紧送医院输氧，我二话没说背起瘫软的老人就往路北的县医院跑。

接待病人的是一个本地大夫，说是院长，40多岁，老实巴交的样子。我们问这种情况要不要送老人到西宁，这位院长摸了摸病人的脉搏，翻了翻病人的眼皮，好像很有把握地拍了拍胸口，汉语夹着藏话说："噢呀噢呀，这样的事情天天有哩。害怕的没有，害怕的没有。"然后把老人安顿到病床上，一边手忙脚乱地安插氧气袋，一边宽慰我们："噢呀噢呀，再好啦好啦，再你们放放心心地鸟岛里玩去。再你们回来的时候接上是成哩。"我说我留下照顾老人。院长听了连连摆手："怕木各！关系木各！我专门坐到这里管这个老领导。再我是院长嘛，再我天天这样，嗯嗯，再我技术有哩，再我卡码有哩，噢呀噢呀。你们心放到肚子里走。"

我想刚察是北上鸟岛的必经之路，无数游客从此路过，高原反应的事天天遇到，这里的医生肯定会有足够的经验和技术。再说，院长知道病人是省政协常委，坚持要亲自护理，我没有不放心的道理。尽管这样，"怕木各"还是"怕有格"？一路上我悬着的心一直没放下来过。

经过这一番耽误，我们赶到鸟岛时天已偏午，先行的两辆大巴车上的人已经四散游玩去了。那时候鸟岛几乎没有管理措施，游客如入无人之境，有的在布哈河入口处垂钓，有的进入鸟岛捡拾鸟蛋，有的在鹭鸶岛上采摘野葱花。我顾不上欣赏美景，赶紧找到郑长荣副秘书长，汇报了老人被置留医院的事。郑秘书长听完汇报立马作出决定，叫我马上原路返回刚察医院，把绽老尽快带回西宁。为防万一，他安排跟随领导的保健张医生也一同回到刚察接绽老。

郑秘书长长期在青海湖周边的藏区工作，藏话说得比藏人还溜。他知道"高原反应猛如虎"，更清楚藏区当时医疗卫生的水平差得让人担心。我想，他的决定不会错。

## 十五

后来的事态让我对郑秘书长当机立断的英明决定佩服得几乎要五体投地了。

下午 6 点 20 分，我们火急火燎地赶到了绽老的病房。此时，那位热心的院长果然亲自蹲守在病房门口，手里拿着一本藏文书刊正在"呜呋呜呋"地念诵着什么。我心里莫名一惊，不会是院长在念经超度亡灵吧？急忙一看绽老，我差一点没吓出尿来！直挺挺躺着的绽老，面色煞白如土，白眼仁上翻，嘴角淌了一摊白沫。张医生赶紧掏出听诊器摸摸、听听，绽老的脉搏、气息已经十分微弱！再一看，鼓鼓囊囊的氧气袋还插在鼻孔里。

"这是输的第几袋？"张医生急问。

"老师，就这一袋，还没有吸完。"院长回答。

"这怎么可能！哪有六七个小时吸不完一袋的道理！"张医生赶紧查看输氧管线。不看不知道，一看差一点被气疯了！原来，输气管小夹板上的控制螺丝居然一直没有拧开！氧气袋鼓鼓囊囊，纹丝未动，也就是说，连一口氧气也没吸上的绽老，居然硬熬到了现在！

院长这才发觉自己闯了大祸！两手使劲拍着大腿原地打转："阿妈，阿妈，再我忘了开夹子！再我卡码里木来！"嘴里胡乱喊着，头上已经吓出了冷汗。

我们气不打一处来，赶紧把氧气袋阀门开到最大，一边七嘴八舌地斥骂惊魂未定的院长，一边七手八脚地挂吊瓶、抬担架，三下两下就把老人抬进车里，一脚油门踩到底，向着西宁一路狂奔。

昏迷之中的绽老，双眼紧闭，一声不吭，似乎没有任何知觉。车上气氛紧张，大家都屏住呼吸，默默地祈祷老人平安无事。

行至湟源大华时，海拔高度已经降下来不少，加上我们一直挤压气囊大剂量输给氧气，担架上的绽老竟然有了一点动静。张医生赶紧测量血压、心跳，说是正在好转。

等到又挤完一袋氧气时，绽老终于睁开了眼睛。虚弱的绽老躺在担架上，他摆手挡回了茶杯、盒饭，弱弱地说："小韩，给我点一支烟。"绽老想起了他的最爱，我们知道他已经过了大坎，绷紧的神经才放松了下来。不知是谁又调侃起老人来："绽老死里还没有逃生，却惦记着抽烟。这叫命大，烟瘾比命还大！"老人也回以调侃："我是属老鼠的，命硬。多少磨难都挺过来了，共产党保佑着，你们害怕什么哩。"

惊悚的鸟岛之行，吓了我一身冷汗，万幸的是，冥冥之中似乎有什么在庇护绽老挣脱死神。我向郑秘书长汇报工作，他先是表扬我服从命令听指挥，应变能力和协调能力还是可以的，毕竟带着绽老平安地回到了西宁。接着话锋一转，开始"收拾"起我来。说我大事当头不该抱有任何的侥幸，当初就该毫不犹豫地将绽老带回西宁，至少要留在医院亲自照顾。人命关天的事，严谨、小心、细致，千万不敢马虎。关键时刻自己要走脑子、有主见，不可完全听信那些事前拍胸膛、事后拍大腿的人。"绽老万一出了事，怎么给上面交代？谁担得起这个责任？"郑秘书长一席话，说得我脊梁发冷、发麻。

坦白地说，我在政协工作整整 30 年直到退休，受到的表扬无法记清，挨领导"收拾"这是绝无仅有的一次，但我心悦诚服，因为绽永贵非一般人也。

# 十六

晚上 10 点多的时候，我们回到了西宁。此时绽老已经完全恢复了健康，脸色红润，眼睛发亮，又说又笑，声音洪亮。张医生仔细检查了绽老的血压、心跳、呼吸、体温，生命体征一切正常，觉得没有必要送去医院了。随后，我和司机苗师傅就送绽老回他的家。

刚从死亡之门溜达了一圈的绽老居然辨不清自己在人间的家门！我们开车在下北关巷道里从西头到东头，又从东头开回西头，来来回回折腾了四五次，老人一忽儿指着窗外说"就是这儿，就是这儿"，一忽儿又说"这个不是，这个不是"，总也指认不清他住了十几年的小胡同。我扶绽老下车，让巷道里来往的过路人帮着辨认，结果几个小屁孩一下子就认出了老人。我猜这些满嘴"阿爷、阿爷"叫着的，或许就是擅长表演"好人好事"的小混混们。

巷道深处一个四合院的东北角二层木板房是老人的家。微弱的灯光下，除了被烟火熏得黑黢黢的四面板壁，好像再没见到什么像样的家具。给我印象最深的是，炕上或是床头上有一张辨不出本色的小炕桌，炕桌上有大小两样物件：小的，是一把大号的搪瓷茶缸，茶锈斑斑，黑咕隆咚；大的，是一个硕大的烟灰缸。确切地说，所谓的"烟灰缸"，竟然是一只废旧的油漆桶！桶里满满的灰烬都快溢出来了，而烟蒂很短也很少，是因为贫穷潦倒的绽老把每支烟都吸到不能再吸的地步；烟蒂少，是因为烟瘾很重的绽老习惯了一根续接一根，不致让火星熄灭。我不忍想象，多少个凄风苦雨的夜晚，老人就依偎在这个烟灰缸前，用星星之火慰藉孤苦冷寂的一生。

30多年过去了，绽老家的模样从我的印象中渐渐淡出，唯有那尊硕大无朋的"烟灰缸"似乎还在依依袅袅地散发着一丝生命的温度。

# 十七

1988年3月，省政协六届一次会议隆重举行。绽永贵委员在这次会议上当选为常务委员。他依然穿着心爱的小牛犊皮夹克和高仓健的风衣，火焰一样的领带依然系得板板正正。但是，我发现老人比先前更加清瘦孱弱了，举手投足间多了些迟缓和拖沓。我躬身问候，老人神情中有当选常委的兴奋，更多的却是疲惫与无奈。老人告诉我，身上不"受活"，力气没有了，心劲也没有了。全会开完之后，机关里很少看到老人踯躅的身影，更听不见他爽朗的笑声。不时有探望的人回来告知：绽老在家里静休调养，健康状况不是太好……

毕竟老人已经七十又五了，人可以不去寻事，要是病魔找上门来可是挡不住的。9月底的一天，绽老住进了医院，我得到消息连忙跑去探望。老人已经瘦得只剩了一把骨头，看见我来，他硬是睁开了眼睛，浑浊的眼神里似乎有了一丝亮光："小韩……我不成了，再起不来了……还是年轻好啊……好好干，乡亲，你是个'很人'……"老人的气息十分微弱，但翕动的嘴角处不时泛过一丝隐隐的暖意，垂危中的老人对生命的留恋和不舍，让我潸然！我紧紧地握着老人枯枝般的手，知道什么样的话语都无法留住这位即将远行的老人！

那时，我正兼任全国政协常委、省政协副主席松布活佛的秘书。国庆刚过，全国政协举行常委会，我陪松布常委去了北京。10月7日，我在友谊宾馆接到同事韩景兰女士打来的电话："绽永贵阿爷今天'无常'了。"

一个孤独的老人耗尽了浸透着爱恨炎凉、酸甜甘苦的天定气数，一个善良的老人终于可以在天堂享受永远的安宁和永久的高贵。

在听闻噩耗的第一时间，我竟然出奇地抑制住了将要夺眶而出的泪水。唯一的遗憾是，上苍没能给我机会送老人最后一程。

我曾专程去西宁市大圆山回民公墓拜谒绽永贵先生的坟茔。这块熟悉又陌生的山包看似很远很远，其实离我们很近很近。先行者们永久归宿的荒山野岭，长云低垂，秋风萧瑟，野草萋萋。云归云，尘归尘，万物归土。在千千万万座大大小小的坟茔中，我辨认不出哪一堆黄土之下掩埋着绽老先生的身骨和魂灵。

享年七十又五的绽永贵老人在人间连一块墓碑也没有留下，愿天堂永远有他高贵的身影！

## 十八

33年后的今天，瓦匠庄清秀依然，蛤蟆泉蛙鸣依旧。我到村子里走访，已经没有几个人能记得这位温顺祥和的老人。

　　这些年来，老人的侠胆豪气一直在叩问我的职业操守，我有义务有责任把老人有情有义、有胆有勇的壮举，把老人在屈辱和艰辛中度过的曾经、把老人最后时光中的温暖和喜悦，记载下来，存之于史，传之后人，让善良、正义、人性的光芒永远照耀世事人海。

　　差可慰人的是，我一直坚持用科学的眼光、艺术的语言，讲好"政协人"的故事，先后撰写了有关嘉雅活佛、韩梅亭先生、绽福寿先生等党外著名爱国人士的史料。而后，又有了这篇文字，借以寄托对绽永贵先生的缅怀之情。从激活记忆中当年与老人交集的每个瞬间到深入采访、挖掘更多的第一手史料，再到给拙文画上最后一个句号，可以说是我文字生涯中动情最深、流泪最多、费时最长的一次书写。十分感谢青海省委统战部支持和鼓励我撰写这篇缅怀文章，允准我查阅了老人薄薄却至关重要的档案，成为本文的核心资料。毕竟夙愿得偿，我心可以安矣！

　　文字难免苍白，心意犹觉绵长。愿故乡更多的后生晚辈记住，在循化，在瓦匠庄，在我们党的爱国统一战线阵列中，有这样一位令人尊敬的回族老人，他的名字叫绽永贵。

# 园丁之歌

YUAN DING ZHI GE

# 我的"教育世家"

绞海燕 *

我很幸运出生在一个朴实、忠厚的知识分子家庭。在唐诗宋词的惠风沐浴中长大，成为"教育世家"的一员。我家祖孙四代共有 11 人从事过教育教学工作，至今从教育岗位退休 5 人，还有 3 人在继续从教。我从教 30 多年，充分享受了"教师"这个职业带给我的富足和快乐。

◎绞秀先生（绞海燕 提供）

## 祖父绞秀

### 一、贫寒难改夙愿，睿智所向披靡

祖父绞秀（1916—2007），字实甫。听我父亲说我太爷在旧社会是个非常有名的阿訇，非常注重文化知识学习。在很多人寝食难安的年代，太爷坚持供我祖父三兄弟读书成人，实属不易。从我记事起的印象中，祖父性格随和，做事沉稳；为人低调、谦恭；生活勤俭、易知足；博览群书，满腹经纶；钢笔、书法、作文章都很精通，是县城里妇孺皆知的大好人。

祖父早年从循阳小学毕业后入青海昆仑中学读书，1939 年从青海昆仑高中毕业。

* 绞海燕，西宁市第三中学退休教师。

当时生活贫困潦倒，风雨飘摇。但祖父执念已定，一心想走从教之路，通过教育改变命运。毕业后在循化县积石镇瓦匠庄完小任教。几年后，经别人介绍，到民和县川口镇完小任教并兼教务主任。在民和任教期间，祖父一边刻苦自修，一边勤奋教书，为改变当时"雇人上学"的世风和贫穷落后的面貌，殚精竭虑，不遗余力，深得当地百姓的好评和教育长官的器重。1942年，甘肃省临夏县马全钦（积石山县人，清朝西北王后代，著名的民主人士，解放期间协助一野王震司令解放甘、青有功，被聘为"一野高参"）创办的私立魁峰中学（现为甘肃省临夏保安族中学）正求贤若渴，急需引进各类优秀教师，祖父即被当时教育促进会的马金星推荐到魁峰中学。在魁峰中学的7年，祖父做人谦恭，兢兢业业，勇挑重担，教学成绩优异，很快被聘任为学校校长，开始主持教学工作，并以马全钦先辈的字命名学校为"魁峰中学"。这七年，对祖父来说是振翅欲飞的七年。他先是不辞辛苦地摸底走访，逐一记录，然后一边挨家挨户动员适龄孩子入学，一边从西宁、乐都、民和、循化、永靖等地精心选聘教师，扩大办学规模，使魁峰中学声名鹊起，声誉颇高，逐渐成为当时甘肃省规模较大、质量一流的完全中学。

1949年解放前夕，中国人民解放军以排山倒海之势向西北挺进，时马步芳任西北行政长官，妄图负隅顽抗，到处拉夫逼款，闹得鸡犬不宁。魁峰中学风雨飘摇，师生几乎逃离一空。祖父独力难撑，遂打点行装，辞别万分器重他的马全钦，回到瓦匠庄老家。面对错综复杂的阶级斗争形势，祖父坦然面对，毅然投身于党和家乡人民的怀抱，和家乡人民一起，加入保家卫国的革命队伍中。同年8月，循化宣告解放，祖父喜出望外，期待为家乡、为创造幸福生活而效力。此时，郭若珍为军管会主任，一野兵团罗贯山师长向他推荐祖父是个"难得的教育人才"，郭主任便召见祖父并委任他为首届文教科长。起初，祖父对这"突然降临的信任"有点疑惑，当得知这份信任源于老友全钦推荐时，才放心地接受了重任。我清楚记得祖父说起这段经历时热泪盈眶。他说"是共产党给了我施展抱负的机会，我感谢共产党的知遇之恩"。既然选择了前行，就要义无反顾！这是人人皆知的"绽秀性格"："仰不愧天，俯不愧人，内不愧心"，是他的人生准则。

当时，全县只有 13 所小学，大多都在县城及附近黄河沿岸交通比较方便的村镇，设施简陋，校舍破旧，边远山村和牧区几乎没有学校。而且百姓慑于马步芳"共产党杀回灭教"的谣言，都不敢上学上课。全县学生名义上是 1462 名，教师 45 人，实际在校者寥寥无几，甚至名存实亡。祖父既是科长，又是科员，上下里外都是他一个人。他明白当务之急是动员家长和老师全员复课。他印了一沓又一沓要求复课的紧急通知，走街串巷，由近及远，由平川水地到野兽出没的山区，挨家挨户地请老师，请学生。

当时，马步芳在循化的残余势力依然很猖獗，时常啸聚山林，劫人劫财。听祖父说他有一次去做动员工作步行经过一座山冈时，被草丛里钻出的两个劫匪拦住了去路。问他是干什么的，祖父不卑不亢地回答说"请孩子们念书"！搜遍全身一无所获，最后问他叫什么名字，祖父说："瓦匠庄绽秀！"劫匪以"穷书匠，快滚"无趣而退。

通往边远山村的都是牲畜踩成的羊肠小道，傍山临水，云雾缭绕。祖父踽踽独行，没有车，无坐骑，来去百里，全靠两条腿。传说中的"大马儿坡""小马儿坡"还有"阎王边"都是陡壁之上的悬空便道，有人夸张为"鸟类都怕飞之地"。人走上去，犹如骑马腾空，飘摇欲坠。"阎王边"更是险象环生，阴森可怕。一边怪石嶙峋，一边黄河巨浪滔天。祖父常常怀揣几块干粮，日出而行，日落难回。布鞋磨破了一双又一双，脚上老茧掉了一层又一层。祖父说，有一次经过"阎王边"时，遇上阴雨天气，脚下路滑无法攀登，只能用手掌爬行，差点掉下万丈深渊。不及百米的"阎王边"，他爬了将近一个半小时。手掌、膝盖都磨破了，流血了，可他顾不上疼痛，顾不上包扎，直奔村落深处……天黑回到家时，家人为他等候的那盏煤油灯快要耗干了。祖父既欣喜又内疚地安慰家人说："有志者，事竟成，苦心人，天不负，要不了多久，我们可以天天吃白面，顿顿吃饱饭了。"第二天清早，他又踏着晨光出发了。

对祖父来说，这样险些丢了性命的事时有发生，可他一直顽强拼搏，锐志不减。他把磨难当成一笔财富，看成人生中磨炼意志的契机。循化的沟沟坎坎、草原、农舍、大街小巷都留下了他的足迹。这样风雨兼程、不舍昼夜地步行走访，感动了无数教师和家长，加上党的政策逐步完善，不到一年，13所小学陆续开学复课了。看着每一座校园活跃起来了，听着孩子们琅琅的读书声，祖父从内心深处感到欣慰，他似乎看见自己流下汗水的地方都开出了一朵朵五颜六色的花。

祖父深知要振兴民族教育，一定要狠抓大普及、大提高，否则，美好愿望会化为乌有。循化偏远地区的村落较多，交通不便，很多适龄孩子即使想上学也没有学校可进。于是，祖父向上级部门反映、申报，再次翻过"马儿坡""阎王边"，进行详细的摸底、登记，争取办学资源。终于在循化县偏远地区的村落陆续创办起了小学，琅琅的读书声开始在穷乡僻壤里响起。

1958年，在祖父的百般努力下，循化县建成了历史上第一所中学。从此，撒拉族自治县的儿女在自家门前读中学了，这在循化历史上是个里程碑。

祖父时常对我们说："做任何事，总会有个人是第一，我们都要努力成为那个第一。"祖父始终点亮着这盏心灯在奋力前行。

**二、历尽艰辛志气在，路在脚下任意行**

1957年，正当祖父为振兴教育而奔波时，在化隆一山区小学执教的父亲（祖父长子）被打成"右派"，下放回家务农。不久，"文化大革命"的浪潮席卷及身，祖父也被革职回家改造，命运似乎就在转眼间跟他开了个玩笑。一夜之间，家被抄翻，很多书籍、字画被付之一炬。命运突变，家园破败，一下子断了经济来源。祖父一面安慰我父亲一定咬紧牙关，坚强面对，一面承受着自己的不白之冤，开始早出晚归，捡拾柴火，背粪犁地。除了维持自家单薄的生活外，还兼顾几个更加贫困的侄子、侄女。当时，年幼的我们不大懂祖父的内心世界，只知道每到夜深人静时，他独自在昏黄的煤油灯下看书、写作，直至深夜。

没过多久，祖父被生产队选举守护大队的苹果园。当时，能轮到这份差事的是全村百姓最信服之人。苹果园紧挨着空旷的河滩，河滩往北就是奔涌不息的黄河。祖父带着小铺盖、笔墨纸砚和一摞书，还有一盏用墨水瓶做的小油灯，就在乱石林立的黄河岸边安营扎寨。先挪石头，平整地，腾出一块方方正正的空地，以石为墙，用长短不一的树枝麦秆做屋顶，盖起了一间几平方米的土屋。用读过的废旧报纸做墙面，就地取材，再盘一个大泥炕，开始了看树林、守果园、护菜地的日子。我记得最清晰的是，土屋中间的顶椽上挂着一个竹提篮，里面就是祖父每天的伙食：多半是几个煮土豆、一个杂面花卷、两个白面馒头。很多时候，我们几个放学后就先往那里飞奔而去，其实是为了吃到那个白面馒头，祖母茶饭很好，即便是素菜、馒头，做出来也是非常可口。祖父体察到我们的来意后，便毫不保留地把白面馒头分给我们吃，他自己宁肯少吃甚至饿着肚子。清晨伴着晨光出行，先绕着偌大的果园转一圈，捡枯枝，扫落叶，然后趁太阳高照之前，翻动晒在小院里的牛粪、柴草。简单早餐后在陋室门前的几分菜畦里除草、施肥、浇水。然后像个巡逻兵一样在偌大的树林间穿行。入夜巡完最后一哨，在那盏小小的煤油灯下读书、写作，直到万籁俱静。他在历史变迁中寻求对现实的诠释，从时代风云里倾听历史的回声。有时独坐河边，看流水汤汤，一去不返；有时静卧泥炕，品"行路难，行路难，多歧路，今安在？""长风破浪会有时，直挂云帆济沧海"；有时在粗糙的大麻纸上奋笔疾书："流水独自匍匐，山石独自巍峨""弦断无人听，无语泪空流""年华易逝不惑年，沧桑世事多变迁""壮志难酬搔白首，故人已隔万重山"……面对大好年华的悄然流逝，他失落、孤独，他多么盼望早见天日，施展抱负。

10年，3650多个日日夜夜，风吹雨淋。他有过独居陋室欲哭无泪的孤独，有过静听黄河巨浪拍石的困惑，也有过看落叶归根、鸟雀南飞的惆怅……可我们子孙从未见过他怨天尤人、灰心落魄的样子。在每个周末的黄昏里，等我们在田间地头尽情撒野后，把我们召集到身边，给我们讲述孔子、孟子，让我们诵经书、背诗词。

那时，每个生产队都有自己的果园，动辄会听到菜地里的瓜被摘了、苹果被偷了的消息，唯独我们队的果园里人畜难侵。即便我们去了，也只能等祖父从园里捡拾一些落果吃，因此引来很多亲族的不解。可祖父总说不属于自己的东西绝不能占为己有，否则会亵渎自己的品性和信仰。他内心恪守的是"天地之间，物各有主，苟非吾之所有，虽一毫而莫取"的古训，从未拿过生产队的一木、一果、一蔬。他的品格和精神在逆境中依然不断提升。

### 三、宽以待人性自真，善行赢得众人颂

祖父曾养过一头小黑牛，早晨把牛放在对面山坡根吃草，傍晚牵回来拴在陋室前。有一次，牛不见了，祖父一个人找了半个多小时，天色已晚，只能惶恐回舍。第二天，家人分头去找，到下午时发现牛拴在祖父平

◎绽秀先生（绽海燕 提供）

时接济的一朋友家门口。家人很生气，祖父却和颜悦色地给他讲道理，然后告诫他不论怎么穷困都不能当"坏家伙"（我印象中"坏家伙"一词是祖父骂人最重的话了）。最后还从底层的内衣口袋里掏出5元钱给他，让他买几斤面粉，当时5元钱可以维持一家人半个月的开销。那偷了牛的朋友热泪盈眶地连声说谢。我们面面相觑，哭笑不得。可祖父说："人一旦贫困到一穷二白时难免会做一些违背良心的事，不能一棍子打死。"人格魅力，可以征服任何偏见，也可以重新塑造一个人。从那以后，那个人时常带些自家的烙饼、大豆之类的东西来看望祖父，与祖父成为真正的患难之交。

那时，循化有一个特殊群体，就是从陕甘一带迁移到循化的人群。他们挑着扁担装满各类琐碎，如纽扣、头绳、梳子、小剪刀等，走街串巷叫卖，或者用馍馍换物，或者用钱购买，以此谋生，民间称他们为"货郎哥"。人们总要讨价还价到满意才拿出馍馍或者一两毛钱换取所需的东西。可祖父只要碰到他们，从来不讨价，总要买几块钱的东西，有些东西在家里根本用不上，为此没少挨家人埋怨，可祖父说"那些人也需要生存，需要尊重"。

有几个常来我们村的"货郎哥"抓住了这点"脉道"，走到祖父门口时有意扯开嗓门多喊几声，把祖父"喊"出来挣上一两块钱便满意地说笑着离开。有一天，祖父收

到一封来自临洮的书信，很惊讶地打开一看，竟然是一个"货郎哥"寄来的，信中说当年祖父省吃俭用每天买他的小物件，其实他内心很清楚祖父的用意。信末请求祖父原谅，并赞扬祖父的美好品性，说祖父是整个瓦匠庄村里最仁慈之人。

祖父是村里有名的"秀才先生"。谁家有了矛盾，只要他去了就会烟消云散；谁家有了喜事，他要亲手写几副对联送去；谁家孩子多买不起书本、铅笔，他总要解囊相助；哪个村民去世，他都要亲临坟园诵经送行。与世无争，淡然地坚守着自己的做人准则。他始终认为：只要人心向善，就不会有麻木不仁、为非作歹的人。即便生活满目疮痍，可他依然坦然自若，静观风云变幻。

十年浩劫，荒芜了青春，沧桑了岁月，终于盼来春暖花开。1979年底到1980年，一大批冤假错案得到平反昭雪。祖父是循化县最后一个被平反昭雪的人，被任命为县政协秘书长。当时填写工作履历时为了纪念中华盛典国庆节，他将自己参加工作时间填写为"10月1日"。1987年，中央财政专项拨款修建道帏古雷大寺喜饶嘉措大师纪念馆，县上反复挑选后指定祖父为此项工程监工。祖父驻扎在道帏古雷大寺里监守一年多，最后核算所有工程款项，结果祖父自己倒贴80多块钱。后来，古雷村民送来8个酥油包答谢祖父，祖父婉言谢绝后将其留在了古雷大寺的纪念堂。所有人为祖父这种恪尽职守、大公无私的精神咋舌称颂。此后祖父被选为县人大常委会副主任，分管教育。虽然年已花甲，可他仍然全面了解教育现状，深入基层学校掌握情况，为民族教育事业出谋划策，对症下药。帮助一些学校推行"双语教学"（汉语和少数民族语言），耐心细致地做外来教师的思想工作，让他们为提高民族地区教育质量献计献力，倾心尽力。1981年，在祖父的提议与帮助下，创办了循化县第一所撒拉族女子中学，彻底改变了少数民族女子上学难、入学难的问题。到1990年为止，全县普通中小学达103所，其中完全中学3所，"戴帽"初中7所，小学93所，民族小学90所，幼儿园3所，中等师范学校1所。其中少数民族学生占到79%，女生达4000多名。每一所学校的建成和发展，都离不开党、人民政府和当地各族群众的共同努力创造，也渗透了祖父的心血。

　　1983 年底，省文联戴彦公先生专程采访报道祖父，称祖父为"积石一秀"。他说之所以如此称呼，是因为一则祖父名字为"秀"；二则祖父写得一手好字而且出口成章，诗词歌赋吟诵如流；三则祖父德高望重，不计名利，"居无求安，食无求饱"，几乎家喻户晓，赞不绝口。1985 年第一个教师节，临夏州积石山县党政领导以及魁峰中学师生专门邀请祖父去参观学校并参加教师节座谈会，临别时赠送锦旗："一代师表，万世流芳""满园桃李平生念，报效祖国赤子心"。祖父欣喜有加，分别给积石山县县长（系祖父学生）和教育局长，还有魁峰中学校长写信致谢："此次奉邀赴积，开阔眼界，会晤旧好；表情达意，促膝谈心；依恋之情，至今萦怀；复蒙惠赠锦标，推崇有加。秀也何幸，思之有愧"；"今诸生皆成栋梁，效力国家，尔等勤奋所致。亦是我党英明培育之结果。秀年迈古稀，行见衰残。唯能稍慰平生者，及以亲睹诸生为革命事业奋力献身。克尽厥职，以报党恩。振兴中华，是乃莫大之幸事！"字字带情，句句携意，满是对党教育事业的关怀和感恩。

　　1990 年底，作家夏白以《积石一秀》为文题，专题报道祖父的感人事迹，被收入《撒拉尔传人》一书。《青海教育》专题作者周虹艳采访祖父，并以《三代从教志不渝》为

◎　学生给绽秀先生赠送的锦旗　（绽海燕　提供）

泉润四庄
QUAN RUN SI ZHUANG

题发表在《青海教育》上。和他交往笃深的吴绍安老人也曾作诗以赞："大水高山接星汉，风清春艳不知寒。云烟终久难遮眼，踏遍青山又斑斓。"

面对这日新月异的喜人变化，看到满目桃李芬芳，祖父感慨万千道："执教一生两鬓白，喜望桃李竞芬芳"；"忆当年，愁容不展，慈母辛酸有谁知；看今日，忧思难忘，思子承欢无人知"；"满园桃李平生念，一生执教慰晚年"……

还作诗鼓励后代莫负党的厚爱：

其一

积石苍苍大河浃浃，
建设壮丽异乎寻常。

其二

学校棋布英才倍长，
神驼腾飞全凭栋梁。

其三

桃李争艳宗懿风长，
钟灵毓秀莫负春光。

字里行间包含的是一颗对党教育事业的拳拳忠心，今日思之，敬仰无限。

无论是在岗督导还是退休居家，祖父从不荒废时光，懒散怠慢。以文访亲走友，关心时政，扶危济困，常常与学问渊博的高凤翔、董培深、吴绍安等长者或书信往来，或当面谈文论诗，笔记本写了一摞又一摞。和高凤翔老人合作的《蛤蟆泉赋》刻成碑文至今立在村里蛤蟆泉旁边。吴绍安老人出版诗集后，祖父作诗以赠："吴君笔生花，落笔泣鬼神。书画神韵佳，破壁腾飞龙。"吴老回诗曰："古稀翁硕健，挥毫落纸云。文思如泉涌，佳联破壁行……念翁清句昭，在言犹洪钟。"在诗文的你应我和中充分享受着惬意的晚年生活。

1996年，循化县给省总工会推荐祖父一家为"优秀教育世家"，可祖父谦恭地说自己所做的只是分内职责而已。

祖父一生辛酸坎坷，可他走得从容坦荡。在生命的最后时刻，依然叮嘱我们不改初衷，乐善从教，为提高民族教育质量而尽其所能。留下"遵司马积德当先，守东平为善最乐"做家训，叮嘱我们后辈人品以正直为尊，心地以善良为贵，再苦再难不做不义之事，再富再乐不忘做人之本。如今重温，方知"零落三四字，忽成千万年""已矣难重言，一言一潸然"。在此，我想用诸葛亮《诫子书》中的"夫君子之行，静以修身，俭以养德。非淡泊无以明志，非宁静无以致远……年与时驰，意与日去。遂成枯落，多不接世。悲守穷庐，将复何及"来概括祖父的一生。

2006年9月23日秋分时日的清晨，祖父平静地走了，离开了这个世界。我们在祖父遗留的香醇里继续前行。


## 父亲绽树人


### 一、世路曲折心路直，风雨一肩挑

听祖母说父亲出生在一个阴雨天，当时吃了上顿没下顿，父亲可能是因为肚子饿，哭闹不止。祖母只能拿开水蘸点红糖充饥，不一会儿又开始哭闹。很多时候孩子哭，祖母也在哭。那时虽然日子如黄连一样苦，可祖父执意让父亲攻读，要让知识改变命运。父亲自小性格要强，凡事不做则已，要做就要做到最好。

在祖父的引导和培育下，父亲1952年小学毕业后毅然选择了师范学校。1955年从甘都师范毕业后，在化隆县尕西沟、卧力尕村任教。不到两年，"整风运动"开始，正值青春年

◎绽树人先生工作照 （绽海燕 提供）

华的父亲被解职回家，接受"劳动改造"。这一"改造"就是 22 年。出其不意的跌宕挫折，如火一样炙烤着他的心灵，父亲心想，既然不能改变现实，那就学会承受，改变自己。17 岁的他，怀着无处安放的壮志和无奈，带着铺盖和几摞教科书回到了家里。

一个胸怀志向的人，总是被理想鼓舞着，被激情燃烧着，再苦再累也不会气馁。父亲用他瘦弱的肩膀挑起生活的凄风苦雨，每天赶着牛、驾着车翻山越岭，走过一道又一道山冈，将贫瘠凌乱的土地翻成一垄一垄整齐有序的田地，然后俯下身一行一行撒下种子，最后再填平每一个沟道。每到收割的季节，最忙碌的时候，父亲清早带些简单的午饭，带着镰刀去收割，直到月亮升起才收工。每天晚上还不忘检查我们的作业，督促我们努力上进。

到了寒冷的冬季，家里农活基本停止，处在"劳动改造"时期的父亲依然不能安闲居家。他和舅舅一起出外谋生，驾着一辆人力车，牵着一头毛驴，到黄南、临夏等地给别人拉运木头、石头搞"副业"，有时几个月都回不了一次家。

听父亲说，当我出世时，苦日子已经过了一半，他已经接受了命运的突变。

不再外出搞"副业"的日子，父亲主动承担起本村的扫盲工作，白天在田间劳作，晚上免费给乡亲们上课，教他们识字、唱歌，使一大批瓦匠庄村民摆脱了不会写自己名字的苦恼。1961 年，经考试合格，父亲被招录为民办教师，分配到西沟大庄村创办学校。面对既无桌凳，又无学生、教师的状况，父亲说干就干，一个人带领群众圈地、围墙、做泥凳、钉桌子，终于有了一座简陋的教室。第二年开始招生，父亲翻山越岭，走家访户，恢复重建了西沟完小。学生从刚开始的三五个发展到 60 多个，再到后来的几百个，再发展到高只、上庄、平庄等 4 所小学。琅琅书声在山沟里响起，父亲的名字也渐渐住进了每个百姓的心里。此外，他还利用课余时间带队训练，培养出一支篮球队，深得当地群众和教育部门的赞赏。

**二、盼得春暖花开时，只争朝夕育新人**

1978 年，父亲被化隆县委平反昭雪。当时欲留任本县工作，可他执意回家乡继续从教，被分到循化县街子学校任教。一年后升职为校长、教育干事，兼授初中语文课。从改善校舍设施到为振兴乡村教育动员每一个孩子上学，父亲都是亲力亲为。那时来上学的都是清一色男生，女生是不让进学校学习的。为了改变这一现状，父亲先作详细的摸底走访，登记每家适龄女孩子的情况，然后亲自带队，挨家挨户地给家长做动员工作，讲述掌握知识的重要性。渐渐地，街子学校的一年级里开始有了女孩子的身影：一个、两个、十个……并向中央民族学院推荐保送了街子地区第一名撒拉族女生。穷乡僻壤里飞出了第一只"金凤凰"，这对于足不出户的少数民族来说是多么大的精神鼓舞！也点燃了贫困的撒拉族人民心中的希望，街子学校也逐渐成为乡村学校中的样板学校。

为了快速提高教学质量，扩大办学规模，父亲殚精竭虑，深入思考，关注员工的工作动机和需求，以内在激励为主，灌输愿景文化，在街子学区率先推行"三定一奖"责任制，通过明确的奖惩制度和激励机制唤起广大教师的育人和求教欲望，为全县学校管理工作走向制度化、规范化打下了坚实基础，得到广大群众和师生认可，后来在全县推广应用。这年，父亲被评为全省"优秀教育工作者"。

1984 年，父亲调到循化县教育局任办公室主任，负责人事、招生工作。在此期间，他默默无闻、勤勤恳恳地工作，主动接受重任，先后制定实施《中小学教职工管理办法条例》《中小学教职工调动工作的有关规定》等制度，为稳步推进循化县教育事业发展做出巨大贡献，赢得不少荣誉。

父亲一生勤俭持家，以身作则。虽然 22 年浩劫掠食了青春，压弯了脊梁，可父亲将那些磨难和坎坷当作命运赠予的厚礼，作为人生的洗礼和磨砺。他时常告诫我们：人生命途多舛，不可预知，只有挺起胸膛，才能出人头地。并告诉我们牢记"教师是太阳底下最光辉的事业"，只有"教师"这个职业可以对自身角色进行重新调整与定位，可以树立相应的角色意识，是利己利人的高尚职业。可以使我们在风雨兼程中不失方向，历经苦难也会砥砺前行。

2019 年，《中央民族画报》的记者找到父亲，说我们家族四代不改初衷、矢志不渝地从事教育工作，要作采访报道，父亲婉言谢绝。他说自己一生虽然历经坎坷磨难，可依然非常荣幸得到党和人民的恩泽，使自己有机会在教育这方净土上终其身、乐其业，并引领子女传承祖辈遗志，从这份职业里汲取精神养分，不断完善自我。自己所做都是分内之事，并无惊天动地的壮举……

2021 年 7 月，中央组织部委托循化县委、县政府给父亲颁发了"光荣在党五十年"荣誉证书。双手捧着鲜红的证书，父亲热泪盈眶地说："没有中国共产党就没有我们今天的幸福生活！"

## 后继有人

孟子所说的"三乐"中其中一乐是"得天下英才而教育之"。从小受良好家风的熏陶，我们子孙共有 7 人继续传承祖辈父辈的事业，用一截粉笔书写真理，在三尺讲台耕耘人生。我作为家族教师第三代成员之一，曾接受过《青海教育》杂志记者的采访，并在《青海教育》写过专题报道。从循化中学调到西宁三中，一直在教学前线敬业乐道，教学成绩一直名列前茅，曾多次获奖。退休后加入循化作家协会、青海省作家协会，继续用文字挖掘生活的真善美，用文字报答养育我的一方高天厚土。出版有散文诗歌集《书签里的时光》。孙媳妇陕宝芸曾在街子小学任教，后调到积石镇循阳学校，14 年后调到河北小学，3 年后又调到联合小学任校长，也算是教育战线上一位勤勤恳恳的实干家。去年从循阳学校退休。四孙女绽林燕，曾在西宁市八一路小学任教，8 年后借调至西宁市城东区团委；2002 年调到城东区招生办公室；2010 年调到西宁市教育局负责招生工作。

◎绽海燕女士出版的散文、诗集 （绽海燕 提供）

工作踏实，认真勤奋，曾多次接受新闻记者采访。五孙女绽鸿燕，曾在循化女子中学任教，女中停办后分流到循化高级中学，直至退休。后代中无论是从教终老的，还是中途因工作需要而改行的，人人忠厚善良，做事认真，在众人中口碑良好。如今家族第四代新人又以优异的成绩成为西宁市十一中语文教师（兼班主任），短短两年，教学成绩名列前茅，各项活动崭露头角，深得家长和师生好评。

作为后辈，我非常荣幸在党的阳光雨露下沿着祖辈的足迹，成为"教育世家"成员，无愧"书香门第"之家风，从祖辈的名字里翻阅别样的幸福，满心欢喜地望着"新竹高于旧竹枝"，在桃李园中脚步铿锵，走向未来。

# 教育状元之家

马伟福<sup>*</sup>

## 从小嗜书勤立志

我出生在沙坝塘村一个普通的农民家庭。祖上天津人,经商谋生,辗转在山西、陕西、甘肃多地之间,为躲避战乱,寻求宁静的耕读生活,迁徙至青海省循化县沙坝塘村定居,现已历经五代,成为沙坝塘村一个大家族。由于遵循祖辈遗训,受宗教和传统文化熏陶,我的父母秉持祖宗尊重知识的传承,十分注重子女的文化教育。虽然家中子女众多,生活负担沉重,但是父母想方设法送我们兄弟姊妹几个入学。特别是高考制度恢复后,父母坚信上学读书、掌握知识可以改变孩子们的命运人生,在农活繁忙、家境困难的情况下,尽最大努力供我们上学读书。在四大名著刊印流行的那个年代,我的父亲不顾手头拮据,硬是抢购了一套《水浒传》让我们阅读,要求我们向侠客义士学习,从小培养我们的忠孝仁义情怀,教育我们不能忘本,要有记情感恩之心,要以孝为先,学习文化知识,立志成才,做一个忠孝两全的人。

受父母的教育影响,我从小节俭刻苦,勤奋好学。上小学、初中时,帮父母干力所能及的家务,闲暇之余,就喜爱读书,如饥似渴,废寝忘食。小时候为了避免干扰、安心读书,我常常躲在北房堂屋的门后。老式堂屋四扇门又高又大,门框又深又厚,

---

\* 马伟福,西宁市纪委监委综合派驻纪检组组长。

如果打开门，将两扇门微微合起来，藏一个人，尤其是少年绰绰有余，不仔细搜寻，还真的找不到。我一个人静静地沉浸在知识的海洋里，热衷于获取书本知识，手不释卷，常常忘了父母交代的事，忘了时间是怎么度过的……那些年少时的阅读经历极大地开阔了我的视野，丰富了我的想象力，我初中时写的作文常被老师拿来在班级里传读。给弟妹们编起童话故事信手拈来，绘声绘色，引人入胜。记得小时候有一次，我和弟弟们一起睡大炕，一天玩得兴奋，晚上都睡不着，6 岁的四弟硬要我讲故事，我就毫不犹豫，讲完一个又一个，讲的都是些秀才考状元、狐仙孝子的故事，中间穿插着《水浒传》故事。故事情节曲折，风趣生动，引得弟弟们笑声不断……笑声把父亲吵醒了，他进屋批评我们，说凌晨 5 点还不睡觉，明天不上学吗？为此，兄弟几个每个人都挨了一棍。现在想起来，也不知当时哪儿来的那么多灵感，一夜讲了那么多故事，弟弟们从心底里对我愈发尊重和敬佩。

所谓书痴者文必工，艺痴者技必良。功夫不负有心人，1979 年我初中毕业后以优异成绩考入青海卫校。那个时候学校录取率低，卫校是比较热门的学校，名额有限，不是那么好考。在上卫校前，我从未走出过循化县，当即将去西宁求学离开生我养我的沙坝塘村这片故土时，我含泪对弟妹们说："我上学去了，你们在家要听父母的话，多分担一些家务活，减轻父母的负担，在学校要好好学习，以后考上大学，我们全家人在西宁相聚，加油！"卫校毕业参加工作以后，我深知自己学历起点低，依然努力学习，继续争取条件深造，先后取得了大专、本科、研究生学历。在学业上，不仅在学校扎实学习医学专业理论知识，还在工作实践中注意提高自己的实践综合能力，早早立下了"青春芳华只付出，妙手回春报家乡"的治病救人之志。虽然学校毕业后未能回到家乡工作，但是初心一直未变。而且，不论在学校读书，还是参加工作，从不忘提醒和督导家中弟妹们的学业。在我的引导和带动下，家中形成弟妹人人喜爱读书、个个重视文化的氛围，弟妹六人也都先后考上合适的学校，离开了这片热土，走上了不同的工作岗位。

走进我沙坝塘村的家，赫然映入眼帘的是上房堂屋中央悬挂着一块"教育状元家庭"的牌匾，这块匾是 1998 年中共循化县委、县人民政府授予我们家的荣誉称号，这份荣誉充分肯定了我的父母在困难时期，崇尚教育，尊重知识，含辛茹苦培养孩子们上学读书成长的精神和成就，诠释了我们一家一脉相传的"耕读传家远，诗书继世长"的风尚。

## 老少守正传家风

好家风是兴家之本。从记事以来，我的奶奶、父母就经常教育我们："开一尺门，来一丈的人""长兄如父""百善孝为先，兄弟和为贵""前院的水，后院里流哩""读书明理""男儿无志气，好比好刀无钢，女儿无志气，好比好瓜无瓢"等古训，这些浅显易懂的做人做事规矩、修身齐家的道理，深深扎根在我和弟妹们的心中，潜移默化地影响着家中每一个成员的行为举止，逐渐养成了承接先人遗风、勤俭持家的好习惯。在我的家庭中，长辈们总是要求弟妹子孙不能铺张浪费，不能挑三拣四。在家吃饭，老人们以身作则，习惯性地将碗舔干净，还鼓励小辈们"碗底里有福气"，经常用善意的谎言警示小孩子说"掉下的馍馍渣要拾起来吃了，不然会变成蚂蚁钻进耳朵"，"惜处不惜受穷哩，大处不大丢人哩"，等等。这些话语经年累月铭刻在我们每个子女的心中，并代代相传，养成了全家勤俭节约的习惯。

现如今，我们家俨然已成为一个大户家庭，家中 9 个兄弟姐妹，加上儿媳、女婿、儿孙媳共 40 多口人。家庭成员有不同民族，不同地域，不同风俗习惯，但是家庭成员相互尊重，彼此包容，和睦相处，其乐融融。

## 个个努力展风采

勤劳淳朴的家风，造就了教育状元之家。我和弟妹 9 人，经过各自努力学习，6 人接连考上高等学府，走上不同的工作岗位，分别在西宁市法院、教育、公安、医院、社保等岗位工作，每个人不仅在生活中恪守家训，成家立业，而且在工作中尽职尽责，克己奉公。我自参加工作以来，先后在州县牧区、省会城市的卫生、红会、总工会、法院等多个部门工作，先后任科级、处级、厅级，不论在哪个部门和职位，我都始终兢兢业业，认真履职尽责，严于律己，在疾病预防控制、计划生育、卫生监督、卫生行政管理和红十字会、总工会工作、审判执行监督、纪检监察、审务督察等方面做了一些工作，贡献了一己之力，获得多项荣誉，曾历任西宁市委委员、市人大常委会委员、市政协委员，以身作则为弟弟妹妹们树立了榜样。2010年玉树震灾发生后，受命带领医疗、救护、救助工作组，七上玉树地震灾区参加灾后重建工作。

2015年5月，我被评为全国红十字会先进集体代表，前往北京，受到习近平总书记、李克强总理等党和国家领导人的亲切接见，万分荣幸地和习近平总书记握了手……

工作之余，我还喜好赋诗作文，已在省内多家报纸杂志上发表10篇散文作品。

我的二弟马伟义，家中排行老三，自大学毕业后一直从事学校教育和教育行政管理工作，现担任青海省教育厅处级领导干部。他几十年来教书育人两不辍，工作踏实，任劳任怨，多次荣获先进个人称号。他平时对家族小辈们的学习格外重视，每次见面就检查学习情况，提出具体要求，不是勉励督促他们"勤读书、交益友"，就是启发他们"多竞争、善思考"。

四弟马伟国，家中排行老六，现任西宁市公安局某支队大队长。从事警务工作以来，无论在基层，还是在市局特殊岗位，他干一行爱一行，先后多次获得"先进个人""优秀共产党员""个人三等功""个人嘉奖""优秀公务员"等荣誉，2020年被青海省委、省政府授予"青海省创建民族团

◎马伟国获得的荣誉证书　（马伟福 提供）

结进步先进区先进个人"。

三妹马淑芳，家中排行老七，自 1996 年从师范毕业后参加教学工作以来，曾多次获得"优秀教师""教学能手""岗位能手"等荣誉。撰写的《如何在教学中进行德育渗透》一文荣获全省第六届教育教学优秀论文二等奖，《多媒体在小学数学教学中的应用之我见》获中国教育协会论文比赛二等奖。

四妹马淑华，家中排行老八，学校毕业后曾在农业农村科技系统工作。在平凡的工作岗位上履职尽责、爱岗如家，先后多次荣获农林、农业、农牧系统先进个人，2020 年调到西宁市人社系统工作。

五妹马淑珍，家中排行老九，卫生专业技术学院毕业后曾赴深圳、上海、武汉等沿海发达地区医院学习深造，专业基础扎实，操作技术娴熟。在国家及省级刊物上发表专业学术论文 5 篇，先后多次被医院评为先进个人，2019 年被评为农工优秀党员，2020 年获得城市医生基层下乡先进个人。

没有参加工作的，也不甘示弱，个个奋力拼搏，在社会上发光发热。我的大妹马义顺，和丈夫常年经营小卖部，后来到西宁经营超市，生意越做越红火，其一儿一女均大学毕业后参加工作。

我的三弟马伟成，是早期运输专业户，后转投经营餐饮业，也开创了自己的一片天地，早已实现了财务自由，女儿和长子大学毕业，也先后参加工作，次子上高中。

我的二妹马法图麦，通过参加裁剪缝纫专业培训和自己的勤奋吃苦，自学成才，掌握了一技之长，在西宁从事制衣行业。

我和我的弟妹们每个人虽然命运不同，人生轨迹和成长经历各异，但都不甘示弱，在自己选定的领域里勤勤恳恳，竞相打拼，"活出个样儿给人看"，以各自的方式诠释努力学习、勤奋成才的含义。

## 友爱相助情更浓

不论逢年过节，还是哪一个弟妹家有事，我们都把母亲接过来，全家聚集在一起，其乐融融，和顺幸福……我常常和母亲商量安排事项，负责接送客人；二弟负责提前通知客人和准备过节的物品；大妹煮肉炒菜；三弟则负责接待客人，砍肉分份子；四弟和妹夫们明确分工保障清洁卫生；儿媳们则各显身手蒸馍炒菜；小辈们端茶添水。一大家子心灵相通、配合默契，在欢声笑语中度过一个个节日、一次次家宴。我们借着聚会，现身说法教育儿孙辈们尊老爱幼，勤奋好学，团结协作，诚实做人，踏实工作，忠告大家珍惜当下的美好生活，要尽心尽力做好每一份工作，履行好自己的职责。大家庭中谁家有事随叫随到，其他家庭成员积极帮助。我们秉承奶奶、父母教诲，一再告诫弟妹及小辈不忘故土情，带动大家力所能及地为村里的公益事业、红白事、过节等出钱出力，时刻惦记着家乡的一草一木，关注着家乡的变迁和发展。

## 长江后浪推前浪

阿拉伯谚语说"学习从摇篮到坟墓"，学习没有终点，人的一生是不断更新知识血液的一生，只能"活到老，学到老"。在我们这个大家庭中，为了褒奖学子和激励后人，我们把孩子们的毕业证书、荣誉证书等统一悬挂，"证书墙"形成"励志墙"。在家里安置书房和书柜，晚上或者周末休息时，大多数时候是各人自捧一册，沉浸在知识的海洋里。孩子们在茶余饭后经常会讨论一些热点话题，互相之间交流学习心得，益处良多。在长辈们的耳濡目染、不断熏陶下，第三代孙子辈们一个个比学习比进步，不断健康成长，青出于蓝而胜于蓝。目前，第三代中年龄较长的 9 个孩子大学毕业后，有的在日本、阿联酋、马来西亚等地深造或创业，其中有 6 个孩子在西宁市参加了工作。正在大学就读的有 2 名，再小一点的正在省内重点高中上学。

家庭是社会的基本细胞，家风与家中每个人的前途命运息息相关。我们这个家庭的成长史从一个侧面透视了时代的变迁，从平凡家庭的艰辛日子走向幸福生活的故事，可以看出良好的家风对每一个家庭成员潜移默化的巨大影响……一个家庭就是一滴水，以小见大，折射出一代人的成长历程，是一个社会发展的缩影。

# 我的"园丁"父母

绽 磊*

　　常说相同的志趣会产生共同的目标，共同的目标才会彼此欣赏，彼此扶持，才会风雨同舟，执手至老。

　　我的父母便是在教坛上终其生涯的。父亲绽享德于1937年出生在积石镇瓦匠庄村一个农民大家庭里，七个兄弟姐妹中排行老六，祖父母目不识丁，家境贫寒，只有家父和最小的叔叔被幸运地送进学校接受教育。父亲于1952年9月考入青海省甘都师范学校。1956年以全省第一批省内自主培养的中专生身份顺利毕业，被分配到化隆县黑城公社黑城学校任教。黑城地处化隆县偏远脑山地区，海拔高、气候冷，自然条件十分恶劣。老百姓靠天吃饭，生活非常困难。受生活条件和陈旧思想影响，百姓对教育根本不重视。所谓的"学校"，其实是矮矮的土墙围起来的一片空旷之地。简陋的土坯房，抵不住毛毛雨的袭击，没有课桌板凳，年级是徒有虚名，师生寥寥无几。面对现状，父亲暗下决心，只要有一口饭吃，就没有闯不过去的难关。他和几个老师开始串小巷入农家，做百姓的思想工作，动员适龄孩子入学。回到学校后，和老师们一起动手制作泥课桌、泥板凳。冬天，没有取暖设备，就用石板泥土搭造土火炉，师生利用课余时间捡拾柴火取暖。父亲住在漏风漏雨的土坯房里，一套破旧的办公桌，一台生锈的小铁炉，一张硬邦邦的单人床，一盏小小的煤油灯，便是生活的全部。喝一杯水要到

---

* 绽　磊，循化统计局干部。

附近河里挑，吃饭以简单的杂粮、土豆为主。白天和学生打成一片，回到宿舍吃过晚饭后，在煤油灯下备课改作业，常常至深夜。

虽然条件艰苦，可父亲从没有叫过苦，而且教学成绩优异，不到两年就升职成为校长。1960年9月，父亲又调到新开办的黑城公社拉曲学校担任校长。虽说是校长，其实全校所有工作一肩挑。除了负责教学工作外，还负责学校食堂管理工作。前几年，我无意之间翻阅到父亲那时的工作总结，其中有这样的片段："我担任食堂管理员时间共35天，在这当中每天多吃了3两，共多吃了10斤半，损坏了人民教师的形象。"多么真实的表白，多么诚恳的自我检讨！从这里，我看到了那段时光的缩影，也看到了父亲心中始终亮着的一盏灯！

1961年9月，父亲重回黑城学校担任校长。在这里，父亲度过了10个年华。他忍饥挨饿，废寝忘食，一心扑在学校工作上，当地百姓亲切地称呼他为"管家校长"。黑城小学学生人数由当初的三四十个逐渐发展到上百个，从当初的清一色男生到每个班有五六个女生，班级从原来的3个班增加到六七个班，升学率提高到75%左右，学校面貌发生了翻天覆地的变化。其中凝结着父亲多少心血，我们不得而知。他的总结中有这样一段文字记录："1961年，百姓日子困难，我从家里拿了两条盖头、一顶帽子，想换点洋芋，可是没有换到。"我不知道父亲当时换洋芋是要给学校还是给家里，可从中我看到了他作为一名校长、一个父亲的责任和担当！

1971年初，父亲被抽调到化隆甘都干校培训学习，半年后调任巴燕公社谢家滩学校校长。当时，化隆甘都中学正在艰难起步发展中，组织上考虑再三，又于1972年10月将父亲调到甘都中学，担任总务主任，一接任就是12年。

那时，父亲骑一辆"飞鸽牌"自行车，一般是两周回一次家，和我们聚少离多。可记忆非常清晰的是，每到父亲该回家的那个周末，我们满怀期待，欣喜无比。因为那个烫印着"优秀教师"字样的人造革包里总有我们喜欢吃的水果糖、花生米之类的零食，还有一些西红柿、黄瓜、青菜、萝卜等。听母亲说，父亲在学校后面自掘了一块空地，种植了一些蔬菜，利用课余或休息之时，常去那里除草、施肥、浇水等，成熟了就分给老师们吃，也带回家里一部分，再用微薄工资中的几毛零钱给我们买点糖果。所以，当时在瓦匠庄村里，我们的生活相对要富足一些。

父亲对待工作和生活总是谨慎小心，认真负责。在甘都中学的 12 年时间里，他像管理家庭一样管理学校的支出和购置，提前做好各项预算，从来不盲目消费。尤其在甘都中学扩建时期，他减少了回家次数，忙前忙后，搞预算，最大限度地节省开支，样样做到心中有数，深得广大师生好评。多次被化隆县、甘都中学评为"优秀教育工作者""教育工作先进个人"。从 19 岁到 45 岁，父亲从化隆偏僻之地再到甘都中学，风雨无阻，送走了 26 个春夏秋冬。

1982 年，父亲调回循化，担任积石镇托坝小学校长，后又调到女子中学任总务主任。当时，女子中学大多是来自各乡下的女孩子，食宿都在学校。因为是新成立的女子学校，社会关注度很高。作为总务主任，要根据教育事业的发展，参与制订全校后勤的发展及服务需求规划，负责校舍设施的修建、维护工作，消除安全隐患，确保校舍安全，按计划订购和发放学生作业本及教师办公、班级用品，负责购买图书、资料、教具、仪器、体育器材，还有校产的使用登记、添置和维修，等等。可想而知，父亲工作有多重，压力有多大。当时我们都劝说父亲以不能胜任为由，不要干了。可父亲说既然组织信任自己给了这份工作，就要全力以赴做好。这份吃力不讨好的差事，父亲一干又是 16 年。

我记忆犹新的是，每天晚上父亲在一个笔记本上算了又写，写了又算，总是到很晚很晚，第二天大清早我们还没去上学时他已经推着自行车出门了。他就这样精打细算地把女中的后勤保障工作做得井井有条，赢得了良好的社会声誉，多次被评为"优秀教育工作者"和"先进个人"。

1999 年 8 月，父亲光荣退休。每当回忆往事，父亲总说，他这一生没有轰轰烈烈的伟业，只是几十年如一日把一份平凡的工作做到尽职尽责，不负党恩，不负百姓，不负韶华，已经足够！的确如此。

我的母亲陕秀华，1942 年出生在积石镇线尕拉村。母亲说她自幼好学，加上外祖父上过旧学颇有文化，教她学习《三字经》和一些简单数字的加减法。母亲上学后，相对其他学生来说成绩优异，各方面表现比较突出。1956 年小学毕业后考入西北民族学院预科班学习，是循化县最早接受现代教育的少数民族女性之一。两年毕业后刚好赶上循化县招考干部，母亲以第一名的成绩被录取，分配到县委办公室工作。一年后，母亲觉得自己不大适合这份工作，于是主动申请调动当小学老师。组织应允了母亲的选择，将其分配到清水小学。当时，"读书无用"的观念盛行，大家对学习没有兴趣，学习热情不高。在这样的环境下，老师愿教学生愿学，已是很难做到的事了。清水地区又是纯撒拉族地区,学生都是清一色撒拉族男生。母亲作为一名不会撒拉语的女教师，克服重重困难，私下自学撒拉语，主动深入学生中，了解学生动态和心理需求，动员学生入学，活跃课堂气氛，经常给孩子们讲有趣的故事，一起唱歌、一起游戏，很快就融入新的集体当中，成为一名深受家长和学生喜爱的好老师。不到两年，母亲又被调到街子小学担任一、二年级的语文老师。跟清水一样，街子地区也是纯少数民族地区，百姓生活困难，加上受传统思想的约束，人们还没有充分认识到学习文化知识的重要性。依然是女生入学率很低,升学率也深受影响。在这里，母亲凭着经验和高尚的职业情操，深入师生中了解情况，把握学生需求，用一些充满乐趣的童话、漫画激发学生的学习兴趣，引导他们认识到掌握文化知识的重要性。很快得到全体师生的认可，教学成绩突出，成为一名优秀的语文老师。

几年的教学经验，使母亲认识到想要提高整个民族的文化素质，必须还要加强自身学习，提高个人修养。1963 年 2 月，她主动提出申请参加了省师大教师培训部学习半年。学习结束后分到循阳小学任教。当时，国民经济开始好转，周恩来总理提出科技现代化是"四化"的关键。人们对教育问题也渐渐重视起来。母亲利用这个有利时机，经常利用休息和放学时间，走村串户，顶风冒雨，进行家访。与学生个别谈心，了解学生的心理动态，与家长私下沟通，了解家庭状况，耐心细致地做辍学学生和适龄学生的工作，说明知识的重要性，让很多孩子重拾学业。渐渐地，母亲凭着一颗爱心和崇高的敬业精神，成为经验丰富、教学有方、深受爱戴和尊重的好老师，连续几年都被评为"优秀教师"。

除了教学成绩异常优秀之外，母亲还是一个讲究方法的"智慧型"老师。在文化娱乐极度匮乏的当时，母亲为了鼓励学生学习，每周安排一节故事课，专门给学生讲各式各样的小故事，有中外名著、革命历史、鬼狐志怪，还有民间传说。如《西游记》《水浒传》《三国演义》《兴唐传》《说岳全传》《格林童话》《安徒生童话》《小兵张嘎》《半夜鸡叫》《杜十娘》等。为此，母亲经常将节省的工资用于购买各类书籍。听母亲说，当时讲故事时自己讲着讲着就进入角色了，绘声绘色、爱憎分明，音调也跟着故事情节跌宕起伏。学生听得津津有味，时而开怀大笑，时而低声抽泣，时而瞪大双眼，时而义愤填膺……讲故事使学生既了解历史，又分辨是非，区别善恶，也教人向善，催人上进，还提高了学生的语言表达能力。因此，母亲在学生心目中就是"百科全书"，是"故事大王"。母亲所带班级的学生特别听话，学习也格外认真。学区统考次次名列前茅，母亲也多次荣获县上和学校的表彰，"优秀教师"和"先进教育工作者"的证书足足有一大摞。

在我的记忆中，母亲常常是把一切收拾停当，在我们准备睡觉时她才在灯光下开始备课改作业的，她睡得最晚，起得最早。她始终认为学生们的快乐成长，就是对她最好的回馈。三十多年如一日，起早贪黑，辛勤耕耘，家庭和事业兼顾，真是"上得了厅堂，下得了厨房"的好母亲！

或许是多年的教学生涯给了父母太多的思考与启迪，或许是因为他们从教育事业艰难起步到繁荣昌盛的漫长历程中见证到了科学技术的强大力量，他们始终认为：教育好子女是父母的重要责任，教育子女不只是一个家庭的私事，而是关乎民族振兴、国家复兴的大事。所以，他们对子女的教育也从未放松过。

相比于知识的学习，父母对我们品性的要求更高。我从母亲那里学会了理解、宽容和关怀他人；从父亲那里学会了刚毅、正直和坚持不懈。我们兄妹四人从父母身上汲取到丰盈的精神养分，是我们健康成长的有力保障。在"园丁"父母的正确教育和引领下，我们个个诚实守信、正直善良，事业有成。无论是做社会公益性活动还是在单位履职尽责，都获得大家的认可和赞誉。

父亲常说："在共产党的关怀和培育下，我们成为光荣的人民教师，同时，也改变了自身命运。我们是伴随着新中国发展成长起来的人民教师，亲眼见证了新中国教育从无到有，从简陋到完善，从弱到强的伟大历程。事实证明，教育，是强国之本，是中华民族伟大复兴的基础工程。我们沐浴着党的阳光雨露，在平凡的岗位上为新中国输送了一批批忠于职守的接班人。此生也无怨无悔了。"如今，他们年已耄耋，耳背目迟，但仍然心牵教育，时常了解教育形势，关心每年中高考动态。不时，还有学生登门拜访，怀旧论今，悲喜交加。在我眼里，父亲是一座山，一座沉稳伟岸的山；母亲是一片海，一片深邃浩瀚的海。我很幸运有这样的机会，串联"园丁"父母的沧桑人生，铺展在他们的有生之年！使我们共同在回忆与瞭望中感党恩、知图报！

（绽海燕　整理）

# 扎根乡村教育四十年

马国良[*]

我叫马国良，1935 年 11 月出生于沙坝塘村一个农民家庭，现年 86 岁，小时候在循阳中心学校上学。那时候，循化县社会经济条件很落后，循阳中心学校教学基础设施非常简陋，教室缺桌少凳，几个同学只能趴在一张桌子上挤着学习。那时的课程主要有国文、算术、图画等。我们夏

◎马国良生活照 （马国良 提供）

天在房檐下上课，到了冬天，每天早上天不亮就来学校，到学校时已经冻得瑟瑟发抖，在没有取暖设备像冰窖一样的教室里，跺跺脚、搓搓手取暖，如此艰难地度过了一年又一年。1949 年循化解放，人民政府办了新学校，我便一直读书到 1952 年小学毕业。小学毕业后，由循化县人民政府推荐到青海省甘都初级师范学校继续学习。1956 年 7 月由甘都初级师范学校毕业后，青海省教育厅将我分配到了化隆教育局，从事小学教学和教育管理工作，直至 1997 年退休，参加革命四十年零七个月。

---

[*] 马国良，循化县教育局退休干部。

一

　　1956 年 7 月初，到化隆县教育局报到后，我被分配到化隆县最偏僻的金源藏族乡金源学校工作。当时的金源藏族乡是一个被崎岖山路包围的贫困乡，海拔 3600 米，交通不便，条件恶劣，这里的人们世世代代在大山里生活，孩子们从小在放牛养羊的生活环境中长大，生活非常困难。金源乡虽距化隆县城巴燕镇 45 公里，但车辆不通，每次到学校或是进城只能徒步。记得我报到的第一天和一位乡邮递员搭伴一起翻山越岭，蹚水过河，用了整整 8 个小时步行 90 余里才到了金源学校。学校的学生大部分是藏族，很多学生不会说汉语，老师和学生交流非常困难。为了更好地为大山里的孩子们教好语文、算术等课程的基本知识，我和其他老师学习藏语。经过一段时间的努力，掌握了一些简单的词汇，可以用来与藏族老乡和学生们进行交流，学生们也能慢慢地听懂我们讲授的知识。那时学校条件非常简陋，只有几间土坯房子。到了冬天，为了保暖只能将教室的窗子用旧报纸堵住，致使室内光线昏暗，严重影响学生们的学习。学校只有 5 名老师，学生上下课没有铃声，老师也没有手表，时间全靠老师自己掌握。晚上备课、批改作业都是靠煤油灯照明。学校也没有食堂，学生都是翻山越岭走读，我们 5 个老师只能在一家私人饭馆吃饭，由于时间关系一般早上不吃饭，遇上饭馆老板家中有事等特殊情况，几天的吃饭问题都要靠我们自己解决。面对这个破旧的小学和艰难的生活环境，刚刚毕业尚且血气方刚的我满肚子失望，心里反复问自己："难道未来就要在这工作、生活一辈子吗？"心中也盘算着如何离开。但是当我走进教室，站在坑坑洼洼的讲台上看到学生们的那一刻，一个个消瘦的身影、一双双渴望学习的眼睛，彻底改变了我的想法，也让我下定决心努力工作，教好书，当一个优秀的老师。

　　一年后，我被调到化隆县巴燕镇金家庄小学，但学校条件仍旧很差，教室是又矮又破的土房，每逢刮风下雨天，凛冽的寒风总是从残损的窗户灌入室内，窗户咯吱作响。一到五年级的学生由我们两位老师负责全部课程的教学和学校管理。学校没有食堂，老师只能自己做饭。限于条件，只能把青稞面馍馍、煮洋芋、炒洋芋作为最主要的伙食，往往是早上洋芋蛋，中午洋芋饭，晚上洋芋片，就这样艰难地度过了好些年。艰苦的生活环境并不是让我非常头疼的难题，让我感到痛心的是由于金家庄生活条件很差，一般家庭不愿意供学生读书，都想早一点让孩子们参加劳动帮衬家庭，因此辍学学生很多，生源不稳定。每次遇到这种情况，我的心情都非常沉重，久久不能平静，毕竟每个孩子都是家庭的未来，寄托着一个家庭的希望，多学点知识有利于孩子们以后更好地发展。于是，我们两个老师一次次到辍学学生的家里，苦口婆心地劝说家长，真诚地去面对每一个人，只想用一颗心去打动另一颗心而换来家长送孩子上学。经过多次走访，最终说服家长让孩子们来到课堂，继续完成学业。每当看到流失的学生们回到教室上课，学到新的知识，我就非常欣慰，这些孩子就像一颗颗种子一样，在贫穷的大山中播种着新的希望。

再后来教育局将我调到化隆雄先乡中心学校，雄先乡距离化隆县城巴燕镇130余里，条件尤其艰苦。即便如此，在中心学校我心无旁骛，任劳任怨，脚踏实地，力争把工作做到最好。其间，我当过班主任，担任语文课、音乐课和课外文娱活动三股套的教学工作，一拉10年没松过劲。

白天我用心地传授学生知识，课下辅导孩子功课，晚上努力地自我学习提高教学水平。在星期天，无论刮风下雨都要去学生家家访，关心学生的生活状况。"文化大革命"期间我被打成"走资派"，在我父亲去世时也没能回循化老家送老人最后一程，成为我人生中最大的痛点和终身的遗憾。

二

1977年，由于我教育教学工作成绩突出，工作勤劳踏实，县教育局任命我为学区校长，负责雄先乡片区的教育管理工作。雄先乡当时仍未通车，几个学校之间的距离又较远，为了更好地了解每个学校的教学情况，充分调动老师教书育人的积极性，及时传达上级教育部门的方针、政策，研究安排部署全乡教育教学工作，确保学校各项工作有秩序地进行，实现学校管理目标，需要每天到每个学校指导工作。当时出门就是步行，一日步行二三十里到不同的学校，天天如此，脚板上磨起了血泡、磨出了老茧，至今走路都受影响。就这样，寒来暑往，我全身心地投入工作，风雨无阻地坚持了10年，使雄先学区的各项教育管理和教学工作取得较好的成绩，深得老师们的肯定和学区群众的表扬。

后来我又先后在甘都学区、沙连堡学区、扎巴学区、德加学区、巴燕学区担任学区校长。不管党把我安排在哪里，我始终牢记自己是一名共产党员，努力践行共产党员的职责，全面贯彻党的教书育人方针。在各级领导的重视关怀和化隆县教育局的正确领导与大力支持下，积极完善教育教学制度，及时向负责的学区教师传达国家、省、市有关教育的方针、政策，把教学质量看作学校工作的生命线和持续发展的动力，经常挂在嘴边的就是"有什么样的校长就有什么样的学校，有什么样的老师就会教出什么样的学生"，坚持"德智体美劳"全面发展，常抓不懈。通过抓教研，带动提升教学质量，抓后勤保障服务，老师们家中有事，我第一个上门慰问，想尽办法解决老师们的后顾之忧，为老师们安心民族教育、不断提高教学质量打下良好的基础。同时，我本着表扬激励彰显人、建章立制规范人、倾听接纳尊重人的原则，注重人性化管理、情感管理、服务管理，创造一种宽松协调、相互激励的成才环境，使所管理的学区形成团结奋进、正气向上的群体合力。

多年学区校长的工作经历，使我深深懂得教书育人是长线工作，是细碎、系统、反复、繁杂的事情，需要绵绵用力，久久为功，需要我们有"十年树木，百年树人"的育人理念。学区校长是一个乡所有学校的领导人，要求我必须静下心、沉住气，不断地创新工作方法，用精神信念感染人、鼓舞人，为民族地区培养更多合格的建设者和可靠的接班人。

三

1977 年初，我被提任为化隆县教育局工会主席。1984 年 8 月因工作调动，调入循化县教育局继续担任工会主席。

担任教育局工会主席以来，主动承担一部分领导工作，积极参与教育管理和开展"教书育人，为人师表"工作，在开展的社会主义精神文明建设中，尤其是创建文明学校、创建文明班级、争当文明教师、争当文明学生的"两创两争"活动中，热心服务民族教育，为教育职工提供贴心服务，成绩突出，被青海省总工会评为 1988 年度"职工之友"。

在工会工作中，我积极工作，主动替领导出谋划策，解决职工们的各种工作和生活困难，1989 年荣获青海省海东地区"民族团结先进个人"称号。

1991 年，由于在青海省工运事业中工作积极，成绩显著，被评为"青海省优秀工会工作者"。

同时，根据有关部门的要求积极开展农村教师家属扶贫工作，全身心投入扶贫工作之中，摸排农村教师家属基本情况，调研农村教师家属脱贫方向，最后结合每个家属家庭实际，分类扶持。据调查，全县教师家属有养羊的，有搞缝纫的，为了充分发挥家属的特长，我们合理安排，根据教师家属的实际情况进行帮扶。例如积石镇学区教师马明义，一家 7 口人，上有一双年迈的父母，下有嗷嗷待哺的 3 个子女，妻子承担着家务，没有任何收入，生活的重担压在马老师一个人身上。一个人微薄的薪水常常捉襟见肘，难以为继。马老师也是一名教学能手，但是对家庭的现状束手无策，于是萌生了出门搞副业改善家庭经济状况的想法。当我了解到马老师的实际情况后，因户施策，结合马老师家的具体实际，建议马老师饲养小尾寒羊，积极和相关部门联系，使马老师获得扶贫贷款支持。加上马老师父亲和妻子的精心饲养，当年养羊 20 只出栏十多只，年收入接近 5000 元，生活条件一下子得到了改善，马老师在教学上更是无后顾之忧，教学成绩名列前茅。当年全县教师家属脱贫 52 人，极大地解决了农村教师的

◎ 马国良获得的荣誉证书（马国良 提供）

后顾之忧。因为关心贫困教师，积极帮他们出谋划策，帮助贫困老师们脱贫致富，县教委的工作受到上级部门的肯定，本人也获得省教育工会开展乡村教师家属扶贫工作纪念"全心全意为教师排忧解难"的荣誉称号。1992 年，由于我在农村教师家庭扶贫方面的突出贡献，被青海省教育厅、青海省教育工会评为"青海省农村教师家庭扶贫先进工作者"。

1994 年，由省教育厅、省教育局工会组织的青海全省"教书育人，为人师表"第一次大会在循化召开，我有幸作为循化县唯一的代表在大会上作了发言，并与兄弟县的同事们交流了经验。首先，针对当时教书就是教书，不谈育人的问题，以及教学上始终停留在死记硬背，只是死读书、读死书的社会问题，我认为教师是学生们身心发展过程的教育者、领导者、组织者，教师的一举一动都在影响学生，如果老师不能言传身教，无法做到为人师表，教育的社会功能就无从谈起。"教书育人，为人师表"是我多年从事基层教学管理的体会，一经提出就得到了全县和青海省教育厅工会的认可，我的教育教学经验被推广到全省教育系统。1994 年开展"三育人"（教书育人、管理育人、服务育人）活动，我被评为"全省优秀工会工作者"。

在县教育工会工作期间，我积极维护职工人身安全，当好教师的"娘家人"。我始终把保护教师的人身安全放在首位，不论哪个地方、哪个学校出现了殴打教师、侮辱老师的事情，我都通过县公安局领导、教育局和教育工会，积极协助配合各派出所尽快处理。极大地保障了教师的权利和人格尊严，维护了教育的神圣性。

2016 年获得中华人民共和国教育部、人力资源和社会保障部"乡村学校从教 30 年"荣誉证书。

在我 40 多年的工作中，先后获得国家级、省级证书 17 份，县级、乡镇级的荣誉不胜枚举，这些荣誉的取得得益于上级部门和领导的大力支持，也离不开自己勤勤恳恳、脚踏实地的工作作风和优异的工作成绩。

## 四

1997 年元月份我光荣退休。退休后的我在家休息、看书看报，订阅了《今古传奇》《海东时报》《青海科技报》《西宁晚报》等各种报纸杂志。退休时工资为 987.18 元，现今 7500 余元，养老生活还是相当不错。如今五世同堂，儿孙绕膝，子女各自成家立业，在不同岗位上发挥着光和热。我发自内心地感恩中国共产党让我们一大家子 51 口人生活在温暖幸福的新社会。时光在飞快地逝去，我来到这个世界上已有 86 年了。从旧社会到新社会，亲历了新中国的诞生和发展，亲历了我国民族地区教育工作从"一穷二白"到欣欣向荣，这一切都得益于党对教育事业的全面领导，得益于坚持社会主义办学方向，得益于坚持以人民为中心，办好人民满意的教育宗旨。

最后，衷心祝福祖国繁荣富强，人民安居乐业。

# 梦想从田间地头生长

绽 琨[*]

"人是一种受思想指引的动物，你的思想走到哪里，你就会走到哪里；你的理念指向哪里，你就会走向哪里。"

## 梦想从田间地头生长

◎本文作者生活照 （绽琨 提供）

我是"80后"，出生在循化县瓦匠庄村一个普通的农民家庭。父母在村里是出了名的憨厚、老实、诚恳、善良。我们兄弟姐妹四个（一个哥哥，两个姐姐），我排行最小。听我父亲说叔叔结婚后，因为家里人口太多（当时我们家已是四口之家），父亲就拖家带口分家出来租住在同村一个老奶奶（村里都称她为"桂兰姑奶奶"）的房子里，开始了另起锅灶的日子，我和二哥是在这里出生的。老奶奶家院子特别大，有沙枣、苹果等各样的果树，我们四人在那里玩游戏、捉虫子、摘果子，还常带小伙伴们也进去玩，颇有些鲁迅先生的"百草园"之味道，至今难忘。

在我快要上小学时，奶奶为叔伯分家（在我还没出生时爷爷已经去世了），我们住

---

* 绽 琨，兰州大学信息科学与工程学院副教授。

进了自己的新家。可我依然很怀念那个租住过的老院子，每天总要和哥哥或者几个伙伴往那里跑。为此，也挨了家长的不少责骂。

听我大哥说，父亲原来是循阳学校的工人，在食堂做饭。后来辞职后和别人合伙在西藏投资工程，结果本利全无，空手回家。家里生活一下子跌入窘迫境地，基本靠母亲一个人种菜卖菜维持。从第二年开始，父亲托人四处找活，冬季居家休养，春夏时外出打零工。为了让我们兄妹四人都能够读书成才，父母实属不易。那时村里很多人劝说父母，让我们弟兄几个帮干家务，没必要那么辛苦自己，还可以节省一笔开支。可我父母态度很坚决地谢绝了，说再苦再累也不能耽误孩子读书，他们自己一生就是吃了没文化的亏。无论家里多忙，都从不耽误我们上学。

我从小比较要强、懂事、爱动脑筋，还追求完美。只要是自己认准的事，就一定要做到善始善终。

那时，没有五花八门的玩具（即使有，我家也没有条件买），最好的游戏就是小伙伴们一起玩打石头，或者是捏泥巴，做一些模型和小动物。每次都是我做得最快而且很形象，尤其我是做的小汽车模型惟妙惟肖（很多时候是自己不满意，拆了又做，做了又拆，折腾好几次），常得到父亲表扬。母亲把卖了菜的一些零散硬币放在桌子抽屉里，每隔几天我都要整理一次：按币面大小分类后一摞一摞理得整整齐齐后放回原处。如果在摞的过程中硬币倒了，我边哭边再摞，直到摆放得整整齐齐。为母亲卖菜时换零找零提供了方便。母亲每次拉开抽屉存取零钱时总是对我赞不绝口。

1989年9月我7岁时在家门口的循阳学校上一年级。自从我上学之后，发现母亲比原来更辛苦了：至少早半小时起床做早饭，然后喊我起床，在我吃早饭的空隙里，母亲将头天傍晚洗好的菜装到架子车里，准备出门。每当看着母亲如此辛苦，我只想赶快长大，替父母分忧解难。因此，我从小学一年级开始就特别勤奋，且表现出与众不同的数学天赋，数学课上，我是最活跃的一个。老师提问时，我总是第一个喊出答案，每次数学考试我都是第一个交卷而且满分。到三年级时，我的数学成绩遥居年级第一，常常捧得奖状回家，家人和同学都称我为"绽机灵"。这称呼倒不完全是因为我聪明，还因为我可以自主发明一些简单的游戏，或在玩耍中总能想到别人想不到的好点子。学校的操场和家门前的那块空地，是我和几个小伙伴们的最佳活动场所。在那里我们玩老鹰捉小鸡、打石子、踢足球、打篮球等，留下了一段美好的回忆。

四、五年级时，我沉稳、能吃苦的禀性在同龄孩子中表现得比较突出，我常常帮助班里值日生抬桌凳、提水、倒垃圾。在冬天的早晨，最麻烦的就是生炉子，很多同学都叫我早点到校帮他们生火。当时，父亲身体不好，我们尽量不让他多干活。每天上学之前，我和哥哥先清理牛圈，然后拉土填牛圈，帮母亲把菜装到架子车里，送母亲到村头大路口；姐姐收拾家、做早饭，给父亲倒水、端饭等，吃完早饭后我们带着父亲的叮咛一起出门。就在这样边读书边干农活的童年里，我在内心深处种下了一颗种子：努力学习，改变命运！

1995 年 9 月，我升入初中。升入初中后，很多原来在小学学得很好的同学因不适应突然转轨而成绩下降。可我除了语文外（我的语文总是学不好），其他学科成绩一直很好。不幸的是，1996 年新年伊始，父亲突然因病去世。这对于 13 岁的我来说，无疑是个沉重的打击，我感觉家里的顶梁柱轰然倒塌，我也失去了精神支柱，生活一下子变得黯然。父亲在世时那些不曾记怀的只言片语、那些出门时反复叮嘱和进家后的嘘寒问暖，还有点点滴滴的关爱和鼓励，就在送父亲最后一程的时刻一起迸发并敲打着心房，几乎将自己撕裂开来！在我还没有学会攥紧那份深沉的父爱时，命运之神就无情地夺走了它。有些东西只有在失去时才懂得它的珍贵。

父亲走后，日子又多了一层忧郁和艰难，可我们姐弟几个好像猛然间成熟了很多，几个人明确分工：两个姐姐帮母亲分担家务活（如洗衣、做饭、收拾家等），我和哥哥分担农活（如菜地里浇水、除草、收菜等），我们将贫寒的日子打理得井然有序。俞敏洪说："任何一个人想要改变自己人生和命运，最好的力量就是去奋斗！"消沉、痛苦只能使人意志薄弱，失去前进的动力。古人说"男儿不展风云志，空负天生八尺躯"！

前方的路还很长，我必须得坚强面对，低头赶路。

初中三年，我的学习成绩一直排年级前列，尤其是数学一如既往地保持年级第一。好多学生向我求教学习数学的秘诀，其实我没有什么秘诀，只是觉得人生多一些曲折的经历未必是坏事。其次，做任何事，首先要有兴趣，要自己喜欢，才可以做好。爱因斯坦说"兴趣是最好的老师"，浓厚的兴趣可以推动求知的内在力量。如果说我比别人多了一些数学天赋，还不如说我对数学多了一份浓厚的兴趣。

1998年7月，我初中毕业参加中考，中考成绩全县第一，我毅然决然地选择了上高中（当时初中毕业后有两种选择：一是报考中专，二是报高中）。当我到县中学高一报名时发现像我一样决意上高中的学生在全县有18个人（在循化这也是第一批）。县中学校长是同村长辈绽享文老师。他为了重点培养我们这些"特殊学生"，将我们18个人单独成班，且配备的科任老师都是相对比较优秀的（现在想想，这段经历为我以后的发展奠定了良好的基础）。从高中第一天起，我就下定决心要全面发展，学好语文（恰好语文老师是绽海燕老师）。正当我学习语文的兴趣慢慢回升，开始有了起色时，绽老师调走了，我想学好语文的愿望又回到原点了。我的理科各科成绩一直名列前茅，高二时还被评为海东地区"三好学生"。可我的语文成绩依然不尽如人意，我曾戏谑自己是"偏斜性"走路，这也算是我一生的遗憾和不足。

回顾我的求学经历，简单而有点枯燥。虽然在老师、同学们眼里，我是个自律又坚强的人。其实，我还算不上学习特别刻苦的学生。因为，童年时家境不是很好，父母既要外出劳动，还要照顾我们姐弟四人，家务活多。我在学习上花的时间并不是特别多，每天除了完成老师布置的作业之外，没有做过其他课外作业，也没看过任何课外书籍。或许，挫折真会磨炼人的意志；或许，内心的动力才是让梦想起飞的翅膀。

## 在兰大，梦想飞舞

2001 年高考，我以优异的成绩考入兰州大学电子信息科学与技术专业学习。进入大学以后，我进一步体会到知识浩瀚无垠，灿如星空，需要自己埋头苦干，不停地汲取精神营养来充实自己，武装自己。俞敏洪说："开始了大学生活之后，要往前走的话，不需要太关注过去。"

当时所有大一新生都在兰州榆中校区。学校对大一新生的管理不是很严格，所以，很多学生就有点失控表现：熬夜玩游戏、看电影，白天逃课睡觉等，放任自己。宿舍一共 6 个人，遵守学校制度、按时上课的就我一个，有时还会遭到舍友们的冷嘲热讽。可我明确自己的方向和目标，我知道我不能随波逐流，也没有条件放任自己。我是一个急需补充食粮和营养的饥饿者，一门心思想掌握知识，扩大视野。有人说"一些梦想，可能会换来一生的疲惫"，可我始终相信，只有辛勤的汗水才能浇开梦想之花！由于过度疲劳，加上受舍友们"长明灯"的影响晚上睡不好，一学期下来，身体极度虚弱，食欲不振，精神萎靡。辅导员老师反复叮嘱我一定要注意休息，不能太累。在老师、同学们的关爱和帮助下，我渐渐调整了生活和学习状态，步入正常。大二时，我们搬到兰大本部校区，学校管理不再像大一那样松松垮垮，课程增多，学校要求更高。我已经充分意识到这个世界上有太多的精彩等待我去探索，有太多的地方等待我去寻找。城市的繁华与我无关，精彩的游戏、电影里找不到我的未来。也是出于这样的目标，我每天安心地出入于教室、实验室和图书馆，广泛汲取先哲智慧，弥补自己的缺失，在知识的海洋里尽情遨游。"这个世界上，往前走的脚步声只有自己能听见！"而且每一步踏在实地上的感觉分外庄重而美丽。

2005 年 7 月，我本科毕业，大学英语过了四级。接着顺利考取了兰大研究生。其实，在考上研究生以后，我特别想专攻人工智能算法，可导师们建议我还是选择计算机视觉专业。于是，我大胆提出了把人工智能推算法融入计算机视觉里，二者之间可以挖掘出新领域的想法，得到了导师同意。为了探知这个新领域，我废寝忘食，如饥似渴地在自习室里广泛阅读英文的博士论文，寻找各种科学依据，钻研学习，推导理论。在这期间，我发现兰州大学虽然是一个理科见长的学校，但信息学科非常薄弱，多年来一直没有中国计算机学会认定的顶级会议和期刊论文。在信息学科方面稍有建树的人，大多都"孔雀东南飞"了。我翻阅了大量的书籍和资料，却发现很多理论都没有深刻的论述。正当我亟待有人指点，又迫切想有一间独立实验室的时候，即将退休的李柏年教授找到我说："绽琨，我和你是战友，这是我一直坚守着的阵地，从这里诞生过无数令人喜悦的成果。我退下来你来继续坚守，我相信你一定能创造更多佳绩，到时我也很自豪！"老前辈的话让我倍受鼓舞，热血沸腾！同时，我还结识了我的师弟赵荣昌，他经常给我一些指导性的意见或建议，为我提供了不少有价值的参考资料。对于搞科研的人来说，有一些给予支持和鼓励的双手、有一片属于自己的独立天地就是最开心的事了。从此，我几乎不舍昼夜地泡在这里，充实了很多肤浅的认知，学到了很多具有指导意义的理论知识，形成了一些独到的见解和理论观点。2007 年 5 月，我的第一篇英文 SCI 论文发表，2009 年第二篇论文在 IEEE（电气与电子工程师协会）会刊发表。当时国内在这样的顶级期刊上发表论文的人并不多，兰州大学更是空白。我的论文是兰州大学信息科学与工程学院的第一篇，得到国内外专家好评。

"一个梦可以催生一片生命！"如果你的内心有树的种子，你必然会长成树。2009 年 8 月，我以"联合培养博士生"的身份去加拿大 Halifax 市的达尔豪斯大学访问学习一年。在国外生活和学习的同时，还结识了很多科研界的学者精英，跟他们参加学术研讨会等，又学到不少东西，增长了不少见识。我的刻苦勤奋，也让他们对中国兰大的学生刮目相看。

2010 年 8 月我回到兰大，2010 年下半年完成博士答辩顺利毕业后就留校工作了。听起来是参加工作了，其实依然是在路上不断地汲取、不停地捡拾，朝着一个方向努力奔跑的过程。所以，我总感觉时间不够用，很多时候都忘了给母亲打个电话。好多次都是她主动打过来，语气里夹杂着嗔怪，又满是殷殷期盼。每至此时，我心里五味杂陈，很不是滋味：人这一辈子，亏欠最多的就是父母。

不管是学习还是工作，我始终坚信：没有人能阻拦你前进的脚步，只要你愿意往前走。是种子，必须要长成大树；是莲子，必须要开成莲花。2011 年 12 月，我指导的学生参加全国大学生（甘肃赛区）电子设计竞赛，荣获特等奖，这是我参加工作后的第一份荣誉。

2013 年起，我开始带研究生。此时，我师弟赵荣昌老师已经博士毕业去了中南大学。他让他的博士生帮我带我的研究生，还常带我参加一些优质的学术会议等，为我的进一步发展给予了很多帮助。这年年底，我的学生在全国大学生电子设计竞赛中又荣获甘肃赛区的特等奖。

不久，我又通过视觉与计算青年研讨会 A 群结识了悉尼科技大学的杨易老师，与他结识，真可谓我人生中又一大幸运。他与我无话不谈，尤其在我论文、科研方面给了我很多指导性的意见和建议，他是我的导师，也是益友。2015 年 9 月，在全国大学生电子设计竞赛（甘肃赛区）中，我指导参赛的学生稳拿特等奖；同年，在全国大学生电子设计竞赛中，我的学生代表甘肃赛区去参赛，荣获全国本科组二等奖。

这些成绩的取得，使我认识到：任何起点都可以创造辉煌。将生命从泥泞中提携起来的，只有自己。

2017 年 11 月，我应杨易老师邀请，去悉尼科技大学学习、访问。在他的实验室里，我发现大部分博士生都是来自中国的精英才子（多半是华东五校的本科毕业生）。他们刻苦努力、勤奋钻研的精神再次给了我莫大的鼓舞和鞭策，他们使我想到了自古以来为改变命运而付出不屈不挠的努力的人们，也看到了我们祖国的明天……

2018 年底，我更加信心百倍地回到了兰州大学。写到这里，我忽然想起《阿甘正传》中的一句我很喜欢的台词："我不聪明，但是我知道爱在什么地方！"两次出国学习的经历，使我对科研项目的探究方向把握更加精准，也明白我将走向何处。

目前为止，我在四种不同的信息学科顶级期刊 IEEE 会刊上发表了论文，工作期间中了国家自然科学基金青年项目和面上项目。最近，我发表的一篇人工智能领域的顶级会议论文，实现了兰州大学在顶级会议上发表论文零的突破。在兰州大学，我是唯一被中国计算机学会认可的在 A 类会议和 A 类期刊上都发表过论文的老师，得到国内同行的认可。

如今，我年已不惑，儿已过膝。回想半生旅程，19 年在故乡循化度过，19 年在兰州大学深造并生活，辛酸喜乐皆有味。最遗憾的是：没来得及报答父亲养育之恩！

每个人的生命起点不尽相同，也无法选择，但沿途选择什么路去走，要走向哪里，却要靠自己选择。我衷心感谢我的故乡，为我理想的种子提供了一方厚土；感谢一路陪伴过我的亲朋师友，为我的梦想插上飞舞的翅膀；感谢党和人民，为我提供了成长和发展的平台！

"路漫漫其修远兮，吾将上下而求索！"真正的精英是既能自我成长，又能帮助社会进步的人。我一定会不负众望，努力学习，用自己的实际行动回报家乡，回报党和人民。

（绽海燕　整理）

# 结缘高校　默默耕耘

绽小林[*]

　　我出生于循化县积石镇瓦匠庄村，幼读循阳学校小学、初中。初中毕业，即以优异的成绩考入循化县高中。高中毕业后，先后求学于青海民族大学、陕西师范大学，并先后获得学士、硕士、博士学位。现为青海民族大学教授、硕士研究生导师。

　　一路走来，我过往和现在取得的所有成绩得益于在循阳学校求学时，恩师们给我打下的学业基础、人文素养和铺就的如歌人生，更受益于不同时期各位恩师的辛勤指导和无私栽培。正是恩师们循循善诱、金针度人的培育，才有了我今天的一切。

　　我的童年是在瓦匠庄村的田间地头，与小伙伴们快乐的玩耍中度过的。炎炎夏日，我和小伙伴们一起跟着羊群，在狂风暴雨中一起狂奔；牛羊嘶鸣着，我们顽皮地发出狂吼，风声、雨声、羊蹄声交织在一起；还要骑上毛驴，迎着风雨风驰电掣般地追拦受惊的羊群……就这样，一边上学，一边帮父母亲在农田里流汗，度过了愉快、天真无邪的童年和少年时光。

　　1989年，我到青海民族大学工作，有幸成为一名高校教育工作者。从此，与人民教师这个光荣职业结下了不解之缘。从选择做教师的那天起，我就把对高等教育事业的热爱，化为每一天勤勤恳恳的工作，把做一名好教师作为自己的人生目标。"天道酬勤"早已成了我脑海中永不遗忘的座右铭，它时刻鞭策、激励我要与时间赛跑，将自己充

---

[*]　绽小林，青海民族大学马克思主义学院教授。

沛的精力和不竭的动力投入教学与科学研究之中。

科研是高校教师安身立命之本。因此，大家在私底下经常有这样一种说法，科研立则教师立。而增强科研活力，须以课题研究为抓手，确保整个科研工作能有计划、有步骤，持续、稳定、深入地进行。受此影响，近年来我参加了四川大学等院校面向海内外举办的国际学术研讨会，并多次在会上作了主旨发言，提交的论文也多次被评为优秀论文。多年来，我主要致力于课题研究的过程管理，而不仅仅把精力放在"播种"与"收获"上。课题在起初都必须有研究计划，在中期有课题研究活动，在末期有研究小结，并不断汲取别人先进的科研经验，大胆探索，不断提高科研能力。

从教至今，我曾主持并参与过 30 余项国家级、省部级社会科学基金研究项目，并已全部结项；在研主持 1 项国家级项目、2 项省部级项目、1 项厅级项目；主持完成青海省地方政府多项发展规划项目；在国内外核心期刊及公开刊物发表论文 50 余篇；出版专著 8 部，其中 1 部由中国社会科学出版社出版。先后荣获省部级哲学社会科学优秀成果一等奖 2 次，二等奖 2 次，三等奖 3 次。其中，主持完成的《青藏地区当前影响社会稳定的凸显问题及遗留因子舆情调研报告》，于 2013 年 12 月获国家民委社会科学研究优秀调研报告遴选全国第 8 名（通过匿名评审，西北地区唯一进入前 10 名的社会科学研究报告），并获一等奖。

2018 年，由于在科学研究方面取得的成就，我被纳为中共青海省委政法委调查组专家，作为主要成员参加了时任中共青海省委副书记、政法委书记刘宁同志点题课题《新时代青海政法工作展现新作为的调研报告》的调研及撰写工作。其中，形成的 1 篇研究成果于 2018 年 2 月 12 日由刘宁同志作了批示并给予高度评价；1 篇研究成果于 2018 年 3 月 8 日由时任青海省政协副主席王晓勇同志作了批示，给予了高度评价。

任何研究都源于实践，都基于对大量事实的研究，社会科学研究也不例外。对教育教学及社会现实问题进行多角度、多层面的研究，是开展科研工作的重要基础。平时，我有目的地进行材料收集，加强对典型个案的剖析，如就问题的种类、方法、模式、背景及发生、发展过程等进行详细全面的调研、比较分析，以有利于对问题研究的深入，进而提高科研成果的理论层次、深度和广度。关注了解所研究内容的前沿动态和已有的理论成果，同时还进一步不断改善自我的知识结构和能力结构。我还积极参与各种社会活动，在与他人交流和讨论的过程中更新观念，碰撞智慧和思想、创新思维模式，将自己发现的"新、奇、特"问题、做法和想法科学、准确地表达出来，并把相应思考融入地方政府的规划之中，以更为精准的智力成果服务于政府和基层社会。

这方面，我曾主持或作为核心成员编制完成过青海省部分地方政府国民经济与社会发展"十三五"总规、重点专规（能源、文化、社会经济发展、企业产业、社会信用体系建设）等多部规划任务。创意、策划并撰写完成过青海省5个地方产业园规划、发展战略思路和行动纲领，如《青海省"十三五"文化产业发展规划》《湟中县"十三五"生态文明建设规划》《黄南州"十三五"社会信用体系建设规划》等。2021年10月，独自高质量完成了中共青海省委组织部与青海干部网络学院招标委托的"青海各民族经济及扶贫专题课程"20部（MG动漫）微课程宣传片的选题及全部脚本文稿的撰写任务（字数达3.2万字），并通过了省级专家的评审。并将其设置安排到了青海干部网络学院课程系统中，首次以MG动漫课程宣传片的形式供全省各级领导干部、公务员及事业单位各类人员培训学习，进一步促进了成果转化。

此外，我还兼任过国家民委民族文化咨询专家、青海省政府国民经济和社会发展"十三五"规划咨询专家等，现兼任青海省教育厅特聘教授，专项服务青海师范大学等高校和单位的授课及研究任务，同时兼任青海省委九三学社智库专家。其中，独自主持完成的《三江源生态移民及后续产业发展研究》《青海省社会管理创新研究》《关于建立国家层面三江源生态保护长效补偿机制问题研究》是九三学社青海省委当年重要的参政议政成果，为中共青海省委决策及省政府施政提供了参考。

# 我的教学科研成长之路

黄军成 *

## 爱好读书　增益知识

我出生在循化县沙坝塘村一个回族农民家庭，父亲是一个睿智、开明，兼任多年村干部的老共产党员，2021 年荣获"光荣在党 50 年"纪念章；母亲则是出身贫苦农村家庭的善良、勤劳的家庭妇女，父母均没有进过学校受过教育。在他们辛勤劳作和艰辛的哺育教导下，我们兄弟五个生活和学习很少受到压制束缚，自由发展我们探索未来知识的天性。尽管家里孩子多、条件差，但我的父母依然咬紧牙关，艰难地供我们弟兄们上学。在这样的环境中，我从小养成了能吃苦、勤学习的习惯，也拥有广泛的兴趣爱好。喜欢幻想，常与小伙伴们在夏夜的星空下漫谈大山之外的广阔天地，喜欢聆听村里的大人们讲各种形形色色的故事和见闻，这些故事、见闻开阔了我的视野，给我打开了一扇兴趣的大门。急于了解故事真相的迫切心情，使我特别想知道书上是怎么讲的，而唯一的途径就是尽量多识字、多看书，然后有机会再给小伙伴们讲，这对我以后从事教学科研有一定的影响。

小学的时候，课外阅读书籍非常少，除了语文和算术课本外，很难看得见其他的书，报纸等阅读材料到不了我们这些孩子们的手中。那个时候，我非常羡慕家境殷实

---

* 黄军成，青海民族大学经济与管理学院教授。

且祖上有文化、家有藏书的同学，经常看见他们拿着厚厚的书，下课时偶尔翻几下，此时的我多么想看看这些书，于是我把自己舍不得吃的糖块、水果等稀罕东西积攒起来，送给同学，目的是多看看同学家里的藏书。记得当时看的书主要有：军旅作家杨佩瑾写的抗美援朝题材的长篇小说《剑》，这也是我人生中看到的第一部长篇小说，印象最深的是书中的朝鲜小姑娘小明姬被美军投下的"水果罐头"炸弹炸死的情节，为此小学时的我曾默默难过了好长一段时间。还有现代作家周立波的长篇小说《暴风骤雨》，作家罗广斌、杨益言的长篇小说《红岩》、曲波的《林海雪原》、丁玲的长篇小说《太阳照在桑干河上》等。这些小说看了一遍，感觉不过瘾，于是想尽办法自己买了《剑》《红岩》和《林海雪原》等书，爱不释手。又花2分钱买了一张大白纸，裁成32开钉成本子，把自己觉得书中写得好的句子抄在小本子上，一有时间就看，翻看了很多遍，很多内容都背下来了，并且喜欢把一些好句子用在作文中。遗憾的是这些早期买的书和小本子在蹉跎岁月中遗失了。

1976年到1982年，我在循阳学校和循化中学读初中和高中，中学时期的许多事已慢慢淡出了记忆，但有些人、有些事却永难忘记。我还清晰地记得初中阶段语文课兼班主任绽享文老师、数学白树祯老师、化学马国芳老师、体育吴维江老师等。绽享文老师笑声爽朗，知识广博，讲课富有条理，幽默风趣，课堂气氛活跃，善于旁征博引，形象生动。白树祯老师善于把数学难题讲得浅显易懂，尽显数学的优美。还有一件事至今印象非常深刻，那是一个阴雨绵绵持续了一个星期的初一暑假，因为下雨干不成活，我就来到离家不远的大伯家，向学习成绩优异的堂哥黄德胜（家族男孩中排行老二，我们都喜欢叫他二哥）学习初中课本知识，尤其是数学。二哥有严格的作息时间，学习什么、学习哪门课程都有安排。在学习中遇到不懂的问题绝不放过，先是大声读课本，背诵相关公式、定律等，然后认真思考，不断演算，直到脸上露出获得答案的喜悦才肯罢休。就这样我们在交流中学习，在学习中交流，时时有解决新问题、背诵新课文的兴奋感。很快这一星期在不断地收获中过去了，二哥良好的学习习惯和善于钻研知识的精神给我树立了榜样，在熟悉课本内容、读透课本知识的基础上，大量阅读课外读物的习惯延续到现在。这一星期的学习，我的直接变化是许多以前不会的数学题会做了，不懂的知识搞懂了，记不住的课文背下来了。升入初二后，我的学习成绩突飞猛进，开始在班中名列前茅。到了高中，数学课兼班主任是周田福老师，语文课由贾秉中老师主讲，政治课由赵超老师主讲，历史课由南开大学历史系毕业的高才生张玉莲老师主讲，英语课由 50 多岁、身材魁梧的李鸿飞老师主讲，地理课由黎善真老师主讲，化学课由年轻的金秀老师主讲。这些老师讲课认真，充满激情，思路清晰，课堂气氛热烈……还有许多老师，他们热爱教育事业，将己所学无私地传授给我们。正是在许许多多老师们的精心培养和教育下，我系统学完了初、高中文化课程，学会了许多做人做事的道理，为进一步学习深造打下了坚实的基础。

1982 年，我怀揣家人的希望与自己的梦想，走进华东师范大学经济系，接受系统的专业知识和科研训练。在华东师大的学习生活中，非常荣幸能和来自祖国五湖四海的 39 名优秀青年学子一起接受学贯中西的专家教授、厚积薄发的青年才俊带给我们的知识盛宴，不断提高知识素养。难忘在学校图书馆抢占座位，不论是晚自习还是休息日，大部分时间都在图书馆度过。在图书馆这座知识的宝库和信息的海洋中，我就像干瘪的海绵迅速吸收知识的营养，遨游在广阔的知识海洋中，尽情涉猎许多专业和专业之外的文献资料，培养自我学习和终身学习的能力。大学的学习生活，是我智慧品性有了较大收获和陶熔的关键时期，学到的学习方法和养成的学习习惯塑造了我的性格，改变了我的人生。感恩在大学期间老师对我的关心和呵护、同学对我的帮助与鼓励、室友给我的关照和温暖。正是华东师大的学习经历，给了我追逐理想的勇气和能力、探索和思考未知领域的习惯，感谢华东师大！

## 参加工作　教书育人

1987年7月大学毕业后，我被分配到青海师范专科学校政史系工作。当时安排9月开学后试讲，记得当时讲的内容是"政治经济学"第二章"商品和货币"中的一小节内容，时间45分钟。我以自然经济的基本特征及其向商品经济的发展为切入点，重点分析商品和货币，阐明马克思劳动价值理论，进而引出价值规律的基本概念和对社会经济发展的作用。试讲的结果令人满意，评委老师大部分都是本系专业课老师，对我的评价是基本功扎实，是块当老师的料，缺陷是讲课内容中社会实践案例较少，书本知识太多，需要在以后的教学中不断积累，用鲜活的社会实践案例书写改革开放的伟大实践。试讲后系主任韩模初、教研室主任刘举魁等老师找我谈心，大家语重心长地提出了很多至今对我产生影响的建议，如应该看哪些经济学专业方面的书籍、如何进行社会实践收集教学案例，等等，都符合我的实际需求。

青海师专的教学风气很好，老师们遵循教书育人的良好传承，勤勤恳恳传道授业解惑，教学效果很好，社会评价很高，学生的认同感很强。1987年9月新学期，系里没有安排我授课任务，而是安排我听课，至于听谁的课完全由我自己在全校范围选择，听课前给老师打个招呼就行。记得当时我听课的范围很广，先后听了韩模初老师激情澎湃的"世界古代史"和"世界近代史"课，祁之泰老师严谨富有思辨的"哲学"课，刘举魁老师融理论与实践于一体的"政治经济学""经济学说史"课，施大纲老师通俗易懂的"逻辑学"等课程，此外也听了享受国务院特殊津贴专家吴建民老师的"高等数学"、数学系李秀清老师的"数学分析"、中文系的"中国古代文学""现当代文学"等课程。记得当时的课程排得很满，听的课比上大学时一学年的课都多。通过这种有的放矢的听课，我学到了这些老师行云流水般的讲课艺术、严谨的逻辑思辨和优美的语言表达艺术。印象很深的是吴建民老师优美的板书，幽默风趣的讲课使艰涩难懂的数学知识变得简单易懂，在师生中口碑极好。我还从很多老师身上学到了不同的讲课技巧，严谨的治学态度，博览群书的学习情怀，热爱学生、教书育人的精神，也弥补了我在数理经济学方面的短板，为以后经济、金融学研究中的数理模型分析打下坚实的基础。记得我当时在听课笔记的第一页写了"天行健，君子以自强不息；地势坤，君子以厚德载物"作为座右铭，提醒自己学习是个没有时间期限的艰难过程，需要在工作、生活中不断学习，向一切优秀的人学习，争取做一个让学生满意的好老师。

在学校的培养下，我也开始上课。上的第一门课是"政治经济学"。为了上好课，我认真备课，紧扣讲课内容中的每一个细节，工工整整地誊写在备课本上，有时一章的内容可以写满一个本子，而且讲课前多次通读、熟记，尽量熟悉消化讲课内容，力求在课堂上能脱稿。当讲到马克思劳动价值理论时，我从马克思40年艰苦创作宏伟巨作《资本论》的历程开始讲起，穿插马克思关于劳动是人类最基本、最重要的社会实践，是人类社会生存和发展的根本前提这个主题，从生活中的经济学入手，做到理论联系实际，深受学生好评和喜欢。当看到学生们睁大的双眼中充满着求知的渴望和认真学习的神态，作为老师我感到非常欣慰。此后，在学校、在兰州大学青海函授站、在青海警官职业技术学院等学校或教育培训中心，为西宁、大通、平安、乐都、共和、德令哈、格尔木等地成人教育培训讲授"政治经济学""财政与金融"等课程，由最初的生涩到后来的熟练，抽象的理论慢慢变得具体、形象，为深入钻研经济、金融理论打下了良好的基础。此时，我也面临着一个新的瓶颈，那就是在现有的教学基础上如何更好地为社会服务，并以实践鲜活的案例服务于教学。

1998年9月，工作10年后亟须补充能量的我，受组织委派到兰州大学经济学院进行为期一年的进修学习。当时兰州大学人事处的领导让我们和经济学院的领导协商，自由选课，同时利用经济学院资料室大量阅读前沿的经济金融理论和社会实践案例。对于选课，我到兰大之前做了一些功课，在高鸿业先生编写的《西方经济学》教程的序言中，就提到教材编写组成员中有兰州大学田秋生老师，心中很是钦佩、向往，老师和校友们都推荐田老师的"西方经济学"，当时这门课程获1996—1997学年度兰州大学主干课程优秀课程奖，于是我毫不犹豫选了田秋生老师的"西方经济学"一学年的课，每周6课时，每节课学生都爆满。田秋生老师掌握的史料非常丰富，捕捉的每一个点都很细腻，讲课幽默风趣，引人入胜，深入浅出，善于把理论和实际紧密结合起来。这一年的课我一节不落地听下来了，同时也做了很多听课笔记。最让我佩服的是，田老师用汉语、英语双语讲课，黑板上写满了英语单词和句子，书写工整，像印上去的一样。最令我叹为观止的是，田老师不用任何画图工具，随手用粉笔在黑板上画出的经济学各种曲线，比我用尺子画得还规范。为了跟上田老师的教学进度，在课前预习、课后复习的基础上，我早上背英语单词，上午上课，空闲时间在资料室查阅最新的文献资料，不断充实着自己。当时还选了马雪彬老师的"财政学"和"货币银行学"、安秦生老师的"证券投资学"等课程。马老师善于把政策背景和讲课内容有机结合起来，讲课内容中穿插国家经济发展的各种规划以及行业发展的最新动态，鼓励我们从政策中寻找进一步研究的方向。安老师在每节课开始前用很短的时间梳理国际国内影响证券价格的各种宏观、微观因素，并复盘上证指数和深成指行情发展变化的特点，及时给予专业解读，提高课堂的趣味性和关注度。我被这些老师的优秀品质所折服，课后不停地模仿、演练，学习他们从大处着眼、从小处切入的方法，不断充实、丰富自己的知识结构，希望自己有一天能成为像他们一样优秀的教师。

2002年4月，青海省政府整合优势资源，优化教育环境的布局，青海师范高等学校并入青海民族学院，我所在的经贸系也整体并入青海民族学院经济与管理学系。在学校大力提倡教学科研并举的背景下，我对科研的认识越来越清楚，开始积极申报各类科研项目，提高自己的科研能力。在工作期间，先后担任经济学、市场营销、金融、工商企业管理、保险学、会计学等本科专业的政治经济学、西方经济学、商品学、证券投资学、货币银行学、财政与金融、保险中介概论、个人理财等课程的主讲，年均授课时数在经济教研室名列前茅，承担了中国少数民族经济硕士研究生课程高级西方经济学、金融学等，金融专业硕士研究生金融理论与政策、证券投资组合与管理等课程的教学任务。在教学过程中，重视教学工作，积极进行教学改革。在"证券投资学"教学中，把证券实时行情和授课内容结合起来，每次上课前根据预留的作业情况，用几分钟引导学生了解国内外影响证券市场价格变化的各种因素，用实时行情讲述专业内容，加强学生科学思维和实践动手能力的培养。从金融专硕 2016 级硕士研究生开始，开展"以问题为中心、以学生为主体、以教师为主导"的教学模式改革，将学生分为几个主题讨论学习小组，每个小组承担一个问题的研究分析，题目根据学生们的兴趣爱好和专业背景自行确定。全组同学分工写作，从确定主题、收集资料、小组讨论、整理资料、数据统计分析、制作演讲 PPT，选派代表在全班课堂讨论发言、全体同学参加讨论，向其他小组提问并回答问题，最后由主评老师点评，引导学生怎样更好地去分析问题、解决问题。课堂气氛活跃，使每一位同学既可以在小组的合作中学到团队合作的方式和方法，培养团队合作精神；又使每一位同学的综合能力在整个主题讨论中得到全面的锻炼和提高。此外，还可以学会认真倾听其他同学的发言，积极思考并向其他同学提问，锻炼自己思考问题、发现问题的能力。

我在教学方面先后获得一些荣誉称号：青海省教育厅青年教师教学竞赛优秀奖（2001 年）、"青海省高等教育教学成果二等奖"（2005 年），多次荣获青海民族大学先进个人、优秀共产党员、社会实践优秀指导教师、年终考核优秀、优秀硕士学位论文指导教师等。在教学的同时，先后担任经济学教研室主任、金融教研室主任等，担任多届班主任、学业导师、MBA（工商管理硕士）、MPA（公共管理硕士）、金融专业硕士导师等。

## 知行合一　创新实践

教学实践方面有一句古老的谚语："告诉我，我将忘记；给我看，我可能也记不住；让我试试，我就会理解。""证券投资学"作为一门操作性很强的课程，不仅需要理论性教学，更应重点突出实践性教学。为加强青海民族大学学生金融证券投资实践环节，培养学生投资意识和理财观念以及"互联网＋"创新创业能力，提升学生投资理财技能，提高实践教学质量，结合主持的青海民族大学本科教学资助项目"证券投资学实践模拟教学法——理论透视与个案研究"、实践教学项目"打造金融模拟投资精品赛事 推动金融学实践教学发展研究"、研究生通识类课程建设项目"金融理论与政策"，通过引进企业，搭建一个让学生实践操作的平台，先后组织举办了多次金融证券模拟大赛。

青海民族大学经济学院首届证券投资大赛，联合深圳国泰安股份有限公司，经济学院团总支、学生会、经济学院投资理财研习社，组织196名学生报名参赛。经过3个月的激烈竞赛，196名参赛者在国泰安提供的模拟平台上，各显神通，大展身手，其中14名参赛者表现特别优异，最终在比赛中脱颖而出。

2015年11月24日，青海民族大学首届"国泰安杯·互联网＋金融证券"投资模拟大赛拉开帷幕，12月15日圆满结束，全校不同专业的514名专科、本科、研究生参加了比赛。在大赛举办期间为了提升宣传效果，充分调动学生的积极性，举办了丰富的线上活动，通过大赛微信公众平台和青海民大投资模拟大赛QQ群、微信平台，举办每日一问、每周一总结的答题活动，先后有40名同学获得相应的大赛奖励。指导教师以每日宏观经济信息分析及大盘点评、投资理财名人名言、投资理财故事、金融PPT、金融理财视频等活动，极大地激发了同学们的参赛热情。线下通过召集学生集中培训，深入每个班级，利用班会时间进行大赛宣传及培训；利用经济学院金融实验室，聘请国泰安专业人士进行培训，提高同学们投资操作的积极性和专业技能。

2015年组织青海民族大学296名学生参加由团中央组织的第二届"大智慧杯"全国大学生金融精英挑战赛，有161人获奖，其中伍化秀、张梦圆、马君荣获金融操盘手一等奖，分别获得1000元奖金和团中央颁发的荣誉证书，马静滨等26人获得金融操盘手二等奖，周生忠等132人获得金融操盘手三等奖。我个人获得团中央优秀领队荣誉称号和高校金融操盘手指导教师一等奖。

我积极推动教学模式改革，让学生参与到科研过程中来，强化学生的科研实践能力，形成协同育人新模式。2016 年，组织本科班大学生参加青海民族大学"大学生创新创业训练计划项目"申报并担任指导教师，根据学生的成长背景和他们的实际情况，帮学生们制定适合他们调查研究的项目，如给循化撒拉族学生韩学义、马秀芬、冶秀婷设计申报的项目《守望红色传统的撒拉族村落反贫困问题研究——以循化县红光村为例》获青海省教育厅立项资助，民和县土族学生和想了解青海土族文化的那晓伟、王先鹏、朱电设计申报的项目《民和三川土族"纳顿狂欢节"的经济学透视》获青海民族大学立项资助。通过学生大量的田野调查，丰富了同学们的认知，强化了实践动手能力，学生的创新实践项目顺利通过评审结项，那晓伟、王先鹏、朱电的研究成果《民和三川土族"纳顿狂欢节"的经济学透视》在《当代经济》杂志发表，在学生中产生了很大的影响，那晓伟收获了学校"优秀论文奖"。至今很多本科学生主动联系我，希望我能够指导他们做科研项目，我都会跟他们仔细地聊聊，了解他们的学习背景和兴趣点所在，然后有针对性地建议他们开始学习相关的专业课和阅读专业文献。在学习和作研究中遇到问题，要及时地讨论解决。

## 淬砺思想　潜心科研

我的科研之路，充满了波折。和学校的很多老师一样，刚开始我也觉得科研虚无，对教学起不了直接作用，作为一名老师，重点应该放在教学上，只要教好书就行了。所以有一段时间对科研的投入很少，也没有相应的论文发表。后来，为了评职称，才开始写了第一篇论文，并在翟岁显教授的指导下，参与青海省哲学社会科学资助项目《我省上市公司对推动地方经济发展研究》。在做好本职工作的同时，我和翟岁显教授到青海省档案馆收集青海省上市公司资料，到上市公司实地调研，获取第一手资料。整个过程虽艰辛但也充满乐趣，将收集到的资料整理成案例，用在教学中，采取理论—案例—实践的教学模式,深受学生喜欢,讲授的"证券投资学"课程得到学生的一致好评。在项目写作过程中,翟老师善于概括提炼,做事踏实严谨,对项目后续研究成果的选题、文章架构、文字表述等方面精益求精,使我亲历了一次非常严谨的科研训练。更让我没想到的是,研究成果荣获青海省第六次哲学社会科学优秀成果三等奖,一下子让我感受到了科研的乐趣,很快完成并在核心期刊公开发表论文2篇:《青海上市公司经营状况及其作用分析》《青海上市公司实证分析》,在普通刊物发表学术类论文1篇《论西部大开发与观念创新》,教学案例类论文1篇《论青海明胶的资本运营》。由此我对科研、写作充满了兴趣,开始了艰难的调研—整理—形成成果的科研历程。

2007年,主持青海省哲学社会科学资助项目《青海省农牧区金融服务体系创新研究》,和团队成员张迎春、宋慧等老师深入农牧区,了解农村、牧区经济、金融发展的基本情况,利用课余时间集体集中整理资料,先后梳理国内外金融支持农业发展的文献资料、可资借鉴的模式、成功和失败的经验教训等。同时我们认真学习国家、地方的各项政策、措施,设计问卷调查表,对基层金融机构、经济发展的动态进行调查,以实证分析为手段,提出青海农牧区经济和金融良性互动、协同发展,农牧区金融服务体系创新的政策建议。团队成员先后完成并公开发表论文8篇,撰写研究报告14万字,研究成果鉴定为良好。项目研究过程中我和团队成员共同奋斗,保质保量完成了科研任务,形成了一系列研究成果。最让我难忘的是2012年8月15—20日,与青海省优秀教育工作者、博士生导师马维胜教授、经济与管理学院杨有柏副教授一起组成《撒拉族百年实录》海西调研组,前往海西州调研生活在海西州的撒拉人,实地考察他们真实的生产、生活、经营情况,探访海西州撒拉村形成的历史渊源。在5天的深入考察中,我们日夜兼程,驱车3000多公里,先后走访了湟源小高岭、海南州共和县、海西州乌兰县、德令哈市、格尔木市、诺木洪、香日德等地,了解工商企业、枸杞种植、农业生产情况。印象最深的是格尔木市郭勒木德镇新华村,这是一个以孟达锁通村为主的循化撒拉族移民村,村民1993年3月来到格尔木市,有38户170人,300多亩地。

我们到新华村时，刚好是开斋节，全村人衣着端庄，欢庆"尔德节"。我们坐在他们中间，倾听着老乡们你一言我一句的艰苦创业奋斗史，讲到激动处大家泪流满面，他们讲着哭着，我们听着哭着……这是我多年田野调研中从来没遇到过的事，至今想起恍如昨日，令人难以忘记。此时，马维胜教授含英咀华，与我们畅谈学思用贯通、知信行统一的治学之道，引导我们专心致志、心无旁骛，理论与实践相结合，让知识服务地方经济发展。从此，科研在我心目中和教学一样，占据了非常重要的位置，并在科研活动中努力践行深入实地调查研究，让知识服务社会的理念。

后来整理调研资料形成成果过程中，与享受国务院特殊津贴专家、青海学者、博士生导师马成俊教授有了更多的接触。于是在一个星期内加班熬夜，完成了《柴达木盆地撒拉族调庄移民社会文化调适调查》《成功的路就在脚下》《火红的枸杞人生》《律政悟道》《善于学习才能寻觅商机》5篇文章，经反复修改后提交给马成俊教授，《撒拉族百年实录》全文采用。事后最大的感触是我还能写点东西。当我给马成俊教授讲这段心路历程时，马教授笑容和煦地讲道："有些时候不逼自己一把，你永远不知道自己有多大的潜力。"就这样，我和马教授有了更多的接触，慢慢地为他的人格魅力所吸引。佩服他博览群书、引经据典、信手拈来的知识底蕴，更为他持之以恒、以极大的毅力每天晚上从8点到12点坚持学术研究的精神所折服。在他的引导下，我们多次利用寒暑假组成团队到循化调研，查阅档案资料，深入田间地头，收集了大量有关循化县政治、社会、经济发展等方面的第一手资料，也为进一步研究奠定了良好的知识储备基础。我先后完成了16个省级、校级、横向课题，如2016年青海省科技厅软科学项目《在国家"一带一路"倡议实施中青海省国际科技合作交流模式研究》于2018年结项，鉴定结果良好，完成相关研究报告、发表4篇课题论文。撰写发表了有关循化县论文5篇：《"丝绸之路经济带"视阈下循化撒拉族清真食品发展研究》《"一带一路"视角下金融助推民族地区特色产业发展研究》《"丝绸之路经济带"视角下民族地区金融资源配置效率研究》《纾解民营企业融资诉求的政策理路研究》《农业保险服务乡村振兴战略的制度创新研究》。这也更加深刻地说明了无论我们的起点如何，在教师专业成长的路上只要肯去学习，继续钻研、继续探索，锲而不舍地努力朝着目标进取，一定会慢慢进步的。

"把平凡的事情做好就是不平凡，把简单的事情做好就是不简单"，我始终遵循着这句话。在平凡的人生中、平淡的工作中细细品味快乐，踏踏实实工作，简简单单做人，快快乐乐享受。

"陌上花开缓缓行。"在这条充满着艰辛与快乐的教学科研大路上，我在享受着沿途的风景中慢慢地前行。

# 我的求学科研之路

陕锦风*

循化有"中原四庄",指的就是靠近县城的四个回族村庄,我就出生在黄河边的托坝村。父亲是一名老共产党员,也是一名国家干部,在几十年的工作岗位上,以清廉出名,很多认识父亲的老乡都说他当年有多么坚守原则,是党的好干部。父亲曾经就读于西宁市昆仑中学(现西宁市六中),当时是军事化管理,父亲在昆仑中学不仅学到了很多知识,也学会了很多生活技能,其中印象最深刻的就是织毛衣、织毛袜。记得在我小时候,父亲买来羊毛捻成毛线,织成毛衣、毛裤、毛袜等,再染成不同的颜色。给母亲的毛衣染成紫色,给哥哥的毛衣染成蓝色……我们几个孩子都穿过父亲织的毛衣、毛袜,纯羊毛的,非常暖和。我儿子在几岁时,还穿过外公给他织的毛背心、毛裤,还有毛袜子。父亲的手工毛织品,温暖了我们三代人。母亲是县城城关人,是循化中学第一批学生,曾经也是国家干部,但结婚后,孩子多,无人照看,只好辞去工作,成为一名家庭妇女。在当时那个年代,我的父母亲算是有文化的人,注重子女教育。后来,在国家的号召下,干部家属要下乡务农,体弱的母亲又变成了一名农民,而且一当就是十几年。母亲在年老后,会经常回忆她当农民的那些年,是怎样顶着压力坚持让两个姐姐上学,而自己坚持劳作,并且经常被大队书记笑话,到最后分粮食的时候,我家分得最少。因为我家劳力少,母亲自己也是体弱,干农活不是好手,但母亲做得

* 陕锦风,青海民族大学文学与新闻传播学院副教授。

一手好针线活，大孩子的衣服穿小了，又改给小一点的孩子穿，且是精工细作，所以我们经常会听到亲戚和邻居对母亲针线活的赞美。在父母亲辛勤劳作和艰辛的哺育教导下，我们五个子女都健康成长，生活和学习很少受到压制束缚，自由发展我们探索未来的天性。

## 年少时的学习历程

读小学期间，课外阅读书籍非常少，除了课本外，很难看到其他的书籍，家里书柜中摆着父亲成套的《马克思恩格斯选集》《列宁全集》等，而对于年少的我，是根本看不懂的。父亲看我学习成绩很好，喜欢动脑，就从微薄的工资里抽出一部分给我和弟弟订了少儿读物——《少年文艺》。我记得那是月刊，每次父亲下班从单位拿回来，我如获至宝，认真仔细地一口气从头读到尾，然后再反复阅读。《少年文艺》一直陪我到小学毕业，使我在写作文方面有了明显的提高，小学五年级时曾在积石小学举办的作文比赛中获得一等奖。上初中后，父亲经常会从单位拿回来一些报纸，喜欢读书的我虽然对报纸上的新闻不甚理解，但也会去读。这样的阅读习惯和爱好，使我的知识面得以拓宽。初、高中时，已经上班的姐姐经常会拿回来一些当时非常流行的杂志，像《大众电影》，使我了解了不少的影视作品。除此之外，还有一些小人书；而到了高中，琼瑶小说、武侠小说正在流行，这些书在父母看来都是不务正业，只有晚上等父母睡着了，偷偷地看。

小学毕业时，我以积石小学第一名的成绩进入循化中学，度过初中和高中时期，中学时期的有些人、有些事还记忆犹新。我清楚地记得，初中阶段语文课兼班主任马光荣老师、数学课倪建成老师、政治课马华霖老师、美术课王君昭老师（也是当时的校长）的风采和特点：王君昭老师在说循化方言的学生面前操着一口湟中话，显得与众不同，但他的美术课既严肃又幽默；马光荣老师刚走上讲台，朝气蓬勃又才华横溢；

倪建成老师既是数学老师，又是体育老师，严厉又有爱心，所以在课堂上调皮的同学也乖乖听课；马华霖老师的政治课严谨又有序，板书非常整齐。记忆尤其深刻的是马光荣老师对我的语文功底很满意，特意让我写周记，他每周帮我批改，让我把作文能力进一步提升。现在回想起来，年轻的马老师一片爱才之心和对教育的热爱之情让我感动。到了初二，还有年长的化学刘老师把枯燥的化学课讲得生动有趣，同学们都喜欢听，每次考试很多同学都能考出好成绩。初三时，我们的任课老师里增加了新鲜血液——来自福建大学的毕业生、年轻的郑思明老师。郑老师数学功底扎实，教学特别认真负责。我们曾经到过郑老师的宿舍，作为南方人的郑老师对北方冬天生炉子无所适从，火炉周围的地上一大堆煤灰，我不禁心生感慨：课堂上极度负责认真、神采飞扬的郑老师，课后却过着如此简朴的生活，让我敬佩和感动。初三毕业那年，我没能考上当时被很多父母和同学认为考上就有铁饭碗的中专，只有继续读高中，也从此使我的人生路发生了转折，如果当年去读了中专，就没有我后面的科研之路。

　　到了高中，我又遇到了一批教学严谨、经验丰富又认真负责的老师——班主任韩有良老师，管理学生宽严并济，使我们班成为高一平行班中各方面最突出的班级；同样来自福建的郭文国老师教授立体几何，教学水平高，要求严格，在他的课堂上谁都不敢开小差。有一次，坐在第一排的我在他眼皮子底下架不住瞌睡虫的侵袭，坐着睡着了，郭老师拿着大大的三角板把我轻轻拍醒，然后让我站到教室后面去，我又窘迫又尴尬。从那次以后，在郭老师的课上再也不敢松懈了，有一次立体几何还考了满分。到了高二，分了文理科，物理成绩很差的我自然选择了文科。班主任韦璋老师也是数学老师，管理班级细心周到，因材施教，关爱学生。讲课时细致周全，尽力让每个学生都能听懂。历史老师王国仁更是让所有同学感动，为了我们便于背诵记忆，将教学内容编成顺口溜，足见他在上课之前花了多少心血准备，还因为我们不认真学习大为光火，可以称得上是呕心沥血。还有语文老师黄经诚满腹经纶，讲课慢条斯理、尖锐犀利……正是因为有这些认真负责、热爱教育事业的好老师们的精心培养，我在高中时的成绩有了很大的进步，在全年级名列前茅，顺利完成了中学的学习，也学会了许多做人做事的道理，并顺利考入陕西师范大学。

在陕西师范大学中文系，我系统接受了汉语言文学专业的学习和训练。回想大学生活，在陕西师大，一头扎进知识的海洋，和来自祖国五湖四海的 52 名优秀青年学子，一起接受学贯中西的专家教授、厚积薄发的青年才俊带给我们的知识盛宴。通过广泛阅读大量书籍，涉猎许多专业和专业之外的文献资料，不断提高和扩大知识领域，培养自我学习和终身学习的能力。大学的学习生活，是智慧和品性等有了较大开发和陶熔的关键时期，改变了我的学习方法和学习习惯，开阔了我的视野。感恩陕西师范大学中文系所有老师们的精心培养和关心呵护。正是陕西师大的学习经历，给了我追逐理想的勇气和能力，去探索和思考未知的领域。

## 传道授业的生涯

1997 年 7 月大学毕业后，我来到了青海民族学院汉文系（为了和少语系相区分），成为一名人民教师。在正式进入汉文系之前，先进行了试讲。时任系主任李景隆老师，副主任马成俊老师、谷晓恒老师，文艺理论教研室主任吕霞老师，写作教研室主任贾一心老师等听了我的试讲，我讲了 45 分钟的一节课，内容是鲁迅的杂文《拿来主义》，试讲令老师们较为满意，一致认为我基本功扎实，但缺点是在思想内容的分析上不够深入。正式上班后，我被分到了文艺理论教研室。文艺理论相关课程的授课很能提升教师的理论水平，但也具有挑战性，对于初出茅庐的我来说，还是很有难度。汉文系各位领导及教研室主任吕霞老师对我进行鼓励和指导，给我推荐了一些文艺学相关书籍，并传授教学方面的经验。有了领导和老师们的关爱和指导，我信心倍增，逐步去适应教师的角色。

第一学期安排我讲授"基础写作"课，这也是所有刚走上讲台的新人们的敲门砖。

从学生变成教师，要完成多方面的转变和适应。首先，要完成心理上的转变，当学生时坐在下面听，很轻松；而当老师要站在讲台上，面对几十个学生的注视，每句话、每个动作都要准确、得体。其次，知识面要广，就如系主任李景隆老师所说："教师要讲好一堂课，给学生传授一瓶水，你必须得有一桶水。"这也是教学新手最底气不足的方面。最后，掌控课堂的艺术。几十个学生在一个课堂，总会出现各种状况，教师得把控好课堂，让学生专心听讲。所以，一面要专注于课堂内容的讲授，一面还要注意学生的状态。记得第一次上课，虽然课前准备充分，但因为紧张，本来要讲一节课的内容，20多分钟就讲完了，学生都很善解人意（班上还有比我年龄大的学生），看我尴尬地站在讲台上，就自觉地翻看教材。为了上好课，我认真备好每堂课，紧扣讲课内容中的每一个细节，工工整整地誊写在备课本上，一门课的内容就备了四大本。在讲课前反复通读、熟记，尽量熟悉消化授课内容，力求在课堂上能脱稿。第二年开始，系里就给我安排了文艺理论教研室的课——文学概论，虽然是文艺学基础课程，但需要有较高的理论基础，相对文学史等其他课程，讲授起来相对枯燥，在课堂上能否吸引住学生，也是一个挑战。但经过不懈努力，我最终也能从容应对了。后来又承担了本科生现代文学史、民间文学、民俗学概论等课程的教学任务，不断积累教学经验，扩展教学内容，并力求各门课程间融会贯通，也为科研打下基础。

## 学术探索之路

2005年，我考取了青海民族学院民族研究所民族学专业的硕士研究生，开启了民族文化研究的学术生涯。民族学专业不同于中文专业，是一个全新的领域，但也打开了我的思维和眼界。青海民族学院民族研究所是我省研究各民族的重镇，有一批学术水平很高的老师，马成俊教授、先巴教授、张科教授、贾伟教授等从各个领域把我带入了民族学的知识殿堂中。我的导师是同为循化人的马成俊教授，马老师朴实无华的人格魅力、诲人不倦的高尚师德、严谨踏实的治学态度、高瞻远瞩的学术视野，都深深地感染和影响了我。他对学生要求严格，即使是对作为老乡的我，在学习上出现任何问题，是毫不留情面。正是因为马老师的严格要求，才使我没有偷懒，认真刻苦地钻研学习。当时我已经当妈妈了，在兼顾孩子的同时，还要承担学生的教学任务，自己还要做学生，所以，读硕士的三年很忙碌，也很辛苦，但也收获颇丰。经过两年的刻苦读书和钻研之后，最后我选择硕士学位论文《循化撒拉族与回族的族际通婚研究》，以循化草滩坝村为研究点，调查和分析撒拉族与回族的通婚情况及通婚原因。在马老师的悉心指导下，我顺利完成了硕士学位论文，并通过答辩，于 2008 年 6 月获得硕士学位。

2009 年我又考取了厦门大学人文学院民族学专业的博士研究生，进一步深造和学习，拓宽和提升民族研究的视野和水平。厦门大学地处厦门岛一隅，远离闹市区，学习环境优雅安静，校园美丽如画，被称为"中国最美校园"，一面紧挨大海，另一边倚靠山岭，依山傍海，按照厦门人的说法：风水极佳。这样优美安静的环境特别适宜于潜心读书和研究。同时，厦门大学作为南方一强，拥有雄厚的师资力量，我有幸先后受到知名的彭兆荣教授、石奕龙教授、郭志超教授、余光弘教授、邓晓华教授、宋平教授、蓝达居教授、王平老师等的传道、授业和解惑。导师曾少聪老师是中国社科院民族研究所的研究员，他秉承着中国民族学的优良传统，学术视野高屋建瓴，学术思维严谨规范，尤其是在生态人类学方面卓有建树。生态人类学是紧随全球生态环境恶化的局面下产生的学科，为解决生态环境危机进行研究的学科。曾老师为我国生态人类学的学科建设积极努力，长期在北京和厦门之间来回奔波，看着他年已五十，背着个双肩包急匆匆赶飞机、深夜赶回学校的身影，我们所有同学都被他的这种拼搏精神所感染。这些老师们刻苦钻研、投身学术的精神和严谨治学的态度在无形中熏陶了我的学术理想。

在厦门大学度过了愉快、充实而又紧张的一年，修完学分，紧接着按照导师的要求，

我选择了《青藏高原的草原生态与游牧文化》为博士学位论文选题，到牧区和草原上进行实地调研，克服语言不通等各种困难，经过几个月艰苦而又时刻充满惊喜的田野调查和大半年每天十几个小时闭门不出的埋头写作，一年之后，顺利完成了论文，并通过答辩，于2012年6月获得博士学位。

2012年9月开始，我又回到青海民族大学，再次开始全新的教书育人工作。这是一个新的起点，我以一个新的视野和态度对待教学和科研工作。先后承担了研究生文化遗产学、文化人类学、民俗文化学、文化产业概论等课程的教学任务。科研也从以前被动地去做，变成喜欢科研、主动去做科研，科研成为我生活中最重要的一部分，我对青海省甚至其他地方的各民族产生浓厚的兴趣。从此，利用假期到各少数民族地区调研成为家常便饭，别人出差都是到城市去，而我的调查地点都是乡村，而且越是偏僻越要去，和各族老乡打交道。刚开始，我有些生疏、拘谨，还担心哪句话说得不恰当伤及老乡的感情。逐渐地，我可以游刃有余、把握分寸，与老乡亲切愉快地交谈，能得到很多自己想了解的内容。

随着全国非物质文化遗产运动的展开和普及，我逐渐把研究视角转向非物质文化遗产，关注各民族历史上流传下来的文化遗产。2018年，我申请的国家社会科学项目《甘青人口较少民族优秀传统文化当代创新与传承研究》获批立项。本项目主要是对甘、青两省的四个人口较少民族——裕固族、保安族、撒拉族和土族的传统文化的流传及在当今的创新发展进行研究。所以从2018年的暑假开始，我穿梭在这四个民族聚居的地方。在调研过程中，我了解了这几个民族悠久的文化传统、各民族不同于其他民族的特色，还有悠久的传统文化在当代的传承情况，有些在当代社会发生变异，有些衰落，而有些在国家乡村振兴的大背景下得以兴盛。我也看到了各民族积极进取，努力争取幸福生活的昂扬精神面貌和洋溢在脸上的幸福笑容。

2013年，习总书记提出共建"丝绸之路经济带"的重大战略。2015年，青海民族大学成功获批了中亚—土库曼斯坦国别区域研究中心，我也有幸成为其中的一名研究人员，继续拓宽研究视野，从跨学科的角度研究撒拉族与中亚民族的联系，努力为"一带一路"建设奉献自己的绵薄之力。

"路漫漫其修远兮，吾将上下而求索。"学术研究的道路没有尽头，但我会在有限的生命旅途中尽最大可能地去追寻、去探索。

# 我的恩师绽享文先生

黄军成

对于"我的老师"这样的命题作文，从小学学写作文开始到大学，写了很多次，从不同角度抒发对老师的感恩之情。今天再次面对这个题目时，发现和小时候一样还是那么难，甚至不知从何落笔，因为要写的是一位已站立讲台近50年的"教育老兵"——我的初中班主任兼语文课老师绽享文老师。

◎绽享文先生工作照 （绽享文 提供）

## 博学笃志　切问近思

绽老师1945年出生在积石镇瓦匠庄村一个回族农民家庭，今年已77岁高龄，他从小勤奋好学，豁达开朗。从1963年高中毕业做小学代课教师教书育人开始，到2012年光荣退休，老师为循化教育事业发展壮大，努力奋斗了49年。在49年的漫长岁月中，他严于律己、勤奋踏实。老师从小学代课老师成为正式编制教师，从循阳学校初中语文课老师兼班主任到担任教导主任，从街子学区教育干事到循化师范学校担任主管教学工作的副校长，从循化中学担任校长到循化县教育局督导室主任，始终奋斗在教书育人和教育行政管理的第一线。其实对于绽老师来讲，走进教育这座百草园是偶然，也是必然。

绽老师的小学是在瓦匠庄村循阳学校度过的，小学毕业后顺利升入邻近的化隆县甘都中学读初中，经过3年的艰苦学习，顺利完成了初中阶段的学习任务。1960年，循化中学设高中班，学制3年，招高中生29名，生源从循化县、化隆甘都中学等地的循化籍优秀学生中进行考试选拔，老师以优异成绩考入首届循化中学高中班学习。当时，循化县贯彻"开荒为纲，广种薄收"的精神，安排循化中学学生到文都公社参加开荒劳动，时间一年。在统一安排下，高一学生一开学就到文都参加开荒劳动，一年后劳动结束，学生们回归课堂接受正规的高中教育。时至今日，当我问到绽老师高中的学习情况时，老师印象非常深刻并深情地讲道："感谢当年循化中学一大批才华横溢、热心教育事业的老师们，他们都是大专院校毕业的高才生，是我求学生涯中遇到的恩师，这些老师为循化经济社会发展培养了许多优秀的建设者。"并一一列举出他高中时的老师们，他们是教化学的王光卫老师、教物理的廖志壮老师、教语文的陈正良老师、教数学的李庆萼老师、教俄语的徐克荣老师（湖南师范大学毕业）。正是在许许多多热心循化教育事业的老师们的谆谆教导下，1963年他以优异的成绩高中毕业，成为首届循化中学高中12名毕业生中的一员。遗憾的是由于家庭生活困难、个人毅力等多种原因，循化中学首届招收的29人中坚持读完高中并顺利毕业的只有包括绽老师在内的12人。高中毕业后，老师踌躇满志地参加了当年的高考，由于种种原因当年高考成绩没有公布，最后与大学失之交臂。

1963年，绽老师被县政府分配到积石小学做代课老师。在工作中，绽老师勤奋好学，以踏实肯干的工作态度深受领导、同事和学生家长的好评。尽管每月只有30元的工资，又无正式聘书，但绽老师依然尽职尽责、教书育人，一直持续到1969年。在此期间，绽老师时刻注意培养学生良好的思想品德，认真对待每一节课，精心备课、上课，批改作业，耐心回答学生们各种天真好奇的问题，引导他们健康成长。实际上一个人的工作态度折射着他的人生态度，而人生态度决定一个人一生的成就。人们常说：教师是红烛，牺牲了自己，照亮了别人；教师是人梯，让别人踩着自己的肩头攀登辉煌；老师是艄公，把一批批的学生送达理想的彼岸。这些都是对教师这个职业的赞许。教师这个岗位是平凡的，一个人选择了教师这个职业，同时也就选择了平凡和奉献，绽老师就是这众多平凡教师中的一分子，把自己的热情和精力投入教育事业，尽职尽责地贡献着自己的力量。俗话说：做一件好事容易，做一辈子好事难。同样的道理，研究教学坚持一天容易，长此以往就难；关爱一个学生容易，关爱全体学生就难；一日关爱学生容易，终身关爱学生就难。"关爱学生，对得起学生"成为绽老师的座右铭，也是绽老师坚持的动力。

1969 年，因社会关系问题（老师兄长当时在劳动改造），绽老师被终止了老师的代课资格，回瓦匠庄大队参加生产队劳动。对此，老师毫无怨言，安排到哪里，都舍得花力气，尽职尽责完成布置的劳动任务。如在海北州刚察县，拉过架子车，凿过石头；之后去海南州倒淌河修建倒淌河饭店；之后又回到瓦匠庄参加劳动，并在劳动之余把生产队种的萝卜等蔬菜卖出去，贴补生产队生产、生活需要。1969 年开始给瓦匠庄全村拉电线，每天跟着线路班挖坑、抬电杆、竖电杆，电杆竖好后，要背 100 斤的铜包钢线，沿着杆路一圈一圈放过去，举起来绑扎。除了一身汗水、满裤泥浆外，还要面对太阳的暴晒，几个月下来，脱了好几层皮，脸是黑黢黢的。在这种艰苦的劳动中建起了瓦匠庄的基础电网。之后大队买了电磨，又被派去守电磨，那时候的老式电磨都是人工上料，脏且累人，老师负责控制电闸操纵电磨，将装满麦子的箩筐倒入电磨的料斗，也帮助磨面的乡亲们干接面、接麸子等活计，弥漫在磨坊空气里的粉尘，将老师从头到脚都染白了，活脱脱成了一个雪人，是常见的现象。尽管如此，当看到刺耳的电机轰鸣声中一筐麦子从底部的两个出口流了下来，一个出面粉，一个出麸子，老师还是感到由衷的高兴。后又当生产队会计。会计是干部，更是社员，不脱产，要劳动挣工分，也有自己的家庭负担，付出的是比常人更艰苦的努力。正是这些历练，让老师更清楚地了解社会的现实，也让老师为知行合一，扎实做好教育工作打下了坚实的基础。

1970 年，绽老师获得到西宁学习篮球裁判的机会，他非常珍惜这次来之不易的机会，认真做好笔记，仔细聆听，相互交流，时刻关注如何判罚、判罚的尺度、需要注意的事项等细节。同时，对裁判的哨音大小、判罚的准确性、判罚手势的艺术性等临场经验进行深入的学习，学会了裁判执法知识，裁判的跑位、换位、裁判的临场表演、出现意外情况的处理、整场比赛的控制等知识。按老师的话来讲，那时的他就像一块干瘪的海绵，尽情地吸收着新的知识，不断充实、完善着自己。三个月学成归来，绽老师大显身手，担任循化县各大篮球比赛的主裁判，为发展体育运动，增强人民体质，活跃群众文化生活挥洒着青春的激情和汗水。

绽老师在积石小学当代课老师时，就和手风琴结下了不解之缘。那时，从海南州歌舞团下放来的马铮在积石小学当老师，马老师拉得一手好手风琴，音乐课上、学校歌舞晚会上、课后的傍晚都能听到他悦耳动听的手风琴声。于是绽老师向马老师学习手风琴，从没接触过乐器的绽老师在马老师的指导下，从手风琴的基本功——拉风箱开始，按着琴键把风箱拉大，发出声音，然后练习双手配合，就这样开始了艰难的学琴历程。通过持之以恒的艰苦训练，绽老师终于拉出一手水平不错的手风琴。记得我在读初中时，循阳学校的各种歌咏活动，老师都是最活跃的一位。在活动中老师的标配是：一台红黑相间的手风琴，背带套在青年英俊的肩上，而那个活力四射的青年，正在陶醉地拉着手风琴，不时传出《啊，朋友再见》《喀秋莎》《小路》《草原上升起不落的太阳》《游击队之歌》等脍炙人口的名曲，其中《啊，朋友再见》成为绽老师每次歌咏活动的保留曲目。

就这样，日子在勤奋和充实中来到1971年，因为工作刻苦、成效显著，而且多才多艺，老师被积石镇公社书记赵兴森推荐暂时担任代课老师。1972 年正值毛泽东延安文艺座谈会讲话三十周年，手风琴独奏《啊，朋友再见》荣获全县文艺汇演第一名。之后直到 1984 年，老师一直在循阳学校担任班主任，后任教导主任。

50 年来，绽老师从未间断过对教育问题的思考、探索与实践，不仅成为循化县主要教育活动的参加者和倡导者，而且桃李满天下，培养了一大批合格人才和建设者，活跃在青海各行各业，而且近乎涉足了县域基层教育的全过程，他干一行爱一行，并在所有从事的工作中均有建树。

但是，每当谈及自己取得的成就，老师总是谦虚地说："回想自己的生涯，我和许多同事的一生，虽然不是聪慧的代表，但一定是勤奋的化身。"的确，几十年如一日，为循化的繁荣昌盛在乡村教育的沃土中勤奋耕耘，这本身就是一件不平凡的工作，不是所有的价值都以勋章为证，不是所有的英雄都闪烁着耀眼的光辉。

## 春风化雨　授人以渔

1977 年，我进入循阳学校读初中，初二时绽老师担任我们的语文老师兼班主任，那时老师英俊的脸上始终洋溢着青春的活力，笑声爽朗，知识广博，讲课富有条理，幽默风趣，深入浅出，全班 56 名同学都喜欢上老师的语文课。老师用磁性的声音为我们朗诵抒情散文，每一个字符、每一个音节都充满意境之美，让我身临其境。《谁是最可爱的人》《春》《白杨礼赞》《十里长街送总理》等课文，至今记忆犹新。

印象最深的是老师讲的著名作家魏巍《谁是最可爱的人》一堂课。在这节课上，老师以动情的朗诵为突破口，巧妙引导我们深入分析关键词句。当老师讲到松骨峰战斗中，英雄的志愿军战士们顽强战斗，自己的身体上直冒火苗，都没有屈服，反而抱住敌人与敌人同归于尽。这时老师问我们，谁是最可爱的人？全班同学毫不犹豫地大声回答道："是伟大的志愿军战士们。"是啊，中国人民志愿军战士们是世界上最可爱的人，他们的精神将继续传承下去。

上学时，最盼望的是每周一次的作文课，这节课上老师都会把他认为写得好的作文当范文在班级里朗读，这也成为全班同学暗暗较劲写好作文，争取让老师当范文在全班朗读的最大动力。记得学完《谁是最可爱的人》一文后，老师讲修辞用法中的排比句，要求大家根据排比句的要求写一篇作文。我回家后以三五九旅开垦南泥湾的艰辛和祖国今天生活来之不易等事实为依据，下了很大功夫写出了自己认为过得去的作文交上去了。等到作文课评讲时，老师在全班朗诵的范文正是我的作文，刹那间我血脉偾张，激动得不知手放哪里。是啊，从小到大我都不是一个天资聪明的学生，学习成绩在班里并不出色，排名也就中下游水平，在全班让老师朗诵我的作文对我来说是第一次，也是一次终生难忘的经历。下课后，老师把手中拿着的写满文字的纸张贴在教室后墙上，上面工工整整用楷书抄写了我的作文，这是老师熬夜一笔一画誊写出来的呀！张贴完后老师说："同学们课后好好学习这篇作文！"这对于我来说是一种莫大的鼓励。从此以后，我学习的自觉性不断提高，学习成绩直线上升，到初三时成为全年级第一名，这一切和恩师对我的指引和鼓励是分不开的。

感恩老师，在人生的关键时刻，一个迷惘的孩子遇到了老师，从此这个孩子有了前进的目标。其间也经历了中考落榜没能如愿考入循化师范学校的不快，让家人和老师失望；也有默默收拾行囊到循化中学高中读书，在循化中学脚踏实地，努力苦学考入华东师范大学的欣喜。

初中时期令我印象最深的是一次家访。1978年一个初冬的下午，上完两节课后老师骑着他的飞鸽牌自行车带着我进行家访。家访的是我们班一个非常具有天赋的同学，他已经有一段时间没到学校上课了。那时候家家户户都还过着苦日子，一般家里人口多，条件差，贫穷的家庭急需男孩子帮助父母种地、挣工分。

一路上来到寺门坡，由于坡长且陡，我们无法继续骑行，只好下车推着自行车前行，来到同学家时，同学出去干活不在家，同学的爸爸和奶奶在家。印象中，老师动之以情，晓之以理，动员同学的父亲尽快把同学送到学校读书，争取更好的前程。老师和同学的父亲谈了很多，无奈同学家中经济困难，母亲常年生病，家中孩子多，同学是家中老大，急需参加劳动，帮助家庭减轻负担。只记得，那是一次心酸的失败家访，以致

很多年后的老师说起这位同学的名字还唏嘘感叹。

## 担当责任　情注教育

1984 年，绽老师调到街子学区当教育干事。在街子学区的几年中，老师始终以提高教育教学质量为中心，以常规教育为突破口，注重过程管理，严格检查教师备课、上课、作业布置和批改、成绩考核评定、教学质量分析、教研活动等教学常规内容，大力推进街子学区的教育质量。通过几年的努力，到 1987 年，街子学区的学校办学能力和整体教育形象得到了提升，为以后街子学区人才涌现奠定了基础。由于工作成绩突出，老师荣获青海省"优秀教育工作者"。

1987 年，老师到循化师范学校任副校长，任期三年。老师深入每个办公室、学生宿舍，了解教师和学生们的诉求，解决他们生活、学习等方面存在的困难。在尽心尽力做好副校长工作的同时，老师还函授学习陕西师范大学教育行政管理专业，1991 年顺利毕业。

1990 年，绽老师到循化中学担任校长至 2000 年，主管循化中学教育教学全面发展工作，度过了人生中最难忘的十年。对此，访谈中老师多次提到循化中学的十年，可见循化中学的十年在老师一生教育生涯中占有非常重要的位置，这是老师呕心沥血为循化教育事业奋斗拼搏的十年，也是老师心中装着学校、满脑子谋划使循化中学发展的十年，更是老师亲力亲为，用务实的举措和奋斗，改变着一批批学子的命运，也为循化中学的未来播种幸福和希望的十年。

每当晨曦微光，循化县城还没有完全苏醒的时候，绽老师已经起床，骑着自行车从瓦匠庄来到县城东头的循化中学，开启忙碌的一天。首先是认真查看学校的每一个角落，对存在的问题提出有效可行的改进建议并及时解决，保证广大师生的安全。其次查看学生宿舍、早操、早餐等情况，之后巡查学生们早读情况。每周一与学校各分管校长和各学科组负责人开碰头会，了解基本情况，安排下一步具体工作。其间也到课堂听课、评课，参加教研室讨论，了解学校教学活动。组织召开家长代表会、校园安全检查反馈会议等，了解学生课余活动，让学生从社团活动中培养兴趣、陶冶情操。随着夕阳西下，一天的忙碌渐进尾声，有晚自习的老师还要在自己的岗位上坚守。晚上 11 点，老师还要到学生宿舍再做检查，到深夜 12 点处理完杂事才开始休息。

当我问绽老师十年时间如何坚持不懈时，老师沉思了一会儿，说道："作为校长，你做了什么，做得咋样，全校的老师和学生都会看在眼里，人人心中都有一杆秤。我们要求老师们做到的，自己首先要做到，而且要做得更好。这样大家才会信服你，并形成凝聚力，尽心尽责完成自己的本职工作，才有利于提高教育质量。"并说，"细节决定成败，小事做不来，大事做不好。只有把小事做好，每个过程精彩了，结局才会精彩。"正是基于对教育的这份执着、担当和责任，循化中学的教育质量不断提升，升学率明显上升。高考上线率从 1991 年的 27.12% 上升到 2000 年的 57.05%。

2000 年 1 月，绽老师到循化县教育局任职督导主任，知人善用，为党的事业挖掘了许多人才。2012 年绽老师退休，组织关系转入积石镇。他积极参加社区组织的创先争优等学习活动，始终以党的方针、政策为遵循，加强和社区、瓦匠庄村群众的联系，将党为人民服务的初心贯彻到底。2012 年，绽老师被聘为海东市司法局人民调解员，依然为家乡党建和乡村文化建设老骥伏枥，贡献余热。2014 年积石镇社区党支部经支部全体党员讨论决定，树立绽老师为先进典型，号召大家以他为榜样，争做优秀党员。

这就是我的恩师绽享文老师。

# 当兴趣成为职业

绽小霞[*]

我于 1958 年生于乌鲁木齐市，祖籍青海循化县。父亲绽世良，积石镇瓦匠庄村人。母亲马丽亚，积石镇托坝村人。

20 世纪 70 年代，有一部反映中国乒乓球运动员参加第三十一届世界乒乓球锦标赛的纪录片在全国上映，引起了不小的反响。片中运动员们飒爽的英姿、高超的球技、紧张又刺激的比赛场面，以及举办地日本名古屋盛开的樱花和旖旎的城市风光都深深地打动着国人的心，在那个单调平静的年代像是一阵清风吹过。相信在那一刻，有千千万万的少年拿起了球拍，走向球场。就连我们这个边远的西部小县城也热热闹闹地铺展开球台，每天一放学就有不少小伙伴挤占在球台边，不打到天黑不回家。后来，学校腾出了一间大教室，里面摆了四五张球台，循阳学校乒乓球代表队就成立了。

有一年，省里举行少年乒乓球比赛，县里组织了选拔，我也入选其中。记得比赛分海北、湟中两个赛区，最强的西宁队不在我们这个赛区。我们循化队获得了女子团体冠军，我还拿了女单第一。那一年，我也因此进了省少年乒乓球队。少年队里除了我是县里来的，其余几个小伙伴都来自西宁市，他们很快办好了进队的手续，11 月就出发去西安冬训了，而我的手续到 12 月才办好，赶到体工队时已是人去楼空。大部队都去南方冬训了，只有青年女篮几个新招的队员在家，领导也不放心让我自己去西安，

---

[*] 绽小霞，苏州科技大学环境科学与工程学院教授。

就让我暂时跟着青年女篮练练身体素质。一直等到年前，女篮的教练是河南人，她回郑州探亲才把我带到西安放下。这一来二去耽搁了有 3 个月，真有点输在起跑线上的感觉。不过，在少年队的专业训练还是给我打下了良好的基本功，使我对乒乓球运动有了一定的认识和了解。在这里要感谢我的教练慈毓英、朱瑞成和体工队大队长马明善，是你们在我人生开始的阶段给了我正确的引导和帮助，我永远感怀在心。

1975 年，我进入北京体育学院体育系学习。1975 年是邓小平同志复出后实行全面整顿的一年，国民经济出现复苏的迹象，各行各业渐入正轨，学校里的学习也是蔚然成风。当时的工农兵学员大多来自工厂、农村，很多同学在基层经历了艰苦的磨炼，现在有机会进入体育的最高学府深造，都十分珍惜这来之不易的学习机会，校园里、操场上、教室里到处都能见到忘我学习和训练的同学们。三年的大学生活是我青春最美好的时光，也为我日后的学习、工作、生活奠定了基础。

在首都上学期间也是国家经历重大历史变革的时期。1976 年，党和国家领导人周总理、朱德委员长、毛主席相继去世，10 月，"四人帮"垮台。正在北京上学的我也见证了这些重大的历史时刻。9 月 18 日，毛主席追悼大会在天安门广场举行。凌晨，我们乘坐的大卡车从学校出发来到天安门广场附近集结，各路队伍有序进场。这是一次超大规模的百万人集会，天安门广场和东西长安街全都站满了人，我们穿着白衬衣、蓝色长裤，胸佩首都工人民兵的标牌站在人民英雄纪念碑的西北方。大会的过程已经被历史记载，我就不再陈述了，只记得老师再三强调这是重要的时刻让我们铭记。一年后，1977 年的国庆之夜，我们体院的学生又一次来到天安门广场的金水桥畔，这是粉碎"四人帮"后的第一个国庆节，广场上举行了盛大的庆祝活动，广播里来回播放着《绣金匾》《青春圆舞曲》，被禁锢了十年的人们发自内心地唱着、跳着，那是一个新时代的开始。

在大学期间，还有一件事儿想跟大家分享，就是我和几个同学有幸参与了毛主席纪念堂的兴建工作。为此，纪念堂建设指挥部还给我们颁发了证书和一枚兴建纪念章。

那是 1977 年春的一天，正在训练的乒乓房里来了几位陌生人，系办的黄培树老师把我叫了过去，来人简单地问了我身高、体重、家庭等情况。过了没几天，院里召集几个同学开会，传达了毛主席纪念堂建设指挥部的通知，在毛主席纪念堂的四周要修建四组群雕，主要展示毛主席领导新民主主义革命时期的 28 年和社会主义建设时期的 27 年。大型群雕的模特需要有高大健美的身形，体院的学生应该是上佳人选，我们几位就是被选去做雕塑模特的。领导向我们传达了任务的重要性、光荣性，大家想到以自己为原型的雕像将来会安放在天安门广场毛主席纪念堂的四周都兴奋不已，表示坚决完成任务。

第二天，大巴车把我们拉到了位于钓鱼台附近的轻工部礼堂。礼堂里已经搭好了几个高大的脚手架，我被分到继承革命遗志组。这组群雕坐落于纪念堂的西南角，群雕的正面是陆、海、空 3 名军人手握钢枪，身后由数个少数民族组成。我的角色是海岛女民兵，站在海军身后，穿戴着从八一电影制片厂借来的服装、斗笠，吹着螺号，我的雕塑师来自广东佛山，应该是擅长岛民这方面的题材。来自浙江美院的雕塑家高大帅气，陆、海、空三军里空军模特就由他兼任。塑造彝族女青年的是一位女雕塑家。有一天，她请我去做彝族女青年的头像模特，中间休息的时候她看着我说，怎么锻炼才能让肚子上的赘肉消失呢？那时的我真是单纯，二话没说就直接躺在脏兮兮的地上做起了仰卧起坐。两个多月的工作时间，我们和来自全国各地最优秀的雕塑家成了好朋友。

毛主席纪念堂建成开放前夕，建设指挥部邀请参加纪念堂群雕建设的雕塑家、模特提前参观纪念堂。一进大门迎面而来的是一尊汉白玉的毛主席坐像，领队说："请大家在这里合个影，以后这个机会不会有了，因为进入纪念堂参观是禁止拍照的。"参观完纪念堂，大家来到天安门广场，当时由于修建工程的需要，广场四周都用挡板封闭起来了暂不开放。此时挡板还未拆除，宽广空旷的天安门广场仅有我们一行人在漫步。那是一个晴朗的下午，汉白玉的人民英雄纪念碑高高地屹立在蓝天白云下，五星红旗迎风飘扬，人民大会堂、天安门、国家博物馆环绕在广场四周，这是祖国的心脏，全国人民向往的地方。那一刻，一种庄严神圣的情感油然而生，令人心潮澎湃。

大学毕业后，我被分配到青海民族学院体育组，当时组里仅我一名女性体育教师，几乎承揽了全校一半的女生体育课的教学任务。进校没多久，省教育厅下发了1979年春季将举办全省大学生四项球类运动会的通知。四项赛事分别由四校承办，大概率是让各校承办各自的优势项目。青海民族学院承办篮球，青海师范学院承办排球，工农学院（现青海大学）承办足球，医学院承办乒乓球。民院的篮、排、足球队都报了名，乒乓球也首次组队参赛。当时乒乓球队的训练条件十分有限，临时找了一间教室放了两张球台，所以按最低配置选了三男两女。在分析了我们队员的具体情况后我跟领导提出，突出重点，争取有所突破。当时我们男队、女队各有一名实力比较强的选手，可团体赛是多人作战，仅靠一人难成气候，我把重点放到女子团体，因为女子团体的赛制是五场三胜制，有两名队员各打两场，中间一场双打。如果我队女一号可以得2分的话，那么中间的双打就是取胜的关键。我的策略是加强女二号的发球、接发球以及搓球技术的训练，保证她在双打中尽量过渡好球，减少无谓失误，发挥主力选手的主导作用。设想是美好的，结果也是成功的，我们凭着"一个半"球员最终获得女子团体冠军。

女团夺冠，出人意料地完成了任务。领导很开心也很放心，接下来的单打比赛就由我们自己去发挥，我们依旧一匹黑马黑到底，男女单打双双进入决赛。以当时的条件来说都打进了决赛还得乘公交车去比赛，2路车太耽搁时间，后来打听到校车队下午有救护车送病人去二医院，我们便搭着救护车赶去比赛。

医学院的乒乓球室里已经坐满了观众，因为男女决赛都是民院对阵医学院。乒乓球在医学院开展得比较好，他们有当时高校里少有的乒乓球房，球队里有多名选手参加过省里的集训，又是他们的主场，呼声很高。

先进行女子单打，对手名气很大，但主场作战她们压力也大。我们的女选手经过了团体赛的历练，技术和心态日趋稳健，自信心也大增，最终战胜对手获得女单冠军。男单夺冠更是意外之喜，对手是医学院的头号主力，多次在省里集训，前面打团体赛时未输过球，夺冠志在必得。反观我方选手，虽然技术动作比较正规，但缺乏实战经验，集训时主要抓了他的前三板技术。作为左手持拍的选手发球好是优势，利用发球的优势制造进攻的机会是他的主要得分手段，我相信这个技术在当时的高校运动员当中还是比较先进的。果然，决赛中，对手频频应付我方发出的正手右上角小球、反手直线长球或者正手大斜线急球，这几个落点一打开，对手陷入被动招架中，我们的进攻机会也出来了。好在比赛是三局两胜制，如果时间长一点让对手适应了我们的套路，胜负还真不好说，毕竟对手实力确实比我们强。那天最开心的是我们只去了仨人，一个教练带俩队员跑到人家主场生生地把两个冠军抢走了。在青海高校体育界，都知道乒乓球是医学院的优势项目，如今，这四个项目的冠军奖杯被民院拿走了三个，非但他们想不通，就连我们自己也直呼没想到。那天我们仨开开心心地坐着 2 路车回到学校，办公室里主任和几位老师都在，一进门我报告了成绩，大家是又惊又喜，主任用力拍着我的肩膀高兴地说："绽子，好样的。"这是我大学毕业第一年打的第一仗，印象特别深刻。第二天，大红喜报上了墙，我也很快被大家熟悉、认可。那年的暑假，学校组织老教师赴内地参观考察，我也破例位列其中，当时我入校还不满一年，也算是对我的鼓励吧。1982 年，全国大学生乒乓球比赛西北、西南片在西安举行。省教育厅决定组建青海大学生乒乓球队，先在省内高校进行了选拔，5 男 4 女 9 个名额争夺十分激烈。最终，民族学院有两男一女入选。本着谁带的队员入选得多谁就当教练的原则，最后，我和青海大学刘戈老师分别担任了教练和领队。

西南、西北地区像成都、西安、兰州、昆明都是高校比较多的省份，学生基数大、可选人才多，说是大学生比赛也不乏退役运动员加盟，可以说高手云集。我们青海大学生代表队团结一致，努力拼搏，最终取得女子团体第四、男子团体第六的成绩。比赛归来去教育厅复命，体育处的领导给予了充分的肯定和信任，当场表态今后只要有乒乓球比赛，我就是教练的不二人选。

时间来到1986年，我经历了结婚、生女、讲师评定的过程。这一年，我来到华东师范大学助教进修班深造，班里有来自全国各地高校的青年体育教师，在与他们的交流学习中，我感受到我们边远地区与内地高校从体育层面讲，教师自身的业务水平与能力并没有多少差异，但体育教学方法手段的运用以及教学组织能力等方面与内地高校还有一定的差距，可以说内地高校要求更规范到位。这一年的进修使我增长了学识、弥补了短板，为我日后在新的舞台上的施展增添了底气。

1992年，我随调到苏州。经同学引荐调入苏州城建环保学院（2001年与苏州铁道师范学院合并为苏州科技大学），当时环保学院体育部的老师主要来自北体、上体，两位老主任都是老北体毕业生，对于学校体育的各项工作要求极其严格规范。每课教案必写必查，每周教材实践课让已经不年轻的我们仍然像体育系的学生一样进行着各种摸爬滚打有难度强度的练习，比如跨栏、十二分跑等。在严格规范的管理下，我们部门的工作屡获好评，获得建设部高校优秀课程一等奖和江苏省高校课程建设二等奖（江苏省近百所高校仅1个一等奖、2个二等奖）。1997年，苏南地区高校举办了大学生乒乓球比赛。来自镇江、常州、无锡、苏州、南通等18所高校的代表队在江苏科技大学参加了比赛。乒乓球是苏州科技大学的特色体育项目，有特招的高水平运动员。其他像苏州大学、河海分校也有一些政策优势。在我到环保学院之前，乒乓球竞赛这一块还是空白。要组队，先从校内选拔开始，因为是纯工科院校，女生少得可怜，只选了4名男生。经过两个月的课余训练，第一次出去亮相就成了本次比赛中的一匹黑马，一路过关斩将取得团体第三名。而获得冠、亚军的江苏科技大学和河海大学常州分院，都是由专业运动员组成的队伍。此役一战，我的专业能力在苏南片高校得到了认可。学校对乒乓球项目也给予了更多的关注和支持，各类乒乓球比赛纷至沓来，有省里、市里、区里、教育系统、体育系统的，也有学生的、教工的、校领导的。江苏省每年一届的高校"校长杯"乒乓球比赛已经连续举办了28届，成为江苏省高校重要的体育赛事之一。我除了完成正常的教学任务外,课余时间完全投入乒乓球队的训练和竞赛中,组织和带领着学生队、教工队和校长队在各类比赛中屡获佳绩,其中我们苏州科技大学校长代表队在江苏省高校"校长杯"乒乓球比赛中多次进入前八名并两度折桂。我们学校的学生乒乓球队、教工乒乓球队参加省、市、区的比赛也是名列前茅,在学校形成了乒乓球热,在社会上产生了一定的影响。

这些年,我努力勤奋的工作收获了大家的信任和良好的业绩,也得到了部门和学校的认可,曾两度被评为全校优秀教师和优秀共产党员。

离开循化很多年了,这些年想回去看看的念头愈发强烈却始终未能成行。循化的山山水水、风土人情时常萦绕在心头。想到循化就会想起走过瓦匠庄、草滩坝,穿过县城大街通往学校的路,想起老师和同学还有曾经一起打球的小伙伴,想起爷爷家院子里的葡萄架上挂满了葡萄,满园的果树和地里随手可摘的水萝卜、小白菜,土黄的院墙外高大的杨树下汩汩流淌的渠水,一幅闲适的乡村景象。

循化,那是一个美丽、遥远而又令人向往的地方!

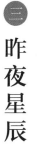

# 昨夜星辰

ZUO YE XING CHEN

泉润四庄
QUAN RUN SI ZHUANG

# 循化民族教育的开拓者马文德先生

姚　鹏[*]

　　马如彪，字文德，号积山人。生于 1895 年（作者注：循化撒拉族自治县志委员会编：《循化撒拉族自治县志》，中华书局 2001 年版，第 858 页。人物篇，记载马如彪先生出生于 1893 年。在一手稿中本人记载出生年月为民国纪元前十七年，应为 1895 年。又马文德先生的日记命名为《三十日记》，从 1924 年开始写日记，1924 年为 30 岁，按农历年月推算法出生年应为 1895 年），卒于 1962 年，享年 67 岁。回族，祖籍青海省循化县积石镇托坝村，毕业于甘肃省立第一师范学校。曾任西宁东关高等小学正教员、巴戎县立第一高级小学校长、马营高级小学校长、循阳中心小学校长、积石小学校长（撰有积石小学校歌），循化回教促进分会会长，民国三十四年（1945）任循化师范学校校长、循化县教育局局长等。新中国成立后，任县政协委员、青海省文史馆馆员、青海省人民政府文化教育委员会委员、青海省文物管理委员会委员。一生关心民族教育事业，热心地方公益，为青海省文化教育事业做出了力所能及的贡献。

## 求学之路

　　马文德先生虽出身贫寒，但天资聪颖，立志求学，发愤读书。光绪年间，循化在

---

* 姚　鹏，博士，青海民族大学铸牢中华民族共同体意识研究院副教授。

城内百子宫、文昌宫、关帝庙开设义塾3处，"光绪二十三年（1897），附生李逢春在城内百子宫开设育英义塾。光绪二十五年（1899），优增生陈杰在城内文昌宫开办育英义学。光绪三十一年（1905），附生罗凤翔在城内关帝庙开设义塾。"（循化撒拉族自治县志委员会编：《循化撒拉族自治县志》，中华书局2001年版，第605页）光绪三十一年（1905），废科举、兴学堂时，循

◎授予马文德先生的任命书 （姚鹏 提供）

化城内几所义学、义塾及书院合并为循化厅高等小学堂，校址在县城街南文庙巷，也是当时循化县唯一的一所高等小学。据推算马文德先生1905年左右初学于义塾。据统计，循化县"1910年，无初等小学堂，1所高等小学堂，学生人数13人"（崔永红等主编：《青海通史》，青海人民出版社1999年版，第787页）。马文德先生便成为当时循化县为数不多的回族学生，据马文德先生《三十日记》记载，1914年肄业于循化高等学校，也就是循化高等小学。

马文德先生从上小学堂开始勤奋练习，写就一手好字，特别是蝇头小楷工整规范、圆润流畅，书法家见之也赞不绝口。另外，他的家乡是循化县为数不多的回族村，由于当时文化人才奇缺，读书识字的人数不多，马文德先生从小学开始就为群众帮忙写信、读信、写契约、各种诉讼状、对联等。

1915年，马文德先生进入甘肃省立师范学校本科学习，按照《壬子癸丑学制》要求，师范本科学制四年。在马文德先生的藏书中，有一本上学期间购买的《中华民国分省地图》的扉页上写着"甘肃省立师范学校二年级学生马如彪装制"字样。甘肃省立师范学校"招收兰山道、渭川道、泾源道、宁夏道、西宁道、甘凉道、安肃道，即今甘肃、宁夏、青海三省区的男学生入学，分讲习科、预科、本科三个层次，培养小学师

资。1913 年仅有学生 120 人，平均年龄 22 岁。此后，学生逐年递增，平均年龄也随之递减。1916 年达 205 人，平均年龄 19 岁"（稚农:《甘肃省立师范学校掠影》《甘肃教育》1989 年第 6 期）。甘肃省立师范学校的发展历史：1904 年创建甘肃高等学堂，1906 年兰山书院更名为甘肃省立优级师范学堂，1911 年更名为甘肃两级师范学堂，同年又更名为甘肃初级师范学堂，1913 年更名为甘肃省立师范学校，1914 年更名为甘肃省立第一师范学校。由此可以看出，马文德先生的毕业学校为甘肃省立第一师范学校，又《马文德先生日记》1925 年 9 月 10 日有"余民国八年毕业"字样，这样可以确定马文德先生 1919 年毕业于甘肃省立第一师范学校，在师范学校修业年限为四年。

据他家人回忆说，他上学走的是循化—临夏—兰州这一条路线。上学期间住宿学校，各级师范学校学生均可享受公费待遇，免收学费、住宿费，学校发给书籍、制服、用具，每月发伙食费。师范学校以造就小学教员为目的，师范学校本科又分一、二两部。男女师范科目有所区别，男师第一部学科为修身、读经、教育、国文、习字、外国语、历史、地理、数学、博物、物理、化学、法制经济、图画、手工、农业、乐歌、体操。男女师范第二部均修业一年。本科各部还有共同必修科,科目为伦理学、心理学、教育学、英语、体操。从学习内容看，较清末师范教育增添了社会生产和生活的实用科目和教育理论科目。马文德先生精修各科，经过四年的学习，获得优异成绩。

## 教书育人

1919 年，马文德先生以优异的成绩毕业后回到青海省任教。先后任教于西宁东关高等小学正教员，巴戎县立第一高级小学校长，马营高级小学、循阳中心小学、循化积石小学校长等，为青海民族地区的小学教育做出力所能及的贡献。作为青海回教教育促进会循化分会会长，为循化民族教育付出巨大努力。同时，也为循化师范教育做出一定贡献。

从手稿及信件资料中我们知道，马文德先生 1919 年毕业之后最早任教于西宁东关高小，两年间至正教员，1920 年辞职之后去巴戎县（今化隆回族自治县），颇费周折，1920 年 10 月 19 日给巴戎县县长的一封信说得非常详细，引述如下：

> ……马君如彪辞退东关高小正教员之职，督促来巴即希呈请。教厅正式委任以专责成是，此次马君辞职颇费手续，该校校长及学董、学生因感情上、教育上种种之关系恋恋弗舍，一再挽留。最后弟通知阁臣军门，晓以大义，课巴戎、西宁俱属道层区域，马君籍隶循化，服务巴戎不出桑梓。而西宁自第四师范甲种讲习科毕业以后不患师资无人，巴县地处边陲教育人才缺乏。本来之无策，则辞西宁而就巴戎是几经周折方准辞职，再最紧本省七厘公债票寄至省垣不能兑现，恳请签给现银以资开支是为至要……

其实早在 1920 年 9 月 5 日，西宁东关学校校长已经发布辞正教员公函，"正教员马如彪为辞职事情，教员已由巴戎县县长呈请，教育厅长委任为该县高等小学校校长之职，敦促即速到校以专责成"。

从上面信件部分内容可以解读出很多的信息，从教育方面来看，最为重要的信息是在两年时间已经成为正教员，并且辞职之后校长、学生恋恋不舍一再挽留。可以看出马文德先生作为人师，学识扎实，治学严谨，得到学生的爱戴。

1920 年 9 月 20 日，谱写四庄同仁学校校歌。

1920 年 10 月 25 日开始，就职巴戎县立高等小学校校长一职。校长任上非常注重学生各方面教育，1923 年 8 月 15 日，为了督促学生返校学习不惜给学生通报处分，"查得本校高等科二年级学生赵焕南、赵启昌，一年级学生孟传瑜，临期试验，故意辍学，藐视校规，可谓已极其责成，全在尔等家长之身，因何多日置之不理，师长费多少苦衷，公家费多少款项，该学生等故意进退，出入自由，实属不成事体，师长之苦衷安在，公家之款项何归，仰校役前去速传，限五日内前来学校，呈明理由。倘有推延之时，再行抗违之处，校长呈请巴戎县知事兼学务监督，提尔家长严追学费，二年级学生应缴学费银三十两，一年级学生应缴学费银一十五两，外再本校长宣牌除名，脱校关系"。

1925 年，任职于马营（今民和回族土族自治县马蓉镇）高级小学校长，后又任循阳中心小学校长，再到循化县立两级小学（今积石小学）校长。

马文德先生积极提倡教书育人，经常鼓励教师为培养民族有用人才而认真教书；鼓励学生努力学习，奖励成绩优秀的学生，教育学生文德并重，这在他所编写的积石校歌中可见一斑。

1929 年，在循化县立两级小学充任校长时谱写校歌：

积石山里古书洞，文章彻始终；

黄河水边大禹风，德业继尊崇；

汉与番、撒和回，俊秀建奇功；

精神物质学问宏，妙理真无穷。

1932 年，青海省回教教育促进会循化分会成立，马文德先生被委任为第一任循化回教教育促进会会长。甘肃省教育厅于 1922 年 5 月 27 日批准成立"宁海回教教育促进会"，在西宁、碾伯、巴戎、大通、湟源、循化、贵德等县设小学 7 所，学校经费主要依靠宁海镇守使使署拨款。成立初，"办会经费较为紧张，另外会长又因政务繁杂而很少顾及会务，致使该会工作数年间并无长足进展。至民国十六年，该会才开始与西宁县立第三高级小学协作办理有关回族教育事务，但收效甚微"（吕强、马鑫：《青海回教教育促进会及其历史作用》，《中国穆斯林》2018 年第 1 期）。1929 年，青海建省后改名为"青海回教教育促进会"，其间办过一期师范讲习所。"青海省回族教育促进会在循化街子工、查加工、苏只工、上白庄、瓦匠庄、崖曼、查汗大寺、拉边、孟达设立高级小学 2 所，初级小学 7 所。"（循化撒拉族自治县志委员会编：《循化撒拉族自治县志》，中华书局 2001 年版，第 621 页）高中部除招收回族学生外，还招收撒拉族、土族、藏族及汉族学生。青海回教教育促进会对于启蒙青海回族民族文化、回族教育方面发挥了积极作用，特别是为平民百姓学习近代科学文化知识创造了条件，但不久后终因经费匮乏而无法继续施行回族教育。

1931 年夏，青海回教教育促进会逐渐呈现出振兴状况，积极实践近代青海回族教育事业，先后新建了数处回族学校，随后又创办了青海回教教育促进会附设第二两级小学和师范讲习所等数处学校。1932 年，随着青海所属各县青海回教教育促进会分会的相继成立，青海回教教育促进会在各县筹建分会附设小学，并同时在西宁创办中学校一所。而《循化撒拉族自治县县志》第 621 页记载："民国二十三年（1934）8 月 6 日，循化县回族教育促进会分会成立。"另外，在马文德先生书信中找到一封交流信件，封面上文字显示时间信息有"民国二十一年（1932）元月，右令循化县回教促进会准次，内八件"，时间应该很肯定，但非常遗憾没有具体"内八件"的内容，不然就可以追溯清楚循化回教促进会分会的大量信息。

马文德先生担任循化回教教育促进会会长期间，竭力在循化县撒拉族、回族地区建立完小、偏远乡村初小，为民族教育事业竭尽全力。"民国二十三年（1934）8 月，青海省回族教育促进会循化分会在撒拉族、回族地区附设和创办中心学校、国民学校 17 所。至民国三十五年（1946），全县有学校 20 所，其中中心学校 10 所，国民学校 10 所，学生 2016 名，教师 78 名，设国语、算术、地理、历史、劳作、音乐、美术、体育、童训课，11 所学校设阿文课。"（循化撒拉族自治县志委员会编：《循化撒拉族自治县志》，中华书局 2001 年版，第 608 页）

青海回教教育促进会先后在回族聚居的县、镇、乡设分会 15 个，学区 12 个。该会宣称，至 1945 年，青海回教教育促进会有"15 个分会，共设完全小学 85 所，初小245 所，在校学生总数达 11000 余名"（喇秉德等：《青海回族史》，民族出版社 2009 年版，第 220 页）。其中循化分会所设学校学生人数，记载如下："循化分会设完小 10 处，学生 445 名；初小 19 处，学生 600 名。"（陈秉渊著：《马步芳家族统治青海省四十年》，青海人民出版社 1986 年版，第 260 页）其中，附设中学 3 所，除昆仑中学外，还在甘肃武威设立青云中学，在甘肃临夏大河家设立魁峰中学。

青海回教教育促进会，从 1922 年开始至 1949 年，历时 27 年，可以说建成了青海自成系统的民族教育。提倡教育，兴办学校，学校数量增加，为民族教育贡献了一定的成绩。另外，青海回教教育促进会的成立也加强了民族团结。青海回教教育促进会在发展回族文化教育时，对汉、藏、蒙等民族的教育也没有忽视，招收大量汉族、藏族、蒙古族等民族的学生。据统计，"当时在青促会创办的各类学堂中，除回族学生占 50% 外，汉族占 20%，蒙古族和藏族占 30%，客观上促进了近代青海的民族团结。"（吕强、马鑫：《青海回教教育促进会及其历史作用》《中国穆斯林》2018 年第 1 期）学校中的回族学生，通过学习不仅认识到学习近代科学、文化知识的重要性，而且主动学习中国传统文化，与兄弟民族增进相互了解，进一步促进青海地区各民族和睦相处。

马文德先生为循化师范教育做出一定贡献。1945 年，"积石小学设简易师范，校长马文德，有学生 20 余人。1946 年撤销循化简易师范，合并于西宁简师。"（循化撒拉族自治县志委员会编：《循化撒拉族自治县志》，中华书局 2001 年版，第 34 页）简易师范面对农村地区师资缺乏，主要培训小学教师，但循化简易师范存在时间较为短暂，因面临经费、教师等各种因素影响，便合并于西宁简易师范。但也为循化县培养几十名小学师资，作为校长的马文德先生在招生、培养、师资等各方面付出辛勤劳动。

另外，新中国成立前，高小作为循化地方社会最高学府，马文德先生作为掌管一方教育的主要核心领导人物，在循化影响不断增大。1945 年 11 月 7 日，"县长主持召集党、政、团负责人和社会知名人士选举议员 7 名，成立县参议会。议长绽秀，副参议长马如彪"（循化撒拉族自治县志委员会编：《循化撒拉族自治县志》，中华书局 2001 年版，第 34 页）。

综上，新中国成立前，54 岁的马文德先生为地方教育事业辛勤耕耘 31 年，为循化县民族教育事业付出巨大心血。

## 投笔从戎

1933 年，马文德先生投笔从戎，虽不到一年时间，但作为人生中的一段插曲，也值得我们专列一节描述这段历史。马文德先生作为旅部军需主任、随军文书，随当年军队开拔到宁夏攻打孙殿英。起因于 1933 年 5 月的孙殿英屯垦青海事件，事件持续时间并不长，前后不到一年的时间，1934 年 3 月"彻底解决"。4 月，马步芳以宁夏战役结束回到西宁。而马文德先生 1933 年 10 月 23 日从家出发，随军至中卫，1934 年 5 月 3 日返回家中。

1934 年，马文德先生右手得疾，据说是在随军过程中骑马不慎摔伤，但马文德先生在《苦行》一诗中提到"自从中邑要回家，右手偶然筋骨麻；引路痛苦忍不著，咬牙无语乱心华"。其中有一首诗显示的时间和地点为 1934 年 4 月 14 日（民国二十三年阴历三月二十一日题于宁夏省中卫县西门外），由此可以看出右手得疾的时间晚于 4 月 14 日。得疾之后返回家中，有题记显示"右手得病，休养故园，旧吟四首（《达观》《冷热》《早乐》《宁静》），1934 年 6 月 6 日，以左书之"。

由于他性格刚直，不善于拍马逢迎，因此在部队不被重用，除了抄抄写写无事可干。刚好右手得疾托病回家，这在他当时的诗作中可以看出："三十年来意志坚，不图高位挣洋钱；人情世故早看透，现在如何无圣贤。"（《立志》）又云："某省求官易似难，高升低落事情悬；不问资格并程度，只要投心与合缘。"（《求官》）这极大地讽刺了当时社会的黑暗与有识之士所感受到的冷遇。

# 解放后所做贡献

## 积极恢复循化县新教育

1949 年 8 月 27 日循化解放,青海省军区司令部委任马文德先生为循化教育局局长。1949 年 10 月,县成立复学委员会,动员教师、学生返校复课。马文德先生协助政府宣传党的民族政策,凭着他在本地区的威望,又谙熟循化地区教育情况,积极动员原教员出来继续任教。又发动群众捐资、献料、投工恢复各地完小、初小,1949 年底"恢复 5 处中心学校,教员 47 人,学生 665 人,取缔旧课程,废除旧教学方式"。1950 年 9 月"全县完小 9 所,恢复 5 所,初小 9 所,恢复 2 所,入学男女学生 743 人,其中汉族 493 人,撒拉族 126 人,回族 121 人,藏族 3 人"(循化撒拉族自治县志委员会编:《循化撒拉族自治县志》,中华书局 2001 年版,第 38 页)。至 1951 年,全县所有学校开课,"有县立完小 7 所,教职员 56 人,学生 2586 人。群众自办初校 10 所,教职工 17 人,学生 696 人。各校成立董事会和学生会,1953 年 3 月,奉省人民政府指示,全县民办初小一律改为公立初小,并在道帏、尕楞、文都藏族地区设初小 4 所。学校经费全部由县财政供给"(循化撒拉族自治县志委员会编:《循化撒拉族自治县志》,中华书局 2001 年版,第 608 页)。各校分不同年级设国语、算术、图画、体育、手工、音乐、历史、地理、自然,每周授课 36 节。撒拉族、回族地区完、初小增授阿文课。

## 参政议政为循化建设做贡献

1949 年至 1956 年,县委、县政府对马文德先生非常重视,先后被选为县政协委员、人大代表,参政议政,为循化撒拉族自治县做了很多工作。

1950 年 1 月 15 日至 18 日,循化县召开首届各族各界人民代表大会第一次会议,出席代表 58 人,马文德先生作为代表出席,主要讨论稳定社会治安,加强民族团结等问题。

1953 年 9 月 13 日,首次进行普选,选出乡镇代表 550 名,县代表 119 名。9 月 28 日,循化撒拉族区域自治筹备委员会成立,马米日任主任委员,李新鼎、马兴旺、嘉

乃华任副主任委员，着手筹备撒拉族区域自治事宜。

1956 年 9 月 14 日，循化撒拉族自治县召开首届人民代表大会第四次会议，由马县长致开幕词，嘉乃华副县长作 10 月之总结和今后任务报告。结束后第一小组讨论，马文德先生作为代表第一位发言记录如下：

关于听了马县长的开会词和嘉乃华县长的总结，去年新办的事是实实在在的，如去年的农业合作化充分说明了这一点，农民听了毛主席的农业合作化报告和农业合作化发展纲要，确实办得又快又好，农民们都积极参加。到今年庄稼长得很好，如有农民说的地少庄稼怕是没望，但事实充分说明了今年庄稼长得实在很好，大部分都增加收入。对私人工商业的社会主义改造已经胜利完成了公私合营。关于农村工作来说，现在错误比过去少了，这是我所经过的一点。

9 月 15 日，讨论关于霍副县长撤区扩乡的报告记录，马文德先生作为代表第一位发言如下：

关于听了霍副县长的报告后我认为很对，撤区并乡已在《宪法》规定了，由于目前随着农业合作化的大发展，现有的行政区划已不适应目前客观发展的要求，所以撤区并乡已是适时的，按自然地界和人数关系分的很恰当，建立民族乡符合《宪法》规定，我们下去后要很好地向群众宣传，打消群众的顾虑。

**当选青海省文教委员会委员**

1954 年 3 月 11 日，中央人民政府政务院第 208 次政务会议任命马文德先生为"青海省人民政府文化教育委员会委员"。

为了适应国家大规模的教育建设、文化建设的需要，特根据中央人民政府政务院文化教育委员会的规定，成立青海省人民政府文化教育委员会。1953年6月，青海省人民政府文教委员会正式成立，喜饶嘉措为主任，孙君一为副主任。1954年聘任马文德先生为委员。青海文化教育委员会的任务，主要为指导文化、教育、卫生、新闻、出版等工作，为国家建设服务。

### 担任青海省文史研究馆馆员

青海文史馆自1953年正式成立后，先后共吸收馆员21人，其中有回族馆员3人，馆员来自湟中、乐都、大通、化隆、湟源、循化、贵德、西宁、同仁9个县（市），其中有3名馆员分住在湟源、循化、贵德原籍。马文德先生便是青海文史研究馆唯一的循化籍馆员。

◎马文德先生当选循化县人民代表证书
（马文德亲属 提供）

青海省文史馆1955年主要搜集编写了撒拉族历史初稿。为了做好这一工作，7月由青海省文史馆内6人到循化撒拉族自治县进行了为期一个月的调查和访问，了解了撒拉族过去和现在的许多具体情况。这不仅给编写撒拉族历史搜集和提供了比较可靠、丰富的内容，而且给到循化调研的青海省文史馆馆员一次很大的实际教育，在和群众实际接触的过程中深刻体会到新中国成立后在共产党领导下民族政策的伟大。民族历史组还搜集了回族和土族两个民族的材料，并已编写成了一部分文字成果。历史文物组和民间艺术组也分别搜集和编写了相关材料。马文德先生作为青海省文史馆馆员主要协助搜集民族历史文物资料及各方面协调工作，从以下几份信件可以看出。

文德馆员：

日前您晋省，参加文教会议，满拟会议闭幕，便可和您谈谈，不料您竟匆匆回去了，至为怅怅！

关于民族历史和历史文物各方面，请您多多搜集一些材料，随时寄来，这是我们很盼望的。

近来馆中为加强团结，搞好工作起见，在工作、学习、生活各方面都订出具体的制度来，兹将学习计划，给您检寄一份，您如果能够在那儿（循化）照样学习，求得大家共同进步，是再好没有的事！

马文德先生作为青海省文史馆的地方馆员还担任协调工作，青海省文史馆寄给马文德先生的信件内容说得非常清楚。

前次我馆编写的撒拉族简史第一章初稿，已经给你和循化县人民委员会及县委会各寄来一份，请在二十日内，在原稿上（或另纸上）签注意见，按期发还，以作修正时的依据。但迄今已逾两月，不见任何消息。你是我馆成员之一，请你负责向你县人民委员会和县委会好好接洽一下，请他们照我馆通知的内容，于日内批注发还。你呢？当然也是同样的，兹不多赘了！

在民族历史研究上，馆内将撒拉族历史单召开，除撒拉族一些人士参加外，适循化马兴旺副主席亦参加，除交换了一些意见外，并由马兴旺副主席提议，以期由循化将有关撒拉族历史材料给文史馆寄来一份，请对此事向马兴旺副主席催促一下，并请你帮助早日寄馆。

1958年，撒拉族社会历史调查小组一行在循化进行实地调查，马文德先生作为主要调查及协调人员，参与了历时一年的调查工作，后于1963年编印成《撒拉族简史简志合编》和《循化撒拉族自治县概况》征求意见稿。

马文德先生从 1953 年开始，主要工作为搜集整理地方志、人物志，考究循化民族历史文物，协调青海省文史馆和循化撒拉族自治县相关工作，直到 1962 年病逝。

### 当选青海省文物管理委员会委员

马文德先生先后被选举为青海省文物管理委员会委员。在新中国成立之后，国家非常重视文物保护工作，文化部专门成立文物管理局负责全国文物保护。青海省积极响应国家文物保护的号召，1951 年 10 月 5 日，青海省政府第十二次行政会议通过青海省文物保管委员会首届主任、副主任及委员的选举工作，喜饶嘉措为主任委员、王志勾为副主任委员，杨希尧、陈思恭、李德渊、魏敷滋、孙君一、马乐天、王辅文、韩海容 8 人为委员，后更名为"青海省文物管理委员会"。

◎马文德先生当选文物管理委员会的通知

（马文德亲属　提供）

1956 年 12 月 27 日，青海省同意组成青海省文物管理委员会，喜饶嘉措为主任委员，陈麦波、桑热嘉措、杨希尧为副主任委员，谢高峰、魏敷滋、李德渊、马乐天、席元寿、韩梅亭、本巴、张贵德、刘蒲辰、姚钧、陈秉渊、马源、马文德、罗凤林、高保中为委员。马文德先生位列青海省文物管理委员会委员。

## 结　语

总结马文德先生的一生，新中国成立前作为地方教育家，按他的话说当了"三长"——学校校长、促进会会长、教育局局长。在极端困难的条件下，为提高循化少数民族文化教育水平，可以说披肝沥胆、费尽心血。他紧紧依靠地方政府、依靠人民群众，做通上层宗教人士的工作，充分发挥校董会组织的作用，动员上层人士、群众募捐款项、教师口粮，经常到省回教教育促进会争取资金，调派教员。新中国成立后，为动员恢复循化教育做出贡献，为青海文史、教育、文物保护做出积极努力。

马文德先生师德高尚、为人正直、好学不倦。他教的学生遍布青海各地。凡是了解马文德先生的人，都夸他是有道德、有学问的人，这是对他的名字"文德"二字最好的诠释。马文德先生一生酷爱读书、写作。见到一本好书，他必购买；购买不到，他必借来抄写，抄写后精心装帧。马文德先生对古文、名作名诗熟读成诵，且喜作诗作赋，收集地方谚语。他坚持写日记连续38年从未中断，不管是在路途还是卧病都持之以恒（其作品见附录一《马文德行军诗选》）。马文德先生爱好广泛，尤其喜欢音乐，家中藏有笛子、二胡、古琴，可谓琴棋书画样样精通。

马文德先生作为杰出的地方教育家、文史学家，其私人藏书学科门类丰富，具有重要的收藏价值和文献价值（其藏书目录见附录二《马文德藏书目录》）。

马文德先生去世之后，他所写的大部分作品、书籍在"文革"时期被焚毁。20世纪80年代开启修撰新一轮《循化撒拉族自治县县志》时，昔日为循化民族教育事业做出贡献的马文德先生慢慢淡出人们的视野，由于资料缺乏记载较少，还有错误，今天资料仍然欠缺。我们怀念这位已故的回族老人，应正确评价他的功绩，以激励我们后代，学习他终身好学为师、安贫乐道的精神。

**附录一《马文德行军诗选》**

### 山川

宁夏川原广莫边，

贺兰奇秀云峰连。

黄流利益独通得，

胜迹朔风从昔传。

### 担惊

都到前防我守留，

兵临城下官民忧。

炮声杀气惊魂梦，

□[①]机旋来贼埋头。

### 确论

□日素常却有名，

孙逆为甚攻无成。

顺昌自古传真令，

西北军民果尽心。

### 从军

投笔从军适雪天，

---

① 此处字迹不清，用□代替，下同。

为讨孙贼到银川。

果照扫却腐迂气，

奋斗精神应提前。

## 偷香

寻花穿柳艳阳天，

梦里蝶飞拟昔仙。

□利求名终是妄，

□来自在乐延年。

## 研真

读罢佛经参悟来，

虚空无着浓情衰。

假如皈彼得真理，

宝殿凌霄为甚开。

## 浪会

季春放水槐花开，

二八佳人浪会来。

幸得乡餐这艳福，

及时不乐老年催。

## 思家

中卫别号是鸣沙，

□里每年少见花。

□我留公在此邑，

□还只得梦归家。

## □破

□□巧计我当明，

□便露情事莫成。

□厚为留余地步，

总然无趣轻还生。

## 习俗

宁夏男妇烟癖深，

语间带婊算佳音。

莫贪美酒好风俗，

赌钱玩艺满乡城。

## 高庙

北城高庙顶生苔，

建设叠层洞重开。

崇信神灵似有道，

决疑解惑自多来。

## 邀游

念毕佛经参色空，

忍听鸟语桃花红。

□来邀我园中去，

□时间谈志亦同。

## 宽悟

夏间抱病待秋来，

遇险寒冬春到回。

几死复生天预定，

虽留尘世心眼开。

## 实情

常思福儿温书处，

每念翠女学话时。

胞妹贤能信上见，

发妻教育梦中知。

## 祸福

点灯静坐老汉来，

惊报长流匪祸开。

□问根源皆有理，

□头无语笑盈腮。

## 听蛙

□家旁住乌山池，

□往夏来蛙鼓知。

逆旅夜间听得此，

回忆乡园自乐时。

## 观鉴

息神养气在家乡，

远胜轻名志更强。

应受吾真安排路，

暂来旅部吃军粮。

## 梦境

梦中先父给银钱，

路上怕为受困难。

惊醒宛然情犹是，

双眼只觉珠流连。

## 立志

三十年来意志坚，

不图高位挣洋钱。

人情世故早看透，

现在如何无圣贤。

## 求官

某省求官易似难，

高升低落事情悬。

不问资格并程度，

只要投心与合缘。

## 开拔

□月初三雪满天，

□军开拔往银川。

参书养气怕空谈，

发奋为雄要进前。

## 苦行

自从中邑要回家，

右手偶然筋骨麻。

引路痛苦忍不住，

咬牙无语乱心华。

## 黄沙

中邑条山四站间，

黄沙满目少人烟。

往来旅客皆知幸，

□记苦时亦徒然。

## 凯旋

□笔从军到朔方，

□鹿于野谁为王。
□风破浪励吾志,
唱得凯旋却有光。

## 达观

我是达观个里人,
高山流水少知音。
修身乐道且随喜,
荣辱得失莫在心。

## 冷热

我连此世无仇恩,
那个听琴诚妙音。
烦恼魔障挞得破,
冷场热处参真情。

## 早乐

我从苦海早回头,
打破红尘要自修。
名锁利缰收不著,
清闲最乐哪知忧。

## 宁静

我能忍耐胸中宽,

使气逞雄礼不端。

宁静默参得正道，

归根复命事何难。

## 附录二《马文德藏书目录》

### 一、经、子、集部书籍目录

1.[ 宋 ] 蔡沉《状元书经（卷一）》，恒言堂藏版，出版年份不详。

2.[ 宋 ] 蔡沉《状元书经（卷二）》，恒言堂藏版，出版年份不详。

3.[ 宋 ] 蔡沉《状元书经（卷三）》，恒言堂藏版，出版年份不详。

4.[ 宋 ] 蔡沉《状元书经（卷四）》，恒言堂藏版，出版年份不详。

5.[ 宋 ] 蔡沉《状元书经（卷五）》，恒言堂藏版，出版年份不详。

6.[ 宋 ] 蔡沉《状元书经（卷六）》，恒言堂藏版，出版年份不详。

7.[ 宋 ] 蔡沉《状元书经（卷一）》，汉南义盛堂梓行，出版年份不详。

8.[ 宋 ] 蔡沉《状元书经（卷二）》，汉南义盛堂梓行，出版年份不详。

9.[ 宋 ] 蔡沉《状元书经（卷三）》，汉南义盛堂梓行，出版年份不详。

10.[ 宋 ] 蔡沉《状元书经（卷四）》，汉南义盛堂梓行，出版年份不详。

11.[ 宋 ] 蔡沉《状元书经（卷五）》，汉南义盛堂梓行，出版年份不详。

12.[ 宋 ] 蔡沉《状元书经（卷六）》，汉南义盛堂梓行，出版年份不详。

13.[ 宋 ] 朱熹《大中集注》，甘肃秦州全义堂版，出版年份不详。

14.[ 宋 ] 朱熹集注《论语（卷之六至十）》，文林堂，出版年份不详。

15.[宋]朱熹集注《孟子集注》,上海广益书局发行,乙卯年孟冬月。

16.[宋]朱熹本义《监本易经（上卷）》,泰州全义堂藏版,光绪己丑新镌。

17.[宋]朱熹本义《监本易经（下卷）》,泰州全义堂藏版,光绪己丑新镌。

18.《庄子南华经解》,尚古山房出版,民国三年季秋石印。

19.[清]韩慕庐重订《左传句解（卷一）》,上海铸记书局,1915年版。

20.[清]韩慕庐重订《左传句解（卷二）》,上海铸记书局,1915年版。

21.[清]韩慕庐重订《左传句解（卷三）》,上海铸记书局,1915年版。

22.[清]韩慕庐重订《左传句解（卷四）》,上海铸记书局,1915年版。

23.[清]韩慕庐重订《左传句解（卷五）》,上海铸记书局,1915年版。

24.[清]韩慕庐重订《左传句解（卷六）》,上海铸记书局,1915年版。

25.[清]刘文蔚辑《诗韵含英（卷一）》,致盛堂梓行,出版年份不详。

26.[清]刘文蔚辑《诗韵含英（卷二）》,致盛堂梓行,出版年份不详。

27.[清]刘文蔚辑《诗韵含英（卷三至卷四）》,致盛堂梓行,出版年份不详。

28.[清]刘文蔚辑《诗韵含英（卷五至卷六）》,致盛堂梓行,出版年份不详。

29.[清]朱月坡《诗韵合璧（卷一）》,版本不详。

30.[清]朱月坡《诗韵合璧（卷二）》,版本不详。

31.[清]朱月坡《诗韵合璧（卷三）》,版本不详。

32.[清]朱月坡《诗韵合璧（卷四）》,版本不详。

33.[清]贾元涛《诗韵指掌》,版本不详,光绪丙子秋。

34.[清]刘豫庵《详订古文评注全集（一）》,总发行所,中华民国元年。

35.[清]刘豫庵《详订古文评注全集（二）》,总发行所,中华民国元年。

36.[清]刘豫庵《详订古文评注全集（三）》,总发行所,中华民国元年。

37.[清]刘豫庵《详订古文评注全集（四）》,总发行所,中华民国元年。

38.[清]刘豫庵《详订古文评注全集（五）》,总发行所,中华民国元年。

39. [ 清 ] 刘豫庵《详订古文评注全集（六）》，总发行所，中华民国元年。

40. [ 清 ] 刘豫庵《详订古文评注全集（七）》，总发行所，中华民国元年。

41. [ 清 ] 刘豫庵《详订古文评注全集（八）》，总发行所，中华民国元年。

42. [ 清 ] 邹苍崖辑《四书备旨灵捷解》（《大学》《中庸》），善成堂，出版年份不详。

43. [ 清 ] 邹苍崖辑《四书备旨灵捷解》（《上论》），善成堂，出版年份不详。

44. [ 清 ] 邹苍崖辑《四书备旨灵捷解》（《下论》），善成堂，出版年份不详。

45. [ 清 ] 邹苍崖辑《四书备旨灵捷解》（《上孟》），善成堂，出版年份不详。

46. [ 清 ] 邹苍崖辑《四书备旨灵捷解》（《下孟》），善成堂，出版年份不详。

47. [ 清 ] 邹苍崖辑《四书备旨灵捷解》（《告子》），善成堂，出版年份不详。

48. [ 清 ] 邹梧冈《诗经补注附考备旨（卷一）》，海清楼发兑。

49. [ 清 ] 邹梧冈《诗经补注附考备旨（卷二）》，海清楼发兑。

50. [ 清 ] 邹梧冈《诗经补注附考备旨（卷三）》，海清楼发兑。

51. [ 清 ] 邹梧冈《诗经补注附考备旨（卷四）》，海清楼发兑。

52. [ 清 ] 何肇祥《重校十三经不二字》，文林书房珍藏，光绪癸未秋新镌。

53. 王子雍《全图孔子家语（卷一之二）》，上海启新书局印行。

54. 王子雍《全图孔子家语（卷三之四）》，上海启新书局印行。

55. 王子雍《全图孔子家语（卷五之六）》，上海启新书局印行。

56. 王子雍《全图孔子家语（卷七之八）》，上海启新书局印行。

57. 王子雍《全图孔子家语（卷九之十）》，上海启新书局印行。

58. 《奎璧诗经（卷一）》，善成堂版。

59. 《奎璧诗经（卷二）》，善成堂版。

60. 《奎璧诗经（卷三）》，善成堂版。

61. 《奎璧诗经（卷四）》，善成堂版。

62. 《绘图礼记节本（卷一）》，广益书局。

63.《绘图礼记节本（卷二至卷三）》，广益书局。

64.《绘图礼记节本（卷四至卷五）》，广益书局。

65.《绘图礼记节本（卷六）》，广益书局。

66.《绘图礼记节本（卷七至卷八）》，广益书局。

67.《绘图礼记节本（卷九至卷十）》，广益书局。

68.《三字经注》，版本不详。

69.《尚书（上）》，马文德手抄本。

70.《尚书（下）》，马文德手抄本。

71. 许舜屏《易经白话注解》，上海中原书局印行，1934年版。

72. [清] 邹梧冈《幼学琼林（卷一）》，海清楼藏版，道光己酉年仲春刊。

73. [清] 邹梧冈《幼学琼林（卷二）》，海清楼藏版，道光己酉年仲春刊。

74. [清] 邹梧冈《幼学琼林（卷三）》，海清楼藏版，道光己酉年仲春刊。

75. [清] 邹梧冈《幼学琼林（卷四）》，海清楼藏版，道光己酉年仲春刊。

76. 聂蓉峰《声律启蒙撮要》，海清楼发兑，同治戊辰新刊。

77.《大板千家诗集注》，海清楼发行，同治戊辰新镌。

78.《大板日用时行杂字》，海清楼藏版，道光甲辰年重刊。

79.《三字幼义》，绵邑贵文堂，光绪七年新镌。

80.《藏头诗》，版本不详。

81.《便蒙鉴略卷全》，海清楼藏版。

82.《考正字汇》，上海广溢书局印行，民国丁巳年仲春版。

83.《增补五方元音》，上海铸记书局石印，中华民国四年春正月。

84.《龙文鞭影（卷上）》，版本不详。

85.《龙文鞭影（卷下）》，版本不详。

86.《二论典故引端（卷一）》，宏道堂梓行，雍正十二年岁次甲寅仲冬。

87.《二论典故引端（卷二）》，宏道堂梓行，雍正十二年岁次甲寅仲冬。

88.《酬世锦囊之尺牍新裁（卷一）》，三让堂梓行。

89.《酬世锦囊之尺牍新裁（卷二）》，三让堂梓行。

90.《酬世锦囊之家礼纂要（卷一）》，三让堂梓行。

91.《酬世锦囊之家礼纂要（卷二）》，三让堂梓行。

92.《酬世锦囊之对联隽句（卷一）》，三让堂梓行。

93.《酬世锦囊之对联隽句（卷二）》，三让堂梓行。

94.《酬世锦囊之称呼帖式》，三让堂梓行。

95.《酬世锦囊之天下路程》，三让堂梓行。

96.[明]郭伟《百子金丹（卷一）》，上海书局石印，光绪癸卯仲夏印。

97.[明]郭伟《百子金丹（卷二）》，上海书局石印，光绪癸卯仲夏印。

98.[明]郭伟《百子金丹（卷三）》，上海书局石印，光绪癸卯仲夏印。

99.[明]郭伟《百子金丹（卷四）》，上海书局石印，光绪癸卯仲夏印。

100.[明]郭伟《百子金丹（卷五）》，上海书局石印，光绪癸卯仲夏印。

101.[明]郭伟《百子金丹（卷六）》，上海书局石印，光绪癸卯仲夏印。

102.于光华编《文选（卷一）》，版本不详。

103.于光华编《文选（卷二）》，版本不详。

104.于光华编《文选（卷三）》，版本不详。

105.于光华编《文选（卷四）》，版本不详。

106.于光华编《文选（卷五）》，版本不详。

107.于光华编《文选（卷六）》，版本不详。

108.于光华编《文选（卷七）》，版本不详。

109.于光华编《文选（卷八）》，版本不详。

110.于光华编《文选（卷九）》，版本不详。

111. 于光华编《文选（卷十）》，版本不详。

112. 于光华编《文选（卷十一）》，版本不详。

113. 于光华编《文选（卷十二）》，版本不详。

114. 于光华编《文选（卷十三）》，版本不详。

115. 于光华编《文选（卷十四）》，版本不详。

116. 于光华编《文选（卷十五）》，版本不详。

117. 于光华编《文选（卷十六）》，版本不详。

118. [明]洪应明《菜根谭》，陈杰印赠，1935年印。

119. 《祥注聊斋志异图咏（卷一）》，锦章图书局藏版。

120. 《祥注聊斋志异图咏（卷二）》，锦章图书局藏版。

121. 《祥注聊斋志异图咏（卷三）》，锦章图书局藏版。

122. 《祥注聊斋志异图咏（卷四）》，锦章图书局藏版。

123. 《祥注聊斋志异图咏（卷五）》，锦章图书局藏版。

124. 《祥注聊斋志异图咏（卷六）》，锦章图书局藏版。

125. 《祥注聊斋志异图咏（卷七）》，锦章图书局藏版。

126. 《祥注聊斋志异图咏（卷八）》，锦章图书局藏版。

127. 樊增祥《樊山公牍（卷一）》，上海交通图书馆印，丁巳年仲春。

128. 樊增祥《樊山公牍（卷二）》，上海交通图书馆印，丁巳年仲春。

129. 樊增祥《樊山公牍（卷三）》，上海交通图书馆印，丁巳年仲春。

130. 樊增祥《樊山公牍（卷四）》，上海交通图书馆印，丁巳年仲春。

131. 《樊山判牍（卷一）》，民国八年精校。

132. 《樊山判牍（卷二）》，民国八年精校。

133. 《樊山判牍（卷三）》，民国八年精校。

134. 《樊山判牍（卷四）》，民国八年精校。

135.《明清八大家文抄（卷一归震川文抄）》，上海进步书局印行，1915 年版。

136.《明清八大家文抄（卷二方望溪文抄）》，上海进步书局印行，1915 年版。

137.《明清八大家文抄（卷三刘海峰文抄）》，上海进步书局印行，1915 年版。

138.《明清八大家文抄（卷四姚姬传文抄）》，上海进步书局印行，1915 年版。

139.《明清八大家文抄（卷五梅伯言文抄）》，上海进步书局印行，1915 年版。

140.《明清八大家文抄（卷六曾涤生文抄）》，上海进步书局印行，1915 年版。

141.《明清八大家文抄（卷七张濂亭文抄）》，上海进步书局印行，1915 年版。

142.《明清八大家文抄（卷八吴挚甫文抄）》，上海进步书局印行，1915 年版。

143.《文心雕龙（卷一至卷二）》，上海启新书局发行，中华民国十三年春。

144.《文心雕龙（卷三至卷四）》，上海启新书局发行，中华民国十三年春。

145.《文心雕龙（卷五至卷七）》，上海启新书局发行，中华民国十三年春。

146.《文心雕龙（卷八至卷十）》，上海启新书局发行，中华民国十三年春。

147. 仓山居士《随园诗话（卷一）》，文成堂藏版，道光元年夏镌。

148. 仓山居士《随园诗话（卷二）》，文成堂藏版，道光元年夏镌。

149. 仓山居士《随园诗话（卷三）》，文成堂藏版，道光元年夏镌。

150. 仓山居士《随园诗话（卷四）》，文成堂藏版，道光元年夏镌。

151. 郑燮《郑板桥全集》，世界书局，民国二十四年十二月三版。

152. 大光书局编译处《中国历代艺文志》，大光书局，1936 年版。

153.《小苍山房尺牍》（上册），上海中央书店印行，民国二十五年七月再版。

154.《小苍山房尺牍》（下册），上海中央书店印行，民国二十五年七月再版。

155.《重刻公门果报录》，版本不详。

156.《绘图二十四史通俗演义（卷一）》，富华图书馆石印。

157.《绘图二十四史通俗演义（卷二）》，富华图书馆石印。

158.《绘图二十四史通俗演义（卷三）》，富华图书馆石印。

159.《绘图二十四史通俗演义（卷四）》，富华图书馆石印。

160.《绘图二十四史通俗演义（卷五）》，富华图书馆石印。

161.《绘图二十四史通俗演义（卷六）》，富华图书馆石印。

162.《绘图西汉演义（卷一）》，上海天宝书局印行。

163.《绘图西汉演义（卷二）》，上海天宝书局印行。

164.《绘图西汉演义（卷三）》，上海天宝书局印行。

165.《绘图西汉演义（卷四）》，上海天宝书局印行。

166.《绘图西汉演义（卷五）》，上海天宝书局印行。

167.《绘图西汉演义（卷六）》，上海天宝书局印行。

168.《增像全三国志演义（卷一）》，上海广益书局印行。

169.《增像全三国志演义（卷二）》，上海广益书局印行。

170.《增像全三国志演义（卷三）》，上海广益书局印行。

171.《改正隋唐演义（卷下一）》，版本不详。

172.《改正隋唐演义（卷下二）》，版本不详。

173.《改正隋唐演义（卷下三）》，版本不详。

174.《改正隋唐演义（卷下四）》，版本不详。

175.《绘图草木春秋演义（卷一）》，上海萃英书局印，民国六年夏六月。

176.《绘图草木春秋演义（卷二）》，上海萃英书局印，民国六年夏六月。

177.《绘图草木春秋演义（卷三）》，上海萃英书局印，民国六年夏六月。

178.《绘图草木春秋演义（卷四）》，上海萃英书局印，民国六年夏六月。

179.朱怙生《越叟咏梅诗稿》，甘肃省银行印刷厂代印，民国三十五年三月。

180.杨孝廉《京尘杂录》（上册），上海同文书局石印，光绪丙戌仲夏。

181.杨孝廉《京尘杂录》（下册），上海同文书局石印，光绪丙戌仲夏。

182.《新出绘图韩湘子传》，版本不详。

183.《俗语》，版本不详。

184.《五代兴隆传（卷一）》，清和同博文书局石印，光绪乙未年。

185.《五代兴隆传（卷二）》，清和同博文书局石印，光绪乙未年。

186.《五代兴隆传（卷三）》，清和同博文书局石印，光绪乙未年。

187.《五代兴隆传（卷四）》，清和同博文书局石印，光绪乙未年。

188.《忠孝节义黄金印（卷一）》，上海父益斋书庄印。

189.《忠孝节义黄金印（卷二）》，上海父益斋书庄印。

190.《忠孝节义黄金印（卷三）》，上海父益斋书庄印。

191.《忠孝节义黄金印（卷四）》，上海父益斋书庄印。

192.[ 明 ] 熊大木《玉茗堂批点绣像南北宋志传（卷一至卷三）》，善成堂藏版，出版年份不详。

193.[ 明 ] 熊大木《玉茗堂批点绣像南北宋志传（卷七至卷十）》，善成堂藏版，出版年份不详。

194.《胭脂牡丹（卷一）》，京都琉璃厂发兑，光绪元年季春月之吉旦新镌。

195.《胭脂牡丹（卷二）》，京都琉璃厂发兑，光绪元年季春月之吉旦新镌。

196.《胭脂牡丹（卷三）》，京都琉璃厂发兑，光绪元年季春月之吉旦新镌。

197.《胭脂牡丹（卷四）》，京都琉璃厂发兑，光绪元年季春月之吉旦新镌。

198.《胭脂牡丹（卷五）》，京都琉璃厂发兑，光绪元年季春月之吉旦新镌。

199.《胭脂牡丹（卷六）》，京都琉璃厂发兑，光绪元年季春月之吉旦新镌。

200.《康熙字典》（子丑集）。

201.《康熙字典》（寅卯辰集）。

202.《康熙字典》（巳午集）。

203.《康熙字典》（未申集）。

204.《康熙字典》（酉戌集）。

205.《康熙字典》(亥集)。

206.《民国适用新字典(一)》,商务印书馆,民国十七年版。

207.《民国适用新字典(二)》,商务印书馆,民国十七年版。

208.《民国适用新字典(三)》,商务印书馆,民国十七年版。

209.《民国适用新字典(四)》,商务印书馆,民国十七年版。

210.《民国适用新字典(五)》,商务印书馆,民国十七年版。

211.《民国适用新字典(六)》,商务印书馆,民国十七年版。

## 二、史部书籍目录

212.[清]吴乘权等辑《纲鉴易知录(叙至卷六)》,上海商务印书馆印行,民国五年五月。

213.[清]吴乘权等辑《纲鉴易知录(卷七至卷十四)》,上海商务印书馆印行,民国五年五月。

214.[清]吴乘权等辑《纲鉴易知录(卷十五至卷二十一)》,上海商务印书馆印行,民国五年五月。

215.[清]吴乘权等辑《纲鉴易知录(卷二十二至卷二十八)》,上海商务印书馆印行,民国五年五月。

216.[清]吴乘权等辑《纲鉴易知录(卷二十九至卷三十四)》,上海商务印书馆印行,民国五年五月。

217.[清]吴乘权等辑《纲鉴易知录(卷三十五至卷四十)》,上海商务印书馆印行,民国五年五月。

218.[清]吴乘权等辑《纲鉴易知录(卷四十一至卷四十六)》,上海商务印书馆印行,民国五年五月。

219.[清]吴乘权等辑《纲鉴易知录（卷四十七至卷五十二）》,上海商务印书馆印行,民国五年五月。

220.[清]吴乘权等辑《纲鉴易知录（卷六十五至卷七十）》,上海商务印书馆印行,民国五年五月。

221.[清]吴乘权等辑《纲鉴易知录（卷七十一至卷七十七）》,上海商务印书馆印行,民国五年五月。

222.[清]吴乘权等辑《纲鉴易知录（卷七十八至卷八十四）》,上海商务印书馆印行,民国五年五月。

223.[清]吴乘权等辑《纲鉴易知录（卷八十五至卷九十二）》,上海商务印书馆印行,民国五年五月。

224.[清]吴乘权等辑《纲鉴易知录（明代卷一至卷七）》,上海商务印书馆印行,民国五年五月。

225.[清]吴乘权等辑《纲鉴易知录（明代卷八至卷十五）》,上海商务印书馆印行,民国五年五月。

226.[清]司徒则庐《纲鉴择语（卷二汉高帝至武帝）》,并阳刘林云山房珍藏,出版年份不详。

227.[清]司徒则庐《纲鉴择语（卷三汉昭帝至明帝）》,并阳刘林云山房珍藏,出版年份不详。

228.[清]司徒则庐《纲鉴择语（卷四汉章帝至后帝）》,并阳刘林云山房珍藏,出版年份不详。

229.[清]司徒则庐《纲鉴择语（卷八宋太祖至神宗）》,并阳刘林云山房珍藏,出版年份不详。

230.[清]司徒则庐《纲鉴择语（卷九宋哲宗至帝昺）》,并阳刘林云山房珍藏,出版年份不详。

231.[清] 司徒则庐《纲鉴择语（卷十元明）》，并阳刘林云山房珍藏，出版年份不详。

232.[清] 胡文炳《史学联珠（卷一）》，易堂代印，丁亥年（1887）仲夏。

233.[清] 胡文炳《史学联珠（卷二）》，易堂代印，丁亥年（1887）仲夏。

234.[清] 胡文炳《史学联珠（卷三）》，易堂代印，丁亥年（1887）仲夏。

235.[清] 胡文炳《史学联珠（卷四）》，易堂代印，丁亥年（1887）仲夏。

236.[清] 胡文炳《史学联珠（卷五）》，易堂代印，丁亥年（1887）仲夏。

237.[清] 胡文炳《史学联珠（卷六）》，易堂代印，丁亥年（1887）仲夏。

238.[清] 胡文炳《史学联珠（卷七）》，易堂代印，丁亥年（1887）仲夏。

239.[清] 胡文炳《史学联珠（卷八）》，易堂代印，丁亥年（1887）仲夏。

240.[清] 胡文炳《史学联珠（卷九）》，易堂代印，丁亥年（1887）仲夏。

241.[清] 胡文炳《史学联珠（卷十）》，易堂代印，丁亥年（1887）仲夏。

242.[清] 臧认斋原辑，杨春浦采补《增补四书人物类典串珠（卷首）》，嘉庆癸酉重镌。

243.[清] 臧认斋原辑，杨春浦采补《增补四书人物类典串珠（卷二至卷三）》，嘉庆癸酉重镌。

244.[清] 臧认斋原辑，杨春浦采补《增补四书人物类典串珠（卷四至卷五）》，嘉庆癸酉重镌。

245.[清] 臧认斋原辑，杨春浦采补《增补四书人物类典串珠（卷六至卷十二）》，嘉庆癸酉重镌。

246.[清] 臧认斋原辑，杨春浦采补《增补四书人物类典串珠（卷十三至卷十四）》，嘉庆癸酉重镌。

247.[清] 臧认斋原辑，杨春浦采补《增补四书人物类典串珠（卷十五至卷十八）》，嘉庆癸酉重镌。

248.[清] 臧认斋原辑，杨春浦采补《增补四书人物类典串珠（卷十九至卷二十一）》，嘉庆癸酉重镌。

249.[ 清 ] 臧认斋原辑，杨春浦采补《增补四书人物类典串珠（卷二十二至卷二十四）》，嘉庆癸酉重镌。

250.[ 清 ] 臧认斋原辑，杨春浦采补《增补四书人物类典串珠（卷二十五）》，嘉庆癸酉重镌。

251.[ 清 ] 臧认斋原辑，杨春浦采补《增补四书人物类典串珠（卷二十六至卷二十九）》，嘉庆癸酉重镌。

252.[ 清 ] 臧认斋原辑，杨春浦采补《增补四书人物类典串珠（卷三十至卷三十四）》，嘉庆癸酉重镌。

253.[ 清 ] 臧认斋原辑，杨春浦采补《增补四书人物类典串珠（卷三十五至卷四十）》，嘉庆癸酉重镌。

254.[ 清 ] 唐鉴《学案小识（卷四）》，版本不详。

255.[ 清 ] 唐鉴《学案小识（卷五）》，版本不详。

256.[ 清 ] 唐鉴《学案小识（卷六）》，版本不详。

257.[ 明 ] 李九我《新增鉴略妥注善本》，同文堂梓，出版年份不详。

258.[ 明 ] 李九我著，邹圣脉原订《增定课儿鉴略妥注善本（卷二）》，版本不详。

259.[ 明 ] 李九我著，邹圣脉原订《增定课儿鉴略妥注善本（卷四）》，版本不详。

260.[ 清 ] 郑元庆《廿一史约编（汉）》，善成堂藏版，出版年份不详。

261.[ 清 ] 郑元庆《廿一史约编（三国晋）》，善成堂藏版，出版年份不详。

262.[ 清 ] 郑元庆《廿一史约编（隋）》，善成堂藏版，出版年份不详。

263.[ 清 ] 郑元庆《廿一史约编（唐）》，善成堂藏版，出版年份不详。

264.[ 清 ] 郑元庆《廿一史约编（宋）》，善成堂藏版，出版年份不详。

265.[ 清 ] 郑元庆《廿一史约编（明前编）》，善成堂藏版，出版年份不详。

266.[ 清 ] 郑元庆《廿一史约编（明后编）》，善成堂藏版，出版年份不详。

267.潘龄皋《潘龄皋太史手札（第一集）》，群英书局，1933 年版。

268. 潘龄皋《潘龄皋太史手札（第二集）》，群英书局，1933 年版。

269. [清] 曾国藩《曾文正公家书》，光绪戊子春古余斋藏版。

270. [清] 曾国藩《求阙斋日记类抄》，上海朝记书庄印行，出版年份不详。

271. [清] 左宗棠著，胡协寅标点《新式标点左宗棠家书》，广益书局，1936 年版。

272. 马霄石《开发西北之先决问题》，青海国民印刷局，1933 年版。

273. [清] 薛公福《出使英法意比四国日记（卷一至卷二）》，版本不详。

274. [清] 薛公福《出使英法意比四国日记（卷三至卷四）》，版本不详。

275. [清] 薛公福《出使英法意比四国日记（卷五至卷六）》，版本不详。

276.《三才纪要》，版本不详。

## 三、宗教类书籍目录

### 伊斯兰教类

277.《天方诗经（颂一）》，提督军门马如龙云峰氏刊，光绪十六年岁次庚寅孟秋月。

278.《天方诗经（颂二）》，提督军门马如龙云峰氏刊，光绪十六年岁次庚寅孟秋月。

279.《清真指南（卷五）》，版本不详。

280.《清真指南（卷六）》，版本不详。

281.《清真指南（卷八）》，版本不详。

282.《清真指南（卷九）》，版本不详。

283.《天方至圣实录年谱（卷五）》，乾隆五十年岁在乙巳春正月刊本。

284.《天方至圣实录年谱（卷六）》，乾隆五十年岁在乙巳春正月刊本。

285.《天方至圣实录年谱（卷七）》，乾隆五十年岁在乙巳春正月刊本。

286.《天方至圣实录年谱（卷八）》，乾隆五十年岁在乙巳春正月刊本。

287.《天方至圣实录年谱（卷九）》，乾隆五十年岁在乙巳春正月刊本。

288.《天方至圣实录年谱（卷十）》，乾隆五十年岁在乙巳春正月刊本。

289. 刘智《天方典礼（卷前一）》，锦成宝真堂藏版，同治十年辛未岁重校。

290. 刘智《天方典礼（卷前二）》，锦成宝真堂藏版，同治十年辛未岁重校。

291. 刘智《天方典礼（卷前三）》，锦成宝真堂藏版，同治十年辛未岁重校。

292. 刘智《天方典礼（卷后一）》，锦成宝真堂藏版，同治十年辛未岁重校。

293. 刘智《天方典礼（卷后二）》，锦成宝真堂藏版，同治十年辛未岁重校。

294. 刘智《天方典礼（卷后三）》，锦成宝真堂藏版，同治十年辛未岁重校。

295. 刘智《天方至圣实录》，陇右马福祥续印，中华民国十五年。

296. 刘智《性理注释》《五功释义》《五更月歌》三种合印，陇右马福祥续印，中华民国二十年。

297.《大化总归》，北京牛街清真书社，同治癸酉年九月。

298.《大化总归》《四典要会》合印，陇右马福祥续印，中华民国十一年印。

299.《清真要义》，陇右马福祥续印，中华民国十二年二月版。

300.《归真总义》，陇右马福祥续印，中华民国十二年版。

301.《天方典礼》，陇右马福祥续印，中华民国十一年。

302.《四注悟真篇》，善成堂梓。

303.《回教进德录》，民国七年九月。

304.《尔撒山上之宝训》（汉阿双语），穆民向道会发行，民国十年三月版。

305. 马复初《醒世箴》，锦江吉安堂重刊。

306. 余海亭释译《天方三字经》，光绪二十八年春月。

307. 石城金《清真释疑》，北京牛街清真书报社藏版，民国十年重校。

308. 孙可庵《清真教考》，北京牛街清真书报社藏版，中华民国十年重校。

309.《指迷考证》，北京清真书报社印，民国十一年七月十日出版。

310.《信源宝鉴》，天津大伙巷口金华印务公司印，民国十二年八月印。

311.《天经要释》(阿文)。

312.《汉释礼拜箴规》,光绪十五年季春。

313.《经汉注讲赫听》,民国二十年。

314.《圣训珠玑》,中国伊斯兰教协会印。

315.《天方至圣宝录(卷十一)》,手抄本。

316.《天方至圣宝录(卷十二)》,手抄本。

317.《海卡耶》,手抄本。

318.《开塔部(前卷)》,手抄本。

319.《开塔部(后卷)》,手抄本。

320.《天典(卷一)》,手抄本。

321.《天典(卷二)》,手抄本。

322.《天典(卷三)》,手抄本。

323.《天方性理本经》,手抄本。

324.《天经要解》,手抄本。

325.《选择教典要语集录》(汉文),手抄本。

326.《选择教典要语集录》(阿文),手抄本。

327.《天经目录记》,手抄本。

328.《进德录》,手抄本。

329.《经文集》,手抄本。

330.《五功释义》,手抄本。

331.《研真昭微》,手抄本。

332.《古兰经备考》,手抄本。

333.《天方性理》,手抄本。

334.《天方性理说图后》,手抄本。

335.《天方要道（前）》，手抄本。

336.《天方要道（后）》，手抄本。

337.《穆纳札体经卷全》（阿文），手抄本。

338.《中阿新字典》（汉阿双解），北京清真书画报社印行。

339.《汉译喀飞叶》（汉阿双语）北京牛街清真书报社印，民国二十九年初版。

340.《小学教科书——回语读本》（上集），万县伊斯兰师范学校出版，民国二十六年版。

341.《小学教科书——回语读本》（下集），万县伊斯兰师范学校出版，民国二十六年版。

342.《清真教典速成课本》，青海回教促进会再版，民国二十一年十一月。

**基督教类：**

343.《旧约圣经》，小手册，刊印本。

344.《马太福音》（汉阿双语），上海英国外文圣经社，1921 年印。

345. 英牧师孙荣理译，《行在光中》，上海汉口中国基督圣教书会印行。

346.《两教问答》，上海汉口中国基督圣教书会印行。

347.《新约全书》，上海大美国圣经会印发，1922 年版。

348.《恩溢罪中》，上海汉口中国基督教书会印行。

349.《约翰福音》，1924 年上海苏格兰圣经会印发。

350.《约翰福音》，1932 年上海苏格兰圣经会印发。

351.《新约全书》，1921 年上海大美国圣经会印发。

352.《穆民》，穆民月报社，民国二十年二月。

**佛教类：**

353.《苦功悟道经会解全部》，版本不详。

354.《觉真经》，版本不详。

355.《护法论》，国光印书局，民国十九年六月。

## 道教类：

356. 还初道人《绘像列仙传（卷一）》，上海大成书局印行。

357. 还初道人《绘像列仙传（卷二）》，上海大成书局印行。

358. 还初道人《绘像列仙传（卷三）》，上海大成书局印行。

359. 王洪绪《卜筮正宗（卷一）》，上海江东书局印行，光绪乙巳岁仲夏。

360. 王洪绪《卜筮正宗（卷二）》，上海江东书局印行，光绪乙巳岁仲夏。

361. 王洪绪《卜筮正宗（卷三）》，上海江东书局印行，光绪乙巳岁仲夏。

362. 王洪绪《卜筮正宗（卷四）》，上海江东书局印行，光绪乙巳岁仲夏。


### 四、教材类书籍目录


363.《博物讲义一》，油印本。

364.《博物讲义二》，油印本。

365.《国文讲义一》，油印本。

366.《国文讲义二》，油印本。

367.《代数讲义一》，油印本。

368.《代数讲义二》，油印本。

369.《地理讲义一》，油印本。

370.《地理讲义二》，油印本。

371.《生物学》，油印本。

372.《几何讲义》，油印本。

373.《体操讲义》，油印本。

374.《伦理学》，油印本。

375.《物理讲义》，油印本。

376.《农业植树学》，油印本。

377.《兵式教练讲义》，油印本。

378.《修身讲义》，油印本。

379.《心理讲义》，油印本。

380.《教育学讲义》，油印本。

381.《教授法讲义》，油印本。

382.《实验复式教授法》，油印本。

383.《教授顺序、案例》，油印本。

384.《教育法规》，油印本。

385.《乐歌讲义》，油印本。

386.《大学旧本》《王文成公全书》《传习录摘抄》合印，油印本。

387.《国民必读课本初稿（甲编上）》、学部图书局印行，宣统二年正月。

388.《国民必读课本初稿（甲编中）》、学部图书局印行，宣统二年正月。

389.《国民必读课本初稿（甲编下）》、学部图书局印行，宣统二年正月。

390.《蒙学外国地理教科书》、上海文明书局出版，光绪三十六年五月六版。

391. 梁启超《德育录》，商务印书馆，1916 年版。

392. 教育部审定《共和国教科书新国文》（第一册），商务印书馆，民国十年五月版。

393. 教育部审定《共和国教科书新国文》（第二册），商务印书馆，民国十年五月版。

394. 教育部审定《共和国教科书新国文》（第三册），商务印书馆，民国十年五月版。

395. 教育部审定《共和国教科书新国文》（第四册），商务印书馆，民国十年五月版。

396. 教育部审定《共和国教科书新国文》（第五册），商务印书馆，民国十年五月版。

397. 教育部审定《共和国教科书新国文》（第六册），商务印书馆，民国十年五月版。

398. 教育部审定《共和国教科书新国文》（第七册），商务印书馆，民国十年五月版。

399. 晏彪，廖宇春编《世界历史》，甘肃官报书局排印，光绪戊申。

400.《简易修身课本》，上海商务印书馆印行，光绪三十二年四月版。

401.《少年进德录》，上海医学书局发行，民国十三年五月。

402.《算法统宗大全》，宏道堂藏版，道光戊申新镌。

403.《算盘定式》，版本不详。

404.《算学策要》，光绪戊子六月。

405.《英话注解》，上海四马路福记书局重印，光绪甲戌下月。

406.《对数表》，上海商务印书馆发行，民国六年版。

407.《初级中学国文第四册》，正中书局印行。

408.《天方夜谭》（英汉对照），重庆新中国书局印行。

## 五、其他

409.《中华全图》，上海商务印书馆发行，出版时间不详。

410. 童世享《中华民国分省地图》，上海舆图学社发行，1913年版。

411.《国民政府现行公文程式大全（一）》，上海广智书店出版。

412.《国民政府现行公文程式大全（二）》，上海广智书店出版。

413.《国民政府现行公文程式大全（三）》，上海广智书店出版。

414.《国民政府现行公文程式大全（四）》，上海广智书店出版。

415.《国民政府现行公文程式大全（五）》，上海广智书店出版。

416.《国民政府现行公文程式大全（六）》，上海广智书店出版。

417.《新编日用万全新书（卷一）》，上海广益书局发行，中华民国夏初出版。

418.《新编日用万全新书（卷二）》，上海广益书局发行，中华民国夏初出版。

419.《新编日用万全新书（卷三）》，上海广益书局发行，中华民国夏初出版。

420.《新编日用万全新书（卷四）》，上海广益书局发行，中华民国夏初出版。

421.《新编日用万全新书（卷五）》，上海广益书局发行，中华民国夏初出版。

422.《新编日用万全新书（卷六）》，上海广益书局发行，中华民国夏初出版。

423.《新编日用万全新书（卷七）》，上海广益书局发行，中华民国夏初出版。

424.《新编日用万全新书（卷八）》，上海广益书局发行，中华民国夏初出版。

425.《新编日用万全新书（卷九）》，上海广益书局发行，中华民国夏初出版。

426.《新编日用万全新书（卷十）》，上海广益书局发行，中华民国夏初出版。

427.《新编日用万全新书（卷十一）》，上海广益书局发行，中华民国夏初出版。

428.《新编日用万全新书（卷十二）》，上海广益书局发行，中华民国夏初出版。

429.江希张《大千图说》，烟台诚文信书坊印行，民国六年。

430.甘肃省长官公署编印《劝民歌》（甘肃通俗教育业丛书之一），版本不详。

431.《乡党应酬卷》，版本不详。

432.《初等小学堂章程、高等小学校令施行细则、国民学校令、地方学事通则施行细则、学务委员会规程实施细则、修正教育统计暂行规则、甘肃改良私塾暂行规程、宪政编查馆奏考核提法使官制度并考用属官章程习》合订。

433.《甘肃教育公报》第一年第三册。

434.《国民政府现行公文程序大全》分类详解，6本，上海广智书店出版。

435.《日用百科全书》，民国十一年，商务印书馆，打印本。

436.《旅行者必备》，民国十二年，商务印书馆发行，打印本。

437.《地方教育》杂志，第十九期，民国十九年十一月出版。

438.《顶批上阳子原注参同契》，善成堂梓锓。

439.济一子《四注悟真篇》，善成堂梓藏。

440.孙汝忠《顶批金丹真传》，善成堂梓藏。

441.傅金铨《试金石》，善成堂梓刊。

442. 中国晴腊园主译 :《哲学妖怪百谈（上册）》，上海文明书局出版，光绪二十九年二月发行。

443. 中国晴腊园主译 :《哲学妖怪百谈（下册）》，上海文明书局出版，光绪二十九年二月发行。

444. 李中梓《医宗必读（卷一）》，版本不详。

445. 李中梓《医宗必读（卷二）》，版本不详。

446. 李中梓《医宗必读（卷三）》，版本不详。

447. 李中梓《医宗必读（卷四）》，版本不详。

448. 李中梓《医宗必读（卷五）》，版本不详。

449.《增批药性赋详解》，宣统辛亥年四月版。

450.《医门小学快读》，宣统辛亥年四月版。

451.《重订验方新编（卷一）》，上海天宝书局印行，民国十年重刊。

452.《重订验方新编（卷二）》，上海天宝书局印行，民国十年重刊。

453.《齿牙养生法》，宁波文明学社藏版，光绪二十八年七月印行。

454.《增补医方本草合编（卷一）》，版本不详。

455.《增补医方本草合编（卷二）》，版本不详。

456.《增补医方本草合编（卷三）》，版本不详。

457.《增补医方本草合编（卷四）》，版本不详。

458. 太医院校正《增补医方捷径》，海清楼藏版。

459.《眼学专科》，手抄本。

460.《卫生须知》，手抄本。

461.《推背图说》，东京书局藏本印行。

462. 喻本元《元亨疗马集》，民生印刷社石印，民国元年。

463. 杨静亭《朝市丛载（卷一）》，京都文光楼藏版。

464. 杨静亭《朝市丛载（卷二）》，京都文光楼藏版。

465. 杨静亭《朝市丛载（卷三）》，京都文光楼藏版。

466. 杨静亭《朝市丛载（卷四）》，京都文光楼藏版。

467. 杨静亭《朝市丛载（卷五）》，京都文光楼藏版。

468. 杨静亭《朝市丛载（卷六）》，京都文光楼藏版。

469. 杨静亭《朝市丛载（卷七）》，京都文光楼藏版。

470. 杨静亭《朝市丛载（卷八）》，京都文光楼藏版。

# 风尘难掩英才名
## ——高凤翔先生二三事

绽海燕

　　他的名字里藏着岁月的白发，他的白发里藏着村庄的春秋。他，就是瓦匠庄村的高凤翔先生。

## 左脚追赶梦想　　右脚滑进深渊

　　高凤翔，1921 年 10 月出生在循化县积石镇瓦匠庄村。兄妹四人，凤翔先生为家中老大。天生聪慧伶俐，喜爱读书、书法、诗词写作。原名福禄，后改为凤翔。根据先生生前记载：祖籍为山西洪洞县大槐树，祖辈家境殷实，有功名者居多。后因为明末清初动乱，其家族人员分散各地，不知去向。而他们一部分流落到了循化境内。当时，还有一些从其他地方迁移过来的散民，都定居在了离县城不远的积石镇瓦匠庄村。老先生回忆录中说：1929 年他 8 岁时，西北大部分地区遭荒年灾害，很多人以政府救济粮勉强度日，甚至有人被饿死。他父母勤俭持家，用自家的蔬菜从化隆、甘肃等地换来清油、面粉等养育他们兄妹三人。这年，他入循阳小学读书（那时校址在孙氏家庙，学生有 20 多人）。德高望重的马文德老前辈时任循阳小学校长，一年后调离循阳小学。后来凤翔老人怀念这位先哲校长："文德夫子品如饴,声似洪钟语瑞丝。廉洁自奉明如镜,

倡文导教奠国基。"

1934 年高凤翔小学毕业。1937 年初中毕业时，他的父亲突然辞世。凤翔先生满怀悲痛，赴西宁回族中学读高中。其间有怀念父亲的诗作：

> 昨夜乘舟水上游，有人引我访华楼。
>
> 枝头鸟鸣鸡啄食，中层唯余静悠悠。
>
> 悄然不语楼上走，闻听风雨屋内休。
>
> 梯阶迂回人凝目，光明闪处父影显。
>
> 儿问父安面如昨，相晤不言笑盈盈。
>
> 惊魂一梦父已去，几欲泪流舟偏斜。

1938 年 7 月，高凤翔高中毕业后开始自谋生路。被聘请到临夏一小学任教，用微薄的薪资侍奉母亲，帮弟、妹成家生子并辅助教育至入学。1940 年先生弟弟高凤骥早年殒命。1941 年其祖母去世。先生怅然扶笔曰：

> 祖母犹如碧水莲，清香四溢穿云端。
>
> 持家有道儿女继，扶弱济贫木石传。

生性刚强、率真的他，更加明白自己肩上的责任。于 1942 年调到湟中鲁沙尔小学任校长。这年与沙坝塘马氏家族孕贵结为连理并育两儿。为了纪念这段经历，特意为大儿子取名为"鲁循"。

1945 年，高凤翔先生调到循化当教育长、"三青团"干事、循化县参议员等职。1946 年先生妹妹高樱桃离世，芳年 19 岁。1947 年先生爱妻留下两个年幼的孩子辞世。家庭接二连三的变故使他悲苦交加，一时难以接受丧亲之痛。有诗记载：

## 其一

春花爱动樱桃静，出土丽珠分外妍。

虽说同胞情又异，人生路上落难兵。

自来红颜多薄命，骥弟聪颖天寿惊。

三人先后仙飞去，尚幸唯留孤甥在。

## 其二

梦里笑容似迎我，醒时无人泪纵横。

百花凋零恩爱在，任凭心潮逐浪高。

夫妻这一别，竟然注定了老先生一生的形单影只。

据先生生前记录所得：1947 年到 1948 年间，先生调到西宁当了保安司令部科长。1951 年，正值三十而立之年，高凤翔以"历史反革命分子""三青团团长"的罪名被捕入狱，被发配到香日德农场劳动改造。

在农场里，他一边接受改造，一边读书写作。把对亲人的思念、对幼儿的牵挂还有对光明的渴望，都珍藏在文字里。摘其诗书如下：

在田间除草时，微风夹杂着阵阵泥土气息扑鼻而来。我突然想起了慈祥的母亲，便写下此诗：

### 百灵鸟

你美妙的吟唱

惊醒原野的酣梦

小巧锋利的羽翼

从我心上飞过

拨动着我的情思

望断故乡路

情落爹娘怀

人生漫漫

我将如何度过

## 怀念母亲

儿时母爱满家园，勤耕育儿诵经书。

扶孙昔幼受熬煎，贤母为师尊古风。

养女教儿甘吃苦，丁酉年中辞我去。

慈祥仪容犹在前，家史铭心万古传。

## 某日有梦偶得

梦逢去者寿耄耋，赐余金镶着银袍。

慈眉笑颜倩幽会，仙风道骨莅囹牢。

复梦十月下旨谕，恍似老将持旌旗。

命我出牢复装备，自由不日到尔曹。

## 交往

无义之人不可交，常有猴心挂树梢。

龙宫只有蛟龙婿，怎由虾鳖去混淆。

想起祖母，在一个初春的早晨，吃过早饭后我拿着修剪果枝的剪刀，还有翻土的铲子，独自进入农场的苹果园，开始除草、松土、修剪树枝；然后施肥浇水、平整畦田。忽然所见一只小鸟在我头顶不停鸣叫。抬头凝视：伶俐轻便的身躯，清脆悦耳的声音，在三四棵树枝之间跳来跳去。望着它，我不禁想起久别的祖母——

想起祖母除草的果园，我跟着祖母在果园追逐鸟雀的情形；想起祖母除草施肥的影子……是不是这只小鸟是祖母的化身，为我传递祖母的重托？或者真是"青鸟殷勤为探看"？

望着头顶的烈日，眼前展现出一道美丽的画卷……

## 回忆

常忆芳园多杏檀，受教愚智庆弹冠。

每思滴水涌泉报，长夜无眠徒嗟叹。

1960年2月，先生在狱中得知小儿子（名为常青，当时14岁，老人被捕入狱时他3岁）溺水而亡。生，不能相养共室；离，不能临墓相送的悲愤和白发人送黑发人的痛苦使他一度不能自拔。有诗曰：

## 哭吾儿

惊悉吾儿辞我去，离家万里难相送。

正是青春与日升，奈何梦断黄河岸。

据说常青敏学多才，出口成章，可惜年少陨落。还没有从丧子之痛中缓过来时，他唯一留存于世的妹妹高春花又辞他而去。他悲愤交加，书曰：

星霜逐月愁煞人，生离死别终难悟。

孤灯寒雨半生事，未遂功名付东流。

从高凤翔先生这些零零碎碎的文字痕迹中，我们可以窥见他的内心经历了怎样的生死挣扎，也可以体悟到他对美好人生的渴望。对于强者来说，磨难反而使他更加清醒，更加奋起！

当所有的结局都已打开，唯一能做的就是坦然面对，欣然接受。1976年3月，他因各方面表现出众而特赦出狱，时年55岁。离时年正盛，归来发染雪！

## 重见天日年过百　珍惜余生倍勤奋

阔别25年，一切物是人非。大儿子高鲁循已经三十有加，子女有四，一切都发生了翻天覆地的变化。他感慨万千，挥笔写道：

二十五秋与世隔，喜逢赐赦存我命。

迎来盛世绘彩图，余生尚有千数月。

世事变迁万位易，随遇而安不弯腰。

### 求本存性从本然

人生忧乐平常事，海上云天闲眼中。

春夏秋冬四季天，光华日月气流旋。

时辰十二银宇内，形影万千鉴眼前。

富贵贫穷相易位，盛衰忧喜谢家燕。

既知世事多变迁，唯求性真从本然。

## 青山有意春还在

回首当年好景时，势拔中原鼎九州。

谁知遭劫银铛狱，今日重逢无语泪。

青山有意春还在，落花无定水东流。

儿女兴助华夏梦，麟凤联袂赤峰游。

清风月明留我影，拙守田园度春秋。

1978年12月，党的十一届三中全会召开，决定中国开始实行对内改革、对外开放政策。凤翔先生欣然作诗曰：

## 颂改革开放

邓公改革创新天，十亿人民齐向前。

儿童鼓腹歌盛世，学者著书立新篇。

教育普及重科研，同步卫星上蓝天。

城乡发展换新貌，万里江山披锦绣。

从中，先生的处世之道和坦荡胸怀可见一斑，令人钦佩不已！

不久，他被大队招去守村里的电磨。那时，人们白天要参加生产队劳动，通过挣工分来分粮食，所以磨面粉大都是在晚饭后。凤翔老先生向来都是随叫随到，很多时候要守到天亮，可他默默无闻，勤勤恳恳，常常帮助村里百姓卸粮食、装面粉，甚至别人家人手顾不过来时他义务帮忙磨面，美誉不断。两年多后，先生被循阳学校招为教师，还被县上吸收为民革委员。

1981年9月，黄河水暴涨，全县防洪。先生携家人去红旗繁殖场避难，有文字记载：

一九八一年九月二十三日，余惜命携家往繁殖场避洪，十月中旬返里。是年，余六十岁，以油诗志之：庆余辛酉六十岁，自来人世数多奇。少年丧父学中断，二七亡妻母育儿。三十进牢家境寒，五五归来无母仪。小儿悲愤驾龙去，大儿立业忍饥寒。盛衰似雪忧寒处，千树万树娇生枝。雨息天明车马行，恍如梦境去无影。黄河暴涨人神惧，但求万众即平夷。

避洪返家不久，先生从循阳学校辞职，一心安享晚年。其间，他游历附近山川，写下不少关于自然、关于亲情的诗作，抒发对祖国大好河山的热爱，摘录如下：

## 循化八景

### 步云纵鸽

雕梁画栋少云楼，朝霞落日戏斗牛。

苜蓿香里吾驯鸽，娇姿妙影碧天流。

### 黄河饮马

长河饮马睨苍穹，华夏男儿尽凤凰。

身背钢枪衣袋笔，能文会武保家乡。

### 积石溢翠

青山溢翠牧童歌，石羊崖上一声过。

鹰飞草美人迹杳，宝藏未开遗憾多。

## 笔架观日

波浪滩看山竞秀，山势雄奇向东延。
中有一峰霄笔架，游客时来观日圆。

## 石巷闻鸡

石巷闻鸡醒路人，观星步月路迷津。
安邦兴国头等事，武略文韬陈史册。

## 仙洞鸣鲸

仙洞鸣鲸震远方，万民同心建家园。
金樽画梁莲花座，清崖阁里吐瑞祥。

## 托巴泉观鱼

托巴泉里好姻缘，游客诗人梦牵魂。
水绕石台仙鹤立，芦丛倩影鱼盘旋。

## 盘坡登云

盘坡潭里整衣冠，脚下乌云路上搏。
山高水长汗如雨，大力架顶雪漫漫。

## 美我家乡

欲美家园养凤鸾，披星戴月履险关。
剑书振奋英雄志，玉饰金妆秀色妍。
海天无路渔夫引，莽山耸立有人攀。

人生喜乐虽无常，欲以壮志绘宇寰。

## 吟积石

积石伟岸风光美，笔架逶迤出洞香。

蓝天白云吐祥气，大河口里溢琼浆。

自古英雄出少年，话道赤松有诗篇。

名山佳水钟灵秀，人间正道是沧桑。

## 黄河赞

余爱黄河性雄奇，怒涛声声敲警钟。

掀起狂澜千百丈，激流汤汤性本真。

西来天上银光闪，东去神州诛毒蚣。

淘尽乾坤恩怨事，庸夫最爱万花筒。

高凤翔先生的诗文总是跟随他的脚步在自由行走：在田间、在山冈、在河畔……坎坷起伏的生活经历使他对生活的激情更加火热，对人生和生命有了更深刻、更透彻的认知，给后人留下了最宝贵的精神财富。他曾分别写诗勉励后代子孙：

## 勉鲁循儿

鲁愚能正己，循道则成贤。

尔为家中梁，宜应乐陶然。

（备注：鲁循为先生长子）

## 示儿

梁孟友爱携手歌，粗衣淡饭随遇乐。

不慕绫罗绸缎美，但为家和子有为。

## 勉有志者

高品美德世人夸，凤凰展翅云天外。

遨游九霄嫌天小，志同鲲鹏永蹄疾。

## 赞阿以霞

心善情浓眼睿明，伉俪携手建家园。

不辞辛苦抚老幼，佳名互传户外赞。

（备注：阿以霞为先生儿媳）

## 赠丽霞

天阔地迥境无边，丽影皎月照乾坤。

霞光七彩绘锦绣，金榜题名终有时。

（备注：丽霞为凤翔先生孙女）

## 勉紫霞

天高地厚父母恩，姹紫嫣红俊乾坤。

朝霞映日风光美，读书明理振家业。

（备注：紫霞为凤翔先生二孙女）

**赠宇平**

日照川檐生祥烟，宇宙华骏健儿骑。

习文练武为俊杰，鳌头独立展须眉。

（备注：宇平为凤翔先生孙子）

**赠彩霞**

高山奇伟中华美，祥彩覆云万般红。

霞迷娇日堪可爱，欲以春光融宇宙。

（备注：彩霞为凤翔先生小孙女）

此外，先生还有一部分诗作字里行间流露着对国家、对民族、对身边人和事的关爱和颂扬，表达先生难能可贵的生活态度。在辛亥革命八十周年之际，凤翔先生作为民革委员，欣然执笔：

## 纪念辛亥革命八十周年

### 其一

锦绣河山映碧空，中山挥戈致大同。

风云迷乱渐和缓，倡道举崇得民心。

台陆本为同根生，携智牵慧乘长风。

祖国统一皆有责，炎黄后裔代有人。

### 其二

辛亥炮声震天响，引敲四世丧命钟。

孙文领道军民起，葬送王朝慰祖宗。

举国上下朱开颜，华夏碧桃别样红。

遗爱甘棠业共戴，抒酬方略我共拥。


其三

怒潮澎湃红旗舞，黄埔歌声唤今人。

以身行事谋大计，一统华夏肃风尘。

精诚协作为太平，国共齐心力万钧。

兄弟言欢国运盛，炎黄天下代代春。


1989 年 9 月，循化回族学校在托巴举行落成典礼，先生欣然提笔：


积石滴翠大河流，托巴泉边回校立。

从此书声伴泉涌，弦乐不绝九州晓。


当年循化举办首届文化艺术节之际，先生满怀喜悦，举笔祝贺：


莫怪我从梦笑醒，突闻耳畔有歌声。

遥知家乡百业兴，人欢鸽飞喜气盈。


有一年端午节天气阴沉，先生心情沉闷，速成《吊屈原》一诗：


剑身铜牙为屈公，金口玉心吐剑虹。

君不纳言反遭弃，泪雁影尽孤魂游。

1996 年 9 月循化举办首届文化艺术节，凤翔先生目睹了家乡人民生活翻天覆地的变化，从秀丽山川中看到了祖国更加美好的未来。他热情洋溢地为艺术节感言：

> 英雄儿女志穹苍，携手并肩破冰霜。
> 阿吾筑梦出峡谷，艳姑守舍绣鸳鸯。
> 黄河南岸云霞蔚，吊桥北边万木秀。
> 励精图治四十年，而今迈步奔小康。
>
> （备注：阿吾，即男儿；艳姑：即美丽少妇）

除了自己读书、写作外，他还与同村被称为"秀才先生"的绽秀老人交往甚笃。与他谈诗论作，点评勉励，相互提携。两人曾共同为"蛤蟆泉"写传，被后人刻在石碑上，至今矗立在瓦匠庄村东侧的"蛤蟆泉"边，为这个传统村落再增一份古老的神韵。

高凤翔先生在最后的杂记里回顾道：

> 余幼时好学，尤爱读书写诗。抗战时激于"天下兴亡，匹夫有责"，写过不少诗文。入狱后因母老子幼失亡无存。空余叹息！尤其是《黄河曲》一诗的丢失使我心甚遗憾！此文曾在爱国志士和热血青年心生感念而勉励面嘉者无数。劳改时亦写了无数新诗，还是未能保存下来，空余嗟叹！

可见先生对遗失诗文的珍爱和遗憾。前几年，县史料编写组人员去拜访凤翔先生时，他语重心长地说道：

> 写志书，手脚要勤快，材料要翔实明确；行文绘物要意诚言挚，形神俱备，信誉时人，通情达理，有根有据；弼政裕民，雅俗共赏；坚定立场，促进现实，兼利未来。

先生这些嘱托对所有以文会意者来说，不得不说是一剂永不过期的良药，受益终身。

在老先生的垂范和引领下，其儿孙勤奋善良，为人正直厚道。老人儿子高鲁循也已年过花甲。采访中得知他虽然耳背目迟，可依然每天读书、写日记。凤翔先生后辈们端庄的人生和可贵的生活态度，无不令人肃然起敬。

2003 年 2 月，高凤翔先生与世长辞，享年 82 岁。他的离开，使瓦匠庄村失去了一位睿智通达的智者，无人不痛惜。18 年来，这个充满智慧的名字一直被人们所传颂，祭奠！

但愿我们能够从凤翔先生千万诗作中打捞起来的这些一鳞半爪中感知他的高洁品性和超众才学，并激励后人继续砥砺前行。

# 怀念董培深老师

*绽海燕*

董培深老师生前是循化县家教研究会副理事长、循化县政协文史资料研究组副组长。我结识董老是因为他和我祖父交往笃深，常来祖父那里谈文论作；我的祖母又是董老的侄女，沾亲带故；1981年我上高一时，他又是我的语文老师，因此比较熟识。很有幸时隔多年以后，能有机会重温他的故事。

## 怎堪回首　来路坎坷

董培深，原名珩，笔名丕声、佩生。1923年出生在北京。其父亲是清朝光绪年间的孝廉方正，先后考中秀才、举人等。曾在包头府任职，后赴京治病，拜见过孙中山先生，深得他的赞赏。被誉为"西北十城回族精英"，为"同盟会"成员。董老在世时常说他是董仲舒的后裔。其祖

◎董培深先生工作照 （绽海燕 提供）

先曾在陕、甘等地做文官，到曾祖父上辈时以武举人的身份来到循化，与撒拉族、藏族和回族生活在一起。清末，甘肃巡抚赵维熙（书法家）曾亲书"派衍仲舒"四个大字门额石碑匾，不幸于民国初年修大门时损坏。后由循化书法家孟毅伯先生按原书重描，镶嵌在董老二伯家门顶(后不幸被拆除)。清同治二年(1863)，当地回族起义中循化失守，到处大乱。生活在当地的汉族如果想要保住性命，先要随回族。董培深的祖辈当即随了回族，跟着大家去清真寺念经，由此得以保全性命。同治十二年（1873），刘锦堂的侄儿带兵打进循化后，要求各民族各归其位，各信其教。可因为董氏祖辈已与回族联姻成亲，亦就顺从为安了。这样，董氏家族中出现了回、汉两个民族，他们依然你来我往，相互尊重，相处甚欢。

1937年，董培深在西宁回中上初中，1940年转入重庆国立边疆学校，1943年高中毕业后考入国立复旦大学文学院教育系。在校期间，他被选为学生会主席，兼任校学生自治会副主席，多次参加上海的学生运动。1948年底，因解放战争逼近上海，学校宣布疏散，临时发肄业（肄业三年半）证，遂返回兰州，辗转至西宁。

1949年元月，董培深任青海省财政厅秘书，兼任昆仑中学高中英语教师、昆仑中学师范部教育学教师。1949年解放前夕，社会形势较乱，8月董老辞职回循化。8月底，循化解放，县人民政权逐步建立，他被县委书记郭若珍召见，吸收参加工作，县政府任命其为循阳学校副校长兼教导主任。1950年5月因事请假赴兰州，不久心脏病复发，赴上海医治。1951年3月病愈回兰州。不料于同年4月初被捕入狱，直至1979年初平反释放。

## 往者不可谏　来者犹可追

天有涯，地有畔。1979年初董老终于重见天日，与家人团聚。当他看到鬓角成霜的老伴，看到破败不堪的家园，不禁心潮起伏，热泪盈眶。

此时，董老虽然已经年过半百，双鬓染霜，可他知道还可继续发挥余热，珍爱生活。出狱后的他，首先精心收拾自己的书房，添置笔墨纸砚和大量书籍，将书房命名为"惜阴轩"。在书房里挂上他恪守终身的家训，上联是"静以修身，俭以养德"，下联是"人则笃行，出则友贤"，中堂是"明镜止水以居心，泰山乔岳以立身；青天白日以应事，光风霁月以待人"。1979年9月，董老被循化中学聘为高中语文和英语老师，再次投身于埋头读书写作之中。

阔别讲台近30年的董老，精神焕发、信心百倍地开始"传道授业解惑"，坦然面对生活的悲喜，对工作勤勉尽责、务实求真的事迹在学校里传为佳话。那时，班里撒拉族和藏族学生过半，由于语言障碍，他们学语文（尤其是古文和写作文）困难重重，大半学生不喜欢上语文课。针对这种情况，董老以极大的耐心循循善诱，一一给他们讲汉语言在日常生活中的重要性，对学生的作文进行逐字逐句地修改。针对大多数学生对学习文言文毫无兴趣的现状，董老突破传统古板的讲授方法，把每一堂课设计得新颖生动、活泼有趣，使学生由起初

◎董培深先生书法作品
（绽海燕 提供）

的不喜欢语文到后来的盼望语文课。

董老学识丰厚，英汉互通，擅长书画，古诗宋词无不烂熟于心，待人平和，无论老幼贫贱、亲疏远近，有求必应，有难必帮。那时，每逢休假节日，他老人家身边总是宾朋满座，侃侃而谈：或传道解惑，或谈文论诗，每个人都欣然而去，满意而归。

1982年11月，董老被推选为青海省中小学语文教学研究会理事。由于他在教学方面兢兢业业，认真负责，成绩优异，1985年和1986年分别被评为县、地、省三级优秀教师。1987年调到县教育局教研室任教研员，同时担任循化县政协第六、八、十届常委会委员，文史资料组副组长。

董老严于律己、宽以待人。如他自己所说"我出生在一个循规蹈矩、处人有节、尊老爱幼、长幼有序、孝道弥笃的家庭，所以我对自己严格要求，待人接物张弛有度，即使在被劳教的时候也从未忽视过"。真是如此！在教学期间，他撰写了大量关于中学语文教育教学的论文和心得，曾在多种杂志发表并获奖。如《古汉语教学之我见》曾在《全国中学语文教学会刊》上发表。1990年，他写的《作文教学应具备的五个方面》在《语文教改新探》上发表并获得青海省中教改革论文竞赛二等奖；《家庭教育是人生教育的根基》一文在1990年获青海省妇联家庭教育论文竞赛二等奖；《从列祖列宗的"懿行"谈起》一文在青海《文化园地》专刊发表；《造福桑梓，功垂千秋》在1994年被收在青海省政协资料委员会主编的《喜饶嘉措大师》一书中；在循化撒拉族自治县成立三十周年之际，他的《积石赞》发表在县庆会刊上，获得很高赞誉。1989年，在庆祝新中国成立四十周年、循化县成立三十五周年之际，他热情献词：

神州遍地同欢唱，撒乡处处歌声起；

炳耀千秋寰宇光，运开四化亿兆享；

巍巍长城力挽挡，雾开云霁显艳阳。

每逢友人来访或遇一些活动礼宴，他总要欣然提笔，泼墨挥文，或是表达美好祝福，或用来鼓舞勉励，或用来寄托愿望。句句中肯到位，让人受益匪浅。当他得知积石宫文化中心大楼落成，随即送去对联一副：

仰视山峦环峙，风物壮美，族群和谐；

俯瞰大河东去，水流清澈，节候分明；

文明时代逢盛世，高原江南别有天。

那时，凡是有大型有益活动或落成典礼，只要有求于他的，他都竭诚尽智地去满足。1998 年，董老目睹黄丰渠给循化各族群众带来的福祉，不禁喜从中来，赋诗一首：

万古黄河东流水，流不尽离人盈眶泪。

眼望河水空流去，两岸田畴无由溉。

旱魔连年频仍至，沃田肥土多龟裂。

秋来荒草漫地头，歉馑困顿人羸瘦。

忽如一夜东风起，万人就修黄丰渠。

河谷处处皆披绿，丰穰年年保无虞。

饮水不忘掘井人，道与乡人须深思！

董老师诲人不倦、和蔼友善，所以生前友人甚多。与誉称"西北第一笔"的著名书法家孟毅伯先生、著名书画家陈衍生先生、西北著名文史学家李文实等老一辈学者交情深厚，常书信往来，共享诗韵书画，相互褒贬自在。

2000 年 9 月，董老先生光荣退休。可他依然游览胜景，以文会友，未曾消闲过。这年，他参加积石宫九九重阳节活动，欣然提笔道：

积石宫里聚寿翁，把酒称觞祝寿彭；

喜逢盛世登人瑞，时沐和煦春光中。

观陈衍生书画展后写的感怀诗曰：

卅六岁月历艰辛，高原终放一枝春。

为问德艺馨若斯，齐鲁风骨河湟情。

行走在文中的拳拳之心和对痛失文友的惋惜之情，跃然纸上。

有时，他也回忆往昔，想念未及等他出狱而离去的亲人，写有很多随笔。可惜很多都没有了去处。我从先生遗留文本中看到《致海外亲友》两首诗：

### 其一

冬归春临万象新，生机勃发意纵横。

海外游子曾闻否？故园尽入画图中。

### 其二

每忆往事恒不平，男儿胸臆非同伦。

翘首前望容万汇，奇峰异壑无限中。

2004 年 3 月，李文实先生与世长辞。董老满怀悲痛地为文实先生写文立传，节选如下：

北岗之阳，大河之原，新茔兀立，文星息焉。呜呼！生而坎坷，历经磨难。耿介刚毅，不改夙愿。敬业乐群，培英育贤。耄耋高寿，挥笔不倦。著作等身，尽毁兵燹。晚辑遗稿，付梓成卷。泽惠后生，世代感念。子孙贤明，丕振家园。伏慰英灵，尚飨！

董老是个不甘寂寞、热爱生活的人。除了读文、写作、会文友之外，还常常游览胜景，抒情感怀。他曾两次游览孟达天池。天池的奇山异水、珍禽异兽，使老先生兴奋不已。遂以文抒怀：

### 天池寻胜

春满高原光景灿，天池幽境不胜览。

莫道青藏高寒带，别有天地赛江南。

### 再游天池

一泓碧波聚山巅，四周青峰簇若箭。

奇树异卉兢弄姿，倒影入池笑苍天。

他曾如此热情洋溢地赞美撒拉尔：

### 其一

山为筋骨石为魂，巍巍积石撑天云。

陆沉几度难为动，霹雳时轰意从容。

雨雪每侵更洗练，风霜历劫益坚挺。

驻足东原望四外，神清气扬心潮涌。

## 其二

高寒荒僻路漫漫，风狂沙暴少人烟。

雪岭万丈兢攀越，沙碛千里渡易安。

负重不远万里行，苦劳未曾一声喧。

慷慨直抒拓远志，为在荒原绘新天。

还为撒拉先祖尕勒莽和阿合莽题诗为碑：

古木郁苍苍，覆荫南北厢。

北息尕勒莽，南眠阿合莽。

古韵十足的一首长诗，至今耸立在二位先祖墓前。几首骆驼泉古诗，将撒拉族先民率众东行、披荆斩棘的历史囊括其中，并予以高度赞扬。

凡是他的足迹所到之处都有诗文与他同行。

2002年，为《开拓》杂志创建十周年庆祝大会作诗四首；2004年，为循化藏文中学创作校歌。2007年街子托隆都清真大寺落成、2008年托坝清真大寺落成、2009年街子清真大寺落成，董老先生先后为这些宏伟建筑落成而提笔著文。后来，即使在身体欠安休养在家的日子，他依然笔耕不辍，关心时政。曾热情洋溢地赞美西部大开发的大好局面：

河清复海晏，国泰民斯安。

南风时已至，西部竞扬帆。

老先生宽广的胸襟和对幸福生活的珍爱充溢在字里行间，令人肃然起敬。

　　我最后一次见董老先生，是在 2012 年 4 月底的一天陪同父亲去探望他老人家，我们进去时他躺在床上闭着眼睛，得知我们进去时，他很吃力地翻起身斜靠在枕头上，精神显然不如以前了。见他身体羸弱，我们简单寒暄了几句后，便起身告辞。他望了我半晌后说："一定要当个好老师！" 我故作轻松地说："您放心吧，您董老师带出来的学生不会很差！" 他满意地连连点头说"好"。2012 年 7 月，董老先生在接受省电视台专题部主任编辑马有福老师采访时说："我从小深受儒家文明和伊斯兰文明两种文化的滋养，我在精神上始终很充实，在大是大非面前也很坦然"；"来自祖上的书香一直在我家族里散发着幽香……"没想到这竟是董老先生最后一次会友谈生世，是年 9 月 8 日，董老先生离开了这个带给他磨难，也带给他荣耀和成就的世界，永远离开了我们。据说，那天来送行的除了熟知的亲朋好友外，还有好多远道而来的文人、学生，甚至有与董老生前毫无瓜葛的人们。我因为刚开学不久，事务缠身未能去送最后一程，成为永久的遗憾。

　　有些人事，成为过去后方懂得其珍贵。如今想来，董老先生正是"厚德，示学生做人之本；积学，授学生求知之根；励志，激学生奋起之威；敦行，化心中教育之道"的典范。作为他的学生，我有幸再次翻阅那些横亘在岁月里的故事，方懂授业恩重，内心既敬佩又荣幸，既怀念又痛惜。

　　愿这些浅薄的文字给历经沧桑、才学丰厚的董老先生以慰藉，使他含笑九泉！

　　愿老先生点燃过的智慧之光依然照亮无数人的未来。

# 语言学家的故土情怀
## ——缅怀马树钧教授

绽海燕

语言学家马树钧教授，生前曾是中央民族大学教授、北京国际汉字研究会顾问、常务理事，中国少数民族双语教学研究会顾问，中国伊斯兰教协会第五、六届委员。

祖籍循化县积石镇托坝村的马树钧教授在循化的经历虽然不长，可他对于故乡的关注和热爱从未薄凉。

◎马树钧先生（绽海燕 提供）

## 颠沛流离　情系乡梓

1929 年 1 月，马树钧出生在甘肃省武威市。据他在回忆录中记载，他的母亲即将分娩时刚好遇上"凉州事变"，母亲只能装扮成汉民混迹于难民群里，马树钧就是在逃难过程中降生的。

马树钧说他的先祖是清末民初的一位"噶

最"大爷，当时甘肃省的提督马安良把"噶最"迁到大河家。"噶最"大爷的后人有两支，一支是韩仲明的父亲，另一支是他奶奶，可能是"噶最"的孙子一代。由此可见，马树钧祖上家境相对殷实。

马树钧的父亲马培清，有名的军界人士，曾在甘肃当西北陆军骑兵八旅十六团三营营长、旅参谋长，有谋略，有胆识。9 岁之前的马树钧一直跟随父亲辗转在宁夏、兰州两地。

马树钧曾撰有一篇题为《终生难忘的遥远的记忆》的回忆录，追溯了他 1933 年从宁夏回循化的历程：

20 世纪 30 年代，宁夏爆发了一场孙殿英与西北四马之间的所谓"孙马大战"，父亲时任骑兵团团长不能随同前往。为避战祸，我们从宁夏返回青海循化。当时我 4 岁，二哥不到 5 岁，我的生母正患重病，卧床不起，但迫于形势，不得不踏上漫漫归途。同行的人不少，除我们全家外，还有我大姑一家，大姑是我父亲唯一的胞姐，有一个十几岁的女儿。当时她们正来宁夏探亲。此外还有其他一些亲友以及护送人员，组成了一个有好几辆马拉木轮大车和许多马匹的庞大的返乡队伍。在阴沉沉的天气里，我们行走在没有人烟的荒山野岭中。行进途中发生的两件事让我终生难忘：

第一件事：有一天在行进过程中一匹马陷进枯井里去了（在西北的一些荒原上，由于雨水和山洪的冲刷，常常可以看到一些凹陷下去的坑洞，有的酷似水井，人们就叫它"枯井"；有的下面掏空了，地面却完好无损，这样的枯井如果称之为"陷阱"，似乎更确切一些。我想马掉进去的应该是这样一个"陷阱"）。是我的堂兄德娃哥一个人用绳索把马吊拉上来的，这举止着实让我目瞪口呆。后来人们都称他为"大力气德娃"。

第二件事：在我们行程中要穿过一条很宽的河流，水流两边是铺着鹅卵石的宽阔的河滩，可河滩外的堤岸高而陡峭。从岸上有一条土路引向河床，我大姑的女儿（我的表姐）带着我坐在一辆大车上，大车沿土路缓缓而下时，可能因为车上装载太重，临河一面的地面塌陷了，大车连人带马翻了下去，我摔落在地上，我表姐恰好伏在我的身上。从车上滚落下来的木箱正好砸在表姐背上，我耳根撕裂，满脸是血，但无大碍；可表姐当场殒命。虽然我才4岁，可似乎能感知到在突然之间死神从身边夺走亲人的惊恐和痛苦，我坐在地上抓住表姐冰凉的手大声哭喊，那声音好像要刺裂了天空一样。接下来的事我已没有印象，可这个场面像电影特写镜头一样刻在了脑海：空旷的河滩边卵石上铺着一条毡毯，母亲躺在那里，有气无力，闭着眼睛紧紧握着我的手，我坐在母亲身旁不停地哭。那一天时间好像过得很慢，我们在那里停了很久很久。不知过了多久，其他亲戚和护送人员忙乱一阵后抬着表姐的遗体去了附近的村子，送走了大姑唯一的女儿。从此，我可怜的大姑直到去世都过着孤苦伶仃的日子。

马树钧还沉痛地回忆了幼年的丧母之痛：

阴历八月，我们到达循化。本来就病势很重的母亲因为一路颠簸劳顿，尤其是亲历丧亲之殇，更使她雪上加霜，到循化后又得不到任何治疗，身体一天比一天羸弱，时常担心自己会在突然之间丢下年幼的我而撒手人寰，因此临终前声泪俱下地将我托付给我的大妈和二妈，于1933年的阴历十月与世长辞。我至今还记得大人抱着我去见母亲最后一面的情景：母亲安详地躺在洁白的"卡凡"里，上身尚未包裹，模样很美很美：白皙的面庞两侧两缕黑发顺势梳下，分别夹在左右两个腋窝里，好像在等待跟她唯一的儿子做最后的诀别。我大哭着扑向母亲，大人们硬是把我抱开了。后来听我父亲说，在我母亲去世后的好多年中，我时常哭着喊母亲，家里人谁也不敢在我面前提母亲，一提我更哭得没完没了。母亲走了，什么也没留下。当然那时候没有照片，没有大名，也没有乳名或小名。甚至我的生日也好像是人间"绝密文件"，被她神秘地带走了。1943年我们在银川时，父亲托人四处打听后得到消息，说那时姥姥还在，我母亲生我时，她在身旁。记得我的生日应该是阴历1928年的腊月初一。说我出生后不会哭，连呼吸也没有。姥姥抓来一只大公鸡，在门槛上剁掉其脑袋，这时我才"哇"的一声哭了出来。姥姥给我起了个名字叫"鸡换子"（这个名字在我发表文章的时候曾用过，谐音"吉焕梓"）。父亲告诉我，将来你有机会到武威，可以去找找看，你妈娘家在"大井巷"。那时没有门牌号，大井巷口有个小杂货铺，掌柜的是个小老头儿，我们叫他"侯爷"，你找到他就知道姥姥家了。

1933年的避难之旅，使年幼的马树钧经历了失去两位亲人的疼痛。他不无痛惜地说："80多年过去了，当我再次回顾这些往事时，心头依然一阵阵酸楚。在此借陆游诗句表达我内心的悲哀、苍凉：'此身行作稽山土，犹吊遗踪一泫然。'"

在异地送走了表姐，在循化安葬了母亲后不多久，宁夏形势渐缓，马树钧在亲戚护送下先返回了宁夏，不久又跟随父亲到了兰州。

1937年抗战爆发后，各地形势严峻。次年7月，时年9岁的马树钧跟随父亲第二次回到循化县托坝村老家，9月入循阳两级小学上学。马树钧曾回忆自己上学时制作粉笔的事：

　　那时百姓生活困难，去上学的都是家境稍好的男孩子。校舍条件也很简陋，老师用的粉笔都是学生自制的。我们去南山找来石灰，把一张纸卷成筒状，塞进沙子里，然后把石灰水灌进去，沙子把水吸干后就成了一支粉笔。那时几乎没有其他游戏，但也趣味十足。

在马树钧升入三年级时，其父亲迫于生计又远走投奔马福录，他跟随父亲到兰州上完小学，接着入银川中学上初中。初中毕业后在兰州大学附属高中读完高中。1949年入兰州大学学汉语。

1950年下半年，临夏地区发生回汉民族冲突。马树钧在一篇题为《陪父返乡纪实》的文中写道：

> 在这一事件影响下，全区生产停顿，社会动荡，人心惶惶，一种空前未有的恐怖气氛笼罩全区。当年冬天，甘肃省委组织了一个以统战部长马青年为团长的调解民族纠纷工作团开赴临夏地区开展工作。工作团除政府工作人员之外，也吸收了一些与当地有这样或那样联系的民主人士参加，我父亲也在其中（在解放前后的那几年，父亲凡遇到这类事情，总喜欢带我同行。因为父亲农民出身，虽然通过自学可以阅读一些文案，但做笔记还是困难很多）。借此机缘，我跟父亲有过一次返回青海循化接取家属重返兰州的经历。"

在这次历程中，途经甘肃大河家时父亲在祖母坟头痛哭流涕的情景，还有当时马全钦（前清同治年间西北回民起义领袖马占鳌之孙，解放前马步芳部下）对父亲一行的热情款待，尤其是在接家眷回甘肃时途遇土匪时父亲的机智、淡定等，都在马树钧心中留下了深刻的记忆，也促使他成熟了许多。他在回忆录中写道：

> 我一向特别钦佩父亲，特别是在这次经历中父亲所表现出来的沉着、冷静、睿智、果断和临危不惧的气质和精神，更使我对父亲有了全新的了解，佩服得五体投地！父亲不愧是久经沙场的老将，是我一生的仰望！谁知这次回故

乡是他一生中的最后一次作别，直到 1966 年去世都再也未能返回故乡。

在马树钧心中，故乡情结就是最重的行囊。

◎马树钧先生晚年生活 （绽海燕 提供）

## 著书立说 誉满学界

1951 年 6 月，中央民族大学从全国各地调入第一批大学生，马树钧有幸被调到中央民大，在那里攻读语言学、汉语和维吾尔语。

1954 年，马树钧去新疆实习，途经武威时特意住了一宿，按父亲的吩咐四处打听父亲所说的"大井巷"，可没有人知道，他只能失望而行。一年后实习结束，他回到民大担任汉语教学任务。在此工作期间，他一直孜孜以求，勤勉刻苦，先从自己熟悉的几种方言开始探索研究，逐渐取得成效。

就在日子逐渐好转、工作蒸蒸日上之时，1966 年他在西北地区叱咤风云的父亲辞世而去。悲痛交加中的马树钧写了一篇情深意长的悼词，送走了他在故乡最牢靠的一份牵挂。他说："从此，往来于故土的脚步没有了方向。"

马树钧教授是第一个把家乡语言作为宝贵资源纳入语言学高度进行研究的专家。他将语言文字的研究作为一种独有的纽带，将自己终生奋斗的事业与故乡的情结紧紧地连接在一起。1981 年，马树钧老人应邀出席了积石山保安族、东乡族、撒拉族自治县成立庆祝大会，他感慨万分，说自己不论身处何地，时时刻刻都把家乡的母语带在身边。1985 年他写的《谈循化话中名词语与其后附语素的组合》，从学术研究的角度将循化独具特色又音韵十足的"中原四庄"话展示得饶有趣味，使无数家乡的父老乡亲引以为傲。这年，马树钧教授因工作成果丰硕，荣膺"北京市劳动模范"称号。

1988 年，马树钧老人满怀对故乡的赤子之情，再次来到故土循化，探望托坝老家的姐姐。因为我的母亲和马教授的继母为姑舅姊妹，我也有幸借机拜访了马老先生，并有过短暂的交谈。老人深厚的学识、睿智的思维，让我对这个故乡长者十分敬佩和仰慕，他平易近人的姿态与款款如初的乡音，更让我感到格外亲切。促成老人此行的另一个重要原因，是祭奠他阔别多年的母亲。根据当时在场的人说，老人在其母亲坟头悲怆痛哭，其情其状令在场人无不动容！在其回忆录中有一段深情悲凉的文字：

> 在我母亲去世 50 多年之后，我再次回循化探望翠英姐姐，也拜谒母亲坟墓。当我站在我们家族的墓地时，看着荒草摇曳中先人们的一座座高高低低的坟头，内心涌动起无限凄凉。当年以为刻骨铭心、永世不忘的放入心底的那座坟头已经模糊不清。如果不是双喜老人指点的话，仅凭当年记忆，我是找不到冷落了多年的母亲墓地了（双喜年龄比我大得多，但论辈分，他应该是我的堂兄）。母亲去世后，坟墓未曾修葺，在几十年风霜雨雪的浸染下，接近夷为平地了。双喜问要不要重新修葺一下，我说不用了。我心想，在我之后，大概不会有人来这里寻访先人的遗踪了，他们已经永远地离开了我们多少代先人生息的故土。那么就让我的母亲也安静地回归到芳草之下的大地中吧。

此后，马树钧教授被调到北京汉语语言研究所，专门从事民、汉双语教学及研究工作。他曾说，多年来白天按时上班，搞学术研究都是自己业余抽空，每天 3 点多就起床，翻阅大量资料，潜心学术研究。1989 年《汉字文化》杂志创办，马树钧教授担任杂志编辑部主任。《汉字文化》的读者对象是语言文字研究人员、高等院校语文专业师生及中小学语文教师。马树钧在《汉字文化》一书中著文提出"汉字是对少数民族进行汉语教学的最理想、最有效的工具"，这也充分应验了安子介先生提出的"二十一世纪应是汉字发挥威力的时代"的论断。

马树钧教授对于中小学语文教学研究提供了非常宝贵的资料，做出了卓越贡献。1989 年，他获得国家民委"哲学、社会科学研究成果奖"。

马树钧教授的研究范围较广，举凡现代汉语、汉语方言、汉字文化、维吾尔文学等方面均有自己的独到见解。他曾说"撒拉语、循化话和河州话现在很少有人研究，其实在语言和语法层面很有研究价值"。他对于河州话的研究，对于丰富语言影响及混合语理论具有创新意义，引起了国内外学者的关注。曾发表论文《临夏话中的"名 + 哈"结构》《汉语河州话与阿尔泰语言》《河州话代词说略》等，赢得国内外专家好评。同时，他成功地将香港著名学者安子介的语文教学思想用于对少数民族的汉语教学，提出了"从汉文入手，淡化语法"的教学主张，于 1990 年主编并出版了第一部汉维双语对比教学用书《新汉语文教程》。马树钧教授在北京国际汉字研究会上提出的"尽信书，不如无书，要科学地进行汉字教育，不能盲目照搬书本理论"等见解，引起国内研究汉字文化者的关注和思考，用科学的汉字理论指导汉字教育成为教育趋势。

从 20 世纪 80 年代开始，马树钧这个响亮的名字频频出现在各种独具特色的著作里：如《重新评价汉字思潮的出现是件大好事》《安子介语文教学思想与对少数民族的汉语教学》《尼木希衣提及其遗作》《柔巴依浅析》等论文。他还是《现代汉语八百词》编写组的成员。

维吾尔文学的汉译基本上是新中国成立以后才开始的，马树钧教授是中国最早把维吾尔文学介绍给汉族读者的有影响的翻译工作者之一。他翻译了大量维吾尔文学作品，包括长篇小说、电影文学剧本、诗歌、散文等涉及古今一些著名作家的作品。这些译作受到新疆少数民族文学界及翻译界的好评，曾多次被选入各种教材及诗文集。在《语言与翻译》《民族作家》等刊物上都曾有人著文论及他的译诗"功底丰厚，别具匠心"，"能抓住原作的灵魂，把握诗人的感情脉络，用通达流畅的文字再现原作的神采，给人以美的激情，美的感染，美的力量和美的享受"。

马树钧教授被公认为是一位以译风严谨、流畅而赢得读者喜爱的少数民族文学翻译工作者。他的主要事迹已收入《中国少数民族专家学者辞典》《中国文艺家传集》《中国文艺家传记》《回族、东乡族、土族、撒拉族、保安族百科全书》等。1990 年，马树钧教授获首届汉字文化学术二等奖。

## 梦断异地　魂归故里

2018 年底，马老先生接受循化撒拉族作者潜木等人的专访时，说古论今，兴致勃勃地表示自己很想去故乡看看祖先们生活过的地方，去看看托坝泉边的父老乡亲，看看家乡新面貌，临别时还挥毫书写"循化撒拉"四个大字作为留念。谁知这竟然是马老先生最后一次对家乡的深情对话，不到一年，老人便溘然谢世。

老人的女儿回忆说：父亲是我们一生学习的榜样和楷模。他明锐、智慧，兴趣广泛，除了读书写作、搞研究外，还常常挥笔泼墨，作画描摹；他慈祥、善良，待人随和，即使在生命的最后时刻，也一直保持乐观豁达，坦荡释然。父亲生前唯一的遗憾是，没能再去看看他心心念念牵挂的故乡新面貌，但是，我们知道他的灵魂一刻也没有离开他热爱的循化故里。

在马树钧老人归真三年的日子里，我们深切缅怀这位以自己渊博的学识和丰硕的成果，给故乡带来荣耀和骄傲的游子，祈愿他在天堂与故乡亲人永享吉祥！

# 重剑无锋　大巧不工
## ——"陈大胆"印象

韩学俊[*]

　　陈琮院长，乡邻称其"陈大胆"，然本人与"陈大胆"同村相邻，他又是长辈，出于对他的尊重和从小的习惯，文中尊称其为陈院长。

　　2021年7月26日下午，笔者和青海民族大学刘子平博士来到了草滩坝上村的一个普通农家小院，在陈院长生前居住的小

◎陈琮先生工作照　（陈海军　提供）

院里见到了他的儿子陈海军，50多岁，面目白皙，中等身材，供职于循化县农牧局。说起自己的父亲，陈海军如数家珍般地将父亲的生平经历娓娓道来。交谈中，我对陈院长模糊的印象也逐渐清晰起来。

　　在我的记忆中，陈院长身材魁梧，声如洪钟，是一位德高望重、医术高明、无所不能的"神人"，哪家有个头疼脑热甚至疑难杂症，就会听到大人们喊"找陈院长去"，仿佛关键时刻只要是陈院长出手，定能手到病除。

　　儿时的记忆中，身材高大的陈院长，背着带有红十字的皮制药箱出现在街头巷尾，

---

*　韩学俊，青海民族大学政治与公共管理学院讲师。

走街串巷到邻里家中诊治。时间如白驹过隙，他魁梧的身姿逐渐佝偻，不变的还是他忙碌的身影。转眼间30多年过去了，本人也从懵懂少年到已过不惑之年，本次故地重回，然而老人已归真，从陈海军之言，慢慢地追寻以往的事迹，从他的成长经历，挖掘出他优秀的品德，为后来的人们所缅怀。

陈琼，字瑞峰，生于1927年11月26日，回族，系青海省循化县草滩坝上庄村人。自小被家人送到临夏读书，高小毕业之后，到西宁昆仑中学接受中学教育。中学毕业后，因学习成绩优异被保送到青海兽医学校学习动物防疫与检疫兽医专业，后又到青海省卫生学校进修，一生行医，历任循化县医院副院长、院长等，1963—1989年任循化县司法系统法医等。

当时的草滩坝村乃至循化县能够读书上学的少有。陈院长作为家中独子，从小酷爱读书，加之其父陈嘉策上过私塾，早年间经商致富，家境殷实，重视文化教育。1941年，在临夏寄宿读完高小之后，14岁的他又被家人送到西宁市昆仑中学学习。当时交通不便，家人交给他一匹马，让他独自前往西宁市求学。一路上风餐露宿，颠簸三日才到达西宁。在昆仑中学读书的三年中，他省吃俭用，挑灯苦读，以优异成绩顺利毕业，被保送到青海畜牧学校学习兽医专业。1947年学成毕业，被分派到祁连县兽医站。

祁连县地处祁连山中段腹地，解放前时常有马匪、盗贼出没。在工作期间，陈院长在为农牧民的牲畜治病时要佩戴枪支，以保护公私财产和个人安危，工作环境非常艰苦和危险。

新中国成立后，循化县政府在原青海省立循化卫生院基础上成立了县立卫生院。建院之初，医疗基础设施条件简陋，极缺医务人员。1950年，陈琼从祁连县调到循化县卫生院，开始参与建设家乡的医疗事业。随后在政府和卫生院领导的支持下，前往青海卫生学校进修，两年后学成归来，成为一名医务工作人员。

1949年前，循化县社会经济和卫生事业十分落后，人民群众卫生知识贫乏，医务人员和药品器械设备奇缺，诊治手段落后，人群中的常见病、多发病率很高。各种传染病和地方病连年流行蔓延，人们生病前无法也无能力搞预防，生病后更请不起医生买不起药，只能是小病抗、大病等死，或者请阿訇念"都哇"，请法拉、巫师"捉鬼"，往往因此而误了性命。遇到瘟疫传染病流行，更是听天由命，束手待毙。

1949年8月27日循化解放后，党和人民政府十分重视循化的医疗卫生事业，在原有2名医护人员，几把镊子、钳子和几只药瓶、几片西药的基础上，1951年1月在草滩坝村正式成立循化县卫生院，设门诊、住院部、药房3个科室，药品主要有氨基比林、安那加、咖啡因、阿司匹林及"三磺"（磺胺嘧啶、磺胺噻唑、磺胺脒）、"四素"（水剂青霉素、油剂青霉素、链霉素、黄连素）等十余种，不能诊治和救治危重疑难病症，更不能开展腹部外科手术，骨伤只能做正骨复位和外固定；稍重的病人就得转甘都疗养院或省医院。

当时，循化地区有一种俗称"疙痨"的地方病（也称疥疮，是由疥螨在人体皮肤表皮内引起的接触性传染病），传染性极强，得病之后全身瘙痒，抓挠破后，伤口就会化脓，接触的人都会被传染，给当地群众的健康带来很大的威胁。

陈院长作为当时循化县医院为数不多的医务工作者，充分利用自己所学的专业知识，积极想办法救治。得"疙佬"病后，病人瘙痒无法忍受，就用手反复抠挖，皮肤逐渐红肿溃烂。陈院长认为这是一种传染病，就把病人隔离起来，让病人单独吃住，杜绝病人和外界来往，自己每隔一天来看一次，并把一些草药磨成粉末，另一些烧成灰后，制成黑糨糊一样的东西，给病人涂抹，同时结合病情打针、吃药。经过一段时间的治疗，病人的"疙佬"病就慢慢好了起来，直至出院。那时，这种病最严重的地方是县监狱，因为人员接触多，几乎整个监狱里的在押犯人都得上了这种病。陈院长应邀到监狱里进行治疗，吃住在监狱，前前后后用20天的时间治病，最后全部治好。在这基础上，经科学预防和治疗，循化县的"疙佬"病在20世纪70年代绝迹。

陈海军说："我们自从记事起，父亲白天上班，下班回来后就独自钻进书房开始学习，家里的一切零碎事项都是由母亲来操管。父亲往往是深夜时分才去睡觉，那时没有电灯，父亲就在那一盏简易的煤油灯下，做笔记，画人体图像，自学了许多医学知识。尤其是他对解剖学的学习，达到了痴迷的程度。他做的学习笔记中，人体各部分的绘图栩栩如生，还用工整的文字逐一作了标识和解释，让没学过医的人一看都能一清二楚。"为了给更多的人解除病患，陈院长还搜集当地的验方、秘方、处方进行传承和发展，利用一切可以收集的资料和病例进行研究，查找病史、病因等。那时候他就像一块海绵一样汲取知识，努力提高自己的专业知识，敬佑生命，以救死扶伤为己任，不仅把医生这个职业当成一份工作，更多地当成了自己毕生的使命。

《陈氏家谱》对其记载："一病人，下颌骨脱落，多处求医不成，到县医院门口，恰遇陈琮，问明情况后，抓住（他）下巴猛一用力，'哗啦'一声，使其复位，病人、家属、观众吓得魂飞天外，因此声名鹊起。"由于医德高尚，技术娴熟，被提升为县医院院长，评为主治医师。经40年行医，其医术已炉火纯青，慕名而来者成百上千。1981年退休，求医者络绎不绝，只好再办个体门诊，一挥神臂妙手，去疾还宁。

因长期投身于工作中，疏于照顾家庭，陈琮的妻子弃他而去。祸不单行，和妻子离婚后不久，年仅10岁的儿子因长期疏于照顾，病重夭折。妻子离开、儿子夭折的双重打击，是他最灰暗的时刻。

陈海军说："父亲是一个坚强的人，就是在'文革'中天天被批斗时，父亲还说人生没有过不去的坎，总有一天会拨云见日……他说我最大的遗憾是作为一名医生，没能挽救你们的大哥。"

痛定思痛，陈院长更坚定了对医学学习和钻研的决心。失去亲人的痛，也让他对患者和患者家庭的痛苦有了更切身的体会，他对待任何病人都是用心护理，热情服务，把病人的健康作为自己的执着追求。

因循化地属僻远地区，医疗水平低下，医务人员短缺是长期存在的问题。为解决这些困难，1954年在县委、县政府的支持下，邀请全县仅有的7位中藏医大夫，成立了循化县中医协会，密切了中西医之间的团结，实施了中藏西医交替治疗。

陈琮通过多年的工作，从接触到的病患中体会到中医的博大精深，通过与协会其他成员交流，获益匪浅，从此又开始痴迷中医药和针灸。他托人从外地购买银针和模型，每天晚上工作之余，在煤油灯下，利用收集到的资料和医术，仔细辨认每个穴位，甚至用自己的身体做试验，了解针灸后的真实感受，并认真记录针灸所能达到的效果。陈院长对医学的痴迷，就如蚂蟥嗜血一样，达到一种疯狂的地步。短短几年内，他自学了内科、外科、针灸、妇产科、骨科、解剖学等各种专业知识，特别是在针灸方面取得了巨大成就。通过多年的研究，整理了数十万字有关针灸、骨科、内科等方面的资料、心得体会和日记，令人痛惜的是，这些珍贵的资料在陈院长过世后，被烧掉了。

陈海军讲述的几段关于他父亲治病救人的故事，也印证着陈院长医术精湛、德才兼备。

1957 年，陈院长为一阑尾炎穿孔并发腹膜炎、濒临死亡的病人试做手术成功，开创了县医院下腹部手术的先例。

1958 年，循化发生叛乱，托坝村无辜群众马进让的右髋骨被枪弹击穿，小肠穿孔9 处，失血过多，并已引起腹膜炎，生命危在旦夕。被送到县医院时，已奄奄一息，家属已经放弃希望了，医院的大夫们也从来没见过伤势这么重的病人。当大家束手无策时，时年 30 岁的陈院长刚好从省医院进修普外科结业回来，当机立断，赶紧召集医护人员进行抢救，独自主刀 10 多个小时，终于完成了手术，将病人从死神手里抢夺过来，并精心护理，使其获得第二次生命。在场的不管是大夫还是群众都啧啧赞叹，对他佩服得五体投地，伤员病愈之后，特送来锦旗以示感谢。

关于陈院长的针灸医术，陈海军回忆道："父亲在家里办诊所的那一段时间里，我们经常看到他治病的过程。他治病时有时会把打针、吃药、针灸同时使用；有时只是用针灸或者打针；有时简单地给病人抓几服药就可以了。总之，根据病人的病情作出合理的断定并给予恰当的治疗方式。他给人看病，从来不会一次性抓一大包药，多半就是抓两天的量，六顿药。""记得有一次，我们一个远房亲戚，在收庄稼的时候生病了，好几天发烧、咳嗽不止，来父亲的诊所看病。父亲给他把脉后开了三天的药，并叮嘱他按时吃药，三天的药吃完后就能下地干活了。"因为是亲戚那人就半开玩笑地说："三天药吃完不好的话怎么办？"父亲回答："不好了，我给你收庄稼去。"过了两天那亲戚来了，说咳嗽还是没有好，是不是药不起作用。父亲问："你药吃完了吗？没吃完你胡说什么药没作用。"那亲戚只好回家去了。等到最后一天的药吃完后，咳嗽很快就停止了，病痊愈了。陈海军继续说道："我在七八岁的时候，夜间还有尿床的毛病，父亲就用五寸多长的针扎进我的小腹部位，每次扎针半个小时，治疗了大概一个星期，我的尿床病就被根治了。"

循化县医院建院以来的第三台手术是陈院长做的。当时轰动全县，各机关单位纷纷上街，敲锣打鼓，张贴标语，宣传庆贺，陈院长本人也因此被群众戏称为"陈大胆"，闻名全县。有些群众未曾谋面，但人人皆知循化县医院有个陈院长叫"陈大胆"。陈院长外科技术越来越精湛，成为县医院的外科"一把刀"，并从 1958 年起至 20 世纪 80 年代初，一直担任县医院业务副院长，更加大胆、细心地为各种急腹症患者开刀手术，救活了不少病人。

据陈海军说："1970 年，有一位解放军军官，可能是旅长，因为车祸，腹部受伤发炎生脓，肠子多处损伤，在多处求医得不到救治后，被送到了父亲跟前。父亲亲自为他做手术，最后康复了。七八年后，那位军官还带着礼物来看望过我的父亲。"

陈院长的高超医术还在于能为人戒毒。陈海军讲道："父亲在开诊所的第三年，记得有个蔫头耷脑、脸色蜡黄、身体瘦弱的人被家里人送来看病，那时我不知道那是一种什么病，只是听从父亲的安排，常去给他帮忙。那病人刚来诊所的时候嘴角还流着口水，父亲就让他直接吃住在诊所里，日夜看着他。父亲一面给他打针、输液，一面还要定时给他服用中草药和西药片。那人的毒瘾发作时，就大喊大叫，躺在地上滚来滚去，父亲就让我帮忙把他绑在床上，等毒瘾过后再放下来。父亲平时就在诊所或者院子里忙活，那病人就坐在我家的院子里晒太阳。半个月后，那人的脸上明显有了血色，完全把毒戒掉了。后来陆续还来过几个戒毒的人，都戒毒成功了。"

陈海军继续说着："20 世纪 80 年代末，有一次有病人求医，家属信誓旦旦地说只要把病治好，花多少钱都在所不惜。陈院长看过之后悄悄地对家属说：'有什么好吃的好喝的给病人用吧，不要花那个冤枉钱，病人的定然（定数）到了，超不过 3 个月。'当时病人家属恼气而回，3 个月不到又提着礼物来感谢陈院长，表示虽然当时听着不舒服，但回去之后照做了，病人没有什么遗憾地走了，而他们也尽到孝心了，心里也没什么亏欠了。"

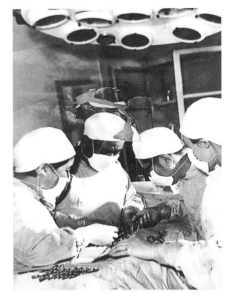

◎陈琮大夫为病人做手术 （陈海军 提供）

"1990 年，在循化师范学校有位女生突然失声，变成哑巴，对一个即将走上教师岗位的师范生来说，是致命的打击，但通过陈院长的针灸治疗，不久之后恢复如初，顺利走上了工作岗位，而且事后只收取了一些药物的成本费。之后这位老师逢年过节都会到我家看望老父亲。"

为赞美他精妙的医术和医德，许家枢赠诗："积石古镇穆斯林，刀法娴熟传美名，白冠银髯炯炯目，昔时牵绕同窗心。"有人和诗："回春妙手称大胆，技艺高超显神威。是人是仙惊相问，杏林济世震海东。"

笔者也曾亲历过三件事，对他精湛的医术和高尚的医德有了更深刻的了解，内心充满深深的谢意和敬佩。在我上初中二年级时，大概是 1986 年，因不小心左手小臂骨折，疼痛钻心，伤势非常严重。当时亲属们认为必定残废，送到陈院长开的诊所，他喊了几名村民将我按住，并命人前后扯住胳膊用力拉伸，并在断骨处推拿按摩数下，接齐断骨后敷上自制膏药，打上石膏，3个月以后完好如初，到现在运动、工作丝毫不受影响。

1988年的冬天，笔者的家里租住着两家从浙江省黄岩县来的木工和钉鞋匠。有一日半夜1点多，听到有一租客屋里传来"咕咕咕"的声音，大家起来到他房间查看，发现他口吐白沫，不断抽搐。大家都吓坏了，不明就里，于是半夜赶紧请来陈院长，他翻开病人的眼皮一看，马上说："是服了安眠药，需要灌肠处理。"于是半夜又回到诊所，取来药物，用温水冲了几碗黑红色的药水，指挥大家扳开牙齿，将药水灌入病人嘴里，一会推拿背部，一会按压腹部，病人开始呕吐，天快亮的时候病人脱离危险。在临走时还交代了注意事项，当众人问起医疗费的时候，他只是用疲惫的声音说了句："人没事就好，还什么钱不钱的。"他还每天过来探视病人，直到完全康复。后来据病人自述，因和老乡闹别扭一时想不通，便想服药自杀，刚好遇上陈院长把他从死亡线上拉回来，想想自己当时太冲动，是陈院长给了自己又一次生命，自己要好好地活着，并将他的恩德铭记在心。

陈院长除了刻苦钻研医学，掌握高超的医术之外，对家人及子女们始终都是严格要求，不留情面。陈海军回忆道："我们家的家教特别严，尤其是父亲，他无情无面、秉公办事，做事不坏良心，经常是言传身教，对我们常说'做人要有原则，要守住底线'。有两件事我记得特别清楚：一是哥哥在十一二岁的时候，跟别人家的孩子打架后，他的家长来找母亲评理，父亲知道后把哥哥吊在门道的大梁上用皮鞭打，那是我亲眼见到的，吓得我双腿发软，害怕了好几年。二是1980年，循化县医院重建，父亲是主管基础建设的副院长，我和哥哥从工地上将一根6米多长的椽木抬回家里放在了门道内，父亲下班后对我们严厉批评，第二天早上让我和哥哥抬着那根椽子还回到了工地上。"

陈琼一生生活勤俭，清正廉洁。陈海军回忆说："1981年，父亲退休时，我们家才买了一台电视机，那时是520元，因没有那么多钱，还是借助姐姐有工作的保证，在供销社里分期购买的。多年之后，家中才花170元买了一台洗衣机。而相较于他人，一个县级的科级干部家里，早就有了这些家用电器，更何况父亲还自开诊所。父亲退休后自开诊所几乎没赚到什么钱，因为他把药费调得特别低，基本上就是为人民服务。他的工资就全部用来补贴一大家子人了。我们也曾向他建议过提高药费的事，但他常说：'我的诊所是治病的，不是赚钱的。'所以，父亲对于一些经济条件不好的病人基本是不收药费，一些患有小病的人来诊所，父亲简单地给几片药，药钱能够本已经不错了。"

进入 2015 年，陈琼逐渐出现一些咳嗽症状，家人发觉后，多次要求他去医院检查，但都被他拒绝了，他说："我当了一辈子的大夫，我不知道我的病情吗？"家人只好作罢。直到 4、5 月份，家人发现其病情越加严重，在多次说服后带他去检查，结果诊断为肺癌晚期。其实，他知道自己的病情，也知道自己将不久于人世，只是不愿意浪费儿女们的钱。

2015 年 7 月 10 日（农历五月二十五，星期五，早上 9 点），陈院长天年已尽，咽气归真，享年 89 岁，当日送葬于草滩坝坟园。

陈琼一生廉洁、清贫、一生正气，不以病人之急而巧取钱财，眼里只有病人，默默地用毕生刻苦的钻研精神、精湛的医术救死扶伤。

# 怀念父亲马廷栋

马亚红 *

感谢循化县政协以"书香政协"为倡导，挖掘民族文化，编撰《泉润四庄》，使我有机会再一次回顾我父亲的音容笑貌。

我的父亲马廷栋生前是青海省政协委员，循化师范学校副校长，是一名长期奋斗在一线的教育工作者，为循化县教育事业发展做出了突出贡献。

2012年11月3日（农历壬辰年阴历九月二十），这是一个让我们难以忘记的日子。这一天，我最可亲可敬的父亲在病痛中走完了他的一生，永远地离我们而去。自此，母亲失去了好丈夫，儿女们失去了好爸爸，孙子们失去了好爷爷，我们全家失去了主心骨，陷入了巨大的悲痛之中。

父亲走了，走得是那样的急促，那样的安详，没有给家人留下任何话语，留给我们的是无尽的思念和哀伤。

## 求学之路

1934年11月15日，父亲出生于循化县积石镇托坝村。在那个吃不饱、穿不暖的年代，家境的贫寒、艰苦的环境更加磨炼出父亲自强自立、坚韧不拔、积极进取的性格和优秀

---

* 马亚红，循化县卫生局退休干部。

品质。他自幼格外能吃苦耐劳，勤奋上进，也不计较个人得失。

1943 年 8 月，父亲在循阳完小上小学。解放前，循化是个偏僻落后的少数民族地区，让普通的农民家庭供一两个孩子上学这件事几乎跟登天一样难。听奶奶说，当时中原四庄有条件上得起学的孩子少之又少，托坝村和父亲一起上学的孩子加起来只有七八个，多数家庭困难，勉强供孩子上到二三年级就已经供不起了，所以就让孩子们辍学在家帮父母干一些农活，带弟弟妹妹，以减轻大人的负担。即便在这样恶劣的环境中，父亲读书学习的决心从没有动摇过，渴望学习的思想在他幼小的心灵中已经深深地扎下了根。读完循阳完小，为了使父亲在更好的环境中继续学习，1948 年底父亲跟随祖父到了宁夏银川，先后在宁夏中宁县中宁中学、中卫县中卫中学、银川市银川中学学习。等我们上了小学，父亲自然而然成了我们几个子女学习的榜样。奶奶告诉我们，小时候的父亲聪慧机灵，每天总是早早起床去学校，从来没有迟到过。上课时认真听课，回家后帮家里干完农活就主动写作业，预习新的课本知识，对各科知识都能熟背于心。由于父亲学习上很自觉，也很踏实认真，每次考试总是名列前茅，为此经常受到老师的表扬。奶奶平时总对我们说："你们的父亲小时候学习上舍得用功，从不用我操心，学习自觉性很强。"我们姐妹几个也知道奶奶是让我们像父亲一样从小立志努力学习，长大了为社会、为国家做出应有的贡献。

1956 年 9 月，父亲考入教育部直属的西北师范学院数学系。在学校读书期间，父亲兴趣广泛，阅读了大量的专业书籍，其中日本著名民间数学家和数学教育家长泽龟之助的《续几何学辞典》是父亲喜欢阅读的专业书籍之一。同时，父亲利用闲暇时间学习俄语。他积极学习，大量阅读各种资料，不断提高自身专业素养，为更好地服务社会、服务人民群众打下了坚实的理论基础。此时，父亲为了学业奔波于青海、宁夏、甘肃三省之间，遨游在知识的海洋中，像海绵一样吮吸着知识的养分，乐此不疲。

## 学高为师

　　1958年8月父亲毕业，被分配到兰州大学，成为一名高校教师，讲授的正是他所擅长和喜欢的数学，这是父亲最为荣耀的时刻。他年轻，学问多，能力强，在工作上更是尽心尽责，认真备课，上好每一堂课，所讲授的数学课深得学生们的喜爱。看到父亲严谨朴实的工作作风，学院领导和同事们都更加看好父亲未来的学术发展潜力。

　　但是，平静的日子总是过得很快。一年后，父亲因历史原因（因祖父曾在宁夏马鸿逵部队任职，后在地方任职）被下放到甘肃省广河县中学担任数学老师，一下子从兰州大学到县城中学当老师，工作环境发生了很大的变化，心理上难免产生巨大的落差。即便如此，面对突如其来的变故，父亲也是坦然接受并且面对。这是一段让父亲刻骨铭心的日子，也是父亲不断战胜自我、坚韧面对困难、坚持不懈完善自我的日子。生活给了父亲更大更多的磨难，他不但没有退却、埋怨，反而以极大的韧性与乐观接受了现实，下决心要扎根农村、服务农村，在农村教育岗位上干一番事业。我们全家的户口被父亲落到广河县城关镇阿訇庄村，父亲就开始了他在广河县中学简单快乐的教育教学工作。

　　1963年3月，广河县抽调年轻且有一定教学经验的老师支援乡村教育，父亲又被派到离县城20多公里的庄禾集小学教书。庄禾集镇是个回族聚居区，当地交通不便，文化落后，生活困难，学生入学率低。为了提高学生入学率，每年开学的第一个月，每天下午放学后，老师们到农民家中去动员学生入学，苦口婆心做家长的思想工作，让他们尽量克服困难让孩子去学校上学。庄禾集镇是一个尊重知识、尊重人才的地方，父亲常说，他们去群众家里动员学生上学，不管学生会不会去上学，只要是老师上门，群众都会很热情地接待，一进门就给老师倒茶，端上家里仅有的梨和煮的洋芋，家里情况稍微好点的还会做个煎油饼端来让老师吃。得到群众如此的尊重和厚爱，作为老师没有理由对他们的孩子不负责。为了穷人的孩子能上学，为了让他们摆脱贫穷，在那艰难困苦的日子里，父亲虽然没多少生活费，但是每年都会抠出一些去资助学生。如有的孩子上学交不起学费，父亲就给他们交学费；有的孩子买不起学习用品，父亲便给他们买笔和本子等学习用品，一直到他们考上初中和高中。在庄禾集教学的五六年间，不论是炎热的夏天还是寒冷的冬天，不论是刮风下雨还是冰天雪地，父亲每周只回家一趟，到了星期天吃完午饭后他又急匆匆地动身返回学校，把全部的心思都扑在了教学上。因父亲的课讲得认真仔细，又热爱学生，家长们很满意，都喜欢把孩子送到父亲所在的班级。这种心系学生的情怀得到了学生和家长的尊敬与厚爱，那些经过父亲三番五次动员上了学的学生或是父亲在学习、生活上帮助过的学生，到了每年的开斋节和古尔邦节，都会给父亲送一些油炸的面食和肉份子。尤其是每年暑假，学生家长都会领着孩子，拿一些自产的水果、蔬菜来家中看望父亲。我们全家搬到循化县后，父亲教过的学生只要到循化县探亲访友或到循化县出差、旅游，都会来家中看望父亲。

## 陶冶情操

我记忆里最快乐的就是放暑假的时候。因为每年暑假父亲都会带我们姐弟去他工作学习的乡村学校住上几天。由于父亲总是忙于工作，和我们聚少离多，所以我们最盼望的就是能多一些和父亲待在一起的时间。离学校不远处有一片树林，白天父亲会带我们到树林玩耍，采摘一些野草莓和酸甜的野水果给我们吃，我们跟在父亲身后寻找草莓，追逐蝴蝶，采摘野花，那时的生活虽然很苦但也乐在其中。放暑假的时候，也是我们全家最幸福的时候。父亲回到家里，他除了看看书、督促我们复习学过的知识外，或帮奶奶到自留地干农活，或帮妈妈洗衣服、床单，或精心修理奶奶种的花花草草。我们家院子不大，但父亲为了能让我们吃到水果，栽种的果树品种可不少。有杏树、李子树、樱桃树、桃树、冬果树等。父亲在梨树上嫁接了李子，结出了两种果子，他在果子上面编上号，说要进行什么科学管理，其实是怕果子不熟，我们因馋嘴而偷吃。即便是这样，我们姐弟有时候也在月光下，偷摘那么几个青果过嘴瘾。

1966年，"文化大革命"开始了。刚开始，学校边上课边学习文件，有时学校也结合具体工作开展一些讨论活动。但随着各种宣传和运动的扩大化，父亲再一次因历史问题受到了不公正的待遇，被集中管制和隔离起来。那时我还小，每天姐姐带我给父亲送饭。学校白天开批判会，到了晚上让父亲写交代材料。

我们家有8口人，父亲是中学老师，母亲是小学老师，家庭生活虽然贫困，但由于我们有一个好父亲、好老师，生活幸福而快乐。周六父亲从学校回家，吃过晚饭，我们或坐在饭桌边或坐在院子中，围在父亲身边听《卖火柴的小女孩》《扇枕温衾》《孔融让梨》《悬梁刺股》《不耻下问》等童话故事和成语典故，父亲用这些故事引导教育我们好好做人，立志学习，长大报效祖国，做一个有益于社会的人。那时，不论是农村还是城市，人们思想比较封建，重男轻女的思想普遍存在，但我们家中男女平等，父亲从小不溺爱弟弟，不论买新衣裳还是买生活用品，对我们一视同仁，在我的记忆中，从小到大父亲连一句严厉的话也没说过。我们姊妹几个中，因我从小活泼好动，帮奶奶洗碗、洗锅、扫地，干一些家务活，给父母泡茶、端饭，父亲对我总是乐呵呵的，说我聪慧、可爱、懂事，对我疼爱有加，甚至胜过我弟弟。

1975年2月，县上又派父亲到三甲集镇专门管理修建二中的工作，父亲一心扑到基建建设中，没有怨言，做到了教学和管理工作两不误。

## 孝道尽善

1980年，我参加高考，考上后报志愿，父亲给我报的是临夏师范，他说女孩子当老师好，工作稳定。父亲也因工作优秀，能力出色，1981年、1982年连续两年被甘肃省教育厅抽调出甘肃省高考数学试卷。记得在1981年4月，那时的我正在上临夏师范，听说父亲来州政府招待所了，赶紧买了点橘子、苹果等去看父亲，到了门口，管理安全保卫的门卫没让我进，还害得父亲被连夜转移，怕泄密、漏题。直到高考结束，父亲才回了家。

20世纪80年代初，父亲被甘肃省教育厅恢复了大学老师的身份，也收到了兰州大学的商调函，同意回原单位工作。而父亲却陷入了两难境地，一面是回原单位工作的邀请，那是自己喜欢教书发挥个人专长的地方；另一面是从小含辛茹苦拉扯自己长大的老母亲思念家乡，想回到老家循化养老。最后父亲选择了孝顺，遵从老母亲的意愿离开了他工作20多年的第二故乡甘肃广河，带着老母亲和家人回到了生他养他的故乡青海循化。

## 乐善好施

1982年，我们举家搬迁至循化，父亲在循化县中学开始了他的教育教学工作。父亲是个乐观坚强的人，不论身处逆境、顺境，他都会无私奉献、教书育人。父亲也是个乐于助人、心地善良的人，他的善心、他做的善事在我们家族中人人共知。不管是亲戚、当家，还是同学、同事，甚至是素不相识的人，只要听说谁家遇到困难，只要向他开口，他就会想办法去帮助。我们一家人刚来循化时，学校没有现成的教职工住宅，就把操场边上一个在20世纪五六十年代修建的教室分配给了我们。但这难不倒父亲，他找了一个泥瓦工，自己和泥瓦工一起忙活了两天，经过简单的分隔、粉刷，就有了我们的新家。那时，家里经济很紧张，每月供应的面、米刚够我们一家人吃。就是在这样艰难困苦的日子里，父亲还不忘照顾在循化中学读书的亲戚们的几个孩子，隔三岔五地叫他们到我们家里吃饭，有时讨饭的到我们家来讨要，父亲也从来没有让讨要者空手出去。如果碰上我们在吃饭，父亲便会叫讨饭的到屋里坐下，亲自端茶端饭给他们吃，临走还会给他们拿个馍馍。我们有时还开玩笑说，这些乞丐成了我们的亲戚了。父亲乐善好施，给别人带去帮助，从未想过回报。他帮助人不仅是把食物送给困难的人，只要身上有钱，他也毫不吝啬地把钱给急需用钱的人。1992年5月，我们家隔壁来了一家从甘肃临夏来打工的人家，父亲觉得他们很辛苦，主动拿了些吃的给他们。到了冬季，那家男主人来我们家中向父亲借钱，父亲二话不说就掏出身上仅有的600元钱给他，第二天还到煤场给他家买了一吨煤，这家临夏人还没过完冬天就搬走了，不知去向。改革开放初期，农村经济发展慢，农民生活非常困难。对困难的亲戚，父亲也非常的关心和照顾，每到冬天总是力所能及地给那些困难的亲戚买一些面、米、煤，帮他们渡过难关。到了秋天，父亲帮助过的那些亲戚会送一些自产的水果、蔬菜给我们，以感谢父亲对他们的关心和照顾。

## 身正为范

1983年8月，父亲被调到循化师范学校工作，县教育局任命父亲为学校教导主任。1984年9月，循化县委任命父亲为县师范学校副校长，主管教务工作。组织的信任激发了父亲工作的热情，为了培养更多的教育人才，父亲一心扑在教学工作中，白天上课，晚上看书学习，精心备课。在我们家里，每天起床最早的是父亲，睡得最晚的也是父亲，熬夜成了父亲的习惯，每天下午下班回家最晚的也是父亲，有时等到饭菜凉了父亲才回家。父亲一生站在三尺讲台上，把自己的青春奉献给了教育事业，为社会培养了一批批优秀的教育人才，表现出了一位人民教师良好的职业道德和崇高的敬业精神。如今父亲教过的学生遍布全县，他们中的大多数已成为栋梁之材，在各条战线、各个领域展现着他们不平凡的人生。如当年的学生陈亦民，参加工作后成为一名人民教师，至今他还留存有我父亲的亲笔题字。

有一分耕耘就有一分收获。父亲在循化师范工作的这段时间里，爱校如家，始终不忘初心，坚守岗位，因工作认真负责，教书有方，得到了学生、同事和上级领导的好评。

多次被评为"优秀教师"和"先进教育工作者"。循化师范学校在父亲和同事们的辛勤耕耘和共同努力下，在全省、全国师范院校组织的比赛中取得了较好的成绩。1985年，在全省师范学校统考中获听、说、读、写、口头作文第一名，词语竞赛第三名；1989年，在全国师范文艺录像比赛中获二等奖和独唱第三名；同年，在全国青年教师论文比赛中获二等奖和全省一等奖。循化师范学校建校12年共培养出714名（含黄南代培"双语"生68名）师范毕业生，其中撒拉族250名，回族167名，藏族78名。

## 初心为公

◎马廷栋当选青海省政协委员（马亚红 提供）

1987年，教育系统实行聘任制，父亲第一个取得了循化县教育系统的副高职称。当时，评审委员会给父亲的评语是："该同志1958年毕业于西北师范学院数学专业，从事数学教学29年，教学经验丰富，教学成绩显著，管理工作能力强，成绩突出，多次被评为县、校级先进个人。经评议，具备高级讲师任职条件。"当时的评审委员会共有12人，全票通过。1993年经县政协、县统战部推荐，通过组织考察，父亲荣幸地成为青海省政协委员。

身为一名政协委员，父亲初心为公，多次在省政协会议上提交改善教育环境和教育公平的提案。

## 清淡人生

1997 年 3 月，父亲的独子、我的弟弟因车祸意外身亡，白发人送黑发人，父亲一夜之间白了头。从此父亲很少出门，随后便办了退休手续。父亲是个爱学习、关心国家大事的人，他从邮局征订了《参考消息》《读者文摘》等报纸杂志。父亲是一个热爱生活的人，专门从书店买来养花的书，学习养花知识，帮母亲在家养花养草。此外，还练习书法修身养性。父亲助人为乐的性格没有变，每年县上开展重大活动或节假日，父亲工作过的单位以及朋友、学生找父亲写宣传标语，这是父亲最高兴、最想干的事。每当家里来了找父亲书写的人，父亲总是好茶好饭招待。遇到县上换届，找父亲写选民名单的人更多，父亲常常白天写不完晚上接着写。随着年龄的增加，父亲的身体也出现了各种状况，心脏、脑血管供血不足，尤其是最后两年的帕金森综合征导致他直接瘫痪在床。

## 怀念父亲

父亲的一生虽平凡普通，但在我心目中，却是伟大的一生。在学校，父亲不仅是个教学能手，青年的父亲也是一名运动场上的健将。父亲喜欢打篮球、踢足球，经常约上老师们进行篮球比赛。那时，不论教育系统还是县政府，只要县上组织职工运动会，父亲都会积极报名参加。记得我上初二的某一天下午，我和同学一起去学校操场，看到父亲和同事们在踢足球。不知是父亲买的球鞋质量有问题，还是父亲踢球用力过大，将鞋踢得鞋面、鞋帮两分离，不知是谁拿来了麻绳，将鞋缠了又缠，继续奔跑在球场上。壮年时的父亲是头牛，没有酬劳，仅有奉献，给隔壁邻居的老人、小孩理发，帮母亲做饭、洗衣。母亲因身体不好，父亲就自己学着给母亲打针、按摩；他把全部的智慧和爱奉献给了家庭和亲友。老年的父亲是座山，是我们的心灵依靠，精神所托，载满了全家人的欢乐和希望。

父亲和谐友善，清正廉洁，从不阿谀奉承，做人坦坦荡荡，一生节俭，两袖清风，高风亮节，任劳任怨，宅心仁厚。父亲一生光明磊落，做人做事朴实无华，为人处世诚恳敞亮。正直、公正，坚持原则是他一生的写照。

父亲是个心思细腻的人。父亲的遗物中，有很多报刊资料、我们童年时的照片、家人的生辰等，甚至各种历史证件，收到的贺卡、信件都收藏保存完好，分门别类，井然有序。

父亲是个不愿意给别人添麻烦的人，哪怕是对自己的儿女。就在他快离开人世时，也未给我们添任何麻烦，走得很安详，这也让我们痛苦的心灵感到慰藉，我们深深理解这是父亲最后一次给予我们的人间大爱。

父亲生前关爱、呵护我们，我们也爱戴、尊敬父亲。他始终用慈祥的目光注视着我们，用宽厚的笑容鼓励着我们，父亲是我们的良师，是朋友，是我们的榜样，更是楷模。我们深深地怀念父亲，永远会把父亲放在我们心中最温暖、最柔软的地方。

# 我的父亲刘昶平凡的一生

刘建仁<sup>*</sup>

## 艰苦岁月　探寻出路

我的父亲刘昶，字畅吾，1923年农历二月初二生于循化县一个普通的农民家庭。

据父亲讲，我们祖上是从南京朱子巷迁移而来，后来又因战乱和生计所迫，部分先人们又先后上了新疆，只有为数不多的几家人留了下来，我的爷爷兄弟三人就是几家之一。那时，爷爷在县衙当差，曾祖母和奶奶一起生活。随着我父亲的呱呱落地，一脉香火有了延续。取名刘昶，昶就是永远有太阳之意。随着三个妹妹的出生，四口之家变为七口之家。年少的父亲在循阳学校读书，享受着自己最美好的童年。

在父亲12岁那年，爷爷不幸遇难，像晴天霹雳，让一切的美好戛然而止。家里唯一的经济来源突然中断，年幼的父亲不得不辍学，成了家里唯一的男人、唯一的劳力。没有擅长的手艺，家中的经济无法维持，举步维艰。正值马步芳抓壮丁，年少的父亲不得不应征。从此父亲为数不多的军饷成了曾祖母、奶奶和三个姑姑唯一的生活来源。从小失去了自己父亲的护佑，过早地承担了养家糊口的责任，在解放前十多年的壮丁生活中，父亲从少年成长为青年，在思想上从懵懂逐步成熟，有了"明辨是非、慎思笃行"的能力。父亲深知，当前的苟活不是长久的，这只是黎明前黑暗中等待的煎熬。

---

\*　刘建仁，青海民族大学土木与交通工程学院副教授。

解放兰州时，父亲毅然起义投诚，将自己所有的物资——一辆马车和四支枪都捐给了解放军。当解放军的领导将起义投诚的凭证递到父亲手中，郑重地说"这是你支援革命的凭证，人民政府会关照你的"时，父亲如获至宝，热泪盈眶。由于父亲积极作为，被安置在兰州伏龙坪奶牛场工作。起初，作为送奶工，每天骑着自行车，按时按点将牛奶送达。父亲稳重、淳朴，很快融入奶牛场的大家庭中，在领导和工友们的帮助下，父亲也入股买了一头大奶牛，从低收入的送奶工成为高收入的挤奶、饲养工。解放后安定的社会和父亲稳定的收入，使曾祖母和奶奶健康生活着，三个妹妹也长大成人，相继出嫁，完成了长兄如父的责任，而年近而立之年的父亲还是孤身一人。

1964年，父亲在"四清"运动"精简下放"后回到了老家循化和我母亲成婚。我的母亲马氏小名三妹，出生于线尕拉村。父母一生养育2个姐姐、1个哥哥和我4个子女。孩子们相继出生后，为维持一家人的生计，父亲把家里仅有的一点积蓄拿出购买了一头白骡子搞经营。除了每天在生产队田间地头劳作外，父亲牵着白骡子星夜穿梭在县城到孟达的羊肠小道上，为生计而奔波着。

在艰苦的岁月里，母亲也不甘落后，除了田间地头的劳作外，还在家自己酿麦麸醋。母亲出生在线尕拉村的大户人家，自小对麦麸醋的酿造工艺耳濡目染，熟知从制曲、注配料、在大木匣子里拌麸、定期搅匣子、装醅子到淋醋等全部复杂程序。在我的记忆中，母亲对每一道工序都把握得恰到好处，最为突出的就是卫生要求。无数次的反复酿醋过程中，对器具的清洗消毒尤其重要，在那个年代最好的也是唯一的消毒方式就是用开水烫洗，母亲把各种器具洗得干净锃亮，放到大锅中反复煮洗消毒，以自己的勤劳保证了优质的卫生条件。最为关键是制曲，俗称醋头，以青稞为原料，通过酒曲发酵，常年留存。每次拌麸，取适量的醋头，在匣子里和麦麸充分搅拌，闷发一周就好了。发酵的过程中一定要掌握好火候，通过闻到的气味和木匣的温度，就知道发酵的状况，这些极其精微的技艺已被母亲熟练掌握，每一次都精准到位。淋醋是最后的环节，也是最为喜悦的过程。将发酵好的麦麸倒装到大缸里，缸的下端小孔塞上特质的引流木塞，深褐色的液体带着浓郁的醋香流淌出来，轻柔馥郁的醋香味弥漫至院落的每一个角落，沁人心脾。这时，母亲在木匣里把又一批麦麸和醋头搅拌均匀，开始再一次的发酵。

那时候我们姐弟四人最重要的任务是捡瓶子和洗瓶子。记得当时，物质不是很丰富，瓶子显得很金贵，捡到一个瓶子如获至宝。大部分瓶子是点滴瓶，当地叫盐水瓶，也有一些为数不多、形态各异的酒瓶、醋瓶等。我们四人时常拿着瓶子到河边清洗，尤其是雨后河边，道路泥泞，鞋子大小松紧和脚不合拍，摔倒、滑倒是常有的事。在那种情况下，哪怕我们自己摔得人仰马翻，但瓶子安然无恙！

最终色泽清亮、醇厚绵甜的麦麸醋装在了形态各异的瓶子里，每瓶一角的售价和巷道口的蔬菜门市部两角钱售卖的醋形成鲜明的对比，充盈的数量、低廉的价格，很快走上了周边人家的餐桌。紧接着，大量的需求和原材料的不足成为最大的困难。为解决面临的问题，父母开始把青稞套种在自留地，麦麸长期收购，淋醋后的醋麸子又卖给养猪人，形成了良性循环经济圈。而母亲依然起早贪黑，不辞辛苦，用勤劳灵巧的双手劳作着，用辛苦劳动换来的微薄收入贴补家用。

父母亲就这样用自己的勤劳和辛苦，使家境开始慢慢好转，逐步摆脱了三年自然灾害带来的重创。

"文革"时期，有一天，生产大队一行人到家里，查看了白骡子、马车、木匣和酿醋缸，父亲被带走了，母亲不让酿醋了。三天后，父亲回来了，说以后不能再干这些了。随后几年，家庭遭遇了前所未有的困境。

"文革"结束后，父亲再次牵着白骡子踏上了通往孟达拉柴的路。1976年，初冬的积石镇，头鸡刚刚打鸣，人们还在沉睡中，而在县城城关清真寺大殿北侧、马营巷与寺门巷连接巷道的南侧第一家院子里，父亲已准备好了到孟达换柴的日用品，整齐而牢靠地码放在加长加宽的马车上，显得满满当当。大门道的拐角处，白骡子精神抖擞，似乎明白主人一直以来对自己精心照顾，很亲和地拉着马车，出门了。

从县城向东出发，到了石巷坡，再向东北行进，过了马儿坡，就上了孟达的路。

这条羊肠小道一边是黄河，一边是悬崖，马车刚刚能过去，特别的弯道处还需要人和牲畜齐心协力方能通过。就在这条通往孟达的搓板小路上，父亲和白骡子来回穿行密切配合多年，为我们的生活带来了新的光亮。

父亲对养牛也是情有独钟，这缘于他在兰州伏龙坪奶牛厂工作的经历，对牛的品种选择和养殖经验丰富。据母亲讲，父亲特别喜欢牛，但凡看到牛，都要驻足看一会儿，也一直盘算着养牛。通过常年拉柴的营生，攒了一些钱，我出生的前半年，父亲从乡下买来了一头牛，瘦骨嶙峋，在父亲的照料下，日渐茁壮。我出生后的半个月，家里买来的牛也生了小牛，我们有牛奶喝了，邻里们都说我"命大"。后来回想，都是父母亲不辞劳苦，亲力亲为一手创造的。自此，哥哥姐姐们也有了去送（卖）牛奶的经历，我也时常跟着他们走街串巷。牛奶醇厚的味道和充足的分量，总是被人家争相订购。父亲时常说"嗣（母）牛下嗣牛，三年五个牛"。家境逐步在父母亲的勤劳和坚韧中好转。

父母亲用自己的勤劳和坚忍不拔，在艰苦的岁月中为我们兄弟姐妹遮风挡雨。记得当时马营巷口、县城正街——积石大街西侧，是县城蔬菜门市部，每次运来一些生活必需品时，人们集聚在门口，只有少数不多的人拿着票（布票、粮票等）和人民币，买上"蓄谋已久"的生活用品，更多的人只是张望着。父母亲也会出现在不多的人群中，除了购买一些生活必需品外，还有他俩喜欢喝的松州茶。当泡上一壶茶，倒入茶杯中，父亲美美地喝上一口，这时，父亲最喜欢说的一句话是"喝了茶乏气会散的！"

## 诚信为先　经营有道

随着党的十一届三中全会的召开，全国上下逐步从僵化的体制中走出来。1979 年 9 月，循化县召开了规模空前的循化撒拉族自治县成立 25 周年大庆。父亲很快领会了会议精神并积极响应国家政策，申领了营业执照，在 1980 年的初春，西街饭馆——循化县城第一家个体经营饭馆开业了。开业之始，父亲就立下规矩，经营饭馆一定要讲究诚信为先、货真价实、味美量足。早上粉汤，中午手抓羊肉和面片，再来一碗盖碗茶。这样，循化的"老三篇"就初显雏形。从中午开始，手抓羊肉和面片的销售非常好，时常人手紧张。一放学，我们姐弟四人就到饭馆去帮厨，尤其是我的两个姐姐，面片揪得极快还薄厚均匀。后来，父母怕影响我们的学习就雇了两个人，不准我们去帮厨了。

清晨开门营业之始，粉汤是一碗一碗烧制的，父亲挑选食材，母亲掌握火候，一家人都是亲力亲为，看着食客们把碗底也吃得干干净净时，父母亲的脸上总是洋溢着幸福的笑容。1982年初，随着县城市场的统一规划和调整，饭馆由于要搬迁而终止营业。

在这几年的发展中，父亲多次去兰州考察，看到了兰州等地的经济发展，立志要在循化干出一番事业来。1982年8月，在县城积石大街的中段，县委招待所的正对面，面积增大了数倍的新饭馆开张了，饭馆在"老三篇"和粉汤的基础上，增加了拉面、干拌面和炮仗面。雇佣面匠、菜匠和洗碗、打杂的6人。新饭馆一经开张，除了原来本地的食客外，满载着人流从临夏、黄南等过往的班车，也纷纷停靠在饭馆门口排着队吃口饭才驶离。

食客们将盖碗茶、面片和手抓羊肉称为"老三篇"。父母亲对"老三篇"食材和做工流程的严格把控是饭馆生意空前火爆的真正原因。最初的盖碗茶，没有丰富的原料，仅仅是茶叶、桂圆和冰糖，这些原料都是父亲精心挑选的。茶叶一定要选择味道、色泽等方面优于其他茶叶的云南春尖茶，开水一定要火候达到"牡丹花"的泉水，这样冲泡时，很快就能闻到盖碗茶特有的茶香。做尕面片的前提是和好面，父母亲对和面的师傅有严格的要求，面和水的比例分次到位，否则就成了饱水面了。和面时一定要揉到出小气泡才行，然后做成大小适中的面剂子。揪面片时人手要多要快，火势掌握在中小火，不能太大，最后一定要焖一会儿，父亲总结为"三滚不如一焖"。炒臊子和颠勺都是由母亲完成，最多一锅烧制12碗，面也很滑溜，不黏。手抓羊肉，从岗察山上选购的藏羊，纯粹的草膘羊每天定时送来，父亲亲自掌控煮肉的每一道程序，日复一日的老汤，年复一年的热情，煮出来的是独特又清香的味道——老刘家味道。从那时起，"老三篇"逐步成为循化人下馆子的标配。干净卫生的环境、诚信合法的经营也多次得到县工商局、税务局和卫生局的表彰。

五年后，饭馆一度爆满无法满足人们的需求。父亲决定扩大经营，在寺门巷选定了刚刚竣工的有里外两栋，外侧上下共 14 间，里侧上下共 8 间的两层楼，并由父亲的好友循化籍书法家黎凡先生亲自题字"星月楼饭庄"。1987 年 6 月饭庄正式开业，仍然以经营"老三篇"为主打模式，同时将楼上 11 间装修为旅馆经营。据父亲粗略估计，当年的营业收入已经达到 10 万余元。

1984 年，由于父亲起义投诚的政治背景，县上给父亲奖励了一院庄廓，在县城老城墙西北侧拐角外侧。第二年院落修建好后，正好成了饭馆雇佣员工们的宿舍和粮食、草料的库房。院子空闲的地方多，父亲专门修建了牛圈便于养牛。事务再忙，父亲总是抽出时间去饲养、打扫圈舍。父亲对牛的品种也严格把关，"西门达""黑白花"以及本地黄牛等，都是父亲养牛的首选。每天饭馆里的残汤和盖碗茶用弃的茶叶、桂圆，成了牛的食材。由于顾不上挤牛奶，有了富足的牛奶，小牛犊的生长格外茁壮，4 个月大的小牛犊比其他两岁多的小牛还要健壮。1984 年，县上开展了畜牧业评比大赛，调皮的小牛犊在大牛的陪伴和父亲的牵引下，从西街走到了东门的畜牧站，小牛犊壮硕的外表和明亮的毛色，成为一道亮丽的风景，在评比中拔得头筹。

1986 年，父母亲作为循化县第一代"万元户"代表受到记者的专访，并在《青海日报》头版头条作了翔实的报道。1988 年，父亲被评为青海省优秀个体户，并代表循化县个体协会参加了青海省首届先进个体协会和个体劳动者表彰大会。

父亲根据市场的发展和需求，1986 年购买了一辆北京吉普，我的哥哥通过一年多的严格专业训练，考取了驾照，成为专职司机。那时到省城西宁或到兰州等地办公、办事、经商的包车需求量很大，包车业务很是紧俏，哥哥常年奔驰在去往兰州、西宁的路上。1989 年，根据政策导向，父亲又购买了胜利面包车，经营从循化到西宁的长途客运，实现了家庭经济收入单纯依靠饭馆经营到饭馆经营、长途客运多元发展的轨道上。

## 破除陈规　和谐一方

1985 年，父亲当选为城关清真寺学董（寺管会主任），父亲的工作重心开始转向为乡邻服务。"文革"时期，城关清真寺被拆除。随着改革开放，清真寺重新修建，大殿已经完工，但宣礼楼、水塘、厨房及生活用房的修建任务落在了父亲这一代管委会的身上。在 8 年多的学董任期内，父亲在县民族宗教及民族团结方面做出了突出贡献。

每年的斋月，虔诚的信教群众都会完成这一重要的宗教活动，凌晨 4 点左右，要吃饱喝足，随着"邦克"的诵读，一天的封斋开始了，直到太阳落山，才能进食开斋。每到斋月，30 天这两个时段都分配到者玛提各家各户，轮流给阿訇满拉封斋和开斋。父亲发现，斋月的封斋、开斋给每个家庭造成了不同经济负担，也造成了一定的浪费，另外，到清真寺礼拜的外乡人，没有地方去开斋。后来，父亲作出了者玛提集体开斋的决定，每户规定了最低缴费资金，最高不限，安排各家各户分组轮流到寺里做饭。每到开斋时，院子里摆放着桌椅板凳，阿訇、满拉、本乡的、外乡的，一起开斋，其乐融融。斋月结束，寺院账目核算，除了本者玛提的基本缴费外，更多的人把自己的"乜提"也交上来，更可喜的是，外乡的信徒们也把"乜提"交到了清真寺里。从此，城关清真寺从四庄的海依寺成为循化县的城管清真大寺。随着县城城镇规模的不断扩大，好多人自然地加入城关者玛提的行列以及后期的大寺重建和修缮。

父亲担任学董期间，对清真寺的账目管理严谨，寺管会的出纳和会计分设，实行票据管理，所有的款项账目罗列清晰，每月统计，每季核算，每年核查。另外，有一个不成文的规定，所有寺管会人员到外地办事、化钱粮等，吃喝拉撒及用度都是自己掏腰包，绝不会用寺里的一分钱。

## 解困济贫　乐善好施

1980 年，市场经济的曙光逐步显现。西街的道路两侧，有卖葱、蒜、洋芋等其他乡镇的农民一大早来赶集还没有顾得上吃早饭，尤其是冬天，饥寒交迫。父母亲深知农民的不易。每天 10 点左右，粉汤卖停了，但是羊肉汤还很富足。这时父母亲走出去，招招手吆喝一声，熟悉的、不熟悉的都会赶过来，拿出自己准备好的碗，盛上一碗热乎乎的羊肉汤，撒点葱花、蒜叶，泡上自家带来的馍馍，早饭、晌午饭全部解决了。有时这些农民要付钱或者用葱、蒜、洋芋等抵羊肉汤，父亲总是呵呵一笑，从来没有收过这些人的钱和东西。在那个年代，街上乞讨的人很多，遇到落难或者乞讨人员时，父母亲经常主动把他们请到里间给他们免费提供饭食。个别年老体弱或残障人士几乎成了饭馆的常客，父母亲从来没有拒绝过他们。

1986 年的斋月，父亲把大牛举意到寺里，我们到城西的庄廓去拉牛，这个平日温顺的牛，从我们的手里挣脱，径直往外跑，它通过西街大街，跑进马营巷，站在老家门口，嗷嗷叫了两声后，跑进了清真寺里面大殿南侧经常使唤（宰）牛羊的位置，驻足而立，恢复了往时的温顺，再也没有挣脱和奔跑。了解到这些情况，父亲对牛的感情愈加深厚，他待在牛舍的时间也愈发长了。从此，他在饭馆门口只要看见有难的人士，总会第一个端上一碗饭并嘘寒问暖伸出援手。多年以后，我清楚地记得，两位曾落难的乞讨人士多方打听专门到家中看望年迈的父亲。

在每年的斋月，受到经济条件的影响以及半夜准备饭菜的困难，阿訇满拉三十天的开斋饭陆续被者玛提的人家确定，而承担封斋的没有几家，以至于最初的两年，阿訇满拉封斋的重担落在了父母的身上，半月多的日子里，在"老三篇"的基础上，还配有包子、碗菜等食物。饭馆在斋月期间是停业的，这些食材都是父母亲力亲为，斋月结束时，父母亲憔悴得失去了人形。开斋聚礼结束后，德高望重的阿訇带着十几位满拉，径直到家门口，一字排开，很庄严地齐声给父母道以尊贵的赛俩目问候！

275　·

改革开放初期，县城大街上的路灯星星点点。巷道里没有路灯，到了晚上黑漆漆的，早出晚归的人们总是摸黑出入。于是父亲在老家的大门外侧安装上了门灯，说是门灯，实际上就是路灯。按时开关灯成了我们家人的一项工作，每天傍晚，都会按时打开，为过往的街坊邻居提供方便。这种状态延续了十多年。

循化县城镇化改造时，父亲积极响应，亲力亲为。自来水进户时，由于经济原因，马营巷仅有3户人家办理了手续，几十米的管网施工，由3户人家承担，父亲和另外两户商议后，在巷道的总水管上，给每户预留了接口，而施工人员的伙食父亲全部承担了。后来几年，陆续有人家从预留口接上了自来水，也没有让他们再分摊费用。

父母亲勤劳致富，家庭条件得以改善。街坊邻居在危急关头，总是第一个想到我的父母，父母亲尽最大能力去帮助他们。有一次，街坊病重，危在旦夕，由于经济条件不好不知所措，父亲当机立断，除了给予资金帮助外，还让哥哥开车把病人送往省城西宁，使得病人得到及时救治，转危为安。数月后出院回家，街坊对父亲千恩万谢，非得把车费结了，父亲说，都是街坊邻居，谁家没有个事，就没有收他的钱。

自饭馆生意经营起，十几年的光景，临夏的一位大叔自始至终都在饭馆打杂，他的两个儿子也先后到这里务工、学面点和炒菜，最终成为面匠和炒菜匠。这个叔叔体弱多病，父母亲常年为他寻医问药。1991年，父亲的饭店生意落幕，父母亲将家里唯一的大牛打点给了这位叔叔，让他在以后的日子里做起牛的营生。当时，这位正值壮年的汉子，没想到十几年来对他无微不至的关怀和帮助，到头来还要把价值不菲的牛作为礼物送给自己，感激涕零。当时我们觉得不可思议，若干年后，感觉父亲的做法再恰当不过，这是他对养牛情结最好的寄托吧！

父亲担任清真寺学董期间，我家的吉普车和面包车成了寺里不需要支付任何费用的办公用车。尤其是水塘建成后，为了锅炉的采购及安装，父亲一行往返兰州数次，以及运抵到安装使用，技术员及安装师傅的吃住都在星月楼饭庄。宣礼楼的修建最为困难，由于经费紧张，多次停工。那个时候，星月楼饭庄承担了清真寺众多事务的后勤保障，所有的开支都从饭庄的营业额中支出。

## 以身作则　重视教育

父亲小时候在循阳学校读了小学。文化程度虽然不高，但喜欢看报纸，了解时事新闻。家境好转后，父亲订了《青海日报》，每天会抽空看报，还给伙计们读报纸，讲新鲜的事。报纸用夹子挂在饭厅最显眼的墙上，成为饭馆的文化一角。父亲喜欢字画，与书法家黎凡结下了深厚的友谊。在饭馆的正厅，一幅"让一分心平气和，退一步海阔天空"的字画尤为醒目，这也正是父亲一生立身处事的真实写照！父亲一直关注着我们四人的学习，时常买来一些书法字帖和绘画作品让我们临摹。中学时给我们订《中学生学习报》和《语文报》等报纸，20世纪80年代，这在平常老百姓家里很少有的。父亲通过文化馆工作人员了解到县城图书馆可以借阅书籍，很快给我们姐弟四人办了借阅证，在相当长的一段时间，我们沉浸在连环画、经典名著中，这些点点滴滴的文化引导，对我们姐弟四人的学习起到了很大的作用。

平日里父亲话不多，对我们的教导大多是以身作则、言传身教。他常说，"君子的言贵""多人闭口，独坐方休"和"馒头吃大话说小"。站有站姿，坐有坐相，父亲自己从来不跷二郎腿，也不允许我们跷。即使到了90岁，他的身躯还是端庄挺拔，我从来没有听见过父亲腰腿不舒服。在待人接物、言谈举止、尊老爱幼、诚实守信等方面，父亲一直严格要求我们。记得有一次送牛奶，冬天的早晨，天黑地滑，二姐不小心摔倒了，牛奶倒出去了一半，情急之下，我俩跑到自来水站，加上水，按时送完，似乎天衣无缝。而父亲很快发现了路上牛奶的痕迹，很严厉地问事情的经过，我们如实招供，父亲没有打骂和责怪我们，而是把我们姐弟四人叫到一起，给我们讲做人、讲诚信。第二天，还是由我和二姐送牛奶，挨家挨户说明昨天的情况，还告诉大家昨天的牛奶不算在订单里。这件事情对我们四个子女的影响是深远的。

父亲总说他是农民的儿子，始终坚持种地的习惯，而且让我们姐弟四人也必须参与翻地、种地、满水、拔草、收割和打场等各个务农的具体劳作。有时太累了我们会埋怨几声，父亲总说种地是基础，农民的儿子不能忘本。尤其是农田包产到户时，大家都不想要靠近路边的地，过往的行人、牲畜会对庄稼地造成损失，从责任田、蔬菜地到自留地，我们的地都在路边。最初的几年，庄稼被人踩踏、大豆被人采摘是常有的事，但随着农业机械化的实现，当拖拉机、播种机、收割机等农用机械很便捷地出入田间地头，左邻右舍才意识到路边地也有独特的优越条件。年少时期的这些经历，对我们的影响是刻骨铭心的。

## 与人为善　安享晚年

随着城管清真寺里水塘、宣礼楼的竣工，父亲也到了古稀之年，儿女们也长大成人、工作稳定。1991年，父母亲长达11年的饭馆生意在我们几个子女的一再催促下停业歇息了，同时父亲也卸任了学董，开始安度晚年。

父亲在担任者玛提学董期间，对父亲采取的举措，并不是所有人都认可的，甚至有些人言语中伤，面对这样的矛盾父亲总是和善地解释，从未激化。逐渐地人们习惯了，接受了。在父亲卸任学董休养生息多年的一天，一位和父亲年龄相仿的大爷，在孩子们的陪同下来看望父母亲，在老人们的畅谈中，这位老者对自己看问题的偏激和制造的麻烦深表后悔和歉意！父亲也表达了自己的想法，觉得所有显现出来的问题都是正常的。

1997年，老家房屋改建。老家的位置在马营巷的小十字东北角，西侧和北侧都是巷道。原本人力车通行的巷道，加上电线杆的架设，车辆无法通行，一直困扰着巷道里面进出的人们。父亲说，西宁有个巷道叫礼让街，我们也要学习。设计图纸时，父亲专门和修建的师傅作了交代，建成后，不大的院子西侧和北侧在原来的位置上各让进了一尺左右，巷道一下子豁然开朗，瓶颈打开了，两侧都能通行车辆了。

曾祖母和奶奶相继离世，好长时间家里没有了老人的身影。随着家境的好转，父亲把乡下的大姨奶奶和小姨奶奶接到家里，除了饮食起居，还要给老人看病买药添衣，两位老人似乎轮岗一样，我们姐弟四人的任务是负责老人的起居，父母亲不厌其烦，我们也习以为常。

父亲始终眷顾着三个姑姑。

三姑，父亲最小的妹妹，给她的舅舅当了儿媳，虽然遇到了三姑父发配海北农场的经历，但毕竟在亲戚家，又在父亲的眼皮底下，也没有经历多大的磨难。

二姑是父亲最为牵挂的，远嫁到西宁，后来又下放到姑父的老家——化隆扎巴，一个靠天吃饭、特别贫瘠的地方。父母亲经常想方设法地补给，最常见的是油脂团和菜瓜干。母亲从煮肉汤中提取出的油脂团，有丰富的营养，在那个年代，这些是非常稀少的，也是很抢手的，父母亲定期装到面粉袋里，通过熟悉的司机送到二姑家里。到了夏天，菜瓜丰收的季节，母亲会买很多，削了皮，把一个菜瓜从头至尾、薄厚均匀地旋切，在阳光下晾晒几日，到了冬季，在我看来这些比肉还好吃的食材，都送到二姑家里。我们从一开始的不情愿，慢慢习以为常。

大姑虽然婚姻不幸，但有一份工作，吃穿用度不成问题，关键就是我唯一的表哥，由于缺少父爱，他的教育便落在了父亲身上。因自小和我们生活在一起，姓氏随了大姑，在很多人眼里表哥成了父亲的大儿子。高中毕业后，父亲把表哥安排在饭馆务工，在父亲的影响下，表哥也慢慢成长起来，懂事了，规矩了。经过多次招工、招干考试被录用后，父亲悬着的心终于放下了。

2005年开始，父母亲在西宁安享晚年。每天，除了按时做礼拜，父亲会用更多的时间看新闻，看报纸。多年来，到家里探望父母的客人络绎不绝，父亲特别喜欢和勤劳创业的人交流，同情干苦力的人。记得父母亲刚到西宁不久的一天，我们单元七楼正在装修，有一对年轻的夫妇拉来满车的沙子，往楼上背。父亲看到后关注了很久，说这对年轻夫妇不容易。我们领会了父亲的用意，把茶水和饭菜送过去时，父亲长舒了一口气，露出了满意的笑容。

二姑和三姑都在父亲之前离开了人世，父亲以最为隆重的民族习惯为她们做了深切的祈祷。2014年春节，大年初二，仿佛心有灵犀，父亲突然提出要到老家看望大姑，我们驱车回到循化，那一天，病入膏肓的大姑精神矍铄，第二天与世长辞。父亲以同样的方式，给大姑做了深切的祈祷。父亲从12岁开始成为三个姑姑最有力的后盾和保障，一直到生命的结束，完成了长兄如父的担当和责任。那一天，父亲长舒了一口气，我们看到了父亲的坦然和释怀。

2014年4月15日，父亲重感冒，住进了省人民医院，治疗后情况有所好转。到了第三天早上，父亲的状态又急转直下，母亲和我们几个子女站在父亲的病床前，他一一嘱咐我们并交代了后事……17日19点半，父亲闭上了眼睛，安详而温和地与世长辞，享年91岁。

翌日中午晌礼后，父亲的"站那在"在城关坟园进行，由于父亲的声望，中原四庄及撒拉八工的信教群众都前来为父亲祷告送行，整个坟园人山人海！

父亲离开了我们，每每回忆起这些往事，历历在目，如同昨日一般。从12岁开始，父亲承担起养家糊口的重担，始终将家庭、亲情放在第一位，为人低调、处事谨慎，父亲的一生总是奉献给别人的很多，要求别人的很少；虽然经历了艰难困苦的岁月，脸上却始终洋溢着幸福的笑容！从而塑造了自己循化男人的一切优点——忠厚淳朴、乐于吃苦、从不服输。用自己的博爱和宽容，影响着我们。

有人说父亲是高山，是大海，我想说，父亲更是春天，春风化雨、润泽四方；是希望，润物无声、坚韧不拔、迎难而上！

父亲虽然离我们远去，但是他对我们的教育和影响一直在护佑着我们四个子女和孙辈。我们怀念他！

# 音容宛在 德耀千秋

## ——回忆我的父亲马和琴

马培育[*]

转眼之间，父亲离开已有 27 个年头了。可回忆和思念频频来袭，难以忘怀。能借此机会再次翻阅他一生的辗转经历，并载入史册，实属一大幸事。

### 寻梦之路 一波三折

父亲名马丛礼，字和琴（后代大多以其字相称），1926 年 3 月出生于循化县城。祖父马瑞斋在解放前是有名的商人。当时经商地遍布西北乃至包头、天津、上海等地，经营鞋帽布匹、食盐杂货、邮件差送等，铺面商号为"吉福祥"，在循化县比较有名（至今故居尚存）。族辈崇尚教育，为人宽厚，品行良好，在当地各族群众

◎马和琴和儿子马培育合影（马培育 提供）

* 马培育，循化县退休干部。

中有着很好的口碑。父亲弟兄三个，他排行老大。因家族经商，所以父亲的童年相对比较安顺。

父亲8岁时（1934年）入市区完小（积石小学）读书。到三年级时，为了学阿文的需要，转到循阳小学（当时循阳小学基本是回族学生，设有阿文课一门）又复读一年。据说那时父亲长得眉清目秀，性格温和，加上学习勤奋努力，在学校深得师生喜欢。根据父亲生前日记得知：在小学时，他还参加过"童子军"，每逢有大小会议时，他们便拿着长棍子维持秩序。1941年7月从循阳小学毕业。

在父亲的再三恳求下，祖父同意将他送到临夏青云小学补习一年。1942年9月，父亲补习结束返回循化老家。不久，循化邮局招人，他毅然报了名成为雇员，那年，他16岁。在循化邮局的那段日子，父亲过得十分艰辛，如他在日记中所写"因为自己学到的知识有限，工作中非常吃力，还是暂时放弃谋生念头，继续深造求学。与父亲谈了好多次，才同意了我辞职再读书的请求"。当时又逢马步芳征兵，也为了躲避兵役，于1945年9月赴西北中学读初中。在这里，父亲度过了初中生涯。父亲生前在谈起这段经历时，感慨万千。当时正值抗战取得胜利之际，抗日救亡运动在全国各地蓬勃兴起，许多知识青年在抗日爱国的激情鼓舞下，参加"三青团"搞过一些活动，如建立战地服务队、宣传队慰问前方将士、伤病员和军人家属、开设青年服务社等，他也是其中一员。当时因为年轻气盛，有点盲从意味。父亲还当过伊斯兰理事会的会长，主持过一些工作。1946年元月正值寒假，祖母因病去世。这对于不满20岁的父亲来说无疑是沉重的打击，他悲痛失意，大病一场。然而"逝者长已矣，存者且偷生"，第二学期开学，他收起悲痛踏上继续求学的路程。

1948年7月，父亲从西北中学初中毕业回到西宁，被吸收为西宁军政干部，学习培训半年。半年后（1949年3月）被分配到湟中鲁沙尔镇搞征粮工作。那时鲁沙尔地区匪特活动非常猖狂，经常出现滥杀无辜的现象。父亲在一次工作队征粮途中，遭遇叛匪围攻，为了逃命，在跳楼过程中摔折腰椎，仓皇逃离。后来平叛后回西宁救治。

虽然能勉强行走，但落下了终身疾患。

1949 年 8 月循化解放时，祖父马瑞斋组织县城商贾、开明乡绅，拉牛挂红，到循化县城东门、土门子桥迎接王震将军带领的解放大军，代表全县人民欢迎解放军入驻循化，祖父将家族多年经营积攒的黄金、银圆珠宝全部捐赠给解放军。当晚，还在老宅内安排一个排的将领士兵留宿一晚。为此，祖父被王震将军任命为循化县临时人民政府副县长。此时父亲在西宁治病，身体稍有好转。在祖父的要求下，于 1950 年 3 月父亲回到循化，被安排到县城小学（现在的积石小学）任教。这一入行，便决定了父亲一生从教的命运。

## 撑起一片天　走遍风雨路

1950 年 9 月，循阳小学随着县城解放刚刚复课，父亲便调到循阳小学当了校长。此时百姓生活还很困难，往往是吃了上顿没下顿，所以对教育不是很关心。父亲满怀对家乡的赤诚之心，全身心投入工作之中。亲自带头走访百姓，结合自己的求学经历给百姓做思想工作，动员适龄孩子入学，尤其是动员女孩子入学，做了大量工作。不到一年，学生人数急剧增长。就在父亲工作刚刚开始有了起色时，祖父却因病去世。这对于时年 25 岁刚参加工作不久的父亲来说，又是一次沉重的打击，按父亲的话说"失去了唯一的依靠，变成了真正的孤儿"！作为家里的长子，必须要挺直脊梁，挑起责任。按祖父遗嘱，父亲搬到瓦匠庄"吉福祥"老宅居住。

此时循化偏远地区的小学也陆续立校、复课，两年后父亲被调到街子小学当校长。街子是循化最古老的撒拉族地区，百姓思想相对更加保守、传统，百姓生活比起县城附近的村落相对困难。父亲还要克服语言交流的障碍，要做好学校工作，难度更大。可他无怨无悔，默默无闻地挑起了重担，从学校基础设施、教学配备到师资队伍建设、从走家串户动员孩子入学到教学常规要求，他都亲力亲为。不到两年时间，街子小学在附近乡村小学中崭露头角。"马校长"这个亲切的称呼也开始在街子地区传播开来。

1956年9月，父亲再次调到循阳小学接任校长。此时的循阳小学规模正在不断扩大，学生已达400多人。1958年掀起全民兴办教育的热潮，入学率和升学率都达到了新高，循阳小学在中原四庄成为规模最大、师生数最多的学校。

三年后（1959年9月），父亲调到文都藏族乡的中库小学当校长（据说是刚刚建校）。中库在文都乡往东5公里以外，且都是崎岖山路，人口稀少，村民几乎没接触过汉语。父亲每天徒步来回，在他的回忆录里说："中库地区山路崎岖不平，村民居住分散，为了能够让每个孩子顺利入学，大多时候需要艰难跋涉几个小时。我忍着饥饿之苦，克服跋涉之劳，有时一个来回就是一天。此外，跟学生和家长的交流也是一大难题，多半都是打手势交流。为了不让一个孩子掉队，真是吃了不少苦头。"从这些文字里可以触摸到当时父亲为了振兴民族教育而花费的心血。

1961年9月，父亲又被调到街子孟达山小学。此时正是国民经济特别困难时期，百姓生活贫困，食不果腹。孟达山自然条件与中库地区差不多（甚至更差一些），在这里，父亲以同样的姿态，同样的执着，每天早出晚归，忍饥挨饿，从校舍改建到建立健全各项规章制度、动员学生入学都亲力亲为。有一次，父亲徒步走到半路时因饥饿而体力不支晕倒在路上，被过路人发现用毛驴驮回了家，在家里昏迷了三天。第四天恢复意识后又带着野菜土豆上路了……那时我才3岁，依稀记得父亲身材魁梧却骨瘦如柴。

这年冬天，父亲小弟（我的三叔）在北山砍柴时不慎从山上摔下来不治身亡，父亲再次陷入失去亲人的巨大悲痛之中。我清楚地记得从此父亲好像不会笑了，常常低着头不言不语。我在父亲日记里看到过这样的独白："生活对我来说好像处处是磨难：19岁失去母爱，25岁再失父爱，36岁又送走胞弟，心痛至极！可是，我只有擦干眼泪努力向前，才是对他们最好的报答。"刚强的父亲用信念点亮灰暗的日子，继续投入学校工作中。

1962年9月，父亲又调到循阳小学担任校长。此时正值国民经济困难时期，很多学生因此而中途辍学，学校工作处于半瘫痪状态。父亲边整顿教学秩序，边走访百姓，动员孩子复课入学。到这年底，情况开始有所好转。县委、县政府为了帮助百姓渡过难关，决定学生在食堂吃饭，以稳定生源。实行全日制教学，延长学生的在校学习时间，健全各项规章制度，严格实行考核和升留级制度，保持国家、集体两条腿走路，采取国家、人民公社、生产大队联合办学方式。学生入学率有所回升，办学条件也有所好转。到 1965 年时，循阳小学入学人数达 280 人（其中女生 135 人）。

1966 年"文革"开始，父亲因为出身成分不好而受到牵连，降职成一般教员调到清水乡孟达小学。那时我 7 岁，依稀记得母亲在昏暗的煤油灯下缝补衣服，父亲满脸愁容地坐在一旁低声诉苦："好不容易调到家门口了，多少还可以顾上家和孩子们了，又被调离了……"母亲安慰他说："去就去吧，家里有我呢。好歹还有点收入可以补贴家里……"那年我刚好要上小学一年级，也受父亲牵扯不能正常入学，便跟着父亲在清水乡孟达小学入学了。一老一小走在路上，父亲提着我的书包，带着干粮，我跟在身后和他一起爬山路，过水渠。很多时候是父亲手里提着东西，背着我过去。如果遇到雨雪天气，那就更难了。我趴在父亲单薄的背上，并不能深味他的辛酸，只觉得父亲的后背永远是我停靠困难和孤单的温馨之地。可能是父亲带着我来回实在太辛苦，二年级时，好不容易才将我转到循阳小学。

父亲曾在文字里自我勉励："人的一生，悲喜难料。但正是悲伤锤炼着人的意志，也使我更清醒地活着，无论是为自己还是为别人。"现在读来，才懂得支撑着父亲坦然走过风雨的，正是他内心的从容与崇高的使命感。

在我 10 岁（1968 年）时，母亲因生弟弟而大出血，身体虚弱，一度不能外出劳动。父亲远在孟达照顾不了家里生活。为了照顾母亲和弟弟，大姐和二姐提出要退学分担家务。可是父亲坚决地说："天塌下来有我顶着，再苦再穷都不能退学！"日后，父亲在上班前给我们做好早饭，然后安顿好我们一天的伙食后才去上班。我时常目睹着父亲的执着和不易，跟着他晨起，等着他日落。

1969 年 9 月，父亲调到了清水学校，离家里稍近了一点。常言说"人过留名，雁过留声"，虽然父亲历经各种磨难和坎坷，可脚步后面都是赞誉和好评！清水学校让他兼管出纳和学校重建工作。那时清水学校已经是完全中学，上中学的孩子们大多住校。工作向来认真精细的父亲更忙了。每周依然是徒步来回，冬季时，走到家里时都是黑夜，可父亲从不说苦说累。一年后，父亲凑钱买了一辆二手自行车，从此节省了好多时间，也轻松了不少。可从县城到清水中学的那段路是砂石路面，又是上坡路。我从循阳小学毕业后跟随父亲到清水学校上初中。有一次，风雨交加，父亲骑到清水石巷坡时，不慎滑倒，斜躺在路上半天起不来。我吃力地先把自行车扶起来，然后等路人过来后，帮忙把父亲搀扶起来，一瘸一拐到了学校。学校几个老师坚持送医院拍片检查，结果是大腿粉碎性骨折，至少需要静养一年。可是不到半年，腿伤还未痊愈，父亲就坚持拄着拐杖去上班了，也因此落下了终身残疾。后来组织上考虑他出行不便，于 1978 年底把他调回循阳学校，一年多后退休。可父亲原来笔直的脊梁再也不能挺立，左腿弯曲只能靠拐杖支撑。而"马校长"这个不用任何修饰却自带光亮的名字驻扎在了更多人的心中。

父亲从教 30 余年，脚步走遍循化的沟沟坎坎。东至清水孟达小学，西到街子孟达山，南至文都中库小学，四进四出循阳学校……起落回环，漂泊不定。像一颗棋子，哪里需要哪里上，毫无怨言，默默无闻。为振兴民族教育做出了突出贡献。在他最后的日记里用一首七绝总结了他的一生："满面皱纹六十头，丹心支教三十秋。三尺讲台洒热血，俯首甘为孺子牛！"父亲用自己一生的言行深刻诠释了什么是"孺子牛精神"，诠释了历经千回百折只为坚守生命最后的繁华！

余华在《活着》一书中说："活着，在我们中国的词语里充满了力量，它的力量不是来自喊叫，也不是来自于进攻，而是忍受，去忍受生命赋予我们的责任，去忍受现实给予我们的苦难、无聊和平庸。"

## 望之凝重有威　近之温和慈善

在我们子女眼里，父亲是一座山，一座伟岸坚挺的山！磨难再多，也动摇不了他内心的信念；风雨再大，总可找到安身立命之处！即便生活充斥着苍凉和荒芜，他却依旧走得坦荡而从容。在填不饱肚子的年代里（尤其是女生上学读书更是难上加难），他坚持供我们六个子女完成学业，是多么不易。他一直告诫我们：做人要诚实本分，有担当懂责任；不求高官厚禄，只求尽职尽责尽本分。在父亲的教导和引领下，我们六个兄弟姐妹各个品行端庄，为人正直，在平凡岗位上尽职尽责，深得大众好评。父亲的隐忍大度、宽厚仁爱和刚强执着是我们子女一生取之不竭、用之不尽的宝贵财富。

而在别人眼里，父亲是个极其厚道、极能忍耐且特别能吃苦的好好先生。那时，父亲工资虽然低，但相对于其他百姓还是比较富足。每当家里做什么好吃的，父亲总让母亲多做点，给周围邻居和双方亲戚们也送点过去。或许是这个原因，那时村里人和亲戚们都说我们家的饭菜格外出众。村里如果谁家有了矛盾或纠纷，人们总要找父亲出面协调。只要父亲一出面，双方最后一定会握手言和。

退休后的日子，父亲把自己的生活依然安排得井井有条：每天除了读书、看报、写日记外，还拄着拐杖沿着"蛤蟆泉"路走一圈，晚上一一盘点我们兄妹几个一天的得失。只要父亲在，家就一直挺立着，只要父亲在，我们的主心骨就在！

遗憾的是，很多话语没来得及说，很多心愿未能了却。尤其是因腰腿不便，原本想弥补他生前苦难的很多愿望只能落空。父亲带着一生奔波，半生辛酸，于 1995 年元月永远离开了我们，享年 69 岁。

育我出世、带我扬帆、护我远航的父亲是我永远的荣耀和牵挂。他的苦难、他的幸福，是永远镌刻在我生命中最生动的教材！父亲离开以后的每个日子，我用积攒的温暖点亮前行的旅途。

（绽海燕　整理）

# 憔悴在诗行里的父亲
## ——怀念父亲马汉良

马昱蕾[*]

2022年2月,循化县作家协会在撒拉尔故里隆重举行"清水湾文学丛书"分享会。由循化籍作家联合出版的这套丛书里,诗歌集《乡野牧歌》作为我的父亲马汉良先生的遗著名列其中。目睹发行会现场,喜气洋洋,作家济济,独不见父亲英俊的身影。三年前的永远一别,父亲已去往高天牧云。此情此景,直叫女儿潸然泪下!

## 好强而力求完美的父亲

我的父亲马汉良,笔名高天牧云,是青海省作家协会会员、中国少数民族作家协会会员。1962年4月,父亲出生在循化县积石镇托坝村一个农民家庭,兄弟姐妹五人,他排行老四。听我爷爷说,父亲出生时正是三年困难时期,常常吃不饱肚子。可我父亲从小就特别懂事,即使饿肚子也从不纠缠大人,爱干净,爱动脑筋。

那个年代,学习氛围还不太浓厚。可父亲始终抓住一切学习的机会,挤出一切可供学习的时间,在田埂上放牛的日子,在深山里背柴的间隙,在食不果腹的荒年,他处处留心,仔细观察,学以致用。即使看不懂的文章,他也要凝思冥想,反复翻看,

---

[*]　马昱蕾,西宁市发改委干部。

跟着大人刨根问底。这成就了他生存的根基，也铺就了他诗歌创作的基石。

父亲的小学和初中都是在循阳学校度过的。那时，虽然日子开始稍有好转，但要靠在生产队挣工分来维持。为了多分得一些粮食，父亲常跟着我大伯去参加生产队里力所能及的劳动，帮父母挣工分。父亲讲他曾经在河滩轮守大队麦场时突遇暴雨的胆怯和慌乱，还有深夜去田间灌溉麦田时的恐惧和担忧……每当讲起这些，父亲眼里总是盈满闪闪泪光。

1978 年父亲初中毕业，当时升学制度是二选一：中专或高中。当时，父亲在爷爷的坚持下选择了循化师范。据熟悉父亲的人们说，无论日子多么枯燥，可父亲总有点亮生活的激情。他爱好广泛，还写得一手好字，经常为同学们写美文，策划宣传栏，吹口琴，讲笑话，是个人人喜欢的大活宝。父亲对生活的热爱和对文字的钟情始终伴着他的足迹。

1981 年 7 月，父亲从循化师范毕业被分配到街子地区查加小学当语文老师。街子

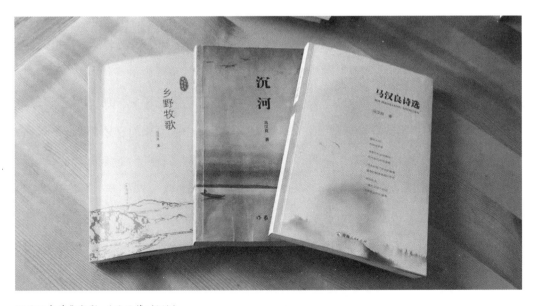

◎马汉良诗集书影 （马昱蕾 提供）

地区是个撒拉族聚集地，那时没有幼儿园，孩子们没接受过学前教育，基本听不懂汉语。听父亲说，他时常绞尽脑汁，想方设法给孩子们打开汉语的通道。孩子们学得越吃力，他感觉肩上的担子越重。在教学过程中，他感觉到自己储备的知识有限，在传授方法和技巧方面还很稚嫩。于是，他一边教学，一边自学，于1982年7月考入青海教育学院汉语言专业。经过两年的脱产进修，系统学习了汉语及语言学、中国文学等方面的知识和专业技能，汲取了更多的文学营养。

父亲是个性格很要强的人，做任何事情都力求完美。听他说，当时虽说从教育学院毕业了，可他依然感觉学海无涯，要当一名称职的语文老师，必须要储备海量的知识。于是，1984年9月他又考上了北京师范大学汉语言文学函授班。函授学习要比脱产学习费事，既要工作，又要自修完成学业，可父亲二者兼顾且成绩优异。父亲与诗歌的结缘也始于此时：每天给学生上完课后的时间，他要么看书，要么在笔记本上密密麻麻地书写自己每天的所感、所想、所得，写得多了，感觉用文字表情达意是一件多么美好的事。很多时候，父亲为了写好一首诗中的某一句话，反复咀嚼、斟酌，写了又划，划了又写，要经过很多遍，然后大声朗读，直到满意为止。

1987年9月，父亲从函授学院毕业，调到循化县中学担任初中语文老师。从这时起，父亲的诗歌开始在一些报纸上发表。父亲养成了与家人共享诗歌的习惯：每写就一首诗，自己先读几遍，然后朗诵给办公室的同仁们听，然后又给弟兄们听，一一问询每个人的感受，再加以修改。渐渐地，家人也跟着父亲诗作中的喜乐而喜乐，忧伤而忧伤。我的两个伯伯和叔叔也被父亲感染得爱上写作了。再后来，这些时时刻刻耳濡目染的书香气，渐渐氤氲到我的眼眸、我的灵魂，牵引着我的生命和世界对话。

父亲的一些学生说，他们对父亲上语文课印象最深的有三点：一是穿着讲究，白衬衣时常净亮；二是板书字体优美整齐，很有特色；三是常在课前或课后共赏父亲的诗作，很多同学也因此爱上了语文课。

1991年9月，我一生从教的爷爷去世，父亲在一夜之间好像苍老了许多，也缄默了好长一段时间。当时年幼的我无法解读到父亲内心的悲悯，长大后只有从他的诗句中默默咀嚼："我泥泞的生命场／遍地是跌倒的哭啼……"

1993 年 10 月，父亲因工作需要被调到循化县委统战部，一年后调到县政府办公室任副主任，此后又先后调任县纪委办公室主任、清水乡乡长，再到离世前的海事局局长。从比较单纯的校园教书生活到纷扰复杂的行政岗位，父亲先后适应了教师、秘书、办公室主任、乡镇领导、局机关领导等角色。在每天繁忙的工作中，难得一日闲暇专门看书写作，有时候到了晚上，连饭都不想吃就一头累倒在床上。尤其在黄河大坝截流放船的日子里，他头戴一顶凉帽，像个稻草人一样一站就是六七个小时。即使这样，有时还会遭到百姓问责、讨说法，父亲都耐心、细致地一一解答，做好思想工作。渐渐地，说话幽默风趣、办事果断干练、工作认真务实的父亲深得大家赞誉。

◎马汉良获得的奖杯
（马昱蕾 提供）

## 从诗歌里摆渡人生的父亲

关于父亲和诗歌的缘分，我自小便有记忆。在别人家孩子还在严冬的打麦场里享受扬沙的童趣时，我已经闻到了印刷体豆腐块的墨香。

从 20 世纪 90 年代开始，父亲发表诗作的阵地逐渐扩大起来，从小型报纸到一些省内书刊，再延及省外一些书刊。即使工作再忙再累，父亲也依然热爱诗歌，笔耕不辍。从我记事起，不管搬到哪里，搬得最多的是父亲的书，家里永远不会缺少书柜的一席之地。被高频次翻开的书目之一是《新华字典》，不论什么时候遇到不认识或不明含义的字词，父亲就会搬出来为我们答疑解惑。他对我和弟弟的教育从来都是严中有爱，慈中有度，给我们买得最多的也是书籍。他时常告诫我和弟弟，要学会从书的海洋里汲取营养，学会做人。

在那个信息尚不发达的年代，父亲时刻沉浸在对知识的探索和思考里。他的学习方式也从来不会拘泥于课本书册，有时会像其他家长一样问我电视里那些英文是什么意思，会问当下网络流行语的来源，会和家里的长辈谈论宗教、文化、书法、绘画，会针砭时弊。有时也会和我们讨论周杰伦的音乐，评价衣着时尚，赏析国内外艺术表演形式。会带我们去抚触春日麦田里的风，去感受河边小树林里滑冰的快乐，会唤我们围观一片被流水雕刻只剩脉络的树叶，赞叹大自然的鬼斧神工。会带小侄子在太子山间的小溪流里就地取材，做一个迷你的小水车，在孩子的笑意升起之前看着已经开始酝酿的得意之作就抢先欢呼雀跃。他的好奇心、他的探究欲、他打破砂锅问到底的劲头，都是促成"汉良模式诗歌"的根源所在。于是，父亲走路成诗、吃饭成诗、风景成诗、夜半雷鸣后的惊梦成诗。

我清楚地记得父亲的《顿悟》一诗在《瀚海潮》发表后的情景。那天傍晚，父亲进家时手里拿着一个牛皮纸信袋兴奋得像个孩子似的告诉我："爸爸的诗登书了！"虽然那个时候我还不懂诗歌是什么，但能让不苟言笑的父亲那么高兴，我想，写诗一定是很美好的事。父亲拿着刊登了他的诗歌的《瀚海潮》沉醉式地朗诵：

**顿悟**

一枚青杏

落到口中

无奈

我将它咬碎

顿时

酸涩的汁液

流成苦水

我担心

有人

会像我

猛然

想起那天

骑在这棵树上

吃甜杏的小孩


父亲读诗的表情告诉我,这首诗一定使他获得了一种莫大的成就感。

从此,父亲的诗越写越多,手稿越积越厚,涉猎的范围越来越广。先后在《人民日报》《青海诗刊》《回族文学》《星星诗刊》《魅力诗人》《当代诗人》《绿风》《民族文学》《作家天地》《青海湖》《四川诗歌》《西部文学》《西部诗刊》《中国新写实主义诗选》《中国新诗排行榜》等期刊发表,父亲名声大噪。

青海诗人撒玛尔罕说:"马汉良是一个怀抱着故乡写作的诗人,是家乡的'根'里追求诗歌的人,是根性写作的探索者和实践者。"是的,父亲始终把自己的主心骨,深埋在他毕生都恋恋不舍的故乡热土里,在每天的睁眼和闭眼之间触摸着故乡的呼吸,聆听乡村的苦难和温暖。他说"黑夜袭来,我点亮故乡","今夜,在一份微暖中,我去祝福我的黄河,倾情与母亲私语";他俯身倾听清水湾的涛声时说:"您的呐喊 / 曾惊落过天穹里 / 一颗熟睡的 / 星星 / 但您不忍去撩醒 / 睡在月牙里的 / 这个小小的村落";他徜徉在骆驼泉边,在汩汩流淌的泉水里牵引出一段风雨兼程的百年史:"玉帝情深 / 一

梦就是风雨八百年 / 谁也牵不走的梦境 / 谁也摇不醒的港湾 / 将泉水激荡成涟漪 / 在撒拉尔心海 / 一圈圈放大 / 又一圈圈消隐。"父亲的足迹漫过循化的田园、河流、炊烟和背影里，他的欢乐和幸福都与家乡的记忆、兴衰荣辱紧密相连。他背靠着故乡温暖的怀抱，放眼九州四海。在《土地恋歌》中父亲曾与给予了他生命养分的土地深情对话："从你慷慨的家园 / 点亮光芒四射的粮食 / 继续和河流一样 / 古老的故事 / ……珍惜你的每一个日子 / 抚慰你的每一处伤痛 / 是我用 / 泪水和鲜花 / 浸泡的情怀。"

青海著名诗人马丁说父亲"胸怀故乡大好河山，着眼青山绿水中的亮点，作品几乎囊括循化境内重要人文自然，这在循化籍作者中是没有过的"。

父亲是诗人，他的根系在故土深处，更在民族大义深处。从小，我的零食和花裙子数量从来不在同龄人里占优势，但是捐款，父亲从来不让我落于人后。他告诉我，作为一个善良的人，不能只着眼于小处的浮华，而要在精神上富足无双，在满足比较舒适的生活环境前提下，心里要时刻装着那些处在水深火热中的黎民苍生，要在力所能及的范围内，应帮尽帮。在村子里，他经常主动上门跟人们拉拉家常，关心他们的日常起居，遇见生活有困难的乡亲送钱送物、送信息送资源，甚至帮他们的孩子起名字，帮他们设计准备开建的院落，等等。托父亲的福，村里的人们对我们都会多上几分热络，路过的乡亲总会挽住胳膊邀我们去热炕上吃顿炒洋芋、尕面片。玉树地震时，我远在青岛，父亲打来电话，说他已经为玉树灾区捐了款，我闻讯也动员身边的同学、朋友一起捐款。与此同时，父亲发来了刚刚为玉树作的诗，我读给舍友们听，大家对父亲的诗赞赏有加，很羡慕我有一个诗人爸爸。

◎马汉良获奖证书 （马昱蕾 提供）

怀揣着一颗感恩的心，父亲与这个世界结下了那么多的善缘。他用他心里涓涓流淌出的天籁之音，感恩自然带来的一切细枝末节和宏伟辽远。他感恩他的骨肉亲情，用一双双不离不弃的手撑起了他多舛的风雨人生。他感恩曾经爱过他和恨过他的人，也同样感恩现在爱着他的和恨着他的人，让他收获了丰厚的诗歌四季。他感恩一只展翅飞翔的雄鹰，使他的思想有了在它之上的高度；他感恩一脉峻峭挺拔的山峰，使他的情怀有了在它之上的气势；他感恩一条浩荡奔腾的大河，使他的生命有了在它之上的激越……他甚至感恩一条毒蛇，使他的跋涉有了劫后余生的快慰与强大……他观望"藏民们在灵魂的平台 / 煨燃心事 / 所有的期许 / 轻轻地放飞在远处的雪山上"；他的"颜面像父亲 / 把生命的尊严擎在岁月的头顶 / 深情地走过灵魂的每一个细节"；他的"品格像故乡 / 就像北方荒漠里的胡杨"；他"把三千年的忠骨埋在故乡深深的呼吸里，就像埋在村庄上空的炊烟"；他的"脊梁像祖国长城 / 刻在他的骨骼上 / 镌刻着她的智慧与伟大……"；他"吃水不忘挖井人 / 挖自己的井 / 吃自己的水 / 也让别人吃他的水"；他说"井的深度是人的高度"。

父亲把一瓣瓣心香紧紧抱在怀里与世界合影。他"远离母亲 / 穿好老家 / 远离老家 / 穿好故乡 / 远离故乡 / 穿好祖国"……如果说对生活、对养育自己的热忱度有指标的话，那父亲的温度一定是爆表的。

青海著名回族作家马有福老师说："睡土炕，吃洋芋，尚在童年，不经调教就自觉肩负起家务劳动的重任，对生活早获了一种不同于他人的深刻的理解。上师范，当老师，初涉社会，在救命稻草般捡回的求学经历中，硬是与书结缘，得到了一份并不丰沛的文学滋养。"凡是和父亲有过交往的人，都从父亲的诗歌里获得对他的全新认知。

2011 年 3 月我的奶奶辞世，这对于向来孝顺厚道的父亲来说又是一次沉重的打击。可是父亲"借着诗歌的微光，缝合受伤的灵魂"。他曾说他时常想念母亲灶膛里升起的袅袅炊烟，想念母亲生前的点点滴滴。情不自已时以孤独的诗歌作为对母亲的祭奠：

### 漂泊在外

母亲是一钩总也不能圆满的心事

沉沉地

挂在我思念的枝梢

……

想念母亲

母亲是一方热热的土炕

是一杯浓浓的麦茶

是一缕袅袅的晨烟

长夜里，我听见母亲的召唤

我知道

我思念的根脉

已长长长长地

伸向母亲的大地

海水已经枯竭

泪水浸透的日子

又一次在漫长的旅途中

触礁　搁浅

我像一片脱水的枯叶

飘零在对母亲

无尽的忆念中

表面刚强的父亲一直在用自己的血脉和深情涂染自己诗歌的底色，书写着人生的悲欢离合。

2015年，父亲第一部诗作《沉河》出版发行，在青海文学界引起了极大反响，获得了很高的赞誉。2017年，父亲入选"中国诗坛实力诗人名录"，同年11月，父亲的《煤矿》一诗在全国诗歌散文联赛中获得金奖。2018年，父亲荣获第二届"中国十佳当代诗人奖"。2019 年，父亲的《抱一窝周庄的鸟鸣，根植在北方的山林》在"记住乡愁·爱我中华全球华语诗歌大赛"中获得二等奖。还有一些作品入选中国"十二五"图书工程《中国回族文学通史（当代卷）》《中国回族文学通史·诗歌卷》《海子诗歌节诗文集》《华夏亲情诗典》《2018 中国新诗排行榜》等多种选本。

父亲早就是一个真正的、纯粹的诗人，始终保持着对诗歌创作的赤子之心和满腔热忱，从不放过任何一个捕捉灵感的契机，让梦想的树硕果累累。父亲爱自己，也爱自己的诗歌，更爱和文友们一起品诗。尤其是每取得一些荣耀，父亲会兴奋好几天，会亲逢友的第一件事就是分享自己的成果。2017 年著名诗人余光中与世长辞；同年，撒拉族文人秋夫先生和马学义先生相继谢世；2018 年 3 月台湾诗人洛夫辞世，父亲都以诗歌的方式表达沉痛心情。在父亲眼里，诗歌是一条培植友谊、滋养灵魂的纽带，哪里有它生长的土地，哪里就有共同的心声和真挚的情意。

## 在父女深情里远行的父亲

更全面地解读我们的父女情深，是 2007 年我上大学以后的事。原本不喜欢煲电话粥的父亲，每隔一两天就要与我通一次长话。电话里大多是两个内容：一是讲他的诗作；一是说服独自在外闯荡的我别忘了回家，时不时接接故土的地气。我每次回家，都是父亲亲自接送，每次离开，都是在父亲的千万次叮咛中挥手告别。2008 年 8 月底开学，父亲又送我去车站，为我而作的《送站》一诗，每次读起，总是让我泪眼婆娑："一声长鸣／火车像蛇一样／蜿蜒东去／女儿／挥舞着禅羽般的忧郁作别／我的牵挂／被眼泪抖落得／一片汪洋／／望着远去的长列／我在冥想／女儿啊／你瘦弱的行囊／还能装得下／爸爸无尽的担忧吗……"

我读这首诗，读到内心被伟大的父爱完全填满，好像才彻底读懂了伟大而深沉的父爱！从此，我和父亲之间的交流也渐渐多起来。我是父亲诗歌的第一位读者，也几乎是他所有诗歌作品诞生的参与者和见证者之一。在父亲修改《泉殇》的过程中，我一直陪同他趴在电脑前，翻典阅籍、百度谷歌、问俗访迹，讨论得热火朝天，为找到匹配精妙的字眼忙得不亦乐乎，为把"月亮出浴"改成"素娥出浴"拍案叫绝。身体羸弱的父亲改稿子改到不知疲倦，改到精神亢奋。后来，《泉殇》在《西海人文地理》上发表，引起一片好评。

从父亲每次成稿之后的诵读校对、赏析学习，甚至延伸到辩论、到人文、到历史、到山川湖海，在闲暇之余的相互充电补给，在作品新鲜出炉后的共同推敲打磨以及对各种话题的讨论、追溯，都成为我和父亲之间长久心照不宣的默契。

于父亲而言，我不仅仅是女儿，是师生，是文友，更是知己。这种多重意义上的关系，自然使我和诗歌的羁绊越来越深，最终导致我也爱上了写作！这源自文学的魅力，更缘于父亲的人格魅力。

在家族里，父亲具有很强的凝聚力，这凝聚力也源于他爱的诗歌。每隔一段时间，父亲会召集姑姑、伯伯、叔叔、侄子、侄女等人在老家团聚。吃饭之前他总要先读几首诗歌让大家评论。

我很清楚地记得父亲读《父亲》这首诗的场面：

> 父亲和祖辈一样
>
> 总愿和庄稼亲热
>
> 父亲写得一手好字
>
> 农闲的时候
>
> 常常替别人书写
>
> 心愿
>
> 父亲对书本很虔诚
>
> 在艰苦的岁月里
>
> 他让子女们背起了书包

他不愿后辈们

用犁铧将额头翻皱

父亲有时

也和别人吵架

但无一例外地

失败而归

父亲留下的足迹

深深浅浅

父亲书写的历史

平平淡淡

父亲远行的时候

送行的人很多很多

父亲远行的时候

和父亲吵过架的人

流泪最多

当时，父亲几度哽咽，大家也都泣不成声，连不识字的姑姑和年幼的小外甥都哭成了泪人。我当时在想，可能很多人不会识文断字，但当这些发自肺腑的文字朗诵出口时，意味就大不相同，这可能就是诗歌的力量所在吧。父亲让诗歌成为整个家族的精神纽带和亲情黏合剂，这是他的秘密，也是他的成功。就这样，父亲的诗歌从家庭走向朋友圈，从朋友圈不断延伸，使更多的人从诗歌里认识了父亲，从诗歌里解读这个诗人。

于我而言，他不仅仅是一个对生活具有高度热爱和深刻感知力的思想者，是一个能把灵魂里的艺术气息汇聚到笔尖分享给大家的文艺青年父亲，他还是个会唱歌、会吹长笛、口琴，会拉手风琴，会修电改水，会养花种地的全才。他一直行走在人文与自然之间，体察独特情思烛照之下的风物，是我一生抬头仰望的丰碑。

## 与病魔争抢时间的父亲

父亲一生都忙于工作，用诗歌的情感去温暖别人，却忽略了对自己身体的关爱。2001 年在县医院体检时，在脖子、腋下发现有小淋巴结节，当时家人、同事们都劝他重视治疗，但他因忙于工作、执着于写作而疏忽了治疗。2011 年 10 月，父亲终于病倒在工作岗位上。家人立即送往西宁检查诊断，结果竟然是淋巴癌晚期。我们强忍住悲痛，强颜欢笑，开始陪伴父亲痛苦的化疗治病过程。

2011 年 11 月 28 日，父亲前往北京中国医学科学院肿瘤医院治疗。每月一次、共 6 个疗程的化疗，使病情得到了控制，并有所好转。父亲是个无比坚强且忍耐力十分强大的人。治疗期间默默忍受着常人难以想象的痛苦，还故作轻松地跟我们说："经过严冬的百灵鸟，最知道春天的温暖；受过病痛折磨的人，才知道生命的可贵。生死由命，富贵在天，没什么大不了！"每次化疗回来没休息几天，就不听劝阻又去单位上班了。

明白了生命的可贵，明白了人生的无常与短暂，父亲更加致力于自己的创作，常常在电脑前一坐就是几个小时。父亲的很多堪称经典的作品如《祖国啊！我是你的亲子》《井》《母亲》《给老家》《跟我有关的一只鸟雀》《夜，拉黑了整个世界》《听雪花落入一首诗歌的声音》《今夜 月亮无眠》《写在子夜的诗》《病房》《临床的小兄弟》《金子并不会发光》《在沙特，想起一株向日葵》《抱一窝周庄的鸟鸣，深植在北方的山林》《雪花吟》等，都是在和病魔赛跑途中完成的。他说："没有办法，我不写诗，诗写我。"即使在飞驰的列车里他也诗兴大发，即兴写成了《在高铁》等 3 首。

现在看来，明睿的父亲早已在诗作中彰显了对生命更深层次的解读和释然，他说"对于疾病 / 我犹如轻摸 / 炎夏的一道紫外线""我感到挑山夫的担当了 / 左边是山 / 右边也是山 / 前边是山 / 后边也是山"。

父亲去北京化疗，一直是我二伯陪同前往。2019 年 4 月，父亲在二伯陪同下最后一次赴京化疗。听二伯回忆：他俩走出机场时看见柳絮漫天飞舞，父亲伸手抓住一团轻盈的絮花说："这团团柳絮带着母亲的嘱托在冰冷的水泥地上寻找它生命的沃土，多像我们飘忽不定的人生啊，最终不知在哪里落脚。"说完，他张开手心放飞了柳絮，当晚就写下了《柳絮》一诗："我轻轻捧起它 / 小心地 / 贴上一枚春风和祝福 / 寄给远方的泥土。"在父亲心里，只有在故乡的泥土最适合完成母亲的嘱托。

父亲早有夙愿要撰写一部关于西部歌王王洛宾的散文集，他曾带病到甘肃、青海、新疆等地，在王洛宾涉足过的地方进行了实地考察、访谈，与王洛宾的儿子彻夜交谈，积累了大量的创作素材，不料写到中途，竟随着父亲的逝去戛然而止。

当父亲再一次复查时发现病已全身转移。这对于我们无异于晴天霹雳，他自己更是感觉到自己的时日已经不多，于是坚决拒绝化疗，匆匆踏上了返程之路。他想抓住生命最后的余晖，尽可能地做些他喜欢的事情。换句话说，他心心念念的就是想与心爱的诗歌相依相扶走完自己最后的时光。果然，此后的日程里几乎都是与诗歌女神的际遇和安排。从北京回来不久，父亲便接到第二届"周庄杯"世界华语诗歌大奖赛的邀请函；6 月，他忍着病痛前往苏州等地采风、考察；7 月，他又去了重庆、安徽等地参加诗歌大奖赛和颁奖典礼。

等到 7 月底父亲回到家时，身形憔悴不忍目睹，在亲人的哀求下，他不得已又住进了青海大学附属医院。这里，父亲度过了他 57 个岁月轮回中最后的 3 个月时光，也是他在前往高天牧云之际与挚爱的诗歌最后的诀别。

"明年此时 / 请不要来找我 / 我就在你的身边 / 看皑皑的远方 / 是你也是我"，是父亲最后留给世人的告白。2019 年 12 月 10 日，父亲在家中安详地离开了这个还未能在诗行里写尽姿态的缤纷世界。他关心过的乌鸦唱红的良心、黑暗坍塌后拐杖上的灵魂、喜马拉雅纯净的心愿、姐姐家的燕子、吴承恩与孙行者的密谋、装满民谣与爱情的马车……也一并归于沉寂。自此，我失去了一生的屋檐，本就残缺的家，轰然倒塌。没有人能够明白，我失去的，不仅仅是人生的来路。在他离开后的日子里，再也没有人可以和我漫无边际地从文学讨论到理工、建筑，再延伸到美学、精神、宇宙洪荒，再也没有人走进我更广的世界，我再也没有机会欣赏他对文字的精雕细琢，也再没有人督促我不要放弃写作。永远地失去了心灵和事业上的导师，也是最让我痛苦的原因。

回望父亲的生命之烛即将熄灭的那段光阴里，我们无助、无奈、无望的每一个分分秒秒，都是在锥刺刀绞般的痛苦中度过。最叫人难忘的是，父亲反倒似乎忘记了疼痛，忘记了即将撒手人寰，竟然和我们谈论起他获奖时的喜悦和欣慰，谈起他正在酝酿之中的下一个作品。其神态之坦荡、之淡然、之轻松，简直让我们难以置信！我们何尝不知道，父亲的强打精神，哪怕他使尽全力在嘴角上泛起的一丝微笑，全为的是能够减轻一点我们的痛苦，缓解我们几乎崩溃的情感之万一。我们何尝不知道，父亲在弥留之际，强忍着疼痛写成的《病房六首》《邻床的小兄弟》《灯火》《秋菊》《雪花吟》等诗作，竟是他在血色黄昏里返照出的最后一抹亮光！如今捧读遗作，每一个字、每一粒标点，如鲜血一样殷红，像太阳一般灿烂，那是父亲亲手为我们种植的一片彼岸之花，它们会在我的世界里永远昂首怒放……

著名诗人孙谦曾为父亲诗选作序，他对父亲的认识是："马汉良是青海循化土生土长的诗人，在他有限的经历中，除了极短时间在北京师范学院进习汉语言之外，五十多载岁月几乎是在循化的黄土地上度过的。受知识分子父亲影响的他，不仅未被政府公务员的身份局限了生活和思考的范围，反而使他获得了一种观察世间万物的尺度，更找到了把握自身的存在方式——诗歌写作，在他的与土地血肉相连的作品中，句法转换的意涵，让诗歌等同于个人命运。"

稠密的笔墨，难尽父亲的天马行空。希望笔下的只言片语，能记得清父亲的轮廓。剩下的，交给热爱美好的人们继续诵读传唱吧。

（绽海燕 整理）

四

# 英才竞秀

YING CAI JING XIU

# 难忘在金融战线奋斗的日子

高剑芬*

　　1985 年 12 月，我怀揣着对金融事业的向往与追求走进了农业银行循化县支行。伴随着农行的改革和发展，我不断地成长进步，经历了储蓄员、储蓄所主任、支行行长等多个岗位，农行留下了我难忘的美好记忆和足迹，感恩农行赋予我成长进步的平台。37 年以来，在组织的培养和各级领导的关心帮助下，在同事们的大力支持下，个人在金融战线上做出了一点

◎本文作者高剑芬

小小的成绩，得到各级组织的高度认可。2003 年，被中国农业银行总行评为"劳动模范"，2004 年被青海省政府评为"劳动模范"，2005 年被国务院授予"全国劳动模范称号"，2015 年被中国农业银行总行授予"60 年人物"荣誉称号。感恩我们伟大的党，感恩父母师长，感恩我们今天这么好的时代！

---

* 　高剑芬，农业银行海东市分行专员。

## 夯实业务技能

我叫高剑芬，1966 年 11 月出生于沙坝塘村一个回族家庭，父亲高宗良长期在中国人民银行循化县支行工作。在父亲的潜移默化中，我从小对算盘感兴趣，经常当作心爱的玩具，一有时间就不断地拨来拨去，跟着父亲背诵算盘口诀："一上一，二上二，三下五去二，四下五去一，五去五进一，六上一去五进一，七上二去五进一，八去二进一，九去一进一"，感觉小小的算盘非常神奇。也喜欢跟着父亲辨认不同面值人民币上的图案、学习大小写的正确写法等，喜欢听父亲讲人民银行从战争年代留传下来的光荣传统故事。虽然小时候不完全懂，但印象非常深刻。慢慢长大后，父亲小时候讲的各种金融趣事时常浮现在脑海中，也期盼着像父亲一样到银行工作。

1985 年 12 月，我招工分配到农行循化县支行，领导安排我到城镇储蓄所工作。为了使我们新入职的员工更好地了解工作业务、融入工作氛围，各级领导对我们交代再三，鼓励我们努力学习业务，练就过硬的业务技术，还特别嘱咐我们，要虚心向老同志学习，并指派老同志对我们新入职的员工进行手把手的指导。在领导们的关心与帮助下，在老同志和储蓄所同事们的鼓励下，我很快适应了柜台的新环境，银行是与钱打交道的单位，在金钱面前不眼红，对一分钱的差错也不能出的最基本要求有了清楚的认识。

从事储蓄工作以后我才知道，储蓄除了为国家建设聚集资金、调节供求和稳定市场外，更重要的还有服务社会、服务群众的职能。当时的储蓄宣传口号是"参加储蓄，功在国家，利在自己"。在工作中，领导和老同志们提到储蓄业务重要性时反复说："储蓄业务既要熟悉银行会计业务，又要精通出纳业务，为客户办理异地托收承付业务还要了解联行业务知识，干好不容易，必须掌握扎实知识储备。"20 世纪 80 年代，储蓄所的年轻同事们大练业务基本功蔚然成风，点钞、珠算、汉字书写是储蓄所主要的练功项目。在这种大背景下，为了更好地适应储蓄所的工作，在领导和老师傅的指导带领下，我从现金出纳的基本功——点钞入手，反复演练，一本本点钞纸由新到旧，双手布满了被纸条割出来的血口。在反复的演练中，在与钞票的"亲密接触"中慢慢练就出特殊的感觉，摸索出人民币反假的要领，对各种版本的人民币反假技术及防伪识别点做到了然于胸。为了练好算盘，无数个深夜，我在噼里啪啦一阵阵算盘的敲打声中度过，通过大量练习，掌握了熟练的珠算技巧，提高了为顾客服务的本领。为了书写工整规范，反复罗列 10 个阿拉伯数字。就这样，平凡的日子在忙碌的工作中一天天过去，为人民服务的本领也在不断增强。

## 实干中有创新

2000 年，农行循化县支行任命我为城镇储蓄所主任。初任储蓄所主任，无论是外部环境还是内部管理机制，都给我带来了极大的挑战。从外部环境来说，循化县是国家贫困县，经济发展滞后，金融资源匮乏，同业竞争激烈。从内部管控来看，内部纪律松弛，有章不循，服务质量差，储蓄业务停滞不前，存贷差额大，放款能力弱，影响了金融服务循化县社会经济发展的能力。为了扭转城镇储蓄所面临的困难局面，我在熟悉工作的基础上尽快进入角色，谋划如何做能对储蓄所发展带来新的创新，哪个方向是储蓄所利润新的增长点。带着这些关乎城镇储蓄所未来发展的问题，我逐个向员工征求进一步做好工作的建议、工作中存在的问题、解决的办法等。同时通过登门拜访、召集客户代表座谈、发放问卷调查表、对金融服务工作进行评价等多种方式征询储户对储蓄所的意见，了解客户们真实的金融诉求。经过深入了解，最后梳理成六大类 46 条。及时召开储蓄所全员会议，提出要想做好城镇储蓄所的工作，必须先从内部抓起，强化内部管理；每个员工要练好内功，不断提高服务水平，增强市场竞争力，实现以内部优势提升外部优势的工作战略。在征求员工的意见后，我先后制定了《城镇储蓄所员工违规违章处理办法》和《城镇储蓄所文明优质服务实施细则》，并带领全所员工认真学习，坚决执行。在工作中，我始终坚信"喊破嗓子，不如干出样子"，经

常到柜台一线亲自示范，言传身教，做到
站立服务，微笑服务，来有迎声，问有答声，
走有送声，对客户咨询耐心解释，百问不
厌。就这样，短短两个月内，城镇储蓄所
员工精神面貌焕然一新，服务水平显著提
高，工作逐步进入正轨。

经过城镇储蓄所全体员工同心同力，
兢兢业业，艰苦奋斗，储蓄所工作三年实
现三大跨步，取得喜人的成绩。2000—2002
年，会计业务量达 243546 笔，金额 26915
万元，现金收付量 185637 笔，金额 13928
万元，差错率均为零，为壮大农行资金实力，
支持循化县社会经济发展做出了积极的贡

◎高剑芬获得的荣誉证书 （高剑芬 提供）

献，得到上级主管部门的肯定。我个人先后荣获了 2001 年中国农业银行青海省分行授
予的"业务拓展能手"称号，2002 年中国农业银行总行授予的"迎新春优质文明服务
竞赛活动先进个人"称号，2003 年"中国农业银行劳动模范"。

在农业银行各级领导的肯定和支持下，在城镇储蓄所各位员工的配合下，根据循
化县撒拉族、回族群众历来就有经商、务工传统的实际，紧抓服务这个金融业永恒的
主题，主动出击，把富裕起来的大户作为储蓄所工作创新的突破口和增加储蓄额的增
长点，发动储蓄所员工的积极性，充分利用社会资源，广交朋友，以诚信为本广泛收
集信息，逐户宣传动员。同时，建立储蓄大户档案，详细记载每个大户的生产经营情
况、存取日期、金额、期限、资金流向，根据储户需要，分别提供预约服务、登门服务、
电话服务等贴心的个性化服务，赢得了储户的信赖和支持，储蓄大户逐年扩大，成为
储蓄所的"黄金客户"群体，拓宽了储蓄源头。2004 年，由于工作突出，我被中华全

国总工会授予"全国先进女职工"荣誉称号，被青海省政府评为"青海省劳动模范"。

2005 年，我把动员客户储蓄的目标瞄准在雪域客运公司上。该公司有运输户 389 户，职工 1200 多名，每户年均收入 15 万元以上，基本垄断了拉萨—格尔木—西宁—成都客运业务。有一天，得知雪域客运公司的董事长正在西宁办事，我动员丈夫一起赶到西宁去看望雪域客运公司董事长，并向他介绍农业银行的业务。起初，董事长对在循化农行存款不感兴趣，原因是该公司打算从河南郑州订购 100 多辆豪华宇通客车，用现金交易价格更为便宜，我耐心地向他介绍农业银行的网络优势和银联卡的服务功能，引起董事长的注意，他问："卡里存上钱，能不能到河南购车？"我说"一卡在手，走遍天下"。董事长十分高兴地委托我代理此项业务。回农行循化支行后的十多天里，雪域公司的 2000 多万元购车款陆续汇到了循化农行，我按照公司的需求办理了银行卡通兑业务，使他们顺利地购回了营运客车。董事长向公司员工们夸银行卡了不起，农行服务到家，动员员工多办农行银行卡，有了钱就存到卡上。城镇储蓄所为该公司员工办理银行卡 657 张，存款余额达 2345 万元，并及时为该公司员工准确地提供转账、结算、汇兑业务服务，得到了公司员工们的信任。随着业务的进展，我和公司员工家属的关系也越来越密切。记得有一次，公司员工韩阿乙草的妻子急匆匆地到储蓄所找我，说婆婆病重，要转省城医院，急需一大笔钱，但与丈夫联系不上。韩阿乙草的账户上虽有十几万元，但未经储户允许，不能动。想着老人生病看病要紧，我拿出了自己的 5000 元钱，交给了韩阿乙草的妻子。事后，韩阿乙草上门重礼酬谢，我婉言谢绝说："如果你真心谢我，就帮我动员几户存款。"从此，韩阿乙草成了城镇储蓄所的义务协储员。就这样，不仅拓展了业务，而且赢得了广大储户的信赖和支持。

2005 年城镇储蓄所被中国农业银行总行授予"城镇储蓄所青年文明号"荣誉称号，我个人被评为"全国劳动模范"。

服务是银行永恒的主题，也是存款工作永恒的主题。在城镇储蓄所，我在工作实践中深深感到：只有适应市场经济发展和广大客户不同层次的金融需求，不断创新服务，丰富服务内涵，提高服务水平，才能赢得客户的信任，使储蓄工作不断迈上新台阶。2000 年至 2005 年，我和全体员工牢固树立以客户为中心的理念，为全县 126 个单位近 3000 名干部职工代发工资 5100 多万元，在同业竞争中赢得了主动权，在社会上树立了农行崭新形象。此外，根据循化县多民族集聚的特点，创造性地开展工作。如当地撒拉族、回族群众逢年过节、婚丧嫁娶时有念经散钱（撒拉族、回族称海底牙）的习惯，为 38697 人储户兑换新币、零币 3.5 亿元，并记下每个兑换者的姓名、地址和金额，掌握大量"第一手材料"，从中了解分析其经济状况和储蓄潜力，然后登门拜访，动员 2145 位储户存款 2.7 亿元。在城镇储蓄所的十年是我坚守初心、为人民服务的十年，也是开拓创新的十年。十年间，凭借勤奋工作，热心为储户着想，注重服务，赢得了储户的信赖和支持，被群众誉为"百姓放心的理财人"。

我于 2011 年 3 月起就任农业银行循化支行党委书记、行长。任职期间，组织实施了"超越"和"攀登"两个中期发展战略，带领循化支行践行金融服务实体经济，使农行循化县支行的工作取得显著成效。2012—2017 年，连续 6 年在青海省农行综合考评中名列首位，农行循化支行的经验做法被誉为金融服务实体经济的"循化模式"，在青海省农行系统全面推广。我个人在 2011 年被评为农总行"60 年人物"荣誉称号。2012—2017 年，连续 6 年被评为农业银行青海省分行"优秀行员"。

我在农业银行循化支行行长岗位上，率先在全省农行系统推出了产品计价计酬考核、"贷前约谈"和"两核准，一通知"制度，委派主管流动监管、财务监管员驻点式监管措施，创新了传统管理方式，提升了管理水平。循化支行领导班子锐意进取，不断创新，实现了发展提速、效益提高、形象提升的历史性跨越。循化支行连续 6 年被评为青海省农行内控评价一类行，支行党委班子多次在海东分行年度考评中获得"优秀领导班子"，并在 2013—2017 年连续 5 年被海东分行评为"优秀领导班子"。

面对银行业发展的新需求、新形势，在我的带领下，循化支行采取主动求变、适时而变的策略，不断创新服务体系，丰富服务内涵，提升服务质量。把金融服务从三尺柜台延伸到客户家中，渗透到生产经营中，拓展到生活中，为客户提供全方位、多层次、综合型优质服务。工作中，我善于发现细节，利用细节，通过不断地走访，为储蓄工作的开展积累了丰富的客户资源，在同业竞争中树立了崭新的农行形象。

2005年5月的一天下午，临近下班时，一位老人要办理一笔10万元通兑业务，当时，各柜员现金箱内只有6万元的现金，经办人员十分为难，我赶快走近柜台对老人说："请稍等，我们马上办。"说完我立即联系循化县支行，几分钟后调来10万元现金，满足了老人的需求。第二天一上班，这位老人把昨天取出的10万元现金原封不动地拿到城镇所存了定期存款，又取出来异地借记卡2张的钱共计216万元办理了通存。原来这位老人年轻时在外地做生意发了财，回到家乡听人说农行城镇所服务好，昨天他经过试探，才真正相信了。有一位老年客户因与儿媳不和，独自一人居住，几年来每月按时到城镇所存款，可如今两个月没到储蓄所来。发现这种异常情况后，经打听得知老人生了重病，我就搭车到十多公里外的村里探望，并把老人送进医院。一连几天，像亲生女儿一样悉心照顾老人，老人非常感谢。老人病愈后，要求把自己的储蓄存单交我保管。我也知道根据《银行经营管理禁令》规定，银行工作人员无权代客户保管。于是在请示支行领导后，答应了老人的要求。老人去世后，我帮助安排、料理老人后事，取出老人的存款本息7896.43元，一分不差地交给了其儿子，得到全村人的交口称赞，送来了一面写着"忠实德行好 赢得荣誉高"的锦旗，表达感激之情。村里的"首富"也被感动了，把自己在他行存了30天的63万元定期存单和身份证一并交给我，要求转存在城镇所。

作为循化支行行长，对银行事务负有主要责任，脑勤、眼勤是对自己的基本要求。从思考银行在宏观环境中的发展到观察银行厅堂的细节，从为客户排忧解难到指导员工创新服务，一点一面都需要顾及。将工作做实，把服务做好，与客户将心比心，与员工坦诚相待，是我作为行长始终遵守的原则。正是在这样的氛围下，我们得到了客户的信任。这份信任，是给予我最大的荣誉。

作为行长的我，需要在工作中保持理性，但在工作外更多的是感性。为客户家庭垫付医疗费，照顾生病的老人并获得老人的信任帮助保管资金，改善员工生活环境，看望单位生病员工……事虽小，在于常坚守；得信任，在于诚相待。真情服务，温情相待是我从业多年的初心。

## 情系拉面产业

农业银行循化县支行作为循化县最早设立的金融机构，长期以来根植于民族地区社会经济发展的第一线，致力于服务"三农"，强化"强农""惠农""富农"的各项金融服务措施，支持"拉面经济"提质增效、转型升级。为了更好地服务实体经济，助力精准脱贫，循化县农行采取了一系列行之有效的创新服务办法，深得一线"拉面经济"从业者的称赞。

**一是了解拉面经营户信贷需求**。为进一步助推循化县"拉面经济"发展，我和农行循化县支行领导班子主动寻找推动"拉面经济"发展的机会，协同循化县就业局、海东轻工业担保公司、循化黄河信用担保公司赴循化拉面馆较多的北京、上海、杭州、嘉兴、青岛等城市进行多次广泛调研，了解拉面经营户的金融需求，宣传金融产品，探索金融支持"拉面经济"发展的新措施和新方法。从调研的情况来看，95%以上的商户以经营个体拉面馆为主，仅有极少数牛羊肉加工销售企业和餐饮公司，平均每户拉面馆日营业额在 0.12 万 ~2.5 万元，月营业收入在 2 万 ~15 万元，年收入 20 万 ~80 万元，创业者以中青年为主，大部分具有吃苦耐劳，敢拼、敢闯、敢干的创业精神，同时也存在着两方面的压力。

一是规模扩张压力。我国一线城市政府为规范经营，对开墙打洞、店面不足 80 平方米、规模较小的拉面馆采取关停措施，目前关停 300 多家，其中北京 100 多家，上海 200 多家，要求拉面经济扩面增量、提质增效、提升内涵，扩大生产规模。

二是品牌竞争压力。长期打着"兰州拉面""新疆大盘鸡"等牌子的循化拉面经营户，面临着兄弟省份以餐饮品牌化、连锁经营集约化、公司规模化的强大竞争，循化拉面经济在全国的生存空间不断萎缩，经营难度加大，整体收入下滑，经营难成为拉面经营者们共同的感受。

调研显示，70%以上的拉面经营户有信贷资金需求，主要用于店面装修、扩大生产规模和资金周转等。基于充分调研的基础上，农行循化县支行从拉面经营户的实际情况出发，为循化拉面经营户出主意、想办法，进行金融创新服务。为减轻拉面经营户负担（按一户往返最低费用5000元计算，300户则需150万元），将贷后管理、客户维护等工作与上门服务紧密结合起来，到北、上、广等大城市为拉面经营户办理"三农"惠民贷款，办理信用卡授信等业务，深受客户欢迎。

**二是采取"银政合作＋政府增信＋协同扶贫"的信用卡授信模式。**"政银合作＋政府增信＋协同扶贫"的信用卡模式，是金融部门与地方政府签订创业贷款协议，规范化的约定帮扶协议。如农行循化县支行和循化县政府签订了《循化就业创业贷款合作协议》，为具有循化户籍、诚实守信、具备创业条件的城乡居民发放信用卡授信业务。信用卡的发放经历了一个不被理解到主动申请、积极使用的过程。农行循化县支行发放的信用卡，其授信额度分别为30万元、20万元、10万元3种，分期归还，可透支，有56天免息期。信用卡的这些优点非常适合拉面经济发展周期短、资金使用频繁的特点，使金融产品和拉面经济无缝对接，有利于解决拉面经营户贷款难、担保难，改善拉面经营户扩容增面、店面装修等资金紧缺，解决短期水电、房租、人工工资等日常开支。因此，很受拉面经营户喜爱。

**三是倡导"农行＋政府担保公司＋农业专业合作社＋农户"的"三农惠民贷款"模式。**长期以来，由于农民缺乏抵押物，农户贷款难成为制约循化县经济发展的瓶颈。因此，围绕"精准扶贫"，充分发挥农业银行"三农惠民贷款"，加强银政对接，发放以"农行＋政府担保公司＋农业专业合作社＋农户"模式为主体的"三农惠民贷款"1亿元，支持符合条件的新型农业经营主体，带动贫困户增加收入，脱贫致富，壮大拉面产业原料供应链。2015 年，农行循化县支行为 382 户农民发放贷款 1840 万元，为仙红集团、青海伊森土特产有限公司、青海元凯生态资源有限公司等农业产业龙头企业发放"农行 + 龙头企业 + 贫困户"模式流动资金贷款 2000 万元。

2014—2016 年，农行循化县支行为拉面经营户累计发放 4264 张信用卡，授信余额 3.04 亿元，其中用于拉面经济 2687 户，授信额度 2.67 亿元，2016 年授信余额 9.52 亿元。有效改善了拉面经营户资金紧缺的困难，拉面产业链内农业生产基地、种植业大户、龙头企业、拉面经营户的融资条件有了不同程度的改善，融资效果有了很大的提高。

信用卡发放过程中，最担心的是拉面经营户信用。循化县曾经是信用的"重灾区"，不良信用记录影响着银行信贷资金的进一步发放。从 2014—2016 年的实践来看，拉面经济不仅使群众"练了胆子、挣了票子、育了孩子"，更重要的是"换了脑子"，个人素质得到很大提升，诚信经营深入人心。信用卡发放至今，没有一笔违约失信行为。在具体操作中，农行循化县支行对拉面经济全过程进行贴身服务，实现了对各环节信贷资金的实时监控和风险的及时预警，保证了金融安全，提高了拉面经济中金融的生存力和发展力。同时，利用服务拉面经济的客户资源优势，扩大产品营销，推广中间业务，实现了与拉面产业的龙头企业、"撒拉人家"品牌示范店、拉面经营户之间的"多赢"。如农行循化县支行做信用卡分期，帮助拉面经济发展的同时也实现了银行利润的最大化。2016 年存款余额达到 22.3 亿元，2013 年信用卡利润 2 万元，2016 年信用卡利润 513.4 万元，其中分期手续费 346.6 万元。这种金融和经济良性循环发展的机制，有利于促进拉面经济实现产业升级，致富的拉面经营户又成为银行的优质客户，致富资金又投资到县域经济发展的方方面面，有利于循化县实现"弯道超车"，使小康循化、美丽和谐循化建设不断向前推进。

农行循化县支行助力拉面产业发展中，我们深深体会到做好精准脱贫工作、打造特色产业，要充分发挥金融在拉面产业发展中的"血液"作用。从供、产、销产业发展的不同阶段或是同一阶段的不同方面，精耕细作，启动跨省调研拉面户的经营状况，采取集中授信和分散上门授信两种行之有效的方式，量身定做拉面经营户喜欢的金融产品。要完善综合金融服务。拉面经济中金融助推产品包含但不局限于信贷服务，还应将资金供应、资金结算、金融宣传、理财服务等多种服务内容融于一体。

从业 37 年以来，我工作中从未出现差错，但生活中亏欠太多。我将 37 年奉献给我热爱的岗位、热爱的事业，却很少陪伴家人。把单位当成家来管理，将员工视作家人来对待，舍弃小家，服务大家，在平凡的岗位上，发现不平凡的自我；在平凡的事业上，干出不平凡的成绩。工作与家庭、员工与家人都是我最珍贵的东西；责任与担当、奉献与付出是我毕生的追求。

作为一名共产党员、党务工作者，我承担着人民的嘱托；作为全国劳动模范和全国优秀女职工，我肩负着国家的信任；作为一名行长，我思考着银行的未来。百尺竿头，更进一步；我将无我，不负征程。

（黄军成　整理）

# 陈德明老师的篮球情缘

*绽海燕*

在被誉为"篮球之乡"的循化，只要说起篮球，人们一定会很自然地想到原循化中学体育教师陈德明。有人说他有篮球天赋、速度飞快、活力四射，且自身就带一种运动气质。有人说他是从泥土里走出来的篮球健将……

## 苦难童年灿烂度过

◎陈德明在运动场 （陈德明 提供）

1953 年 5 月，陈德明出生在循化县积石镇线尕拉村。父母均是目不识丁的农民，解放前靠租种富人家的土地维持生计。全国解放后，分到两亩耕地，才有了属于自己的自留地。20 世纪 50 年代的中国，物资比较匮乏，大多数人生活都比较艰难和节俭。陈德明兄弟姐妹 10 人，他排行老四。由于生活困难，只有他和一个哥哥、两个弟弟有幸进入学校读书。

我和陈德明老师在 20 年前是同事。印象中，陈德明老师平和、沉稳，为人低调，做事踏实勤奋，在单位很有威望。

他饶有兴趣地说起自己的过往：

"我的童年生活很艰苦。当时正是实行农业合作社按劳分配制度，温饱都成问题。往往是上半年吃按劳所得的粮，下半年到处求情借粮吃，过着寅吃卯粮的日子。1960年我7岁时，国家遭遇三年自然灾害，生活更加贫困，我患上了一种奇怪的浮肿疾病，一病不起，在家里躺了七八天。如果不是驻村干部的'糖酥丸'，可能也没有今天的我。虽然活过来了，可常常忍饥挨饿受寒冷。当时父亲在砖瓦厂干临工，劳力只有母亲一人。所以每到分粮时，我们家分到的粮食不多。由于家里人口多，那点粮食实在供不应求，通常只能填个半饱。可我从小比较懂事，向来不在父母跟前说寒叫苦，还经常给他们唱歌跳舞，来取得他们欢心。

"我的小学是在瓦匠庄循阳小学度过的，那时学生不多，几乎是清一色男生。我从小喜欢运动，到三年级上体育课时才接触到了篮球，特别享受那种阔步带球往前冲的感觉，从此我便与它结缘。那时最大的乐趣、最大的愿望就是每周的两节体育课。课前几分钟的常规训练后，就分组自由活动。我们十几个男生在只有二三十米长宽的土场地里为一只篮球围追堵截，好不畅快。可回家总免不了因为弄脏了衣服而挨家长打骂。

"上到四年级时，父母为了缓解家里困难，建议我休学干农活。当时我哭着乞求父母，只要让我上学，家里的活我都可以干。此时妈妈半开玩笑半实话地问我能不能帮父亲去搬砖，我使劲点头说完全可以。母亲说那就试试。从那以后，我每天6点起床，先跟着父亲去砖瓦厂搬砖，两小时后再去学校。下午放学后带上两个弟弟又去砖瓦厂帮父亲收拾场地、垒砖坯。有一次被砖砸伤了脚，两个多月才完全恢复。不去砖厂的时候，我还跟着母亲参加生产队劳动去挣工分。就这样半工半读地到了小学毕业。生活练就了我吃苦耐劳、勇于拼搏的性格，在姐弟10人中，我是比较能吃苦的一个。真是'往事不堪回首'啊！"

说到这里，陈老师脸上明显掠过一丝酸楚。升入初中后，他对篮球的渴望更甚，他学校那仅有的两节体育课根本满足不了他的需求，可是家里困难买不起篮球。他忽然想起跟着父亲去砖厂时看见过七八个男孩在砖厂附近的一块空地里玩用各色的毛线团自制的"篮球"（俗称"毛蛋"）。于是，每天放学后他走村串巷找破毛衣，毛裤拆线，捡羊毛自己捻线，甚至从活羊身上将羊毛捻成线，做成了一个"毛蛋"。拍打起来虽然没有篮球那样有弹性，可在当时也可以缓解内心对篮球的渴望。此后，他只要有空闲就和小伙伴们到村口的麦场里你追我赶，汗流浃背，不亦乐乎！不到一年，"毛蛋"烂了一个又一个。伙伴们对它的兴趣也显然不那么高昂了。于是，几个篮球爱好者私下商量后想办法集资买了一个篮球，几个人轮流保管。每天放学草草干完家务后，就在麦场里或者宽敞之处"开战"。没有篮球架和篮筐，就在树枝上挂一个用柳条编制的背篓，就是天然的球架和篮筐。他和伙伴们在运球、带球、传球和投篮中尽情享受这份乐趣，直到天黑。

就这样，线尕拉村率先自发组织起一支少年篮球队，陈老师自然而然成为这支篮球队领队。起初，是在自己村子里分组比赛，慢慢地邻村的一些爱好者也加入进来，队伍不断壮大。陈德明老师的篮球技艺也随之传扬开来。

## 坚守一种爱好　一直幸福到老

1972 年，陈德明老师初中毕业后被吸收为循化县篮球队员。这对于爱球如命的他来说，真是如虎添翼、蛟龙得水。在这里，他如饥似渴地学习关于篮球的理论知识，努力刻苦地拼搏锻炼，很快成为县队主力前锋。1973 年 7 月，在全县篮球比赛中获得冠军；同年底，代表县队参加全省篮球比赛，荣获第二名。1974 年 7 月，陈德明老师被循化县保送到青海师范学院体育系学习深造。据他回忆，那时大学条件不是很好，体育专业的学生训练强度大，甚至有的学生因吃不了苦而退学了。可他身上有一种"爱一行，钻一行"的拼劲。在师范学院，他跟着篮球经验丰富、教导有方的老师勤学苦练，篮球水平得到了很大的提升。第二年，他代表青海师范学院参加了首次青海省大学生篮球比赛，取得了优异成绩。1976 年，又参加了西宁市大学生篮球比赛，取得了第二名的好成绩。三年的勤学苦练,他的专业水平和各项技能都得到了更大的提升。1977年,他毕业后选择回家乡任教,被分配到循化中学担任高中体育老师。从此,他开始了另一种运动生涯。

那时,县中学高中部有相当一部分学生来自偏远的乡村,都是住宿制。陈老师作为体育老师,负责住校生的早操。每天比其他老师早到将近一小时,带学生跑操,跑完操后又组织篮球爱好者练篮球。在陈老师的带领下,循化中学自然而然地诞生了一支高中篮球队,这支篮球队的产生,使陈老师的工作热情更加高涨。他和学生们打成一片,一起练球,一起比赛。除了上体育课外,自己主动义务培训篮球队,在每个放学后的余晖里驰骋在篮球场上。渐渐地,这支篮球队名声大噪,在跟兄弟学校的比赛中屡屡得奖。

陈老师是县篮球队领队主力,他带球娴熟,过人巧妙,头脑灵活,球风好,几乎是全场的灵魂。那时,每年各乡镇之间举行一次篮球比赛,每到此时,陈老师成了抢手货,争着请他当教练。只要是陈老师带队或指导过的一方,最后总能载誉而归。

1983年,陈老师被评为"全国体育传统项目学校先进工作者"。1985年6月,循化撒拉族企业家韩兴旺邀请循化篮球队去果洛州和玉树州打比赛,陈老师是领队兼主力队员。这次比赛,增进了民族友谊,体现了民族大团结精神,取长补短,相互学习,在两地得到了很高的评价。1986年,循化县被国家体委授予"篮球之乡"的光荣称号。这对于酷爱篮球的陈老师来说,更是一种大好契机,也推动了循化篮球运动不断向前发展。此后,循化几乎每年都举行一次全县篮球比赛,陈老师既是教练又是主力队员,在当地篮球界红极一时。

1990年,陈老师被省教育工会评为"全省教育工会积极分子"。1992年,带领学生参加青海省青少年篮球赛,夺得冠军。1994年,在全县教职工篮球比赛中获得第一名。1998年,在推进学校师德建设中,因为表现突出,成绩显著,被评为"全省师德先进个人";同年,在省运会上荣获"地区优秀教练员"称号。

陈老师感慨万千地说："这一生与篮球有缘，小时候跟伙伴们在土球场上抱着一个'毛蛋'奔跑；长大后跟队友们驰骋球场；再后来为后生指点布局。以篮球构建成我的悲喜人生，我很知足！这也算不上什么'贡献'，只是在平凡岗位上做了自己应该做的事罢了。这一路走得辛苦而从容，坦荡而踏实。父母给了我生命，党给了我今天！所以，我非常感谢党和人民对我的养育之恩，也感谢循化人民对我的抬爱！如果说我在篮球方面多多少少为循化体育事业做了点贡献，那么，也可以说是篮球成就了我。现在虽然离开岗位多年，可我依然很关注家乡每天的变化，尤其关注体育事业的发展。如今，循化的篮球赛事如火如荼，篮球新秀层出不穷。篮球比赛已经成为循化人民喜闻乐见的一项重要活动，每年一届的乡镇篮球赛已成为循化的常规赛事，全县154个行政村有123个村已建立篮球队，'篮球之乡'正以坚定的步伐铿锵走向未来。我从后辈们身上看到了更加辉煌的明天，看到家乡的容颜在党的富民政策照耀下无比娇艳！这就是我最大的幸福！"

# 记王勇禄先生

马伟华[*]

王勇禄，男，回族，新中国成立的第二年秋天出生在循化县一个农民家庭。父亲因病腿部残疾，兄弟姐妹共 7 人，上有 3 个姐姐，下有 3 个弟弟，家里只靠母亲和大姐挣的工分维持生计，生活非常困难。从小天资聪颖的他比同龄孩子都要懂事，从不怕吃苦，总是抢着干活，有点吃的也会分给弟弟们。饿肚子是王勇禄和姐弟们刻到骨子里的记忆。现如今虽然生活发生了翻天覆地的变化，但他依旧生活简朴，热爱学习，默默奉献。

◎王勇禄先生生活照　（马伟华 提供）

## 刻苦奋斗　改变命运

1957 年，7 岁的王勇禄挎着母亲为他亲手缝制的布包走进学校。从那一刻起，他带着父母和家人寄予的厚望走上了一条改变人生命运的道路。他深知读书机会来之不

---

[*]　马伟华，循化县教育局干部。

易，因为在那个年代能上得起学的人寥寥无几，因此格外珍惜。在日常生活中，除了帮父母承担繁重的家务，他始终把学习放在首位，挤出更多时间看书、学习，因此他在小学、初中成绩特别优异。1971年，随着3个弟弟步入学堂，家里的生活渐趋窘迫，为了缓解家庭压力，他毅然决定在积石镇循阳小学当了一名代课老师。

机会永远留给有准备的人。1973年，武汉水利电力学院在青海省只招收5名学生，而王勇禄有幸成为其中的一员进入高等学府进行系统学习。面对全国各地成绩优异的同学，好强的他既有压力又有动力，他不想让大家觉得从西北边陲小镇走出来的学生比别人差。于是疯狂利用夜间、周末休息时间和寒暑假，付出比别人多几倍的努力，挑灯夜读，刻苦学习，一步一步赶超同学，1976年以优异的成绩从农水系毕业。毕业设计《河南省伊川河渡槽》得到了教授的好评，通过了专家们的审核。该工程竣工后，河南省陆浑水库专门要求他和同学参加竣工典礼，感谢他为项目的付出。

## 扎根基层　无私奉献

1976年9月9日，对于王勇禄来说是终生难忘的日子——这天是伟大领袖毛主席逝世的日子，也是他大学毕业的日子。血气方刚的他满怀对毛主席的哀思，化悲痛为力量，放弃大城市的工作机会，奔赴家乡，立志要用自己的专业知识造福家乡、报答父老。

在循化县水电局参加工作后，他决心发挥自己的专业才干，在实现水利人造福百姓的理想中施展一腔抱负。其间，他参与了全县水利事业第一个发展规划，结合循化县干旱缺水的实际，提出了"上蓄、下抽、中调节"的水利方针。根据这个方针，20世纪八九十年代全县水利事业蓬勃发展，全域干旱问题基本得以解决。同时，他全程参与了建设堂、永丰、东湾寺等水库的测量、设计、施工、建设各环节工作。

20世纪80年代初，全县各项工作处于起步阶段，县城只有几个集中供水点，更谈不上自来水入户和上楼，供水问题成为县城建设的最大短板，组织上希望他能发挥自己的专业优势，组建自来水公司并开展县城供水工作。工作难度可想而知，缺资金、缺技术、缺人……但是，他硬是靠一股不服输的劲头，以东西街、上下草、瓦匠庄、托坝、线尕拉、沙坝塘、石头坡等村人畜饮水的名额，想方设法从省水利厅争取到 70 万元资金，修建黄河边渗井泵站、至高位水池，实现了县城带压供水。

因专业理论扎实、业务能力突出，省厅、市局领导曾多次希望他上调到省市水利部门，但他都婉拒了，他认为自己作为农民的儿子，甘愿用自己的双脚踏遍他所深爱的家乡的每一片土地，不负母校对自己的培养之情。

1999 年王勇禄退休。但他退休不退干劲，无论哪个项目出现任何问题，只要找他帮忙，从不将年龄当作推脱借口，总是亲赴施工现场。凭借多年的工作经验，很多棘手的问题，因他过硬的专业能力迎刃而解，甚至在业界有个说法："只要有王工在，项目没有解决不了的难题。"他先后 2 次进入西藏阿里无人区，3 次进入玉树、果洛高海拔地区协助施工，受到了当地政府和群众的好评。其中，2000 年，他克服了高海拔、高寒气温及因紫外线强度大而导致土壤异常硬化的难度，独立设计、施工全长 80 公里的西藏阿里班公湖边境公路，填补了中印边境班公湖段没有公路的空白。

## 满腔热血　救灾救难

在危难之际，王勇禄总是毫不犹豫地选择奉献，甚至是牺牲生命。1975 年夏季，学校组织 73 级学生在湖南水库工地实习期间，附近一村子起火，因天气炎热、火势迅猛，大火顷刻间吞没了好几户农家，他和同学们不顾自身安危，第一时间跑到现场，穿行在浓烟大火中，用简易工具、脸盆、水桶抬水救火，火势很快被控制，保障了群众生命财产安全，而他自己因高温炙烤、严重脱水，一头栽倒在地。事后，工程指挥所专报专刊进行了报道，称他和同学们是"新时代的大学生"。1976 年 7 月 27 日，唐山地区爆发 7.8 级强烈地震，当时他们正在河北省衡水地区实习，立即主动奔赴一线参加救援，投入抬治伤员、人员搜救、搬运物资、消毒防疫等自救工作，受到当地政府的表彰。2010 年 4 月 14 日玉树大地震时，他正在参与建设当地市政工程。灾情就是命令，他不问左右，立即组建起玉树市第一支民间抗震救灾救援队，先后共救出 8 名生还者，

◎王勇禄在玉树抗震救灾第一线 （万马奔 摄影）

挖出遇难者遗体 170 多具，在救援的废墟中找到一个装着 60 万元现金的黑包，将其移交给在现场救援的四川省石渠县特警，查证后物归原主。王勇禄用拾金不昧的高风亮节在扎西科草原谱写了一曲动人的民族团结新篇章，青海电视台、凤凰卫视、《青海日报》《青海法制报》、青海省委刊物《党的生活》《解放军报》等多家媒体以《一双舞动生命传奇的大手——记民间赈灾先锋王勇禄》《为灾区我愿倾家荡产》为题，争相进行了报道。

　　王勇禄，这个在新中国怀抱中成长起来的少数民族水利工程师，一步一个脚印，埋头苦干，踏踏实实做人，为家乡的水利事业奋斗了一生。不忘初心本色，勤奋节俭，乐观豁达，不断发挥自己的聪明才智，为建设美丽和谐家园继续贡献余热。

# 循化根　铁路情

马占瑛<sup>*</sup>

　　我叫马占瑛，1961 年 5 月 30 日出生在青海省循化撒拉族自治县积石镇托坝村的一个回族家庭。我祖上世代务农，父亲马光玉开明豁达，母亲马梅梅勤劳善良，兄弟姐妹团结友爱，良好的家庭氛围使我从小就养成了吃苦耐劳、坚韧奋斗的性格。时光飞逝，从 1978 年 9 月离开循化到外地求学，一转眼离开家乡已 43 年了，但家乡情、循化情、同学情仍然时刻萦绕在我的脑海中，正所谓月是故乡明，情是故乡浓。2021 年 9 月，欣闻家乡循化县建设"书香政协"，深入挖掘循化民族历史文化，激发全体党员干部群众爱国、爱党、爱家乡的热情，这是一件功在当代、利在千秋的事情。青海民族大学黄军成教授向我约稿，建议我写点东西。说实在的，很多年忙于工作没有写作的休会，一下子真不知道写什么、怎么写。在黄教授的帮助下我思虑再三，离开循化后求学、工作、成家、育儿等细节像影片一样，一幕幕在脑海中闪现，觉得要写点什么，才能表达心中的家乡情。基于此，也就有了如下小文，记述我在铁路工作 40 年的历程，权作为家乡的文化建设贡献一点微薄的力量。

## 求学苦读　夯实基础

　　我的小学和初中都是在循阳学校度过，这是我打下坚实知识基础、求学苦读的愉

---

\* 马占瑛，兰州铁路局退休干部。

快时间。记得每天早上，我背着黄色的军用书包，拿着母亲烙的一块杂粮饼子，走过托坝泉，沿着绿树成荫的乡间小道欢快地来到学校。不管是上哪门课，在课堂上我都非常专注，认真地听老师讲课，积极回答问题，也喜欢和同学们进行各种形式的讨论。有时我们在课余时间为一个问题争得脸红脖子粗，但这并不妨碍我们下课后到托坝黄河边的尕岔河游泳嬉戏。我们在一起的时候，相互讲一些自己看过的书上的故事，或是看到的一些好句子、听到的一些传闻等。印象最深的是每到春天男同学滚铁环，尤其是上学、放学后，很多小伙伴们背着书包，一路滚着铁环上学，滚着铁环回家，回家后的第一件事就是写作业，然后再去玩儿。而我最盼望的是学期末父亲为我开家长会，因为在会上我总能得到老师的表扬，父亲也因此可以享受到别的家长赞许的目光。父亲教育我们时常说一句话："把自己看小，把别人看大。"这句话激励了我一辈子，也教会我谦虚谨慎，永远向别人学习。就这样，在良好的教育环境和正确的引导下，我在循阳学校度过了愉快的小学生活，并升入循阳学校读初中。

在初中读书时，学校开设了政治、语文、数学、历史、物理、化学、体育等课程，每学期还有一定的劳动课。当时，全国上下都在"农业学大寨"，我们劳动课的主要任务是在瓦匠庄或是到胜利湾、波浪滩参加平整土地、植树造林等活动。此外，每学期每个学生还有一定的积肥任务，为了完成任务，我们背着背篼，拿着铁锹，在冬天的早上到处捡拾牲口粪便，完成学校的任务。

那时候班级不多，初三毕业的只有我们一个班，记得当时的初一、初二都是两个班，初中学生不多，小学生多，学生来源主要是中原四庄的托坝、瓦匠庄、线尕拉、沙坝塘，还有来自草滩坝、西沟、石头坡、伊麻目等城镇公社所属村庄的学生。教职人员不多，学区主任怡学智兼校长，我们的班主任权守辉老师，还有绽享文、王建德、马振家等老师。班主任权老师对我们要求非常严格。他持重深沉，言谈平和，轻松幽默，浑身上下都散发出一种学者与长者风范，指导我们掌握学习的方法，引导我们写作业、背课文，鼓励我们大量阅读，掌握更多词汇夯实基础，为将来进一步深造做好准备。最难忘的是权老师的家访，这是一次改变一个孩子人生历程的家访。记得初一第二学期，我看到哥哥们带领乡亲到祁连县承包工程搞副业，给乡亲们增加收入、改善生活，很是羡慕，满脑子想的是如何搞工程挣些钱。这种想法越来越强烈，此时我听不进父母的劝告，自作主张辍学，执意跟着哥哥们到祁连县搞副业去了。权老师听说以后，很是惋惜，他执着地一次次到我家里进行家访，反复劝我父母说"这个孩子学习好，坚持下去，以后会有出息的"，并催促我父母给我发电报，赶快叫我回来上学。就这样，在权老师和父母的坚持下，我又重回校园。经过刻苦学习，1978 年 7 月，我们全班 40 多人参加青海省统一招生考试，取得了喜人的成绩，班里的很多同学走出大山，考到省外和省内优秀的中专学校，接受更高层次的教育。不论是考上省内外学校的人数，还是考试成绩排名，均在当年循化县名列前茅。我们的考试成绩和录取情况成为当年循化县人们谈论的热门话题，循阳学校也打了一个非常漂亮的翻身仗。我以优异的成绩收获了一份喜悦：被兰州铁路机械学校内燃机车专业录取。1978 年 9 月，我踏上到兰州学习专业技能的求学之路。

岁月如梭，光阴似箭，转眼 40 多年过去了，同学情、师生情仍然很浓烈，我和曾经的初中同学、和我尊敬的权老师还保持着联系，2018 年我们师生还在积石山下黄河岸边搞了一次联谊。

1978 年 9 月，我背着行囊，怀揣梦想，带着父老乡亲的殷切希望来到兰州铁路机械学校，和来自祖国四面八方的 43 名优秀青年聚首金城兰州。从此，我们不再是天涯路人，而结缘成为一生为之牵挂的同窗知己。这段时光中，尤其让我难忘的是在校外参加厂修、段修和内燃机专业校外实习的经历。那时我们都是包绿皮车厢前往实习地，同学们在车上载歌载舞的情景我至今仍记忆犹新。每到一处，我们在专业知识技能方面都有充实收获，在老师傅们手把手的指导下，反复操作、实践，加深了对理论知识的认识，验证了所学理论。学以致用的实习实践，缩短了我们走向社会的适应期。在这个过程中，我们还有机会领略祖国的美好山川，在玄武湖畔、苏州园林、峨眉山下都留下了我们青春的足迹。兰州铁路机械学校的 3 年学习时光既严肃紧张又催人奋进，同时收获满满。在校的 3 年我储备了知识，学到了本领，开阔了视野，增长了见识，为我今后的工作、生活奠定了基础。

## 踏实工作　增长才干

1981 年 7 月我以优异的成绩顺利毕业，分配到兰州铁路局原银川铁路分局中卫机务段，从事机车乘务员工作，正式成为一名光荣的铁路人。我既是家里的第一个铁路人，也是托坝村第一个穿铁路服的人。

现在一提到火车，谈得最多的是高铁，快速发展的高铁早已成为我国一张亮丽的名片，在中华民族伟大复兴的征程中发挥着越来越重要的作用。我们国家铁路的牵引动力（俗称火车头）经历了从蒸汽机车到内燃机车再到现在的电力机车的发展历程。在 20 世纪 80 年代初，中国铁路正处于由蒸汽机车向内燃机车的转换阶段。我们在学校学的是内燃机车，但上班后要接触的却是蒸汽机车。与靠柴油发动机驱动的内燃机车不同，蒸汽机车在司机和副司机基础上还需要增配一名司炉，在行驶过程中靠司炉和副司机轮流往炉膛里填煤，把锅炉的水烧开产生蒸汽驱动。而我的工作先是给机车上煤，为煤车接边、削顶、拍面，然后不断地一铁锹一铁锹地把煤斗中的煤通过炉门均匀地撒在炉膛里，保证燃烧充分有力。爬坡的时候需要大动力输出，但凡有一锹跟不上，火车就可能因缺乏动力而"途停"。到隧道口时就赶快用湿毛巾掩住口鼻，要不然倒灌进来的黑烟呛得人受不了。那时候一趟车下来，从出乘到回到宿舍需要七八个小时，每趟车需要烧掉 8 吨煤。一路上，要不间断地用铲子往锅炉里填煤，才能把十几吨水转化成蒸汽动力。这份工作是一项非常繁重的体力劳动，每次出乘回来都筋疲力尽，跑一趟车回来，全身衣服都是油腻腻、黑乎乎的。理想是丰满的，现实是骨感的，巨大的落差，对于举目无亲、一个人生活产生诸多困难的我无疑是当头一棒，产生了要不要这份工作、值不值得坚持下去的念头。这个时候，我的父母不断地安慰我，一再鼓励我咬紧牙关挺过去，一切都会好起来的。在父母的教诲下，在师傅们的帮助下，我熬过了最为艰难的一段日子，凭着自己的毅力一步步走来。1984 年我光荣地加入了中国共产党，成为一名党员。1984 年 5 月，"雷锋号"机车组在兰州铁路局中卫机务段成立，我有幸成为"雷锋号"机车的乘务组成员，工作的蒸汽机车由兰州局原银川分局于 1990 年 2 月正式命名为"雷锋号"，成为继"毛泽东号""朱德号""周恩来号""黄继光号"后全国铁路又一领袖或英雄人物命名的机车。在这个英雄的团队，我们每个人自觉地把个人与国家的前途命运紧紧联系在一起，把个人理想融入中国特色社会主义的共同理想之中，锐意进取，自强不息，敬业乐业，用勤劳的汗水和卓越的智慧，践行着"雷锋号"机车的宗旨："做好人，开好车。"

工作几年后，由于表现突出，我先后担任原银川铁路分局中卫机务段团总支书记、党委办公室主任等，后调入兰州铁路局原银川铁路分局党委宣传部，先后任部员、副部长、部长，1995 年任银川铁路分局党委办公室主任。在宣传部部长岗位上，我策划了"雷锋班"与"雷锋号"的联谊活动，带领"雷锋号"机车的乘组人员前往辽宁抚顺的"雷锋班"参观学习，邀请时任"雷锋班"班长李有宝同志到中卫机务段"雷锋号"机车组座谈交流，给青年人讲雷锋的故事。多少年过去了，一代代"雷锋号"乘务员发扬雷锋精神，在千里铁道线上树起一座座丰碑。时至今日，"雷锋号"仍然是兰州铁路局模范乘组。

我是沐浴着党的阳光一步步成长起来的。在基层磨砺中，党的关怀培养如春风化雨，工作中压担子、学习中给机会，让我在多个岗位锻炼，增强了工作底气，拓宽了视野见识，塑造了服务大局的意识和处理复杂问题的能力。感恩党多年的培养，感恩父母从小给予的教诲和良好的家风，很多领导不断地帮助我成长、进步，分享他们工作奋斗的经验，教会我在不同岗位上更好地为人民服务，我的许多不同岗位的同事们在工作中支持我，在生活中帮助我，使我一步一个脚印地不断成长。

与此同时，我和我的校友艾敬先（回族）女士相识、相知、相恋，组成了一个和谐、幸福、美满的家庭。我的爱人艾敬先，1981年考入兰州铁路机械学校通信专业，1983年毕业分配到兰州铁路局原银川铁路分局银川电务段，先后任通信技术员、人事干事，宁夏铁通人力资源部客户经理。家里的大小事都是我爱人精心打理，她无

◎马占瑛获得的荣誉证书 （马占瑛 提供）

怨无悔地支持我全身心地投入为党工作、全心全意为人民服务的铁路事业。正是因为爱人的辛勤付出，我也取得了一些成绩。

说实话，那个年代因为计划生育政策的限制，生两个孩子的很少，我们这样的少数民族家庭允许生二胎。我们生两个又都是儿子，很多人跟我们夫妻调侃说"两个儿子长大了把你们两口子吃了"。我们双方的老人都不在银川，孩子就只能靠自己带。那些年上有老下有两小，生活负重爬坡，工作不甘落后，压力之大是可想而知的。"抓好孩子的学习，让他们成才"成了我们夫妻的共识。压力变动力，有了目标就好像有使不完的劲，男主外，女主内，我在工作上发愤图强，妻子除了干好本职工作，就全身心地抓孩子的日常学习养成。十年时间我们除了看《新闻联播》没有看过任何电视剧，为了照顾孩子，妻子多次放弃了提职的机会。功夫不负有心人，2002年高考，长子马家宽以660分的成绩被北京大学录取，2006年他又获得北京大学博士研究生免试保送资格，师从梅宏教授（中国科学院院士，现任军事科学院副院长）攻读博士学位；2007年高考，次子马家成以621分的成绩进入他心心念念的对外经济贸易大学，在那里完成了本科和工商管理硕士的学业。艰难岁月里，我们夫妻始终记着我母亲的一句话："夫妻之间要互相给个'疼常'（循化中原四庄习惯用语，既包括夫妻之间相互尊重、相互关爱，彼此心中始终装着对方，互疼互爱，也包括人际交往中要互相尊重，互相

关心、关爱等意思）。"风雨同舟，携手走过了近 40 载。

## 担当责任　服务社会

1998 年至 2004 年 12 月，我先后任银川铁路分局银川车站党委书记、站长。在此期间，由于工作成绩突出，2002 年荣获"兰州铁路局劳动模范"称号，2003 年荣获"全国铁路火车头"奖章。

2005 年 1 月，任银川铁路分局党委副书记，后来又先后任兰州铁路局货运处处长，银川铁路车务段段长。无论在什么岗位，我始终不忘初心，不辱使命，带领干部职工心往一处想，劲往一处使，以促进少数民族地区发展为己任，各项工作不断迈上新台阶，为宁夏经济社会发展做出了一些贡献。2007 年荣获宁夏回族自治区"五一劳动奖章"。2008 年，被自治区党委政府授予"全区民族团结进步先进个人"。

2011 年至今，我又先后担任兰州铁路局辅业资产中心常务副主任、兰州铁路局金轮装卸搬运公司总经理、兰州铁路局金轮实业公司总经理、兰州铁路局银川货运中心主任、兰州铁路局银川铁路办事处副主任等，直至 2021 年 5 月退休。

从 1981 年算起，我在铁路部门工作了整整 40 年。40 年铁路工作的岁月，给我留下许多美好的回忆与留恋。今天为人民服务的接力棒交到儿子们手里。

我的长子马家宽在北京大学读书期间光荣入党，从北京大学计算机学院博士毕业后，成为国际特许金融分析师（CFA）持证人，现在中国银行总行数字资产管理部任数据智能分析处处长；儿媳王立（回族），中共党员，英国杜伦大学金融投资系硕士研究生，现在中国进出口银行总行公司客户部任信贷经理。

次子马家成是中共党员，对外经济贸易大学国际商学院硕士研究生，现任中国出口信用保险公司项目险承保部综合规划处处长；儿媳马晓雯（回族），于北京师范大学生物科学与技术专业毕业，现任中粮集团对外合作部大客户经理。

　　我的一生与铁路结下了不解之缘，作为一名见证中国铁路事业从蒸汽时代、内燃时代、电力时代再到高铁时代的亲历者，我为伟大的祖国骄傲，为铁路高速发展自豪，为中华民族伟大复兴的中国梦喝彩。

　　从 1978 年离开循化踏上求学之路到现在已经 43 年了，无论在什么时候、什么地方，我不会忘记我的故乡在循化，那里的黄河水、托坝泉的水养育了我，那里有我魂牵梦绕的地方，有祖辈父辈奋斗的足迹，有我的兄弟姐妹，有我童年美好的回忆，循化是我永生挚爱的故乡。

（黄军成　整理）

# 蛤蟆泉边出新秀

## ——记春蕾幼儿园园长高秀莲

*绽海燕*

　　高秀莲,循化县"春蕾幼儿园"、街子"撒拉族幼儿园"园长。有人说她是"蛤蟆泉"边的女强人,有人说她是创业路上的女汉子。当然,称呼什么不怎么重要,重要的是她爱心育孩子,全心做幼教,把这份事业做到了轰轰烈烈。

## 女子创业本不易　只是难改当年志

◎高秀莲同志工作照 （高秀莲 提供）

　　高秀莲出生在瓦匠庄村一个普通的农民家庭,兄弟姐妹7个,她排行老七。1995年高中毕业,高考以几分之差名落孙山。恰逢街子乡中心小学招代课老师,她既兴奋又忐忑地报了名,不久便成了街子学校三年级的班主任老师。初为人师的她,一边自学业务知识,提高自身业务能力,一边摸底了解学生状况。在教学过程中,她发现许多孩子因为语言障碍根本不喜欢语文,上语文课好像听天书一样满脸疑惑。写作文，学生大部分写到 30 个字左右就写不下去了。有的孩子来几天旷课几天，有的甚至中途辍学。半学期下来，语文成绩平均分总是在三四十分之间徘徊。怎样才能使每个孩子顺利过渡学好汉语，写好汉字，成了她脑海中的难题。经过观察了解，她得知街子地区没有幼儿园，孩子们都没有经过学前教育就直接到一年级了。加上整个村庄都说撒拉话，没有接触汉语的社会环境，导致学前教育滞后，成为学习汉语的障碍。于是，她开始寻思改变这种现状的办法。先是自己学习简单的撒拉话和孩子们交流，融入其中，让他们在课余、娱乐时尽量用汉语沟通，激发他们学习语文的兴趣。到学期末，学生们的语文成绩有所提高，但依然不尽如人意，事倍功半，证明这种做法不能从根本上改变现实。她冥思苦想，终于在脑海里闪出一个大胆的想法：在街子乡办一所幼儿园，给孩子们搭建一个接触汉语的平台，为顺利过渡到一年级打基础。可是自己单枪匹马，又刚刚步入社会，在人际关系和经济能力方面没有任何基础，怎么办？

她回到家中把这个想法告诉给父母。不料父亲很坚决地说："幼儿园是你一个农民家的孩子办的吗？家里连二哥的学费都承担不起，你又添什么乱？"过了几个月，她又一次鼓足勇气跟父母提起此事，平心静气地给父亲讲自己产生这个想法的原因，讲孩子们的现状以及在教学中遇到的困惑，表达了自己的决心和信心。看到父亲态度缓和了很多，她便开始酝酿计划，实施行动。边教学，边利用休闲时间选合适校址、租房、东奔西走地借钱、求帮助。很多亲朋好友都认为这是大好事而慷慨解囊，鼎力相助。经过两个多月的奔波努力，终于凑足了 3 万块钱。她用这些钱购置了桌凳、办公用品、食堂灶具和幼儿玩具、书籍等物品，租了几间房。于 1997 年 7 月在循化县街子乡挂出了"撒拉族幼儿园"的牌子，这也是海东市第一家私立幼儿园。9 月开始招生时，由于是办学初期，只象征性地收取一学期每人 104 元钱的学费、伙食费，也只招进来 7 名男生。面对这 7 个孩子，她身兼多职，既是老师也是保育员，吃喝拉撒全归她管。由于孩子们听不懂汉语，起初交流沟通非常困难，大事没有，小事不断，几名孩子连最基本的生活习惯都没有养成。面对这种情况，她一边潜心做保育、教育，一边走访家长，很快得到家长们的配合和支持。她从最简单的"老师好""同学们好"开始训练，用汉语认知一些简单的物品，如桌子、凳子、茶杯、书本等。购置了一台录音机，反复播放有趣的童话故事、简单的儿歌，自己再用汉语配上手势、动作，慢慢讲，然后以故事、儿歌为题材，带着孩子们做游戏并奖励优胜者，并多次邀请家长参与学校活动。就这样，通过坚持养成教育，一学期下来，这7名孩子基本上可以用简单的汉语交流了。接着，她利用周末休息时间，挨家挨户地走访、摸底，统计适龄儿童人数，做入学动员工作，还给村里的妇女免费上课，教她们认字、写字，教给她们简单的育儿知识，帮助她们提高思想认识，改变传统观念。

经过一年的努力，第二年的入学人数增加到37名，学生人数增加了，新的问题和挑战也来了：这些孩子年龄参差不齐，认知水平也有差异，不能放在一个班级，需要增加教师进行分班教育。此外，孩子们的学费无法填补冬季取暖费用，也无法填补员工工资的不足和增购的学习用品开支，房租也是一笔很大的支出。面对这些具体问题，她再一次陷入困境之中。

父母对子女的观察总是最敏锐的。有一天，高秀莲的父亲把她叫到跟前很果断地说："丫头，既然已经迈出了这一步，即使困难再大也得走下去，要不然会落下笑柄。我把家里的奶牛卖了，你先填补开支，办法总比困难多！"说着把6000块钱放到她的手里，她接住这沉甸甸的钱，不知说什么好。此时高秀莲父亲表情凝重地说："创业从来没有一帆风顺的，你既然下定决心走了这路子，就要一门心思走下去，不能一有困难就退缩。咬咬牙，吃点苦都会过去！"父亲的话给了高秀莲莫大的决心和勇气，她用这些钱除垫付了房租和两名员工的工资外，又从村里招了两名员工，负责食堂、协助教学，并将这37名孩子根据年龄分成大班和小班，她和另一名教师各承包一个班，边摸索学习，边保育教学。除了学习简单的汉语、唱歌、游戏、讲故事外，还带孩子们一起在空闲田地里种上萝卜、白菜等蔬菜，除了满足学校食堂所需外，一部分还拿到早市卖了钱。

在教学中，带领学生用废旧物品做手工，最大限度地节省开支。每天下午下班后高秀莲去一个饭馆打工，还拿出两个假期当家教的收入补贴学校开支。

为了取得家长的支持，高秀莲充分利用家长会、家访、家长开放日、普通话比赛、"六一"儿童节等活动，让家长参与学校活动，亲自见证孩子的成长和进步。渐渐地，幼儿园的活动开始有声有色，孩子们进入幼儿园不再是哭哭啼啼的了。老人们看到自家孩子的变化，一个个喜笑颜开，都说这个幼儿园办得好。孩子们不仅能吃到可口的饭菜，还学会了汉语，又锻炼了最基本的生活自理能力，孩子们都亲切地称她为"高妈妈"。

1999 年 9 月招生时，幼儿园入学人数增加到 56 名，分为大、中、小三个年级三个班，又扩招进来两名教师，收费标准从原来的 104 元提高到 220 元。高秀莲白天在学校忙碌，晚上学习网络课程，汲取别人经验，弥补自己不足，笔记写了一本又一本。如她自己所说："确切地讲，我是在和孩子们一起学习，一起成长。"2000 年 7 月，"撒拉族幼儿园"第一届大班孩子顺利毕业升入一年级，得到社会的广泛认可和好评。这年 9 月，新生增至 108 名，高秀莲凑钱购买了第一辆校车，解决了家长接送不便的困难，增加了一名保育员，又从省上招进一名专业幼教，给幼儿园注入了新鲜血液。教学模式有了很大转变，如系统化地分科教学，利用本土资源做各种手工、绘画；在院子里开辟实践活动场地，种植绿色植物，施肥浇水、除草修枝等，既创设了绿色校园美好环境，又丰富了孩子们的学习内容，培养了孩子们的动手能力。

2001 年 9 月开学时，学生增加到 124 名。高秀莲租了一处比原来更大的场地，粉刷收拾，添置桌凳等物品，不到 3 个月便搬到了新学校。又跟兄妹们借了钱，买了一辆二手小面包车，招了一名专职司机，专门接送距家较远的孩子。

幼儿园里除一名专业幼师外，其他老师都是转岗老师，没接受过专业学习和培训，这些显然又是新的挑战。于是，高秀莲和大家一起商讨环创内容，一起制订计划、调整教育教学策略和方法。在大班设了"劳动实践课"，每天利用一小时带孩子们去捡塑料瓶、废铁废铜和骨头，变废为宝；她自己继续利用假期打工赚钱，用这些钱购置学校需要的录音机、VCD、教学光盘等，用这些间接的教学资源激发参与意识，提高教师素质。

2002 年，学生达到了 140 多名。令高秀莲深感欣喜的是其中还有几名从县城送来的孩子，她感到几分压力又新生无限动力。每天披着晨曦出门，打开校门，带头清理卫生，协助食堂配菜等，傍晚看着每个孩子安全离园，最后一个离校。她说："看着自己用汗水铸就起来的幼儿园矗立在骆驼泉边，好像给古老的街子小镇注入了新的活力，有一种小小的成就感。"

为了办好幼儿园，高秀莲甚至央求母亲，等自己结婚时，把彩礼钱和众亲朋的贺礼钱都给她，用来周转办学资金，善良的父母也答应了她。

2002 年 10 月，高秀莲结了婚，她原以为自己的人生就此开始趋于平稳，她可以安心做自己喜欢的幼教。可是，婆家人根本不支持她办学，提出要么离婚，要么居家伺候公婆，安心待产。她想自己辛辛苦苦打拼起来的学校刚刚有了起色，怎么能说停就停！有孕在身的她，果断作出抉择，宁愿放弃婚姻也不能放弃事业！她借了一万块钱退还给男方后协议离婚了。她说："这份事业是我自己一手打拼起来的，谁也不能阻止我前行的脚步。"

2003 年 9 月，幼儿园学生达到 170 多名，其中从县城送到街子来的孩子有 35 名。她又购买了一辆二手面包车，增招了司机，新招了一名教师，设大、中、小三个年级四个班。这年 11 月，高秀莲因劳累过度身体缺氧而导致孩子夭折，身体极度虚弱，医院要求她静心休养。可她没住几天医院就背着父母偷偷跑出去上班，气得父母好多天不和她说话。其实，此时的她又有了新的打算：在循化县城再办一所幼儿园。

高秀莲鼓足勇气给父亲说了自己的想法，父亲态度很明朗：资金不够，把一半菜园子卖出去。父亲的支持再次给了她足够的信心和勇气。县上得知高秀莲的意愿后也给予了扶持和帮助，申请到第一笔创业贷款 30 万元。高秀莲投资 8 万元，2004 年 3 月在草滩坝大庄租了一个农家大院，带领老师们清理垃圾，打扫卫生，墙面上做了绘画和装饰，添置了桌椅板凳，配齐食堂灶具，"撒拉族幼儿园"的分园——"春蕾幼儿园"在美丽的黄河之滨亮相。她从街子幼儿园抽调3名教师，又增招了两名专职教师，1名保育员，两名食堂管理员，9月开始正式招生入学。没想到竟然招进来85名孩子，分成两个班，一切活动按部就班地开始了。此时，街子"撒拉族幼儿园"的招生有了喜人的变化，学生人数近200人，以前的寥寥无几变成人满为患。于是，根据新的变化，高秀莲把原来从县城送到街子的那部分学生又分流到县城幼儿园，两所幼儿园如同两辆满载着责任和使命的列车稳步前行，而且学生人数有增无减。这年，高秀莲通过网络学习拿到了学前教育本科毕业证。

2007年10月，家人再次催促她结婚，这次她结婚的第一条件是不能干涉她的幼教事业，对方欣然表示支持，她才同意结婚。她如此执着于这份事业，为之不惜付出一切代价！

## 不负芳华　用"爱"谱写幼教新篇章

爱是教育的灵魂，有了爱才有教育。对此，高秀莲深有体会，她说："在我眼里，凡是送到我学校的孩子就是我的孩子。干了24年的幼教事业，我很幸运走出了一条属于自己的路,并获得了别人不曾有过的幸福和满足！"高秀莲从建成幼儿园的第一天起，就认真给每个孩子建立个人档案，记录他们的家庭情况、饮食起居和性格爱好。为了做到对症下药，有的放矢，清晨她第一个到校，做好所有准备，站在校门口迎接每个孩子入园。从吃喝拉撒步步跟随，时时关爱，及时评价每个孩子的优劣并给予正确的引导，讲道理，教方法，用自己的言传身教感染孩子。她说："有一次，大班孩子举行洗脚、洗袜子比赛，一个小女孩坐在教室角落低着头不肯参加比赛。我走近她身边问她原因时，她哭着说自己袜子破了，脚又脏，不愿意参加比赛。听到这里，忽然记起她妈妈前不久因车祸去世的事，就给她买了新鞋子和袜子，到办公室给她洗了脚，然后让她参加了最后一轮比赛。从那以后，这个孩子开始变得阳光、开朗，有啥事都第一个跑来告诉我。到现在为止她还跟我保持着很亲密的关系。"

她除了自己的言传身教外，还注重把爱的教育贯穿在多种形式的活动中。如故事《孔融让梨》，歌曲《小乌鸦爱妈妈》《让座》，手工《红花献给好妈妈》《爱心卡》等，有意识地选用爱心教育方面的教材，因势利导，让孩子们从小就懂得没有爱就没有感恩，没有爱也不会成长！同伴小朋友生病了，鼓励幼儿相互问候；哪个小朋友过生日，大家为他祝贺，给他唱生日歌，还送给他一份特殊的生日礼物。并告诉孩子们应该帮妈妈做点小事情，如倒水、拿拖鞋、扫地、听妈妈的话等。利用"三八"节、母亲节、父亲节等节日对幼儿进行爱父母的教育，通过分享一些具体事例，使幼儿进一步了解并体验父母对他们的关怀和爱护，激发幼儿对父母的感恩之心，懂得将来还要把更多的爱回报给父母。久而久之，很多家长反映说孩子自从上幼儿园以后变得快乐了，学会了很多原来不会或不懂的基本礼节。

熟悉高秀莲的同事们说，她是个雷厉风行的实干家，干什么事都是说干就干，大刀阔斧。两所幼儿园之所以如火如荼地发展起来，正源于她的这种做事风格。为了给孩子们创设一个充满乐趣又开发智力的良好教育环境，高秀莲和老师们在园里创设了植物角，并种上辣椒、黄瓜、西红柿、蒜苗、白菜等，利用实践活动带孩子们施肥、浇水、除草，使他们体验到有付出就会有回报的喜悦；还在室内饲养各种小动物，如小兔子、小金鱼等，让孩子来喂养、认领、照顾它们，切身体验关爱小动物的快乐，又培养了孩子的爱心和动手能力。

她说："在最初的入园教育中，我围绕'我们的国旗是什么颜色？五颗星星象征着什么？镰刀和斧头又象征着什么'等问题进行因势利导，站在国旗下讲述红色故事、带领孩子们参观西路红军纪念馆等活动，创设红色育人环境，在日积月累和潜移默化中培养孩子们的爱国情怀。家长们都说幼儿园不仅是孩子们的乐园，我们家长也增长了不少知识！"

高秀莲十分重视教师队伍的研修和提高，除了通过网络学习培训外，还采用"走出去或请进来"的方式，改变幼教理念，提高教师素质。通过保育员大练兵、师徒结对以老带新的方式提高保教质量，还邀请省级专家进行家长育儿知识讲座，对教师进行中国礼仪知识培训，让中华民族的礼仪在幼教事业中生根发芽。2012年，高秀莲自己出资带两名教师到吉林省安吉市观摩学习绘本教学法，借鉴别人的先进理念和经验，为正在前进中的幼儿园注入了新的活力。

2016年9月，"春蕾幼儿园"乔迁新居，搬进了由县财政部门、教育部门投资兴建的公用教室。学生由296名增加到388名，教师由17名增加到34名。在幼教保育新理念的指引下，教师由"一教一保"转型为"两教一保"的机制，教师们积极性更加高涨，都为搞好学前教育献计献策。学校宽敞了，学生和老师增加了，高秀莲终于可以扬眉吐气了！看着宽敞的活动场地、明亮的教室、舒适的环境，高秀莲由衷地说："党和政府给予了我莫大的关怀和鼓舞，我一定不负众望，当好'孩子王'，管好'责任田'，坚持用爱心陶冶学生心灵，让他们在爱的阳光雨露下健康成长。"

## 汗水浇得百花开

2012年12月高秀莲被中国教育发展基金会评为"全国民办教育先进工作者"，2017年被循化县政府评为"尊师重教先进个人"，2018年被积石镇人民政府评为循化县"优秀园长"，2018年"春蕾幼儿园"被循化公安局评为"平安校园"。由于幼儿园食堂干净卫生，饭菜质量上乘，被海东市授予"海东市阳光厨房""全省A级食堂"荣誉称号；2020年，"春蕾幼儿园"被海东市授予"海东市一级一类园"荣誉称号。

2021年，高秀莲申请贷款50万元，着力打造校园环境，从设计到实施方案亲自把关，放弃休息时间，全力投身于环境改造当中，打造出了一个全新而富有童趣的幼儿户外活动场地。国家推广安吉游戏的方案首先在循化"春蕾幼儿园"开始实施。一时之间，"春蕾幼儿园"成为全县学前教育示范基地，引来周边兄弟学校的观摩借鉴，并在海东市学前教育观摩会上受到市级领导的好评与鼓励。

我们期待高秀莲为循化幼教事业续写瑰丽新篇章！

# 我的父亲马国龙二三事

马建人[*]

　　我的父亲马国龙，如今85岁了，一直住在沙坝塘老家，始终不肯进城。他很"土"。他的这种"土气"所释放的能量教育了我们七兄弟，潜移默化地影响着我们的成长轨迹，教我们怎样做事和做人。

　　劳动，是我父亲身上最朴实的一个特征。他虽然是工作干部，可我的记忆里他一直在劳动。我们小时候家里有一亩多自留地，父亲在节假日经常带我们到地里干活，春天种小麦，秋后种洋芋、白菜等。在劳动的艰辛里我们懵懵地懂得了生活，在读着"锄禾日当午，汗滴禾下土"诗句时我们从骨子里领会到其中的含义。

　　家庭联产承包责任制实施以后，我家人口多，分得了8亩地。那时我父亲刚50出头，身体也很壮实，我们兄弟也长大了。父亲起床很早，他洗脸时呛鼻的声音很清脆，犹如起床的号声，我们一骨碌爬起，

◎马国龙工作照　（马建人　提供）

---

[*]　马建人，农业银行循化县支行退休干部。

就拿起农具跟着父亲下地干活了。从小劳动惯了，我们兄弟都是农活好手，村子里的老伯大婶都夸我们兄弟的勤劳和诚实，我们兄弟七人和父母在地里热火朝天地干活也赢得了村里人的羡慕和赞许。早上两个小时的紧张劳动，或割完了一亩地的小麦，或翻完了一块地，我们累得满头大汗。劳动是最好的老师，每年从丰收的粮食堆里先筛选最好的粮食上缴公粮时，奋发读书的念头更为强烈。在我们的成长过程中，父亲从来没有打骂过我们，是劳动教会了我们自立自强、奋发向上，我们兄弟陆续考上了大学，参加工作后都住在城里，但父亲仍然耕种不止。我们心里牵挂着父母，每逢双休日都往老家跑，上午劳动，下午全家二三十人聚在一起，说着家里的事，谈着工作的事，满院洋溢着祥和气氛。粮满仓时，父亲心实心悦。4间南房很大，挨东西两边墙壁放着4个旧时的大面柜，里面实实地压满了面粉，挨南北墙面一层一层压着60多个装满粮食的麻袋。我们劝父亲不要再种地了，现在不缺粮食。父亲驳回我们的劝阻："种地不光是为了粮食，更重要的是你们兄弟要牢记农民身份，保持劳动本色，心里装着农民。"父亲不是文化人，但他朴实的教诲刻在我们的心里，是我们思想品德的基点。后来父亲退休了，我们兄弟劝他进城，把耕地转让给村民们。但父亲种地的热情丝毫没有减退，反而在荒山里植树造林，无奈，双休日我们还是参加劳动。五年的操劳和坚守，南山下一片10亩多地的树林郁郁葱葱地展现在人们的眼前。鸟儿在枝头上歌唱，野鸡在草丛里欢跑，父亲或修枝或浇地，和它们成了朋友，它们一点也不躲避父亲，一派和谐景象。

我父亲是个崇尚知识、勤于学习的人。人最想要的是自己身上最缺的东西。我父亲1937年出生，12岁循化解放之时，在匪帮"共产共妻"的谣言蛊惑下，跟着族人跑进深山里躲了起来。没过几日眼看着口粮断尽，机灵的父亲悄悄地趁着夜色"偷袭"老家，他知道地窖里还储藏着一些粮食。可来到家中，他蒙了，家中的东西都原封未动，没有一点被"劫"的样子，他拿着粮食出来时也遇见了部队，他们很和蔼。于是，父亲跑到山里把看到的实情一一讲给乡亲们，次日村里人都回家了。这是我父亲对共产党的第一次认识，凭着这种好感他有意接近共产党人。父亲很机灵，也很勤快，十几岁的娃娃提着罐罐到县城里卖牛奶，邮电局的食堂是他常去的地方。一来二去，春去秋来，他与邮电局的人们混得很熟了，领导看准他的机灵和勤快，有意招他为工人，父亲高兴坏了，这样父亲15岁就成了一位邮局的职工。他为自己成

◎马国龙获得的荣誉证书 （马建人 提供）

为共产党的人感到骄傲和自豪。父亲没进过学堂，但大伯、二伯自小上学，在两位哥哥的影响和熏陶下，他能识得一些常见的字句。入职以后，因为年岁较小加之没有文化，领导尽量安排给他一些零活。父亲读懂了领导的心思，要干好工作，必须要有较好的文化。父亲拜班长为师，坚持每天学会5个字，日复一日，年复一年，十年磨一剑，父亲的文化达到了初中水平。父亲有了文化，加上一股不服输的精神，投递、汇兑、电话、电报等邮电业务都得心应手，工作勤奋，品学兼优，父亲从一位工人成长为班组长、所长。学习成了他的一种生活习惯，记得每天我们起床时父亲已读报一阵子了，查字典，做注解，为全局的政治学习做准备。父亲除了加强自身学习之外，还特别关心我们兄弟们的学习，我们小时候，日子艰难，迫于生计，家长对孩子的上学不够重视，一个家庭四五个孩子中选一两个上学，或读完小学就辍学了，忙于做买卖、搞副业，过早地承担起拉家务的担子。而我的父亲懂得文化的重要性，不管家里有多大困难都自己坚强地扛起。人口多、口粮紧，他星期天悄悄地到化隆买粮买油，想尽办法确保一家人吃饱，并让我们兄弟七人好好念书。父亲还以自己的亲身体会和事例说教辍学孩童的家长，把身边一部分辍学的孩童又送进了学校。父亲在孩子们教育上有先见之明，20世纪70年代我们上初中时，寒假夜长，那时没有电视，孩子们在巷道里点着火炬跑来跑去，一不小心引发火灾。父亲看在眼里急在心里，为了不荒废孩子们的好时光，就动员本村的马成海老师给孩子们补习数学。马老师是城镇学区最好的数学老师，一

个寒假的数学补课，孩子们的学习基础夯实了许多。在他的影响下，沙坝塘念书的娃娃多了，学文化成了一种氛围。如今沙坝塘村率先脱贫，家庭成员中有工作干部，学文化是一个重要因素。父亲还尊重孩子们的老师，经常去拜访和看望，慢慢地成了一种亲情关系，与原循阳学校的权守辉老师至今还保持着联系，双方每年相互走动探望好几次，已结成亲戚。

善交友、重情义是我父亲身上最大的亮点，这一亮点犹如一道彩虹，架起民族团结的桥梁。父亲年轻时长期在基层工作，文都乡、尕楞乡、岗察乡、道帷乡、孟达山等山沟里都留下了他的足迹。20世纪50年代乡邮员是"和平鸽"，乡邮员来到村里、家里，乡亲们很高兴。那时候整整一个冬天山里人都闲着，没有电视、没有娱乐，加之家里也没有取暖的条件，村民们就聚在一起晒太阳，有点文化和稍微见过世面的人说一些天南海北、古今中外的事情，一堆人听得津津有味，在当时这是一种乐趣。邮递员到了，村支书或文化人给大家说着国家大事、建设社会主义国家的新闻，封闭的大山通过乡邮渠道输入新的信息，深山与北京连在一起，村民们心里想着毛主席。家书抵万金，家里的人出门或失联的亲戚来信了，一家人欢呼雀跃，可惊动一个村庄。信件到家时他们央求父亲读信，听着亲人的问候和平安他们喜极而泣，与父亲分享着他们的快乐。有时候出门在外的亲人出事了，深更半夜把电话打到邮电所里，好心的父亲连夜骑马翻山越岭送信。

日子久了，父亲和山里人熟悉了，父亲的热情和山里人的重情重义融合在一起，父亲的朋友越来越多了。父亲骑马每到一个村庄打招呼的人多了、拉家常的人多了，父亲没有感到大山里的寂寞，反而觉得藏族人民可亲。语言是沟通心灵的桥梁，聪明的父亲先是用肢体语言半生半熟地交流着，同时仔细观察他们的口型和神色，一句一句记在心里，在马背上、在无人区里他学着、练着、喊着，悟性很好的父亲一年过后可以用藏语和他们交流了。父亲说藏语方便了和藏族群众的交流，父亲又非常热情，藏族群众的邮包、信件、汇款等都要父亲代理，马背上褡裢里的报纸、邮包送完了，又驮回来满褡裢的邮包。

在草原上马国龙的名字童叟皆知，马国龙成了邮政的代名词。当时我父亲身穿藏袍，骑着一匹赤红色的骏马，驮着绿色的褡裢，显得英俊潇洒。绿色的褡裢是一个标志，是信使，是友谊。"马国龙""马国龙"——年老、年幼的谁看见我父亲就在很远处喊他的名字，这种喊声一方面表达了邮政来了，另一方面表达了对我父亲的亲近。我的父亲爱上了这片辽阔的草原，喜欢这里的人民。朴实憨厚的藏族人有时把我父亲拉到帐篷里喝一碗奶茶、吃一把糌粑，情谊一天天积厚，藏族人胸怀像草原，情义像大山。

我老家里有一果园，其中两棵冬果树和一棵软梨树根深叶茂，果实累累，一年可收成两三千斤果子，我的奶奶把冬果储藏在地窖里，把梨放置在房顶上冻成冰疙瘩。听着藏族朋友对父亲款待的事，每周一上班，奶奶在父亲的马背上驮上两袋子冬果和软梨，叫父亲回赠给藏族朋友。果子在草原和深山里是很稀罕的东西，藏族娃娃们很高兴。你来我往，和藏族朋友像亲戚一样来往了。很多老阿妈一生没进过县城，我奶奶诚挚地邀请她们，认了这么一家回族"亲戚"，他们有了落脚处，一年半载他们"浪"一趟县城，每次在我家住上几天。我老家的伙房很大，还有个大炕，开饭时大人坐在炕上，娃娃们围坐在厅里的大圆桌上。藏族阿奶说笑着在城里见到的一些新鲜事，娃娃们指着桌子上的餐具和食物相互学习藏语和汉语，孩子们模仿的口型和发音引得一阵阵笑声。现在回忆起当时的情景，饭桌上的饭菜虽没有现在丰盛，但它是我记忆中最香甜、最可口的民族盛宴。吃罢饭，孩子们在院子里戏耍，两种语言的欢呼声在庭院里交织和飞扬。父亲把藏族朋友当作兄弟，疼痒相连。有一天黄昏，父亲和4个藏族青年开着手扶拖拉机停在我家门口，父亲急匆匆地拿上被褥、暖瓶往县城赶去。原来，岗察草原上的完德大叔在草原纠纷中被对方在腹部刺了一刀，流血不止，生命垂危，被送往医院。我们全家人为完德大叔提着心一直等到晚上零时，次日清晨，父亲带来了好消息，完德大叔脱离了生命危险，全家人的心才算安稳了。母亲做可口的饭，我们兄弟轮流送饭，直至出院。真诚的朋友，以情义为重，患难时相互帮助。

我们兄弟七人，儿时顽皮，衣服破得快，母亲常常为此发愁。当时用布票购布，布票用完，即使有钱也买不来布。藏族阿妈看透了母亲的心思，把她们家多余的布票给了我们。我母亲心灵手巧，是个好裁缝，在村子里我们兄弟穿的衣服是最漂亮的。父亲教诲我们兄弟要感恩，教给我们一种换补情义的方法，让我们在生产队收完麦子的地里种上白菜和萝卜，秋收后送给他们。我们兄弟 8 月初下种，沙坝塘气候湿润，水量充沛，加之我们精耕细作，10 月中旬，硕大的白菜和萝卜丰收入库，藏族亲戚们陆续来到家中，驮上蔬菜高兴地回家了。在我们看来驮走的不仅仅是蔬菜，更是一份浓浓的情义。

藏族亲戚是我家的常客，儿时的记忆里，天刚蒙蒙亮，我们揉开眼睛时，文都沟的老阿卡身穿黄色袈裟坐在炕上跟我父亲喝茶聊天。看到我们醒了，他把手伸进被窝里抓痒，惹得我们一阵乱跳。改革开放后我一直没见到他，我也想念这位慈祥的老阿卡，问父亲他在哪儿，"他学问高、人品好，在夏河拉布楞寺院当管家，忙得很。"10 年前的一天，我在临夏逛街时，一个熟悉的声音在喊我的经名，我在人海里寻觅半天发愣时，一只宽厚的大手抓住了我的手，啊，原来是我想念的老阿卡！20 多年没见，他还没有忘记我的经名！更让我吃惊的是他一一叫出我们兄弟七人的经名，雅古白、哈尼费、胡赛尼、阿里、尔撒……他问候我的父母并询问我们兄弟的情况。一个佛教大师能清晰地记得七个穆斯林娃娃的名字，深厚的友谊后面是民族的团结。闲暇之余，我掐指算了算，父亲结识的藏族亲戚有 36 家之多，到今天父亲和他们一直走动着，来往不断，大多数朋友已故，但儿子们照旧来往。退休时父亲有 30 多万元积蓄，小一辈遇上了困难，就找我父亲借钱，或出门或家人生病住院借医药费，30 万元存款始终在解决藏族同胞困难问题里运作着。

2016 年夏季的一天，岗察乡的两家牧民因邻里摩擦大打出手，一家 18 岁男孩被刀捅伤。救人要紧！他们火速把伤员拉到县上，因手中无钱打电话求助我父亲，父亲立马拿了 5 万元现金到了医院，随后我们兄弟也到了医院，好在没有伤到要害处。次日，凶手父亲又找上门来，央求我父亲从中调解。46 天后病人出院了，他们双方来到我家，父

◎ 马国龙与七个儿子合影 （马建人 提供）

亲操着藏语比画着手势，话语掷地有声，滔滔不绝，双方不停地点头应答。我虽听不懂藏语，但从中感受到父亲很强的协调能力和藏族同胞对我父亲的信任和尊重。最后达成协议，过错方赔偿全额医药费和一个月误工费，父亲还要求他们两家和平相处，不记冤仇。正因为父亲有较好的协调能力，他多次被县政府抽调到草原纠纷协调工作组，处理草原纠纷。因工作突出，1988年先后获得海东地区、青海省、国务院"民族团结进步先进个人"。

父亲不仅有很多藏族朋友、会讲藏语，还有很多撒拉族朋友、会讲撒拉语，这些撒拉族朋友也是在邮递工作中结识的。儿时，我们兄弟一听到孟达山的达吾大叔、苏里毛大叔来家的消息就高兴得蹦跳起来。最有趣的事情是达吾大叔给我们讲故事，吃罢晚饭，大人们坐在炕上，围着火盆，达吾大叔是个热心肠的人，还稍带一些孩子气，他讲他当兵当班长的故事，讲得有声有色。他身体轻盈，讲到关键处会做一些卧倒、冲刺、摔跤、飞跃的肢体动作，笑得我们前仰后合，听他的故事胜过看一场电影。光阴飞逝，人已故去，他们的事还浮现在眼前，他们的情义在接力，至今他们的儿子阿里、哈如乃和我们结为兄弟，关系密切，来往不断。

父亲的一生注重"情义"二字，这种情义转化成一种无限的爱，这种大爱又把各民族紧紧地拢箍在一起。父亲的爱是大爱无疆，爱国是他的情怀，他把我们兄弟七人起名为马建中、马建华、马建人、马建民、马建共、马建和、马建国（中华人民共和国），他的爱是骨子里的。

# 马忠三的绿色情怀

韩学俊* 黄军成

　　马忠三，回族，中共党员，1947 年 2 月 14 日出生于循化县托坝村一个农民家庭。从 1980 年开始在循化黄河北岸河北滩荒山、荒坡植树造林 20 多年，先后开垦荒地 100 亩、沙地 170 亩、苗圃 49 亩、防护林 120 亩，总计 439 亩。经过 20 多年持之以恒的艰苦努力，原来的荒滩沙地变成了绿水青山。党和政府充分肯定马忠三在开垦荒山沙地、植树造林方面的突出成绩，他多次被青海省人民政府、海东行署（现海东市人民政府）、循化县人民政府、循化县林业局、循化县积石镇政府等部门授予"植树造林劳动模范""先进个人""优秀共产党员"等荣誉称号。

一

　　党的十一届三中全会后，改革开放的春风吹进循化各族群众的心中，大家积极适应新的变化，搞副业、跑运输、包工程、做生意、办企业等新的挣钱渠道，为千百年来面朝黄土背朝天的群众打开了新的致富窗口，大家生怕在致富的路上被别人抛在身后，各显神通，投入经济建设的大潮中。此时，马忠三的眼睛却盯着黄河对岸的河北滩，望着光秃秃、沙砾遍地、尘土飞扬的河北滩，他满脑子想的是如何让荒滩、荒坡变绿。

*　　韩学俊，青海民族大学政治与公共管理学院讲师。

从 1980 年 3 月开始，马忠三根据祖辈在河北滩扎帐篷住家养羊的经历，反复征求村中老人和家人的意见，并多次到河北滩实地查看。每次看到河北滩沟壑纵横的荒山秃岭，他感到非常难受，总觉得应该做点什么。如果把这些荒滩平整出来种上树，让河北滩慢慢绿起来、鸟儿飞起来，

◎马忠三获得的荣誉证书　（马忠三 提供）

会是一件非常好的事情。于是，马忠三下定了开荒种树的决心，用自己勤劳的双手，在这片不毛之地上开拓出一片天地，完成一个农民最朴素的"开荒种树"梦想。

当他用铁锹挖出第一锹土的时候，怎么也想不到这将是一场艰苦的开荒造林持久战，也是一场手上布满老茧，指甲缝里塞满泥土，双脚皲裂了一次又一次依然坚强改变脆弱环境、克服种种困难的攻坚战。

## 二

最先需要面对的是交通不便的困难。奔流东去的黄河穿循化而过，将循化县一分为二，南岸因土地相对开阔、平坦、肥沃，千百年来一直有人开发，人口集中；而北岸因黄河天堑难以逾越，交通不便，又因土质疏松，植被稀少，冬春两季往往是一遇大风就尘土飞扬，遮天蔽日。夏秋天气炎热，狂风暴雨、泥石流等自然灾害频繁发生，造成了黄河北岸沟壑纵横，除岸边平坦处或有些生产大队的迁移户外极少有人居住，马忠三所在的托坝生产大队最早就有 15 户迁移到河北滩形成托坝七队。

当时从托坝村到对面的河北滩直线距离很近，遇到急办的重要事情，托坝大队和托坝七队的人就隔河喊话，互通消息，商量重要的事情。当时到河北滩的通行方式有两种，一是乘坐木瓦。木瓦是一种原始简单的渡河工具，一般由 3 只长约 3 米的圆木

凿空而成，头尾并排穿孔用木楔子固定并用牛皮绳系在一起，由 6 个水性好的壮汉拿着木锨或是专门打造的木桨，在一名德高望重者的指挥下，载着十几个人在黄河中奋力划水摆渡。乘坐木瓦到河北滩通常是托坝生产大队有组织、有计划的出行，一般是到托坝七队进行劳动，或是有红白事，紧急组织人员往返托坝大队和托坝七队。一旦遇到急事，就会出现两个水手用单个木瓦、两人在木瓦的两头用木锨划水渡河的情况。

马忠三带着工具乘坐木瓦摆渡到河北滩开荒造林，并不是经常发生的事。更多的是从家所在的托坝六队拉着架子车，带着铁锨、刨镢、背篼等工具和干粮，经石头坡大队、丁江大队、尕别列大队、街子三岔、大别列大队、伊麻目大队，经伊麻目黄河大桥（1970年建成的当时循化唯一的一座黄河大桥），过砂砾难行的"干滩滩"胜利湾和一路上沟壑纵横的"干沟沟"，耗时 2 个多小时才到托坝大队对面的河北滩，来回需要四五个小时，一天大部分时间都浪费在路上。为了节约时间和解决交通的困难，最好的办法就是住在河北滩。于是，马忠三满怀信心，带着农具和装备到河北滩后，搭起帐篷安营扎寨，过上了日出而作、日落而息的开荒植树造林生活。

三

在野外生活困难可想而知，白天和酷日狂风做斗争，晚上还要和成群的蚊子做斗争，因为干活太累基本上倒头就睡，第二天浑身上下都是被蚊子叮咬红肿的包。即使这样，马忠三以惯有的乐观精神戏谑自己说："我个子这么大的，你们吃多少哩，喝多少哩，把你们养哈，正好晚上你们陪我，要不一个人多没意思。"吃的都是每次回家带过来的干馍馍，喝的是漂着羊粪蛋和杂草的涝池水（河北滩地势低洼处雨后自然形成的积水），基本上是一碗水半碗泥。

起初家里人和乡亲们都认为在寸草不生、沟壑纵横的山里不可能一个人一把锨开出地来，甚至嘲笑他："有那么多快钱不挣，偏偏在那个兔子不拉屎的地方转磨磨。"

也有人认为他只是意气用事，时间长了吃到苦头也就消停了。可是没想到马忠三面对种种困难非常坚毅，时常用"既然把话（哈）撂（哈）了，死是也干地要哩"的精神激励自己，始终以顽强的意志和坚定信念，一刨镢一刨镢地丈量着开荒的困难，一铁锹一铁锹地挖着砂砾，一架子车一架子车地把沙子石头运到低洼处。

与荒山决战，在砂砾里面植树，困难可想而知。当马忠三的妻子韩发土买（荣获海东地委、海东行署1990—1994年度农村妇女"双学双比"先进能手）看到身高一米八五的丈夫日渐消瘦，手上脚上磨出了大大小小的血泡，晒得黑黝黝的，十分心疼，极力劝说马忠三放弃开荒植树："家里孩子们还小，需要上学，有口吃的就行，何必没日没夜在山上受苦。"马忠三也深知家里的困难，安排好孩子们上学的事后，反复给妻子讲开荒植树的重要性，"开弓没有回头箭哩，好政策哩我们不下苦谁下苦，为了娃娃们在绿树下生活，我吃点苦问题不大"。不畏风吹日晒，一如既往地开垦着这片贫瘠的荒山。韩发土买了解自己的丈夫，只要是他认定的事情，不成功绝不放弃。在劝说无果的情况下，韩发土买被马忠三的执着打动了，不久，在节假日，开荒造林的工地上出现了韩发土买、他们的孩子和马忠三弟弟一家人的身影，他们一有空闲就到河北滩和马忠三一起干活，偶尔也有一些乡亲主动过来加入义务劳动的行列。

党和政府为县城附近、黄河南北两岸各族人民交通便利，更好地开发利用河北滩、加入滩、波浪滩等荒地，1978年动工修建循化积石吊桥，1980年12月25日竣工通车，这给马忠三规模开发荒滩打了强心剂。于是，马忠三用自己的积蓄，在亲戚和邻里们的帮助下购买了一辆手扶拖拉机，这在改革开放之初青藏高原东南一隅的小县城算是最现代化的劳动工具。

由于实现了手扶拖拉机半自动化作业，其间又雇佣5台拖拉机，开荒的效率提高了。随着开垦出来的土地越来越多，现实的问题也越来越多。如土地需要浇水、施肥、养地；种植树木、农作物需要电灌站送水浇地；手扶拖拉机需要油料、配件、维修保养；开荒的人手不够用，需要雇佣劳力；还有亟待解决劳力的吃住，而这一切都无外乎牵扎一个"钱"字。本来还在贫困线上的马忠三面对这些难题捉襟见肘，有时会拖欠一段时间的工钱，那些雇来的劳力拿不到工钱就三天两头地闹罢工。他只好求爷爷告奶奶地劝说他们，动之以情，晓之以理，并发誓"我就是再穷，砸锅卖铁也不会欠下苦人的钱，占你们便宜"。在马忠三苦口婆心的劝阻之下，雇工们将信将疑地留了下来。

据马忠三自己说，那些雇工基本上都是从甘肃过来的，要么是因家中歉收，要么是家庭变故，无法在本地生存，要么是为了个人生计到处打工挣钱，在循化举目无亲。为了稳住雇工，只要有钱就先解决他们的工钱。到了谈婚论嫁的时候，马忠三总是东家西家跑着给他们张罗婚事，把他们当成自己的子女一样。雇工们看到东家没拖欠过他们一分钱，吃饱了、穿好了，而且还解决了后顾之忧。每当生活上出现困难，又能在第一时间对他们进行无微不至的关爱，人员算是稳定下来了。在一起劳作的时间长了，互相之间有感情了，到现在这些人家里有婚丧嫁娶之类的事，马忠三都以长辈的身份给他们张罗。

## 四

青海花儿里唱道："十年的寒苦哈下完了，啥时候偷过个懒了；思谋着过个好生活哩，下茬是迈过个坎哩。"为了解决开荒资金，马忠三经过深思熟虑又开始了艰辛的经商之路，把经商挣来的钱补贴到开荒造林中。

农闲时节，利用循化海拔相对低、温度高、农产品成熟早的特点，从自己家的田地里把蔬菜、水果、小麦等拉到黄南州牧区贩卖。以半买半换的形式又从牧区收购牛羊，贩卖到循化本地或者甘肃临夏、积石山等地，然后又从临夏批发一些商品，贩卖到海北州、大通、化隆、湟中、互助等地，又批量购进一些门源菜籽油，大通、化隆清油，拉到别的地方贩卖，周而复始。

在那几年里，附近的县城处处都有马忠三忙碌的身影。为了筹备更多的资金用于开荒造林，马忠三起早贪黑、风餐露宿，有时在高原风雪交加的夜里裹个大皮袄在野外度过。动不动半夜还会遇见狼等动物，小偷也时常顺走马忠三不多的干粮。那时候的寒苦只有他自己知道，只能面对着旷野大喊几声，给自己壮壮胆，解解心中的郁闷。

对此，马忠三的几个儿子深有体会。三儿子马林说："10岁左右，有一次陪父亲从甘肃临夏拉了一车洋芋回循化，在大力加山上遇到大雪，山高路滑，视野模糊，走到半夜再继续走就有可能发生滑入深谷、车毁人亡的事故。两个人只好弃车在山谷的一个角落里避风，半夜里温度越来越低，为了取暖，两个人用剩余的麻袋裹扎在身上，相拥着熬过了一夜，差点被冻死，到现在想起来都心有余悸。"

就这样，一趟生意下来，用挣到的钱又继续投入开荒中，钱不够了，再出去做买卖。在夜以继日的忙碌中，艰难地维持着开荒造林。仅仅过了两年，在昔日满眼荒芜的砂砾上硬是开出了100多亩地，修建了水渠、坝口等水利设施。

42年后的2022年1月，笔者去看望病中的马忠三老人，向马忠三老人问起当年开荒造林的经过时，老人感慨、唏嘘，反复讲道："当时的困难大者'发码'（循化方言，表示厉害、多等），国家的政策好，领导们关心支持，拼着一股在荒滩能种上树的念头，坚持下来了。"

## 五

胜利的喜悦还没能享受多长时间，困难接二连三地到来。刚刚开垦出来的黄土地，由于土地含碱量大、土质疏松，夏天如遇上一场大雨，平整出来的土地又被冲得七零八落，沟壑纵横。含碱量大的土地不能种植草木，只能通过从野外收集腐烂的树叶、荒草、农肥，埋到盐碱地里发酵等办法改良土质。种树苗也是一个难题，往往是种植一棵树苗花费的心思和成本不低于开荒，春天树苗刚刚种在这块贫瘠的土地上，一阵大风吹过，不是被连根拔起，就是被吹倒一大片，剩下的树苗也好景不长，经过几天的暴晒，一棵棵相继枯萎而死。虽然紧邻黄河水，却因为落差太大，没法引流，电灌站也是先解决邻村麦田的用水，浇水基本上靠天。购买树苗也是一笔不小的开支，而且还要加紧补种，要不又要耽搁一年。因为长期起早贪黑地劳作，马忠三患上了严重的关节炎和静脉曲张，有时候疼得连路都走不了。

当重重压力即将击倒这个倔强的汉子的时候，循化县、乡、村三级政府领导了解到马忠三的困难，主动找到他，对他开荒种树的工作给予高度认可，专门派林业局和水利局的技术人员上给予了巨大的帮助，县政府、镇政府相关部门亲临现场解决实际困难，还派一些专家并协调相关部门解决浇水难、土地改良等问题。在政府部门的关心帮助下，水源问题解决了，土地有肥力了，当年栽下的小树苗成活率也逐年提高，埋下的树种也渐渐破土而出，苗木苗壮成长，既能改善植被又能巩固土壤，付出终于得到了回报，给困境中的马忠三增添了信心和勇气。马忠三也深深感受到党和政府全心全意为人民服务的博大情怀，认识到只有在党的领导下，才能获得如此大的收获。1982年底，马忠三提交了入党申请书，经过党组织反复考察，1986年马忠三正式成为中国共产党员。鉴于在植树造林方面的突出成绩，1989年被评为青海省优秀共产党员。

为了解决"以地种树、以树养地"，马忠三在实践中慢慢形成了种养结合的良性循环模式：既能改良土地，绿化环境，又能把增加的收入投入开荒种地上。从1983年起，马忠三开始筹建苗圃，到1989年总共建立苗圃49亩，育苗20多万株。不仅解决了自家树苗的种植，还给循化县"九乡一镇"提供了树苗。全县掀起开垦荒地、植树造林高潮，为建设景色秀美的循化做出了不可磨灭的贡献。

前期的成功使马忠三又有了新的想法，看着种下的树木逐渐长大，土地肥力得到改善之后，又种植了杏子、李子、苹果、梨、花椒等经济作物。在林间发展畜牧业，养殖牛、羊等，家里的收入逐年增加，生活过得越来越好。生产的牛奶不仅能保障附近村镇人们的日常，还将剩余的牛奶送到西宁等地。村里人看到马忠三心思活，能挣钱，家家户户都效仿他进行牛羊养殖。马忠三看到乡亲们都活泛起来，索性贷款买了汽车，收购一些养殖户的牛奶，将高品质牛奶送到西宁青海康尔素乳品厂。20 世纪八九十年代曾享誉全国的康尔素脱脂奶粉和娃娃头雪糕、冰激凌等，其中的乳源就有马忠三他们提供的牛奶。

20 世纪 80 年代末，马忠三利用县农行的林业贷款 15 万元和发展林业、畜牧的利润继续在相邻的黄河滩涂沙地上雇用大型机械，平整沙土沟壑，运土填埋，又开发出土地 170 多亩，种植防护林近 10000 株。

1983 年，《青海日报》以《黄沙滩里开荒的马忠三》为题对他的先进事迹进行了报道。1985 年 3 月，马忠三被授予"青海省林业劳动模范"称号。

1985 年 1 月开始，马忠三担任循化县第八、九、十届政协委员。1988 年、1989 年、1991 年，被循化县委、县政府评为"种树绿化专业户"；1989 年，被循化县委、县政府、积石镇政府评为"林业先进个人"；1989 年，繁育的小尾寒羊被积石镇政府和县科委评为一等奖；1991 年，被循化县绿化委员会评为"先进个人"。

曾经荒芜、满是沟壑的山地变成了良田，春天春意盎然，夏天花团锦簇，秋天硕果累累，冬天银雪似被，徜徉在这鸟语花香、硕果累累的天地间，何尝不是一种幸福。真应了习近平总书记那句话"绿水青山就是金山银山"。

据青海省总工会存留的马忠三劳模登记表显示：1989 年，因风湿性关节炎、静脉曲张有加重倾向，还伴有高血压、前列腺肥大等病痛，病魔再次摧残这位勇敢的汉子，卧床不起 5 个月。时任青海省副省长尕布龙听说这件事之后，亲自联系青海省人民医院，让他住院手术治疗，但遗憾的是手术不是很成功，落下身体残疾。如今马忠三年已古稀，祝老人早日康复，安享晚年。

# 五

# 古村新韵

# 文化传统村瓦匠庄

*绽海燕*

◎瓦匠庄村口 （绽海燕 提供）

我国很多村庄有几百年甚至上千年的历史，至今保存完整。历史文化名村、传统村落、特色景观旅游名村等自然历史文化特色资源丰富的村庄，更是彰显和传承中华传统文化的重要载体。近年来，在各地政府"乡村记忆工程"的带动下，建设美丽乡村，振兴乡村旅游等纷纷兴起。历史悠久的瓦匠庄村也越来越受社会关注。

## "地利人和"　依山傍水

瓦匠庄村地处循化腹中之地，在中原回族四庄中可以说最具地理优势。据说清朝年间，兰州总督修建循化城时，请阴阳道人前来测算县址，首先就看中了瓦匠庄这片地方，但后来又发现，该地南面有一个垭口破坏了这里的风水，故而将原址向东移了一公里。但这并未影响到整个村落的有利地势：南有积石山守护，东与循化县城接壤，北与滔滔黄河毗邻，真是依凭山峦，背倚大河。随着县城改造的步伐，现在的瓦匠庄村与县城仅几步之隔。全县的政务中心大楼就矗立在村口，去往省城的都要从瓦匠庄的村头走过。

据村里老人们说，明末清初，山西洪洞县大槐树那里走出来一部分回民，行至瓦匠庄时，听说此地差点成为县城，而且这里水草鲜美，气候宜人，便结庐而居，开荒种地，胼手胝足，苦创家园，过起了男耕女织的生活，这就是现在的高、绽、马、孙姓。随后，又有一些回民相继入村定居，据说有的是从甘肃、陕西一带迁移过来的。人口开始快速繁衍，出现了韩、陕、丁、赵、李、蒋、怡、尹等姓氏，由最初的4户人家发展到现在的439户，2246人，但以高姓和绽姓居多。

"瓦匠庄"村名的由来，老人们如此解释。明末清初，战乱频繁，人民生活贫困潦倒，食不果腹。迫于生计，村里年轻人挖掘自身潜能，利用有限的自然条件，学手艺，研技术，学会了烧砖、砌墙、粉刷等手艺。起初只是用来改善自家住房条件，慢慢地，就开始走出村庄到处找活谋生。于是，这个村落的工匠渐渐增多，附近村子里如果有需要砌墙、粉刷、搞修建的活，就到瓦匠庄来寻。慢慢地，"瓦匠庄"这个名称就沿用下来了。

从姓氏、人口密度和生活状况来说，瓦匠庄村的东西南北区域差异明显。东边以"十大院"为主（据说是旧社会文庙旧址）。那时因为县气象站在此，所以有一部分外地汉族定居于此。瓦匠庄本地除陕姓、马姓以外，主要有汉族怡姓、孙姓，还有藏族黎姓。以怡姓为主，原循阳学校老校长怡学智家族便是。南边以绽姓、陕姓、孙姓为主，称为"上庄"，生活相对比较富足，文化人比较多。北边以高姓、韩姓为主，称为"下庄"。下庄区域靠近黄河，林地宽广，百姓擅长饲养牛羊。在高姓人家有几户饲养大家，把附近邻里的牛羊聚集在一起，义务帮助村民的们牧羊。清晨赶着上山，等傍晚牛羊肚圆时收赶回村。因此，赢得了附近村民的敬重和爱戴。西边除几户陕姓、丁姓以外，主要是汉族赵姓、尹姓。他们西邻托坝泉，北靠黄河边，南接线尕拉。所以这部分地区的孩子有一部分在托坝学校上学，有一部分去了线尕拉小学，等到初中时才到循阳学校。

瓦匠庄村民以回族为主，还夹杂着一些汉族、藏族等民族，像零星的棋子般散居在村落四处。可各民族共同生活劳作，和睦相处，团结友爱，互相尊重。村里所有的红白大事，都一起参与，亲如一家。每逢清真寺里念"圣纪"时，那些汉族同胞都要参与施舍，共享美食。他们自称是"特殊的回族"。甚至互通婚姻，后代生生不息，日子红红火火。瓦匠庄村全民一心被传为全县佳话，还被当成活教材。

这种多元文化并存，共为和谐家园献计献策的良好氛围，在某种程度上也为培养人格健全的下一代起了推波助澜的作用。在这种氛围的熏陶下，瓦匠庄人比较规矩本分，注重学习，追求进步，不喜欢惹是生非。因此，瓦匠庄村被上级部门多次评选为"民族团结村"。

## 庭院经济　备受青睐

民国时期，瓦匠庄村曾有一个"吉福祥"的商号十分出名，经商地遍布西北各地及上海，其家族崇尚教育、擅长经商，族人品行良好，在当地群众中口碑较好。1949年，中国人民解放军王震大军西进解放循化时，其家族主人马瑞斋组织县城商贾、开明乡绅，拉牛拌红，到循化县城东门土门子桥迎接王震大军，欢迎人民解放军解放循化。马瑞斋将其家族多年经营积攒的黄金、银圆、珠宝全部捐赠给王震大军，为循化人民的解放事业做出了贡献。为此，马瑞斋被王震将军任命为循化县第一届人民政府副县长。全县皆知的马和琴校长便是其长子。如今，"吉福祥"这座四合院故居仍保存完好。

瓦匠庄村自古以来民风淳朴，百姓吃苦耐劳，互帮互助，颇有经济头脑，他们借助有利的地理优势经营的庭院经济在中原四庄独具特色。把自家房屋周围的零星空地划分为一畦一畦的小菜园。不违农时，翻地、施肥、平整，然后种上大葱、蒜苗、韭菜、萝卜、白菜、辣椒等各种蔬菜，除草施肥、喷药扶苗，总有忙不完的活。韭菜碧绿生青，辣椒青翠欲滴，茄子紫得发亮；萝卜红的红、白的白，缨儿翠绿惹人爱；"一米菜园"带来的希望在村民们内心升腾。

到了各种蔬菜陆续上市的季节，最热闹的是在微风荡漾的午后，从一方方菜畦到自家门前的水渠旁，有的在摘菜，有的在运菜，有的在洗菜……各样的蔬菜被分类收拾得干干净净、整整齐齐，用浸泡过的马兰草绑成均匀的一小垛一小垛，放在竹篮或背篓里，第二天大清早便拿到街市上去卖。瓦匠庄人的尕葱、大蒜、水萝卜陈列在街道两旁，鲜嫩欲滴，好多买主在挑选蔬菜时专挑瓦匠庄的。早市过后，有的人在毛驴背上驮两筐萝卜、白菜，带几把韭菜、蒜苗，走乡下、串小巷，换粮食、换面粉，日落而归时总是收获满满。慢慢地，水萝卜、尕葱、大白菜成为瓦匠庄人的代名词了。很多人说"瓦匠庄人是靠萝卜白菜富起来的"，此话不无道理。

瓦匠庄村的庭院经济从自给自足到市场化运营，从食不果腹到盆满钵足，使村民生活在每一天的晨起日落里悄然发生着变化。

## 崇尚科学　名人辈出

村里的老人说，瓦匠庄村是文化名人最多的村，被誉为"文化村"。有人说瓦匠庄村可能是因为得神泉"蛤蟆泉"滋润的原因，思想意识觉醒较快，观念比较超前。不论务农多忙，家境如何窘迫，都要想方设法供孩子读书。因此，自古以来走出了不少文化名人。如循化县最早的建筑工程师绽俊，省政协原常委绽福寿、绽永贵；原教育委员会高凤祥、县人大副主任绽秀及他的"教育世家"；国家级摔跤教练马明善、其弟省工商局原局长马明忠，文武双全的马进武老人，辗转各校的马和琴校长等，都是妇孺皆知的本土籍名人。

2016年，瓦匠庄村被评为"文化传统村落"。这一殊荣的获得，充分说明瓦匠庄村的百姓从风雨飘摇的历史中，从脸朝黄土背朝天的辛苦里，率先体会到仅靠一方菜畦不能满足日益增长的美好社会生活需求和精神需求，要想走得更远，必须学习知识，唯有知识才能改变命运。

　　一方水土养育一方人。瓦匠庄村凭"一泉一校一古寺"在中原四庄中独领风骚。"一泉"是"蛤蟆泉"，以其不竭的源泉将一寸寸贫瘠之地浇灌成膏腴良田。在那里，留下了整个村子几代人的记忆。"一校"便是百年老校循阳学校。从民国时期建校至今，为社会输送了一代又一代栋梁。原国民政府军政要员绽世良、绽福寿、马自祥、郭乔武等，文人高凤翔、绽秀、常明道、马和琴、马继德、绽树人等都从这里走出。目前，循阳学校依然以其雄厚实力成为人们慕名而去的名校。"一古寺"便是瓦匠庄清真大寺。它坐落在村子中心，与循阳学校接邻。现在，这座古寺在社会各界人士鼎力相助下换了新颜：时尚而不张扬，华贵而显典雅。

　　地处村落东北角的"吉福祥"故居，是民国时期有名的商户马瑞斋的居所。目前，这座四合院老宅保存完好。庭院砖木雕花，飞檐斗拱，雕梁画栋，工艺精致，青砖灰瓦与木雕交相辉映，设计精巧，古朴典雅，具有历史文物价值和浓郁的地方民族文化特色。特别是门道走廊内的一面砖雕花墙"福"字堪称"循化一绝"。2020 年 3 月被循化县政府列为重点保护单位。

　　此外，瓦匠庄人还有一个特殊的共同喜好，那就是养鸽子。只要走近村里，总会看见三五成群的男人们或提着鸽笼准备放飞，或围着一群黑白相间的鸽子谈笑风生。最有趣的还是几家人相约提鸽笼而出，集中到院落宽敞点的一户人家里，把二十几只鸽子混合放在一起。"啪啪啪"几声，鸽子飞到屋檐飞椽上，"咕咕咕"地叫着，盘旋着，准备随时起飞。几家主人把空笼子并排放在地上，说笑着，"嘘……"一声，鸽子应声而起，哨音愈飘愈远，直至消失得无影无踪。随着鸽子的起飞，鸽主们立马爬上房顶，仰着头观望鸽子飞出村庄。猜测谁家的鸽子是领头鸽，谁家鸽子率先找到回家路……

　　鸽群这一出游就是两三个小时。这时，鸽友们坐在屋檐下嗑着瓜子，喝着盖碗茶，说着家长里短，等着鸽子们披着夕阳余晖凯旋。

　　我记得哥哥养了十五六只鸽子。从这边屋檐飞蹿到那边屋檐，从东边屋顶飞到西边屋顶，鸽毛四处飞舞，鸽屎到处都是，没少挨父母唠叨。可哥哥这一执拗的爱好，到现在为止也没有消退。

瓦匠庄人喜爱鸽子，大概因鸽子漂亮娴静、机敏灵巧，尾巴上拴个清脆的哨子，展翅一飞，给人带来的感觉很悠远、美妙；更重要的是鸽子是和平的使者，只要走进家园，看见屋檐下跳来跳去、"咕咕"低喃的鸽子，就感觉其乐融融。从中，家乡父老乡亲的美好情怀也可见一斑了。

在循化，《一对鸽子》这首悠扬动听的民歌至今依然家喻户晓，百听不厌。据我爷爷说，这首歌就是最初一些养鸽者们自己随意填词哼唧出来的，后来经过专业人士加工填新词便传唱盛行起来。我县撒拉族歌者韩绍林把这首歌从循化唱到了首都。循化的"鸽子"因此出名，瓦匠庄人的养鸽传统也就人人皆知了。

# "中原四庄"之沙坝塘村

黄军成

## 沙坝塘村概况

沙坝塘村是一个地处青海省循化撒拉族自治县积石镇以西，距镇政府 1.5 公里的回族村庄，与托坝、瓦匠庄、线尕拉组成"中原四庄"。全村现辖 4 个队，共 257 户 1645 人。"沙坝塘"村名始于清乾隆五十七年（1792）成书的《循化志》，该书第三卷中多次提到"沙坡塘"，这是迄今为止关于沙坝塘村的最早文字记录。在漫长的历史发展过程中，沙坝塘村从一个主要靠农牧业、兼营多种营生的贫穷落后村，发展成为以资金互助协会为抓手，牛羊育肥、拉面经济为两翼的小康村落。这不仅与其地理位置、长期生产、生活积累的经验有关，更是在党的领导下脱贫致富努力奋斗的结果。

沙坝塘村东西长 2.5 公里，南北宽 4.2 公里，地理坐标为东经 102° 27'，北纬 35° 51'，平均海拔 1950 米，东与线尕拉村相邻，西与石头坡村接壤，北与托坝村比邻，南与西沟平庄村相邻，南面有加玛山（因其雅丹地貌形似烟筒中缕缕轻飘的烟雾，也叫烟筒山）、南山等高山环绕，西南、正西和东南有大坡沟、加玛沟、西沟等丘陵和高台平地，东、西、北三面地势相对较低，中间和东南面较高，东南拱北平是村庄最高处，地理形状表现为一个很大的丘陵坡。村西南第一台地上的加玛山墓地，面积 200 米 ×200 米，文化堆积灰土层厚 1 米，用黄土覆盖，显露有墓葬人骨骨架、木棺、兽骨、陶片，是一处青铜器时代卡约文化类型墓地。1986年5月27日，被列为青海省重点文物保护单位。

在国家富民政策的大力帮助下，现建有1000平方米的村级活动场所，1座280平方米的综合活动中心楼，内设农家书屋、农民工作服务站、党员活动室、村卫生室等。全村医保参合率为100%，农村养老保险参合率达100%。宝锡光明幼儿园是东西部协作"梁溪—循化"对口支援项目，使太湖之滨的无锡市梁溪区与黄河之畔的沙坝塘村有了零距离对接的机会。通往每家每户的小路完成了道路硬化，水电户户通，同时实现了电信、移动、联通三大通信公司信息网络全覆盖，使知识传播、电商发展、教育培训、村务管理变得便捷。历史上兵卒迁徙、钱粮运转、商贾贸易及物资交流往来的古道临平公路、循同公路穿村而过；村南有青海省"三纵、四横、十连线"中的第三横——甘肃临夏至青海共和（S22）的循隆高速及沙坝塘服务区及即将竣工的循化环城南线，村西北有黄河十里景观带大道，便利的交通成为沙坝塘与循化县城、西宁、兰州等外部地区的重要连接线。

## 沙坝塘村的由来

据老人们讲，沙坝塘形成村庄的历史有300年左右。先是从南京逃难辗转至陕西省，再到甘肃临夏，通过不同的方式来到循化，组成以回族为主、汉族、撒拉族等民族逐渐融合发展形成的多民族村落。对此，《循化县志》也有清楚的记载：循化回族于明、清以来大都从毗邻的甘肃临夏迁来，来源主要有逃荒、经商、实边、避难等。

据《循化志》记载，清雍正八年（1730），设立循化营，分东、南、西等路进行管理，"沙坡塘"成为西路管理的组成部分。乾隆四年（1739），循化营在沙坝塘营造房3间[（清）龚景瀚主编：《循化志》卷三，青海人民出版社1981年版]，说明当时的沙坝塘主要是进行边疆开发管理的地方，驻有一官五士兵。清初，清政府推行奖励垦荒政策，据《清顺治朝实录》载："无主荒田,州县官给印信执照,开垦耕种,永准为业,耕至六年之后,有司官亲察成熟田数,抚按勘实,奏请幸旨,方议征收钱粮。其六年以前,不许开,不许分毫敛派差徭。"凡垦荒者,垦田归己所有,六年之内不征赋差徭。在这种时代背景下,开垦荒地成为当时一些逃荒者生存的主要渠道。

现年90岁的黄么尼老人对沙坝塘建村的历史时间、开垦荒地等历史有着比较清晰的记忆,老人讲的300年的建村历史与《循化志》记载的从营建营房算起,时间基本吻合,也就是说沙坝塘作为一个村落,形成的时间在清乾隆四年（1739）,距今至少282年。在老人们的记忆里,塘上黄进德家的大榆树、清真寺前的黄家埋扎里的几棵大榆树,是沙坝塘村中最高龄的树,有250多年的历史,后来毁于1958年"大炼钢铁"砍树烧窑。

最早到沙坝塘开垦荒地落脚的共有6户人家,他们是黄氏弟兄3家、马氏2家、靠氏1家。

这是最早到沙坝塘的三大姓氏,也是现在的大姓;其他姓氏主要来自甘肃省的周姓、循化县城的王姓、临夏大河家和瓦匠庄的高姓、线尕拉的杨姓、甘肃省的丁姓、循化清水乡的韩姓、河南省的孙姓、青海民和的陈姓等。这些来自不同地区、操着不同方言的民族,为了幸福生活的共同心愿,代代在此开垦荒地,共同组成今天的沙坝塘村。

据黄么尼老人讲,先辈们来到循化后,先后在草滩坝、瓦匠庄、托坝等地寻求赖以生存的土地,由于黄河边土地肥沃,水利灌溉便利,可开垦的土地已被早先到来的开垦者耕种,只有高高山梁上的沙坝塘依旧是砂砾荒滩,地上长满了一簇簇黄刺,还没有人开荒种地。面对人烟稀少、干旱、盐碱、风大沙飞的蛮荒之地,前辈们选择留下来,以"蚂蚁啃骨头"的坚毅,凭自己的双手白手起家,靠刨镢一点一点地挖,用铁锹铲,用背篼背,硬是用原始办法艰难地移走一块块大石头,用血和泪开垦扩大着一寸又一寸耕地,并在沙坡上兴修水渠,改良土壤,治理盐碱……通过一代又一代先辈们的艰苦奋斗,现保留下来的450亩土地都是肥沃的水浇良田。

对于村名"沙坝塘"的由来及代表的含义,主要歧义在"坝"和"坡"上。"塘"

是古代的邮驿制度单位，古代为了传递信息，一般都会在一定距离设置一个邮驿站，提供车马和食宿。一"塘"就是十里，这一点和老人说的"十里一塘"是相同的。据老人们讲，塘为官府的地方，为接待用，古时没有通信工具，主要靠点燃烽火台上的烟火来传达信息，传达的主要是军事信息。当时，沙坝塘有一个大墩（烽火墩，又称烽火台、墩堠或狼烟台，是古代军事上用于通信和报警的建筑，多建在山顶、平地制高点、交通要道口或关隘口之上），五个小墩，有一塘三屋一官五士兵八匹马，驻地在今天塘上四队黄胡才老家位置，马金沙、马热木赞、马尕五九、杨长毛等是沙坝塘村最早开设车马店的人，其位置在临平公路靠近1、2队，车马店一直延续到20世纪70年代。随着社会发展，汽车客货运输、手扶拖拉机等现代机械逐渐代替了传统的木轮大车，车马店由此退出了历史舞台。

至于为什么叫"沙坝塘"，沙坝塘这个村名表达的含义是什么，老人们并不太清楚。笔者从与循化有关的书籍中寻求答案，查阅《循化志》，书中清楚地以"沙坡塘"这个地名来叙事；《循化撒拉族自治县志》在主要地名一节中写道："沙坝塘，汉语，清时营汛下属的关卡，派兵丁把守。应名沙坡塘。"（《循化撒拉族自治县志》，中华书局2001年版，第112页）毫无疑问这些著作中认可的名称是"沙坡塘"，可为什么这么多年过去了，人们约定俗成地称为"沙塘坝村"。官方书写用语和民间称呼是否是同一个名称的不同称谓，或是理解方面的差异，造成同一个地方有两个不同叙事。为了搞清楚哪一个村名是准确的、两个名称之间有什么联系等，笔者多次进行考证、咨询。在查阅1977年循化县进行地名调查的资料时，发现一份循化县地名调查表上有一个确切的汉语名称"沙坝塘"，在意义一栏中的解释是"原来的烽火台"，这与调研中老人们讲的烽火墩是一致的。

汉语词典中"坝"字的意思是拦截水的建筑物，或者河工险要处巩固堤防的建筑物，这一点似乎与地势高且沙子满坡的沙坝塘没有关系。对此，循化县图书馆退休干部黄德胜认为，对"坝"字理解应该从"干循化"的历史入手。长期以来循化自然灾害频繁发生，干旱、洪涝、泥石流等严重影响着人们的生产生活，沙坝塘地势高，如果从县城往沙坝塘看，或者从托坝等地势较低的地方往上看，沙坝塘像一个大坝拦截了从西沟汹涌而下的洪水，因此沙坝塘的称谓是正确的。随后在循化县政协韩大全主席的引荐下，笔者先后多次采访草滩坝村韩海珉先生。韩海珉先生认为"坝"和水是紧密联系在一起的，到了冰雹、暴雨、洪涝灾害频繁发生的夏天，西沟、南山里的洪水奔流而下，当时没有水泥、钢筋等产品，更多的是就地取材，沙坝塘用石头、沙子修建了一道又一道拦截坝口，对防汛抗旱起了非常重要的作用。这些基本的堤坝可以应对一般的洪水，可是遇上特大洪水，用沙子建成的堤坝就顾此失彼。笔者儿时的记忆中，沙坝塘到处是深沟大坎，在遇到洪涝灾害的年景里，洪水从大沟、三大湾等冲向托坝，形成大小不一的洪水冲击土堆。对此，青海民族大学文学院马伟教授从语言学角度进行考证，认为一般不会出现用动词做地名的情况，突厥语系中中亚很多国家有"托坝"一词，表达的含义是土堆，认为"托坝"就是土堆的意思。藏族学者侃本认为，在藏语中"托坝"是指"县城上面的地方"，至于准确的解释期待后来者进一步挖掘。至此，关于沙坝塘名称的来源和代表的含义已基本清楚。实际上，沙坝塘、托坝等名称的由来和先辈们顺应自然、艰苦奋斗的智慧有直接关系，是先辈们生产生活的经验总结。

## 村落环境

沙坝塘所在的积石镇属高原大陆性气候，气候温和，四季分明。春季短促，干旱、风沙大；夏无酷暑，时有暴雨、冰雹、洪水、泥石流发生；秋季最短，天空晴朗，寒暖适中，瓜果飘香；冬季较长，少严寒，多暖阳。总体表现出日照时间长，太阳辐射强，昼夜温差大，降雨量少，蒸发量大的气候特点。全年日照总数为2683.3小时，属长日照地区。大田作物的生长季节是3—7月份，平均日照时数为8.04小时，利于农作物生长。年平均气温在7~9.4℃之间，7月平均气温为20℃，最高为26.7℃；1月最冷，平

均气温 –11.2℃，最低气温 –22.2℃。

沙坝塘村自然条件良好，无霜期短，农作物可一年两熟。农作物种类繁多，粮食作物有小麦、青稞、荞麦、玉米、蚕豆、豌豆等；薯类作物主要是马铃薯；油料作物有油菜籽、胡麻等。蔬菜有黄瓜、葫芦、茄子、辣椒、韭菜、西红柿等 20 多个品种；瓜果主要有西瓜、甜瓜、苹果、梨、李子、杏、樱桃、枣、葡萄、薄皮核桃、西梅、柿子等果品。沙坝塘村盛产花椒、辣椒，家家户户均有种植。

沙坝塘拥有耕地 450 亩，村集体无机动地，以种植冬小麦、玉米、土豆为主，属水浇地。年均降水量 265.9 毫米，年均蒸发量 2107.9 毫米。因降水量小，蒸发量大，祖祖辈辈过着"水在河里流，人在岸上愁"的日子，是一个干旱缺水的地方。20 世纪 50 年代以前，枯水季节来临时，人们只能依靠定量分配的"份子水"和"人头水"来解决人畜饮水和灌溉用水，旱情比较严重的年份举行烧香祈愿的求雨活动。庄稼用水主要来自西沟河滩水，为此与上下游的村庄常为水的分配发生纠纷。1953 年大旱，采用窝麦（窝麦是面对干旱时的一种应急办法，种植春小麦时采用种辣子的方式，一窝一窝进行种植）的方式种植小麦，从托坝泉人工挑水一窝一窝地浇水。为了应对干旱，光明大队（包括沙坝塘、线尕拉两村）在西沟修建水库，后以失败告终。此外，从街子修建水渠，引水到沙坝塘，缓解用水困难。彻底解决浇水灌溉问题的是黄丰渠的修建。黄丰渠动工于 1957 年 11 月，光明社被安排到牙木曲乎工程量大的地方。光明合作社黄丰渠修建队以踏实认真的劳动态度，依靠最简单的工具——铁锹、背斗及镢头，一锹一锹、一背篼一背篼挖掘背运，完成了黄丰渠的修建任务。

1958 年 4 月，黄丰渠竣工放水，后经多次扩建完善，石头坡电灌站把黄丰渠的水引上来，通过加玛渠引水到沙坝塘进行灌溉。1974 年，政府投资修建了线尕拉一级电灌站，灌溉面积 500 亩；1976 年，政府投资修建线尕拉二级电灌站，灌溉面积 100 亩。这些水利设施的建成和使用，彻底结束了沙坝塘村干旱缺水的苦难历史。

对于沙坝塘村民来说，吃水从来不是一个轻松的话题。经历过那个年代的老老少少都有到黄河、托坝泉、丁匠泉等多处担水、用小毛驴往家驮水吃的苦难记忆，最难忘的是从河滩挑上来一桶泥汤汤，等澄清时只有半桶清水。后来党领导组织每家每户挖通了自来水，饮用西沟河滩截流的水，但也只是间断性供水满足饮用水需要，时常面临断水的难题。1994年，启动人饮工程；2002年，完成了自来水管道工程；2015年，循化县政府全面实施农村饮水安全巩固提升工程，从而解决了居民的饮水问题。现在的沙坝塘村，家家户户门前绿树成荫，沟渠中流淌着清水，整个庄子因水而活，充满了生机。对此，一些上了年纪的村民感慨地说："党的政策好，过去喝的是从山沟里拉来的泥汤汤，今天喝的是清清不断的自来水。"

## 传统工农业

1958年"大跃进"中，沙坝塘村的工业应时而兴，办起冶炼厂（在今沙坝塘村委会附近），修建30多个土高炉，炼钢用的木炭由孟达林场提供，收集各家各户的生铁等进行冶炼，砍伐村里的大树用来烧窑。由于技术等方面的原因，冶炼没有成功，造成很多废渣，极大地影响了农业生产。同时，根据沙坝塘村具体情况，黄河公社集中托坝、瓦匠庄、线尕拉、沙坝塘村的人力、物力和财力，在烟筒山挖石膏，想在沙坝塘村建设一个石膏加工厂。后来由于资金不到位，石膏厂没能建成。20世纪70年代，黄者麻录、马麦才、马祥、王麦才等在今沙坝塘村委会附近的羊圈试办粉笔厂，生产的粉笔在循阳等学校试用后，质量不过关，导致粉笔厂关闭。改革开放以后，由高乙四麻创办的青海省循化县高氏房地产开发有限责任公司，主要经营房地产开发与建筑材料生产；靠尔巴创办的循化县众泽建材有限责任公司，经营范围为水泥、钢材、木材销售、建筑用砂等，这是沙坝塘人开办的主要工业企业。此外，也有一些临夏人承包沙坝塘村的土地开办铁厂、建筑材料厂和装潢材料门市部等。

农业是沙坝塘村的主要产业，小麦、土豆是当地的主要粮食作物。新中国成立初期，小麦平均亩产 150 公斤左右，土豆在 200 公斤左右。由于地形沟沟壑壑且到处是砂砾、黄刺，人工开垦的难度很大，可开垦出来的土地并不多。直到 20 世纪 50 年代通过农业社会主义改造，成立光明农业生产合作社（包括沙坝塘和线尕拉两个村），获得土地的沙坝塘和线尕拉两个村庄的农民联合起来，采取共同劳动、集体经营的方式，并在国家帮助下逐步实现农业技术改革，使农业生产力得到快速发展。1961 年，光明大队分为沙坝塘大队和线尕拉大队。在历届大队干部的艰苦努力下，开始有组织、有计划地通过集体的力量进行开荒造田，进行小型农田水利建设。

历史上沙坝塘村有饲养家禽家畜的传统，买瘦牛小羊，育肥后卖肥牛、壮羊，用来改善生活。成立生产队以后，由集体建立饲养圈饲养牛、羊，主要给农业生产提供畜力和积攒肥料。

1970 年秋冬以来，沙坝塘大队男女老少齐上阵，治河造田，整修洪水泛滥造成的沙河滩，开垦加玛滩荒地，平整大沟、搓哈斯等深沟大坎，持续十几年，每年 8、9、10 月苦战 3 个月，开垦和改良土地几百亩。村里的一些老人们对 20 世纪六七十年代开荒种地的记忆非常深刻："那个时候，全村按四个生产小队组织集体统一劳动，大家相互协作，互帮互助，有一股很强的凝聚力。干活时都是知难而进，越是有困难越是相互帮忙解决。"

当时的条件是非常艰苦的，吃的是最简单的水煮菜，没有肉和油，大家的饭量都很大，一顿吃半斤多还老觉得饿，总有吃不饱的感觉。整修河滩梯田的时候，揭开一层薄薄的地皮，下面全都是石头，很多石头甚至比铁板还硬，开凿起来很费功夫。全部采用手工开凿，一点一点挖出来搬走，很多人的手掌都磨出了茧子。在这一段时间，对大沟、三大湾、搓哈斯、加玛等处凸凹不平的土地削高填低，使其成为具有适宜坡度的田面或水平田面，以改善田间灌排条件和耕作条件。当时的劳动工具主要为人力架子车及铁锨、镐等简单工具。根据沙坝塘多年来的耕作经验，把全年分作备耕、春耕、田管、夏收（征购入库在内）、农田基本建设五个阶段，大搞科学种田。推动土地园田化、水利化、良种化、条播化、机械化。优选良种方面，打破传统的"母肥儿壮"的选种观念，先后到瓦匠庄等地串换优良品种，压缩了小红麦等低产作物的品种，阿勃、内乡、欧柔，青春四、五、六号，"一九七"麦子等优良品种，成为最受群众喜欢的良种。就这样，通过艰苦的劳动创造，沙坝塘村的良田面积大幅增加，为沙坝塘村以后的社会经济发展、工农业建设打下了坚实的基础。

在耕作技术方面，采取"三遍翻地"耕作技术。1970年开始政府对秋翻地耕作有要求，秋后粮食收割打碾收库后，要进行深翻地。起初由于机械化程度很低，基本上是借助畜力和人工铁锹翻地，后来逐渐采用农业机械工具，机翻的数量不断增加。"三遍翻地"使活土层增厚了，不仅改良了土壤、加深了耕层，消灭了病虫害、清除了杂草，而且有利于蓄水保墒、防御旱涝。俗话说得好："晒晒地，来年病害少，收成好。"真正做到了多上粪，土地肥力得以提高，增产效果明显。同时，在循化县委、县政府的领导下，进行耕作制度创新试验，采用套种的方法，改粮食作物一年一熟为一年两熟。如1977年，小麦套种玉米亩产最高达857.95公斤，平均亩产超500公斤。

肥料是农业生产增产的关键，男女老少齐上阵，拉来杂发（腐质物）等腐殖酸类肥料，从烟筒山等地运肥沃的浮土到地里，以此改良土壤。在施农家肥基础上烧草皮灰，增施到田里，目的是消灭白扛地。当时印象最深的是"高温速成沤肥"，打碎使用年代很长的火炕土、社员家里年代较长的锅灶土、烟筒土、杂发，和一定数量的牛马粪、人粪尿、秸秆和水等按一定的比例进行均匀搅拌，然后再掺上山上挖来的黑土，堆成高4~6尺的大堆，使肥堆既保温又通气，一般10天左右翻一次，翻上两三次就可以使用。生产队统一以立方为单位进行验收，验收合格后按要求运到田里施肥。高温沤肥有利于把附着在秸秆上的草籽及害虫、虫卵杀死，有效地减少田间杂草和虫害。

沙坝塘村的农业机械化经历了从无到有、从少到多的变化。新中国成立前，循化农业耕作粗放，生产工具十分简陋，照明是清油灯，运输是牛背篓，翻地是二牛抬杠。新中国成立后，农业生产工具虽有很大改进，但多数地区还没有从笨重的体力劳动中解放出来，严重地阻碍着生产的发展。1973 年，沙坝塘有了第一台手扶拖拉机，驾驶员为杨木汗；1974 年出现了第一台电磨，电磨管理员黄者麻录；以前打场用牛、毛驴等畜力拉石碌碡打碾，人工用连枷，后来采用脱粒机，特别是条播、脱粒和手扶拖拉机很受群众的欢迎。一般一台脱粒机一天可打粮 1 万斤左右，比原始的碌碡加连枷打场工效增长了几倍，大大减轻了社员繁重的体力劳动，更重要的是改变了收一秋、打一冬的旧习惯，减少了粮食浪费，解放了生产力，初步实现了运输、播种、打碾、磨面机械化和半机械化。

在大搞农业生产建设的同时，时常有部分村民外出打工搞副业。一般春天出门，冬天回家，带回来改善家庭生活的票子，他们被紫外线晒得黑红的脸成为全村一道亮丽的风景，也是人们羡慕的对象。在家里不能外出搞副业的人想各种办法，挣点小钱补贴家用。在此，笔者以小时候经历的几件小事，来具体叙说沙坝塘村除传统农业之外的几项副业。

在 20 世纪 70 年代，循化干旱少雨，光山秃岭，但在贫瘠的大山和丘陵中，生长着一些特别的东西，发菜就是其中之一。因其色黑而细长，形状、颜色如人的头发，故称"头发菜"，简称"发菜"。到了冬天，村里人们纷纷上山捡拾发菜。那时与家乡接邻的临夏的生意人挨家挨户地收购发菜，最先是以每斤 6 元钱的低价收购，后来慢慢上涨到七八十元钱，再运到大城市以高价卖出。即便每斤 6 块，对于日子过得紧紧巴巴的村民们来说也很有诱惑力，因此越来越多的人加入拾发菜的行列。捡发菜最适宜的人是刚入学的小孩子，小时候笔者先是跟堂哥黄德胜和同村的马道明一起到循化河北荒滩、甘都荒滩、查汗都斯乡塔山荒滩等地，拿着自制的用长木把、软铁丝做的铁耙子去捡拾发菜，后来就带着弟弟黄军祥一起捡拾，每天都能带回一书包装得鼓鼓囊囊的发菜，回家后再和全家人一起筛选出混杂在发菜里的许多柴草、泥土等，等待小商贩来收购，期盼着用卖发菜所得的收入买些心仪已久的玩具、学习用品等。

20 世纪 70 年代，沙坝塘村除种小麦外，在家搞的副业主要是挖石膏、砸石子。秋

◎沙坝塘村民修建水利工程 （绽珍 提供）

收后，每到星期天笔者和弟弟拉着架子车，车上装着铁锹、板镢、背斗等工具，带着干粮，早上5点多从家里出发，到烟筒山挖石膏。先要找个采挖的点，石膏茬子要厚一点，上面的土层要薄一点。挖去覆盖在上面的土，用板镢把石膏两边的红土刨掉，待到石膏完全裸露出来后，用板镢全部刨下来。如果这个点比较好，可顺着石膏茬子一直往里挖，挖下来的石膏用背篓从沟里背出来装到架子车上。刚开始背上100多斤的石膏，从陡峭的山间小路上行走时，两条腿直打战，架子车装满石膏后，有八九百斤，笔者在前面拉，弟弟在后面推，就这样艰难地推到家堆成方，等同仁水泥厂或是循化水泥厂来收购。

那时候，村里每个家庭都贫穷，急于寻找农忙之余挣钱的门道。记得小时候生产队里修建防渗渠、修路，机关单位搞修建需要石子，生产队把砂石料任务争取到沙坝塘。村里家家门前都堆有石子，人们把从河滩边、山上拉回的大块石头先用大锤头砸成小石块，然后选用一块方方正正的平而结实的稍大些石头作为砸石子用的垫石，也就是操作工作台面，再一手握小块石，一手握小锤头，对准面前砧石上的石头，一锤一锤不停地砸，将小块石砸成均匀的石子。石子大小按浇筑工程标准确定，砸好的石子大拇指头大小，收购一般按方计算，每方3元左右，一家人辛苦一天可挣三四元钱。

## 一体两翼谋发展

目前，沙坝塘村有257户，1645人，其中男性859人、女性786人，劳动力638人。

全村耕地面积450亩，人均耕地面积0.3亩。因耕地少无法单纯依靠农业发展经济，于是很多人开始外出务工，主要靠拉面经济和牛羊育肥脱贫致富。据沙坝塘村党支部书记、村委会主任马建和介绍，2017年，沙坝塘全村实现了脱贫摘帽，目前形成以"沙坝塘村扶贫互助协会"为主要抓手、拉面经济和牛羊育肥为两翼的发展局面。

沙坝塘村扶贫互助协会资金贷款手续简单。贷款人必须是本村居民，没有任何违法违纪现象，借款用途符合国家法律、法规和有关规定，担保人一般是本村有良好信誉度的居民或本村的国家公职人员。借款时由村民提交申请报告，协助还款保证书、借款合同，借款期限为一年，金额为2万元人民币。这就充分发挥了社区的地缘、血缘、亲缘优势，简化了贷款办理程序，相较于银行贷款，社员准备的资料更少，也无须进行信用等级评估和贷款调查，实现社员贷款一小时办结，资金融通成本低、效率高、无障碍的优势得以充分显现。面对一些突发事件的紧急贷款，互助社也常开绿灯，解村民燃眉之急。如突发疾病需手术治疗，急缺资金2万元，互助协会收到申请后在一小时内办结手续完成放款，让互助资金真正成了"救急钱""保命钱"。自2017年发放贷款以来的四年时间里，还没出现过一笔超期贷款，按时还款率100%。此外，沙坝塘村扶贫互助协会坚持以服务村民生产、生活需求为经营目标，采取推动村民发展经济、开源节流、加快资金流转等措施，在增加互助社收益的同时，追求村民受益最大化。从四年多的经营情况来看，发放的贷款主要用于牛羊育肥和拉面经济，产业发展导向比较明确。

目前，沙坝塘牛羊育肥专业户有17家，主要有王尕三、王沙巴尼、黄文地尼、黄牙古、周志良、黄乙四么等。这些养殖大户，从自身丰富的养殖经验入手，利用信用社"530贷款"和沙坝塘村扶贫互助协会资金，在自己家里搭起牲口棚，利用专门养殖牛羊，将亲戚、邻居以及自己的土地重新利用起来，种植玉米为牛、羊提供饲料，牲畜所产生的粪肥又用来让玉米增产，既节约了成本，又增加了收入。其余的盈利全部用于购买牛羊，扩大生产规模。

沙坝塘村从事拉面经济的共有 14 家，其中在全国其他省份经营拉面馆的有 7 家，他们是黄木海麦（北京）、黄二来（贵州省贵阳市）、王麻乙来（北京）、王奥四么尼（浙江）、王建军（江苏省南京市）、高哈三（北京）、周乙的日（山东日照市）等；内在西宁经营拉面馆的有 4 家，分别是马伟成、周撒拉、黄乙布拉、陈延才；循化 2 家：王氏杂碎、马秀英小吃店。这些拉面馆或小吃店经营时间不一，有经营 30 多年的，如王氏杂碎馆是弟兄 5 人分工协作开起来的一家经营 40 年的老店，目前由王黄家、王四哥、王占龙负责经营，主要以地道的牛羊杂碎、鲜香味美的羊杂汤，吸引着南来北往的顾客，成就了弟兄 5 个幸福的小康生活。在北京开拉面馆致富的黄木海麦，2004 年怀揣着致富的梦想到北京打工，经过 3 年多的努力，终于有了属于自己的拉面馆——北京房山区面积 140 平方米的"西域阿里餐厅"，用货真价实的食材和满满的爱心经营着小小的拉面馆，在付出艰辛努力的同时也收获着希望！在老家建起 500 平方米的二层楼房，在西宁和循化县城买了商品房，走上了脱贫致富的幸福路。对此，黄木海麦深有感触地说道："回想从 2004 年到北京打工创业以来的艰难历程，内心涌现的是感激！感谢党的富民政策，使我有机会走出大山来到大都市追寻我的致富梦，收获着幸福的希望。每当夜深人静的时候，我在想，我只有初中文化水平，没有特别的技能，刚到北京打工时，地铁都不会坐，按道理讲我们不可能在大城市生存下去，可我在北京已经生活奋斗了 18 年。这一切都离不开党的好政策。拉面馆虽然不大，党的各级组织的关心帮助始终存在，循化县政府在北京成立的办事处，协调解决我们的难题，及时提供的各种创业信息和党的富民政策，解决了我们的后顾之忧，使我们对以后的生活充满信心。"2018 年在政府组织安排下，黄木海麦到上海财经大学参加"青海省海东市拉面经济高级经营管理人才培训班"，系统学习餐饮企业经营管理知识。2020 年在"中再集团促进循化拉面产业发展劳动技能培训"中成绩优异，被评为"优秀学员"。借助专业培训，掌握了一些新技术、新技能，以及如何把这些新技术、新技能运用到日常拉面经营中去，对拉面经济高质量发展有了更深、更明确的领悟。在他的微信朋友圈中这样描述参加学习班的体会：

培训学艺长见识，奋斗成就致富路；

领导关心政策好，指明方向利转型；

沟通交流同学情，互帮互学谈升级；

天高水长循化美，各自珍重谋发展！

这样的例子有很多，通过拉面经济，不论是省外的经营者还是省内的经营者，都实现"挣了票子、育了孩子、换了脑子、练了胆子、创了牌子、拓了路子"的良性循环发展之路。

# 民族团结的典范——瓦匠庄村

马金花*

"各民族要像石榴籽一样紧紧地抱在一起。"青海省循化撒拉族自治县积石镇瓦匠庄村与县城接壤，因村内泥瓦匠、烧瓦匠等手工艺者聚集而得名。据说清乾隆年间，陕甘回民走西口，其中高姓、绽姓两户人家无意中走到此地。于是，在这片由黄河滋养、鸟语花香、土地肥美、人杰地灵的村庄过起了男耕女织的田园生活。

随后汉族孙姓、马姓两户人家也来此定居。瓦匠庄村就像一条不拒细流的大河，包容着来自各地的善良的人们。无论你来自何方，不管你是什么民族，也不分高低贵贱，只要走进这个村子，很快就能成为这个大家庭中的一员并过上幸福安康的生活。光阴如梭，世事变迁，如今瓦匠庄村由最初的 4 户人家发展到拥有 2300 多人口的大村庄。

改革的春风吹遍祖国大地，瓦匠庄村也在大家的共同努力下，多次被评为省、市、县级"模范村""文明村""循化县民族团结进步模范集体""精神文明建设工作先进集体""平安村""团结进步先进集体"等，成为循化县民族团结典范村。只有走进去探访，才能深刻体会到瓦匠庄村，一个个感人的故事虽然平凡，但却像飘香的石榴花一样结出了民族团结的累累硕果……

---

*　马金花，循化县查汗都斯乡教师。

## 大家小家一家亲

今年 66 岁的汉族老人赵妹妹是瓦匠庄村一位普通的农村妇女。她曾听老人们偶然提起过她祖籍在陕西，因经商来到这里，现在已经是第五代了……

赵妹妹的婆家祖上为乐都碾伯镇李氏家族，没有族谱，祖上也不曾留下一星半点的文字记载。据说，当时祖辈作为公务人员前来循化任职，在县城最繁华的城关清真大寺对面安家置业，后代却以经商为生，不知何故变卖家产，搬到了瓦匠庄村。

她的婆家和娘家离得很近，两家中间居住的都是不同民族的邻居。回族—汉族—撒拉族—汉族—回族的居家方式最普遍，庄廊连着庄廊，门对着门，户挨着户，"阡陌交通、鸡犬相闻"的日子过得宁静而安详，回族家里说话的声音传到汉族家里，汉族家娃娃的啼哭声在回族家也能听得清楚，撒拉族家里传来的笑声洋溢在空中，仿佛一个偌大的四合院，你中有我，我中有你。

当我和她聊起民族团结的话题时，她很平静地说："各民族肯定是要团结的，党的政策这么好，大家团结了更能成事哩！""我们祖祖辈辈都和周围的各民族邻居和睦相处，这日子越过越好了，我们只是信仰与习惯有所不同，但都在中国共产党的领导下把日子过得越来越红火……"

"从小到大不管谁家有啥大大小小的事，我们都会去帮。水帮船，船帮水么！我们家的炊具都是清真的，回民、撒拉来了，都不会忌讳，碰啥吃啥。虽然，我们户口上是汉族，但我们从来不会在家里做不是清真的饭菜，家里吃的、喝的、用的都跟回民一样。"都说"远亲不如近邻"，遇到这么好的邻居也是祖上积的德，结的善缘。

"我奶奶 30 岁那年，爷爷就去世了，奶奶独自一人抚养着一对儿女，生活过得很艰辛，可是奶奶还是把两个娃娃送到村里的学校。"她情绪有点激动地说，"1972 年的阴历二月，65 岁的奶奶去世了。那天，瓦匠庄村的人都来了，男女老少挤满院子。我们汉族的村民都披麻戴孝，其他民族的乡亲们都默默跟在后面，大家一起送老人最后一程……"

老人的思绪仿佛又回到了过去："在我很小的时候，我姑姑和本村的一个汉族小伙结婚，生了3个女孩。姑父去世后，因日子过得很艰难，后来姑姑嫁给了本村的一个回民小伙，我们大家都高高兴兴地去吃了宴席。我姑姑是带着两个女儿出嫁的，三女儿留下来由我婶婶抚养。她小学毕业那年，姑姑和姑父把她接了过去，随了回族。现在姑姑的儿孙们都在西宁上班，不分你我，一家人过得很好。"

"今年，我老公生病住院，以前生产队的社员们都来探望。我和家人商量过了，等村里的清真寺竣工时，我们一定要好好贺个喜。回民们一直拿我们当亲人，我们也要为他们做点事情……"

## 你家我家靠大家

被誉为"文化村"的瓦匠庄村是附近几个村里最重视教育的村子，大中专院校毕业生多，家家都有上班的干部。几个民族之间的交往、交流、交融现象异常频繁，因为各民族融合在一起，耳濡目染，相互影响，村民整体的思想、文化、素质都比较高。做事能顾全大局，随着生活水平不断提高，不同民族间的包容性比以往任何年代还要强。

55年前，甘肃张家川回族自治县的韩达吾德家境贫困，他出外打工时，遇到一个循化人，从他口中第一次听到"循化"这个地名。他不知道循化在什么地方，也不知道撒拉族是什么民族，更不清楚这个民族有什么风俗习惯。只听说这个地方也有清真寺，在他的想象中循化就像一个人间天堂。后来，他一路询问只身来到循化，经人介绍去了瓦匠庄村，成了村里的一名上门女婿。

虽然，韩达吾德的妻子有精神疾病，病情时好时坏，可这并不影响他对幸福生活的追求。他虽然没有文化，却勤劳、踏实，很快掌握了煮麦仁的方法，煮麦仁技术远近闻名，哪村哪家有人去世了，都会请他去帮忙。今年他已经66岁了，他说自己已经煮了560锅麦仁，以后还会继续服务乡亲们，以此来报答瓦匠庄村接纳他这个外乡人的情义。

韩达吾德的付出也得到了大家的肯定,他在三队当了 30 年的队长。这 30 年中,他见证了村里翻天覆地的变化:一院院错落有致的四合院,一条条平坦光洁的水泥道,一排排熠熠生辉的塑料温棚,处处彰显着新农村建设的成果。这 30 年里,他和每一任村长、书记一起为村里的发展建言献策。广泛开展"我的中国梦""多彩青春、绿色环保"青年志愿服务活动,评选"道德模范",各族群众知荣辱、讲正气、做奉献、促和谐的良好民风民俗蔚然成风。

## 一方有难八方支援

笔者来到年过半百的黎元珍老人家,她正在收拾院子,小孙子在一旁写作业。孱弱的老人听完笔者的来意,给我们讲起了她们家的事。

黎元珍是汉族,原本有一个幸福的家,通过一家人辛勤劳作,家境虽说并不富裕,但一家五口却也其乐融融。就在一家人沉浸在幸福的喜悦中时,儿媳妇被诊断出白血病。他们倾其所有救治儿媳,希望能挽留她年轻的生命,给孩子一个完整的家。然而天不遂人愿,在青海省医院化疗 9 个月后,儿媳最终还是病故了。大病催生了高额借款。儿子处理完儿媳妇的后事,留下父母和孩子,就外出打工了。

儿媳刚过"五七",黎元珍老人感觉身体不适,医院建议做胆结石手术。在术前例行检查中查出患有严重的心脏病,必须安装心脏起搏器。灾难接踵而来,经济的负担压得一家人喘不过气来。第一次手术除了医疗保险报销的部分,家里又借了一些钱。就在大家一筹莫展之时,老伴又被查出了肠癌。

镇政府领导、村干部及时来慰问,她家被确定为"建档立卡贫困户"。清真寺的阿訇和寺管会的工作人员,代表者玛提送来 1500 元慰问金,亲戚朋友和隔壁邻居们时不时地过来帮忙,安慰他们,鼓励他们,陪伴他们一起往前走。

黎元珍老人第二次住院,通过精准扶贫户相关政策,医疗费报销和大地保险二次报销，67000元医疗费和她老伴住院期间的所有费用全给报销了，老人长长地松了口气。

"现在，我和老伴不管谁住院，费用都能报销，我俩的身体也恢复得很好。感谢党的好政策啊！"老人擦着眼泪说，"精准扶贫帮扶干部来了好多次，每次都会拿来大米、面粉，有时拿来清油、鸡蛋和牛羊肉，生活用品都有保障……"

她感恩地说，"镇卫生院的大夫、护士隔三岔五地上门来做免费体检，送医送药。眼下我家啥都不愁，咱老两口的心情也好了，日子有了盼头"。

说到村里的乡亲，老人说："大家一直照顾咱家，咱村的回族、汉族、撒拉族，当我们家遇到困难时没有视而不见，而是尽心尽力地帮助。人与人之间没啥隔阂，就像一个温暖的大家庭，还是国家的政策把人心都聚到一起，人心暖了，日子也变得温暖了。你看，今年的庄稼都是大家过来帮忙收的，大实话，好呀！"

## 齐心协力共谋发展

瓦匠庄村绽书记告诉笔者："为使各民族更加团结和睦，活跃精神文化生活，村里建起了老年人活动室、党员活动室、图书阅览室、篮球场、宣传栏。"每年举办"小康杯"篮球赛，老年节、妇女节等活动。大家积极参与，就跟一家人聚餐似的一团和气，感觉欢声笑语站在积石山上也能听得见。瓦匠庄村识文断字的人多，农闲时大家聚在一起学习科技知识。越来越多的人在外面闯了一番，见过大世面，回到家乡后带头发展经济，为振兴乡村经济出谋划策，尽心尽力。

谈及村里的发展思路，书记蛮有信心地说："一是要开发面积近500亩的集餐饮、种养殖、旅游、娱乐为一体的公园；二是发挥家家养奶牛的优势，建立一个奶牛基地；三是发展设施农业，建成蔬菜温棚种植基地；四是抓好小型水利工程，实施好黄丰渠改扩建工程，发展特色种植业……"

但愿瓦匠庄村的未来一路洒满阳光！

# 贺塘村调查记事

黄军成

　　2021 年 7 月 28 日，在循化县政协秘书长马国祥的协调引荐下，我和同事青海民族大学韩学俊老师、研究生韩磊一行 3 人驾车来到道帏藏族乡贺塘村进行田野调查，以贺塘村回族溯源、变化发展、精准脱贫等情况作为观察点，了解贺塘村社会经济发展变迁情况。至于为什么把贺塘村作为调查的样本，主要理由有四个方面：一是对道帏藏族乡慕名已久。对道帏的了解是从中学开始的，身边起台堡的同学和朋友们在很多场合都讲到道帏，讲到喜饶嘉措大师，讲到起台堡和第一个冲破大学"女禁"的邓春兰，讲到 20 世纪 50 年代起在各级各类的赛事当中，篮球一直是道帏人津津乐道的骄傲的故事，对道帏这个福天宝地有了最初的认识。二是于 2014 年两次在道帏藏族乡进行过民族地区社会经济调查。调研期间，去过许多村落了解社会经济发展情况，一对一的访谈给我留下的印象非常深刻，有一种想再深入村落去看看的想法。三是没有去过贺塘村，更不知道贺塘村是个回族村落。在这个时候，循化县政协开展"书香政协"工作，撰写撒拉、藏、回、汉四个世居民族文史资料，提供了再一次深入乡村走访的平台。因此，借这次大好机会，到村落实地调查，了解贺塘村回族源流及变化情况成为可能。四是出生道帏乡的藏族学者侃本老师，对道帏的情况非常熟悉，多次提到贺塘村，建议我去看看。基于以上理由，也就有了这次到贺塘村实地走访和了解贺塘村百年来的发展变化。

沿着平大公路来到贺塘村，见到已等候多时的贺塘村检委会主任、党支部成员索乙奴，一位略显消瘦但精明干练的回族汉子，时年53岁。从2015年开始担任贺塘村支部成员、村检委会主任兼村党支部组织委员以来，和村党支部书记张学均、宣传委员马文义组成贺塘村党支部，他们是贺塘村经济社会变化发展的亲历者、奋斗者，也是见证者。

一见面我们就讲明了这次社会调查的目的，主要是了解贺塘村建村以来社会发展的变化情况。在索主任的带领下，我们先后来到村委会、贺塘村小卖部、车马店原址、村东北边山上的古战壕遗址、贺塘村清真寺、贺塘村小学、以前的临平公路等地，一边观察一边听索乙奴介绍贺塘村的基本情况，向村里的老人们了解贺塘村发展变化的故事，在村委会翻看各种规章制度和基本情况的文字资料，在小卖部了解农村电商发展情况和金融进入乡村的状况，等等。在贺塘小学我们看见学生正在上课，了解到贺塘小学是道帏藏族乡贺龙堡村、贺塘村、贺庄村、比隆村四个村庄合办的小学，师生共计213人，条件艰苦，教学资源比较匮乏。在学校门口看见几位年轻的老师，他们是内蒙古科技大学"梦圆青海"支教团的青年志愿者们，从2018年开始已连续4年暑假到贺塘小学当志愿者，为偏远山区的孩子们实现梦想贡献着一份青春的力量。

贺塘村原名贺隆堡塘，地理坐标为东经102°40′，北纬35°37′，对于贺隆堡塘的地名含义，1977年进行的循化撒拉族自治县地名调查中被定义为"原来贺隆堡经过的驿站"，是道帏藏族乡中的一个以回族为主、兼有撒拉族集居的村落。大循高速和平大公路从村南穿过，为贺塘村提供了与大山外的世界紧密联系的便捷交通。据索乙奴介绍，高速公路和平大公路没建设前，贺塘村是黄南、循化到临夏的唯一通道，每天往返于循化和临夏之间或是到西宁、黄南走远路做生意的人，一定要经过不远处的大力加山。翻越大力加山的盘山路弯多、坡陡、路窄，遇上下雨天，浓雾笼罩，看不清前方的路面，每次翻山都是心惊胆战，尤其是碰到下雪天，结冰的路面更是危险，拉货的车辆不能正常通行，过往的车辆人员被堵在无人区的盘山路上吃不上、喝不上，时有发生车毁人亡的惨剧。

一般情况下，不管是要翻越大力加山到临夏甚至更远的客人，还是到循化、同仁、西宁、果洛、玉树等地的商队，走亲访友的客人，行军戍边的军队等，遇着贺塘村这样一个能住宿、能吃饭的好地方，都愿意在此短暂停留，休息吃饭，补充给养，然后再继续行程。对于穿村而过的宁临（西宁至临夏）公路，《循化撒拉族自治县志》有清楚的记载：明清两朝兵卒迁移、钱粮运转、商贾贸易及物资交流往来的古道之一，贺塘村也就成为"五里一塘，十里一岗"茶马古道的驿站。笔者来到古道——宁临公路，正值农忙时节，一路上人很少，古道在历史的进程中早已完成了它的使命，新的大循高速和平大公路代替了宁临公路。原来车水马龙的车马店已荡然无存，在原址上修建了小卖部和各种瓦房，早已没有当年辉煌时期的影子，但它确是村落变迁的一个缩影。

2018 年 11 月 30 日，连接青海和甘肃两省的大力加山至循化高速公路正式通车，从循化至甘肃临夏车程由原本 3 小时缩短为 1 小时。大循高速成为老乡口中的"便民路""致富路"。

对于贺塘村的由来，根据老人们的讲述和藏族学者侃本先生的介绍，在 1910 年前后，索家兄弟二人从临夏八坊逃荒来到贺塘村时，此地无回族，只有藏族和官营驿站留下的几户汉族，没有土地，也没有草场，只能做编织草鞋等小本买卖养家糊口，日子在苦涩中慢慢地轮转。有一次，比伦"洪布"（驻扎在比伦村的道帏上部片区的地方官员）到循化县城办事经过此地时，勤快的索家兄弟赶紧迎上去将"洪布"接到简陋的房屋里，把马牵到马圈里，然后利用当地出产的青稞面、香甜的泉水（索乙奴多次提到贺塘村的泉水好喝），买了几斤新鲜羊肉，用洋芋等简单食材给"洪布"做了一顿可口的饭菜。"洪布"吃饱喝足后，对回族同胞的手艺赞不绝口，准备上路时看见马也吃饱喝足，而且精神抖擞，"洪布"非常高兴，当即给他们划了一块地皮，让他们长期经营下去。后来循化到临夏、夏河一带往返的官商都在此歇息片刻，久而久之便形成了当今的贺塘村。随着岁月不断更替，贺塘村的汉族逐渐搬走，回族买回汉族、藏族的土地，贺塘村也就逐渐成为回族聚集村。

对于贺塘村几大姓氏的溯源，据村里的老人们介绍，索家太爷（祖先）来自西安，历经四代发展，已成为贺塘村大姓之一，至于祖上具体从哪里来、什么原因、通过什么样的方式到临夏的，没有相关的文字记载，索姓先祖的情况都是通过口耳相传的方式代代传承。马家从临夏尕新集逃荒到贺塘村，现已发展为村中第一大姓。韩姓来自白庄镇张尕村等地，王姓从循化县城到贺塘村。此外，不同时期分别有张姓、杨姓、黄姓等从不同地方来到贺塘村，共同组成今天的贺塘村。贺塘村处在道帏藏族乡，周边藏族居多，长期相互融合，交际语言是汉语（临夏方言），但普遍也会说藏语。

贺塘村是一个以回族为主，兼有撒拉族聚居的村庄，距道帏乡政府3公里，自然条件较差。由于贺塘村劳动力稀少，为发展村落生产力，贺塘村乐于接纳外人，接济穷人或遇难的人，以扩充村落人口。目前，贺塘村有四个生产队，256户976人，劳动力374人。总耕地面积591.36亩，人均耕地面积0.62亩；草山面积12264亩。

改革开放初期，善于经商的回族同胞在村里开有小卖铺、饭馆、面粉加工点、馍馍铺、榨油坊、醋厂、粉条加工点、缝纫店、铁匠铺等，从兰州、临夏拉来的小百货，从黄南、夏河、道帏、白庄等地运来的牛羊肉、酥油、青稞面等应有尽有，生意红火。道帏上部片区的村民们都喜欢聚集于此，这里的回族、撒拉族基本都会说藏语，藏族也基本上都会说汉语，交流没有任何障碍，彼此的风俗习惯也比较清楚。

据老人讲，贺塘村以前是个体育强村，贺塘村韩氏三兄弟篮球打得特别好，在他们的率领下，贺塘村获得好几年道帏乡篮球比赛的冠军，为全村争得了荣誉。等韩氏三兄弟打不动了，贺塘村的篮球再也没有取得过好成绩，但他们每年坚持组队参加，屡败屡战，以一种坚韧表达着贺塘村的乡村文化。道帏乡政府和篮球赛组委会设立"精神文明奖"，主要鼓励这种坚持拼搏的精神。

2015—2019年底，精准扶贫政策实施以来，共识别建档立卡贫困户18户70人（其中一般贫困户9户25人，低保户9户45人）。2016年，通过产业扶持、转移就业、低保兜底等方式使 17 户 63 人全部脱贫。2017 年新识别贫困户 1 户 7 人于 2018 年已脱贫。全村均已接通自来水及户户通直播卫星电视服务设备。2017 年，新建成 130 平方米的村级服务中心、活动中心。2018 年全村整体脱贫。经济收入主要以种植业、养殖业和季节性外出务工为主。村"两委"班子健全且团结，工作积极踏实，全村社会稳定，治安情况良好。

主要农作物有春小麦、油菜、洋芋等。由于海拔较高，气候比较寒冷，除了农业生产外，更多的是畜牧业和第三产业。目前、牛羊养殖户 13 户，最大一户的经营规模为 500 多只羊，130 多头牛。第三产业主要有做虫草生意，全村有 80 多户经营虫草，西宁有 40 多户，其他的主要在黄南州、循化本地。经营出租车生意的共有 13 户，其中循化县城运营政府出租车生意的有 8 户，经营私家出租车的有 5 户；在西藏拉萨经营货运的有 14 户。从事拉面经济的有 20 多户，经营区域主要在深圳、上海、广州、广西、西宁、拉萨等地，在广州的经营者多为二三十岁的青壮年，采取互相帮扶的形式，规模大小不一，最大每年可获纯利润 40 多万元，基本上处于提质增效、提档升级的转型时期，尚未形成有一定影响的品牌企业。

贺塘村在村党支部和村委会的领导下，各民族团结一条心，各项工作取得了长足的进步。2018 年，移风易俗工作荣获中共循化县委、循化县人民政府"先进村"称号。2017 年，社会保障工作获中共道帏藏族乡委员会、道帏藏族乡人民政府"先进村"荣誉称号；2018 年，荣获创建民族团结"先进集体"称号；2019 年荣获创建民族团结"先进集体"称号。说起民族团结的话题，贺塘村支书索乙奴说道："我们村民之间相互帮助，在修路等集体活动中，全村人一起劳动，并且与邻村和谐相处，没有出现过隔阂和矛盾，谁家有婚丧嫁娶，谁家在盖房，只要招呼一声，大家都会过去帮忙。"

在村委会门口悬挂着股份经济合作社牌子，这是集体经济日益壮大的制度保障，贺塘村的股份经济合作社是由村支部、村委会根据社员大会（社员代表大会）讨论决定，将集体经营性净资产折股量化改制而成，是以资产为纽带、股东为成员的综合性农村集体经济组织，坚持社会主义集体所有制，执行有关法律法规和政策，实行自主经营、独立核算、自负盈亏、民主管理、风险共担、按股分红。目前收益主要来自光伏收益资金、铺面经营收益，全部造册按家庭人口进行分红，群众的获得感不断增强。

# 河沿夜话

# 百年沧桑为桑梓

绽海燕

一所学校，承载着无数人的梦想和期待，也承载着社会发展的轨迹与变迁。

循阳学校坐落在循化县瓦匠庄村中心。东与县城接壤，与蛤蟆泉为邻，北与黄河呼应，南有丹霞幽谷相伴，西与古寺并立。周围民宅棋布，绿树掩映。是一所拥有157年历史、底蕴深厚的学校。回顾一路走来的风雨历程，窥见它百年沧桑巨变。

## 百年筑就"风雨墙"

学校始建于清同治三年（1864），当时是在循化城内后街，借民宅几亩，聘教师1名，学生15人，属于民办自主办学，当时称为"义学"。同年五月，循化街子等上四工撒拉族群众起事攻占厅城，城内义学被毁。同治十二年（1873），陕甘总督左宗棠又令各地兴办义学。一处在本城南街，一处在托坝庄。有两名教师在两处轮回任教，学生29名。光绪二十三年（1897），城内百子宫开设育英义塾。

光绪三十一年（1905）二月，废除科举制度，托坝庄的学校迁至积石镇瓦匠庄村，借家庙上课。这年，成立校董会，筹划办学经费，改"义学"为"学堂"。有教师2人，学生20多人（均来自托坝、线尕拉、瓦匠庄、沙坝塘），设甲、乙、丙、丁四个年级。两名教师，坚守着零零散散的二十几个学生。其间，学生增了又减，减了又增，极不稳定。

学校也是起起落落。1912 年，"学堂"改称"学校"。

1917 年，瓦匠庄初级国民小学改为"循阳高级国民小学"，教师 4 人，学生增至 60 多人。1920 年，循阳高级小学被定为"青海省回族教育促进会直属小学"，家庙被拆，由省回族促进会筹资重建，教员 6 人，学生 150 多人。

◎今日循阳学校 （绽海燕 提供）

1926 年，重建初级小学，吸收托巴、线尕拉、沙巴塘、草滩坝的男孩子入学。当时经费拮据，办学条件特别艰苦，学生有二十几人，借用孙氏家庙教学。学生自带桌凳，有的家没有桌凳，往往是几个人挤用一张桌凳，甚至坐在地上。夏天在屋檐下上课，冬季腾出 3 间屋子当教室。开学初聘请沙巴塘人士杨生魁为老师，随后请城关的王赞甫、赵新吾（也是校长）上课。课程是简单的国文、算术、三字经等。时隔不久，由瓦匠庄本地几个人筹资修建了两座简易教室，学生人数有所增加。1930 年，改为"循化县回教促进会"附设第一高级小学。马步芳从甘都私邸驮来白洋，在尕庙旧址修建了学校。人们初次大开眼界，见到砖式的校门，像样的教室 3 座，宿舍 4 间，厨房、厕所各 4 间。这是在中原四庄建起的第一所新式小学。此时，马文德先生为回族教育促进会会长，他从外地聘请文人来循化任教。校长为肖廷栋（民和人），教师有徐子清（乐都人）、肖廷俊（民和人）、常明道、马进兴等人，学制初为 4 年，开设课程按国民政府颁布的要求，有修身、国文、算术等。首批有 5 名学生毕业。至 1936 年改名为"瓦匠庄两级小学"，有二十几名男学生。1940 年易名为"循阳中心小学"，学生有马和琴、马进兴、马福禄等。

1943 年，循阳中心小学由青海省回族促进会直属划至循阳回族教育促进会分管，属省、县重点小学，校长为王永义先生，教员 6 人，学生 100 多人。1945 年初，省回族教育促进会拨款白洋 5000 余元，马步芳重修循阳中心小学。修教室 4 幢，楼 1 幢共 10 间，另设办公室、宿舍、礼拜堂等 100 多间，全为土木结构，造型独特、设计新颖，属全县一流，吸引了一些学生入学。1946 年学生达 230 人，学生有马进威、马天飞、绽享德等。1947 年底，学校再次扩建，扩大了办学规模。采用教育部编委发布的课程标准：国语、算术、卫生、美术、音乐、童子军训练、农业、手工业等课程，回教促进会附设阿文课。各校教课时每周 24~32 小时；初小每周 36~42 小时。至 1948 年为止，循阳中心小学共培养 22 届 400 多名毕业生，为社会培养出一大批人才（当时，受封建思想影响，女生是不能入学读书的，学生都是清一色的男生）。1948 年至 1949 年 8 月解放前夕，形势混乱不堪，教师和学生逃离一空。

1949 年 9 月循化解放，循阳小学复学。第一任县委书记郭若珍任命马文德为循阳完小临时校长，董培深为副校长兼教务主任。主要是开展复学工作，动员学生入学。半年后，任命陈显科为循阳完小校长。当时学校还有一个董事会，会长是韩梅亭。主要分管动员学生入学、保学。5 间楼房为办公室，3 间平房为教室，有一至六年级 5 个班，一至三年级在同一个教室上课，四至六年级轮流上课。在董事会和校长、主任的努力下，不到一年，由原来的 2 个年级 12 名学生，发展成 6 个年级 80 多名学生。有 6 名教师：陈模、张永志、黎善庆、李莲老师，一位阿文老师，一位校工马进辉，负责生活和打铃。学生有马明善、高兆祥、马国良、马继德等。还有两位汉族走读学生：石文、王敦。

同年 10 月，县上成立"复学委员会"，大部分教师、学生都返校上课，学生增加到 150 多人。据说，当时完善修订了很多规章制度，制定了一系列行之有效的教育措施，校长和主任走访百姓，深入调查，做家长、学生的思想工作，学生数量开始增加。1950 年 8 月，陈显科调到积石小学当校长，马和琴接任循阳小学校长。当时教师有绽俊、李墨等人，学生有马振国、绽树人、王振江、韩曼素等。随着学生数增加，女生也逐渐增多。1952 年 8 月调张希如为校长，随着学生人数的不断增加，学校又增加了几个班，学生有 200 多人。一年后，庞宜生接任校长。学校设施得到进一步修缮，办学条件稍有好转。1953年取消旧课程课本。按教育部再次颁发的课程新标准,设语文、算术、历史、自然、地理、唱歌、体育等课程,进一步规范教学体系,学校教学逐步趋于正规。

1956年6月,首批甘都师范生由陈显科带队到循阳学校实习交流一周,有马国良、赵超、陈琦、陈显禄等,主要是交流教学、学生管理、学科研究、教学改革等,使教育教学有了一些新的变化,收到了很好的效果。1957年7月,庞宜生考入师范大学。时年9月,马和琴再次调到循阳学校当校长。

1958年,全县掀起大办教育的热潮,全民动员适龄孩子入学上课。学生增加到400多名(其中女生达150多名),入学率达60%,设10个班。开设科目除了语文、算术外,又新增地理、历史、自然、体育、图画、音乐等。1958年秋,因学生增多,循阳小学无法满足所有适龄儿童的求学愿望,经教育促进会商议决定:分别成立托坝初小和光明初小(线尕拉、沙坝塘二村合并成立)。

1959年,共和国进入了"三年困难时期"。因生活困难,学生大量辍学,250名学生实到校150名左右。第二年,陈琦担任校长,在动员学生入学,保证正常教学秩序方面做了大量耐心、细致的工作,可因为生活贫困,虽然设有5个年级,但每个年级学生寥寥无几,5个年级在3个教室上课。

1962年8月,马和琴第三次调到循阳学校。贯彻"调整、巩固、充实、提高"的八字方针,实行全日制教学。延长学生的在校学习时间,健全各项规章制度,严格施行考核和升留级制度,保持国家、集体两条腿走路,采取国家、人民公社、生产大队联合办学方式。学生入学率有所回升,办学条件也有所好转。这年底,国家经济稍有好转,县委、县政府为了帮助国民渡过难关,决定学生在食堂吃饭,以保证生源稳定。1963年,马占龙接任校长。当时因为国民经济水平低下,无法满足百姓正常的生活需要。1964年开始学生实行办耕半读,即半天上课、半天劳动,教师由人民公社和生产队聘请,实行共工同酬,统一参加生产队的年终分配。推行不久便停止了。

直到1965年,循阳小学实行一贯制,逐步体现了教育一体化和规模集聚效应,弥补了分散办学的不足。学生数量渐渐回升，入学人数达 280 人，其中女生 135 人，入学率达 85%，女童入学率达 35%。

正当学校面貌发生变化之时，受"文化大革命"影响，学校停课闹革命，取消考试和升留级制度。教学质量下降，工作处于半瘫痪状态。

1968 年 2 月，虽然开始复课，但学生数量还是不多，尤其是女生数量极少。划定草滩坝、托坝、线尕拉、西沟、伊麻目归积石镇学区统一管辖。这年 9 月，任命马万汀为学区干事兼校长。为恢复学校正常的教学秩序，保证适龄儿童（尤其是动员适龄女孩）正常入学，全体师生齐心协力，走访百姓，做动员、讲道理，收到了明显效果，学生增多，教学秩序井然，每个年级也不再混合上课。从此，循阳学校无论是在学生数量方面，还是在教学质量方面，逐渐彰显优势，走在其他学校的前列。一些家境相对稍好的家长都舍近求远把孩子送到循阳学校求学。1970 年，推行"学制要缩短，教育要革命"，小学开始实行五年制。学校面貌也进一步好转，所有工作稳步提升。

1972 年，学校更名为"积石镇中心学校"，怡学智任学区干事兼校长。一些规章制度得到进一步完善修订，设置的课程也更加合理。教学秩序步入正轨。凡是循阳学校附近的适龄儿童基本都入学上课了。学生数量大幅度增加，教师队伍也逐渐庞大起来。

1975 年，增设戴帽初中。学校又一次扩建，占地面积 20 多亩，入学率达到 85%。全校设 6 个年级，每个年级一个班。有从河北小学、西沟小学、草滩坝小学、伊麻目等小学升入初中的学生转到循阳学校上初中，使初中班级人数达 50 多人。全校学生近300 人。当时有庞玉芳、陕秀华、贾英杰、绽享文、韩新华、马振家、马振杰、辛玉晶（其中有些是代课或民办教师）等恪尽职守的好老师。1977 年，循阳学校第一届初中毕业生顺利毕业。从草滩坝学校调来的权守辉老师是循阳学校第一届初中生的班主任。他教学严谨，管理学生自有一套独特的方法，学生对他既尊重又爱戴。那届学生各个事业有成，盛名赫赫，功归于他的教学有方。

1979 年，循阳学校开始贯彻《全日制十年制中小学教学计划》，学校恢复考试、升

◎循阳学校旧貌新颜 （绽海燕 提供）

留级、招生制度。建立健全规章制度，保证上课时数，注重知识教育的同时，开展《中学生守则》教育，大力提倡教书育人、以德树人，教育质量快速回升，循阳学校在中原四庄中声名鹊起。

循阳学校从最初的摇摇晃晃，到后来的稳步发展，在 108 年中经历了无数次风雨变迁和跌宕起伏。无数从循阳学校走出的学子在祖国四面八方敬其业、从其道，创造了无法估量的精神财富。

如今，随着党对教育的高度重视，学校基础设施得到不断改善，办学规模不断扩大，教学质量不断提高，得到了上级部门的充分肯定和表扬，很多家长慕名而来。

## 终将磨得箭锋利

1980—1990 年，是循阳学校完善修订各项规章制度、狠抓教学成绩的十年。1983 年 9 月，宋长源接任学区干事兼校长；1985 年 9 月，马镇国为学区干事兼校长；1986 年 9 月至 1997 年 8 月，王道勤为校长。无论是新来的干事还是调换的校长，都心系教育，勤奋为校。全校上下团结一心，将学校打造成不辱使命、不负众望的一流学校。

1994 年，改名为"循阳初级中学"，初中部和小学部分级管理。学校办学条件日益改善，教师队伍日益壮大，学龄儿童入学率达 96%，小学生达 286 名。2010 年 9 月，循阳初级中学与循阳小学合并，改制为循阳九年一贯制学校，更名为"循阳学校"。成为一所涵盖学前班、小学、初中三个学段的九年一贯制学校。这年，美国欣欣教育基金会筹资援助，修建平房一幢，著名人士邵逸夫捐资 50 万元建成教学楼一幢，即现在的逸夫教学楼。

多年来，学校以"教师幸福工作，学生快乐学习，学校和谐发展"的办学目标，始终坚持正确的办学方向，牢固树立"以高尚的情操感染人、以渊博的知识教育人、以科学的方法引导人、以良好的形象影响人"的思想，引导帮助广大教师树立先进教育理念，自觉遵循教育教学规律，积极推进教育改革创新，不断提高教育质量，练就了一支挑得起重任、经得起考验的教师团队。

站在时代的前列，努力成为为人民服务的践履笃行的典范。循阳学校的教师个个都是教学能手，而且都能留得住、教得好，深受社会好评。学校先后有 22 名教师获得"优秀教师""优秀共产党员""教学能手""模范班主任""三八红旗手"等荣誉称号。

其次，学校坚持"以人为本，以德为魂，以质为根"的办学宗旨，不断强化"发展、责任、质量、教改"四个意识，积极推进"有效管理、有效教学、有效学习"。修订完善各项规章制度，领导深入课堂，参与科研交流，潜心研究每一堂课的优劣，努力打造精品课，注重培养健全人格的"四有"新人。

进行分层式管理。如在小学部实行"三定一奖"（制定普及率、定巩固率、定合格率，达标受奖）。根据不同年级的具体情况，制定不同的奖惩制度，既保证适龄儿童的正常入学率，又狠抓质量提升。保证让每一个孩子享受公平的教育，享受快乐成长，使他们在轻松愉悦的氛围中得到提升和进步。

在新的机遇和挑战面前，教师如何能在瞬息万变的现代化进程中把握教育的本质，去伪存真，使教育适应时代的要求，培养出德、智、体、美、劳全面发展的社会主义建设者和接班人，一直是循阳学校研究的重大课题。为学生创造一个自由、宽松的学习环境，想方设法挖掘学生身上的发展潜力，在构建和谐课堂、调动每个学生的参与意识，激发学生求知欲方面下大功夫，变"让我学"为"我愿学"是全校教师潜心研究的课题。同时，还注重强化体育课和课外锻炼，让每个孩子都拥有健康的体魄，在各种大小体育赛事中成绩突出。

尤其是近几年，从多个维度激发学生的学习行为，调动学生学习的积极性。鼓励学生大胆想象，敢于质疑，在开拓创新方面做了大量真实有效的工作，取得了显著成效。"爱生严谨、悦教善导"已经成为每个教师遵循的良好教风；"自尊自律、自主自立"已成为每位学子自觉自愿的学风。小学升学率每年达到100%；初中中考成绩一直名列前茅，多次得到上级部门的表扬。

## 你若盛开　清风自来

截至目前，学校占地面积13200平方米，建筑面积11680平方米，教学及辅助用房面积6184平方米。设有25个教学班，共1274名学生，其中初中学段18个班，小学学段7个班。教职员工共86名，专任教师51人。为社会输送了43届初中毕业生。从循阳学校初中毕业后去上高中的学生，大多在班里德、智、体方面表现突出，成绩名列前茅。

小学部曾获得县级"优秀管理学校"等荣誉称号。2018年，在全县环城赛比赛中荣获少年团体第一名；2018—2019年，获"全县小学教育教学质量监测先进集体"；2020年，在海东地区小学教育教学学业水平测试中荣获第一名。

2000年12月，循阳学校被海东地区评为"先进学校"；2001年9月，被评为海东地区"教育先进集体"；2002年，被评为"先进团支部"；2004年，被评为循化县"文明校园"；2006年，被评为循化县"先进集体"；2006年12月，被评为循化县"平安校园"；同年，团支部被评为"先进基层团组织"；2007年，被评为海东地区"绿色学校"；2006—2008年连续三年被评为"优秀党支部""文明单位"；2008年，被评为"地区级绿色校园"；同年，获得全国"安全教育与安全管理，创建安全和谐校园先进学校"；2009年，被评为"全县教育教学先进集体"；2010年，被评为循化县"先进集体"；2012年被评为全县"先进学校"；2014年，被评为全县"五四红旗团支部"；2016年，被评为全县"义务教育教学质量监测优秀奖"；同年，获得"全民健身先进集体奖"，被评为全县"创建民族团结进步先进单位"；2019年，被海东地区评为"抓管理促质量优秀学校"；2020年，被海东市评为"优秀学校""平安校园"；同年，在海东地区中学教育教学学业水平测试中获得第一名。

所有的努力都会绽放！循阳学校全体师生继续在为把学校打造成一方教育乐土、一个新时代的智慧学场而努力奋斗！他们精心擘画着全新的教学前景，生动讲述着未来的教育故事。

# 循化老字号——"吉福祥"

黄军成　　马昭辉<sup>*</sup>　　马昭玉<sup>**</sup>

## "吉福祥"商号

每个地方都或多或少地有叫得响的老字号、老品牌，这些老字号、老品牌以悠久的历史、世代传承的产品、精湛的技艺或优良的服务、鲜明的传统文化背景和深厚的文化底蕴，深得本地人心，融入当地社会经济发展的血液中，成为一个地区社会发展的见证者，既丰富了这个地区商业文化的内涵，同时也成为该地区对外形象的符号。循化老字号"吉福祥"就是这样一个鲜明的例子。

20 世纪三四十年代，循化城内共有 25 家店铺、商号，最有名的商号是"吉福祥""福顺铺""全兴号""和生祥""协成兴"等，其中"吉福祥"是城关马氏家族在循化经营的商号名称，通过第一代马吉祥（1869—1956）从临夏到循化卖凉面、凉粉谋生开始，以诚信厚道的方式经营着色香味美的小吃，深受当地人的喜欢和推崇……就这样，经过多年的打拼，逐渐在循化立足，经营范围也从最初的自制美味小吃向各种轻工业产品，主要是花纱布、茶叶等多种商品延伸。

马吉祥育有四子一女。长子马良（1891—1919）成年后前往兰州做学徒学习经商，

---

\*　　马昭辉，循化县司法局干部。

\*\*　　马昭玉，循化县融媒体中心干部。

◎马负图先生（马昭辉 提供）

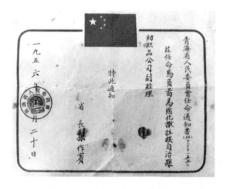

◎马负图任命书（马昭玉 提供）

但未及成才便患病回家养病，年仅 30 岁去世。四子马骏也体弱多病，在清末民初兵荒马乱、缺医少药的年代，虽经多方治疗，仍因病在 20 岁时去世。短短几年，马老太爷痛失两子，经历了白发人送黑发人的痛苦，遂逐步退出商业贸易，由次子马龙（字负图，1893—1971）负责家族生意。

"吉福祥"初创时期，主要从临夏贩运百货到循化零售。虽本小利微，但在此期间，马负图结识了当时临夏商业三大家族（王、白、毛）中白氏家族排行老六的白玉圭（字洁如，1887—1954）。经过数年交往，马负图以良好的做人品行、重诺守信的商业信誉和敏感的商业嗅觉得到白氏家族认可，开始协助白洁如从临夏贩运羊毛到天津，出售给英、德洋行。民国十一年（1922），白洁如在临夏成立德丰亨羊毛货栈，专门从事由甘肃贩卖羊毛、皮张到天津销售，用销售的货款购买天津的印丹兰、京染市布和绸缎，运到临夏进行销售。

马负图经过多年历练，经过扎实系统的商业训练实践，增长了商业经营的才干，熟悉了商品的性能、性质、规格、产地、价格、用途等，对包装散货、丈量绸缎布料、快速结算等铭记于心，基本做到称散装茶叶、调料，一把就抓个八九不离十，用纸包装不散、不漏、有棱有角。绸缎布料一批多少码，合多少尺寸都牢记于心。不仅熟知商业信函的称呼、格式、内容，打得一手好算盘，而且能说会道、热情待客，特别是热情招待回头客。开始借助白玉圭的资金和商业渠道，从黄南等地收购全国有名的"大白毛"，扎成毛筏经黄河发往包头，再经铁路运往天津销售。回程时采购俏销的布匹、茶叶和轻工业产品，由马老太爷坐镇辅佐渐次成年的三子马麟（字瑞斋，1904—1951）负责在本地销售，形成两头生利的完整商业闭环模型，创立"吉福祥"商号。马负图用马老太爷马吉祥名字中"吉祥"二字，中间加一"福"字，有平安富贵，厚德载物的寓意。自此，"吉福祥"商号开始进入快速发展期，成为循化家喻户晓的知名商号。

清末民初，"吉福祥"经商的足迹还主要在青海循化、甘肃临夏两地，以长途贩运、商业零售为主。民国初期，"吉福祥"开始转型以大宗商品贸易为主，逐渐以回族商帮的形象进入内地商界。兄弟齐心，其利断金。通过发挥善于经商的特点，马负图、马瑞斋兄弟及周边的一些汉子们勇闯天涯，他们翻越大力加山，漂过积石峡，西闯拉木峡，南过尕楞口，敢打敢拼，不断开拓新的货物来源和新的营商渠道，在茶马互市的古道上收购青藏地区土特产品，以水路、马帮的形式长途贩运到兰州、西安、上海等地。随着生意不断扩大，"吉福祥"在临夏、兰州、包头、天津、上海等处设立商号或贸易办事处。如在临夏设立楼上、楼下各两间的"德源长"商号，在西宁设立4间房的"吉福祥"分号，在上海南京东路324弄15号设立"吉福祥"商号，在西安、兰州、天津、包头设立采购站或贸易办事处。在挥洒着辛勤汗水和辛酸泪水的同时，以低成本、高利润转战内地和甘、青两省市场，收获了丰厚的回报，经营规模在日积月累的打拼中不断发展壮大。

听老人们说，"吉福祥"收购了大量的羊毛、皮张后，急需运输到临夏、兰州，再通过公路运输到西安、上海等地。从循化运送货物出去的路有三条：第一条是东路，通过大力加山到临夏、兰州、西安等地。第二条是西路，通过拉木峡到平安、西宁，再到兰州的一条更远的路。这两条路都是赶着驴、骡、马驮着货物，一步一步用脚步丈量大地的艰难路程，这种全靠驴、骡驮运的商业模式在循化回族四庄统称为"脚户"。第三条是充满风险的水路，从瓦匠庄黄河边上制作牛皮筏子船，通过黄河一路东行，把货物运送到下游的临夏、兰州等地。黄河皮筏子是黄河地区特有的一种皮船，是一种古老的水运工具。它是用牛皮或羊皮制成。牛皮筏子的制作，首先是剥皮。宰牛后，去头，去后肢，将其倒挂起来，从臀部剥皮，最后剥至颈部，牛皮则被囫囵剥下。随后，把带毛的皮囊浸泡在水里，待其发酵，取出淋干，用钝刀将毛刮净，再把皮囊翻过来，然后脚踩鞣制，使其变软，就是通常说的"鞣皮"，把牛皮变成"熟皮子"。之后，在皮囊内注入适量清油、盐水，使柔韧，可防腐。再用细麻线将颈部、臀部、一只前肢扎死，从另一只前肢充气。再用活扣扎紧而形成皮囊，再往里面一点一点塞满羊毛，目的是保证羊毛不遇水，保持好成色，能卖个好价。塞满羊毛的皮囊，再用"火皮胎"（一种便携式风箱）充气。做成牛皮筏子。牛皮筏子一般由13只皮囊组成，大的有40多个皮囊。先制框架，一般用柳树小椽；框架制成后，用牛皮绳捆绑皮囊，牛皮筏子制成。用木头砍削成桨，筏子上装满货物，捆绑结实后由精于水性的水手们划着桨，顺着黄河一路漂过积石峡把货物运到内地，进行货物贸易。

在积累财富的同时，"吉福祥"也乐善好施、回馈社会，在循化口碑极好，成为循化各路商号的一个标杆。如七七事变爆发后，"吉福祥"考虑到战事一时难以结束，东南交通势必堵塞，西北货源枯竭，物价势必上涨等问题。于是，马负图、马瑞斋派人前往内地批量购进日常生活必需品和轻工业产品，较低的采购价格使得"吉福祥"字号的商品能常年以稳定价格销售，对稳定地方物价起到了不可估量的作用。由此，马吉祥老太爷也被循化百姓亲切地称呼为"马善人"。之后，循化25家店铺、商号联合成立"循化商会"，公推马瑞斋担任商会会长，也是商号不断发展壮大，深得循化商业界拥护的结果。值得一提的是，1950年抗美援朝，马负图积极响应党的号召，毅然决定拼凑家底，捐款15万元，即折价一架战斗机，此举广受好评。

新中国成立后，马瑞斋被任命为副县长，在赴北京开会时患病。周恩来总理得知后，指示联系北京 301 医院救治，但仍因病重返回循化，于 1951 年 10 月去世。1953 年 12 月，循化县工商业联合会筹备委员会成立，1954 年 2 月召开循化县第一届工商业代表大会，选举产生 17 名执委，时任城关镇公私合营棉布商店经理的马负图当选为主任。第二届、第三届、第四届循化工商联合会选举马负图担任工商联合会主任达 12 年之久。"吉福祥"这个老字号在社会主义改造、促进循化商品流通和商品交换、活跃城乡市场等方面做出了突出贡献。

◎循化县人民政府副县长马瑞斋先生
（马培耕 提供）

新中国成立初期，"吉福祥"商号投资了数个轻工业企业，多数倒闭。其中值得一提的是投资 5000 银圆入股的上海条绒厂（现上海灯芯绒总厂有限公司）和投资 12600 银圆入股的西宁利民食品厂（现青海康尔素乳制品有限公司），成为上海条绒厂、西宁利民食品厂的原始股东，这也是"吉福祥"参与公私合营进行社会主义建设的最早金融投资之一。据"吉福祥"第三代马从云回忆，类似的原始股票凭证有三四张，保存下来的只有康尔素乳品厂的一张股票凭证。这些投资入股的企业经公私合营改造后，逐步由国家赎买延续营业至今，对新中国轻工业发展做出了一定的贡献，家族后辈亦有两人分别被安排从业其中，直至退休。

现在年青一代对"吉福祥"的了解并不多，但是上了年纪的尤其是 70 岁以上的老人们说起"吉福祥"都很有感情。他们口中的"吉福祥"，就是循化回族文化的一个精神符号，是一段值得传承的商业文化。因此，笔者特别想了解"吉福祥"商业文化传承的内涵是什么？"吉福祥"成功背后是一段怎样的奋斗故事？带着这些问题，在大量阅读专业书籍以及民国时期《西北商业发展史》《青海农业调查》《青海羊毛产销调查报告》《黄河水运史》《新青海》等文献资料的基础上，走访了解情况的老人，对"吉福祥"商业文化进行一些窥探。概括起来，"吉福祥"成功的商业模式主要是采取了以下五个行之有效的办法。

一是充分运用语言优势架起民族团结的桥梁，为商品贸易打开畅通的渠道。长期以来，黄河沿岸的四庄人多地少，藏族聚居的地区山大沟深，他们在长期的生存中相互帮助、相互扶持、相互依赖。黄河边的回族在粮食、柴火不能自给，藏族的山货及畜产品得不到及时交易。为了生存就需要相互靠近，他们中间有商业头脑的人开始穿针引线，在发展贸易中结成同盟，逐步结成经济上互补、文化上互映、交往中互助的"许乎"关系。"吉福祥"充分发挥民族团结的"许乎"文化，通过老人们都会说藏语的优势，熟练地和藏族群众进行交流沟通，缩短人和人的距离，建立感情，极力求得他们的信任，并请他们协助收购羊毛、皮张，尽量取得支持，建立信誉后甚至可以赊欠，既有了稳定的供货来源，也补充了资金的不足。

二是在经营管理中善于用人。不论是前期创业的马吉祥还是后期做大做强的马负图、马瑞斋兄弟们，他们的身边始终都有一些愿意和他们走南闯北、共同打拼的团队，其中前期追随的王进义、车文兰、芦成之三人后来都成了能独当一面的团队核心成员，分别坐镇各地，除工资外，还在利润中分出股份给予他们奖励。

三是重视搜集信息，及时掌握市场行情。每到一地，"吉福祥"先不急于开业，而是广交朋友，掌握信息，了解当地货物的市场行情，尤其愿意与当地的知识分子沟通交流，通过言谈，洞悉大局形势，从中获得可用的消息。同时，合理配置资金，保持充足的流动性。畅通的信息渠道和充足的资金使得"吉福祥"只要有合适的价格，就可以随时进行批量贸易。充足的货源和稳定的价格，不但确立了"吉福祥"在循化县贸易中心的地位，也建立起商业经营所必备的信息网点，打通了青海藏区土特产品收购和临夏、兰州、西安、包头、天津、上海等地货物销售及轻工业产品采购的渠道，扩大了商业局面。

**四是讲诚信，为人和善。**马氏家族秉持马老太爷教诲，既遵循伊斯兰教各项规定，又遵守商业规则，为人和善，做生意以诚信为本，长期积累的信誉是金字招牌。如马负图当时曾制作一张红色名片，外派人员只要手持这张名片，无论是邻近的临夏、兰州、西安还是较远的天津、上海，在供应商那里，不用付款就可赊欠货物，信誉之强，可见一斑。甚至循化县无邮政业务时，为方便群众通信、邮递，"吉福祥"曾做过县邮政代办点，当时循化籍外出做官、求学、务工人员，均通过"吉福祥"商号信件往来，黄埔军校同学录地址很多是"吉福祥"转交。"吉福祥"邮寄的东西乃至钱财，从未发生过丢失情况，为循化邮政事业做出了贡献。

**五是抓教育，重大义。**马老太爷除了以穆斯林传统教育子女诚信守本，也秉承儒家耕读传家的传统，其二代四子一女均经过私塾教育；三代男丁取名时以"仁义礼智信，温良恭俭让"排序，六男五女的文化程度均在中学以上，其中长孙马从仁（马负图长子）在西宁昆仑中学毕业后正值1937年全面抗战爆发，仍毅然送往黄埔军校十四期学习，国难当头，彰显了民族大义。

经过几代人近30年的不断打磨，逐渐形成了独具特色的"吉福祥"商业文化：爱国爱家、厚德诚信、勇于创新、敢为人先的外部形象；耕读传家、团结互助、善于学习、精益求精的内涵素养。

## "吉福祥"老宅

"吉福祥"老宅共有三座宅院，两座宅院及商铺均位于循化县积石大街城关清真大寺附近，其中一座主体为阔三间两层双面木结构楼房，前后院均有厢房，四合院结构，前院面北临街，设店铺及员工宿舍及仓库，后院南向，由家眷自住。另一座为前后两进土木四合院结构，院内以各色石子精心拼成几何、花卉图案铺设，极富特色，可惜由于历史原因，均已不复存在。现存的一座位于循化县积石镇瓦匠庄村东，占地面积约 2 亩，近 1300 平方米，始建于 1921 年，前后历时两年多，耗资 2 万多大洋建成。

老宅初建时条件相当艰苦，当时的木料是从黄河上游尕楞乡宗吾占军（地名）的森林中砍伐而来。砍伐后的原木放到黄河，交由筏子客们通过黄河水运的方式运到瓦匠庄村。一根根原木在汹涌澎湃、水流湍急的黄河峡谷中漂流而下，筏子客们历尽艰险，乘木筏从上游一路看护，到了瓦匠庄村黄河拐弯处截留打捞上岸。总之，"吉福祥"老宅从木料的运输到各类材料的集中储备，花费了大量的人力、物力、财力，凝聚了古人智慧，是匠人心血内外兼修的老房子。

建成后的庭院为中国传统土木结构式四合院建筑，建筑风格沿袭中国古典建筑形制，细节部分注重色调与装饰，突出了砖雕与土木工艺。原建筑当时有二进院落，外院有车夫门房、马厩、料房，进入大门门廊有库房，内院当中为精美砖雕的花园，四周分别建有北上房、南房、东厢房和西房；紧邻北上房有耳房，东北角为厨房，共 26 间，后院为菜园。这座老宅风格有突出的回族"四合院"特征，庭院砖木雕花，飞檐斗拱，雕梁画栋，砖雕、木雕工艺精致，青砖灰瓦与木雕交相辉映，设计精巧，气势古朴典雅。特别是门道走廊内照壁砖雕的"福"字堪称"古居一绝"，也是当地回族文化建筑史上的代表作。

老宅在"土地改革"时分配给 6 户人家居住使用，时称"六大院""文化大革命"期间房屋建筑原貌受到了一定的损坏。党的十一届三中全会后，经家族后人努力，陆续回购他人使用的房屋，直至 1995 年全部回购结束，经过修缮后主体建筑基本恢复。

目前，"吉福祥"老宅已成为循化县一处较为珍贵的文物，具有一定的历史价值，因解放循化的王震部队部分将士曾驻扎于此，同时富含革命传统教育意义。近几年在县委、县政府和住建部门的高度重视和大力支持下，瓦匠庄村被列为"中国传统村落"，"吉福祥"老宅作为重点保护单位，进行了修缮，并报省政府和有关部门审批。

## "吉福祥"在循化解放中的贡献

1949年8月底，循化城乡的老百姓由于反动宣传的影响，风声鹤唳，一夕数惊，兵荒马乱，人人自危，精壮散于四方，老弱转至沟壑，各村各街十室九空。王震司令员率领中国人民解放军二军解放循化时，家族马老太爷听到这一好消息，想到解放军远道而来，必定后勤匮乏。立即召集马负图、马瑞斋两个儿子及家人，要求他们迅速从商号筹备物资，准备迎接解放军进城。他们准备了西瓜、馒头、凉面等各类熟食，装了几车，并安排时任循化商会会长的马瑞斋去组织县城商贾、地方开明人士周文焕、韩梅亭、孟毅伯、徐润、陈爵天等组织群众在1949年8月27日下午4时，牵着披红挂彩的大花牛，抬着当地产的西瓜，手持纸制小旗，敲锣打鼓，燃放鞭炮，到循化县城东门迎接王震大军，夹道欢迎人民解放军解放循化。刚出东门，就远远望见解放军大队人马开过来了，循化商会会长马瑞斋、开明绅士周文焕等连忙上前搭拱献礼致敬，解放军边走边说："谢谢老乡！谢谢老乡！"有的拉着他们的手，有的摇着他们的肩膀，十分热情与友好。马瑞斋他们端着西瓜迎接，但解放军连看都不看一眼。看到解放军军纪严明，步伐矫健，马瑞斋带头高呼"循化来了大救星""共产党就是大救星"等，群众紧随其后齐声大喊，一时口号震天。随后马瑞斋代表家族将多年经营积攒的黄金、银圆、珠宝捐赠给王震大军，王震司令员高度赞扬了他们迎接大军入城的正义举动。随着中国人民解放军第一野战军一兵团二军五师十四团进驻循化，宣告循化解放，循化县成为青海省最早解放的地区。古老的循化，送走几千年以来的黑暗痛苦岁月，迎来了各族人民自己当家做主的崭新历史！

当晚，马瑞斋在老宅内安排解放军第一兵团一个排的将领士兵食宿。安排妥当后，马瑞斋又与周文焕等人去草滩坝村王福成家，与留宿在那里的王震司令员彻夜畅谈。次日，王震将军召集县城城关100多位群众召开组建临时政府选举大会，会上马瑞斋被群众推选为副县长，负责维持全县社会秩序和支持解放大军顺利北渡黄河。会后马瑞斋立即履行副县长职务，与县长周文焕一起，遵行王震同志的指示，积极为大军筹备粮草，维持地方秩序，合力协助郭鹏军长、王恩茂政委、左齐主任等所指挥的二军北渡黄河。他们四处动员群众，组织水手，夜以继日地扎木排、绑皮筏、修补破烂船只，并将黄河南岸的几艘磨坊船、丢掉的石磨利用起来。还动员各族水手，投入人民解放军渡河西进的支前工作中，在草滩坝、伊麻目、查汗都斯上下几十里的3个渡口，水手们挥桨划船搏激流，穿梭于黄河两岸南北往返，一天十余次地牵着军马泅水渡河，仅马光蛟和韩拉麻扎等5人在9月5日一天就牵马近40匹（1949年9月18日《甘肃日报》）。经过几天的努力，二军前卫师——第五师在临时政府组织群众的大力支援下，在查汗都斯乡流域试渡黄河成功，接着又开辟了伊麻目、草滩坝2个渡口，上下几十里地的各族群众受到感召，积极响应号召，投入支援大军渡过黄河的热潮。马氏家族也是全员参加，并提供人力车、骡马、各类紧缺物品等分配于各个渡口和黄河岸边。一时间歌声、号子声从早到晚此起彼伏，不绝于耳，军民之间齐心协力，同舟共济，融洽无比。9月初，大军陆续渡河又继续前进，从此循化县翻开了新的篇章。循化县县级政权建立后，进入了大规模经济恢复与建设时期。一军部队奉命除以部分兵力继续剿匪肃特、巩固社会治安外，其余部队转入生产建设，担负农副业生产、修水渠、修公路等任务。

1949年11月20日，循化县召开第一届各族各界人民代表大会，会议筹备主任为循化县委书记郭若珍，副主任为循化县副县长马瑞斋。1951年1月15—18日，召开循化县首届各族各界人民代表会议，副县长马瑞斋当选为主席团成员并致开幕词。会议产生的常设委员会选举郭若珍为主席，马瑞斋为副主席。1951年4月28日至5月1日，循化县第二届各族各界人民代表会议，副县长马瑞斋任会议主席团秘书长和协商委员会副主任。在任期间，马瑞斋为官清廉，体恤民情，恪尽职守，配合循化县委向各族群众宣传共产党、解放军的各项政策，为巩固人民政权呕心沥血、积极工作。主要体现在：充分发动群众，团结各民族人民，解决民族间存在的各种纠纷，对维护民族团结和社会稳定起到非常积极的作用；在循化县委的领导下，广泛深入地发动群众开展肃清残匪，社会秩序得到了稳定；为循化县解放建政初期交通、水利、农业、教育、工商等各项事业做出了很大贡献，但在"文化大革命"前后，因受冲击逐渐衰落。

其家族崇尚教育，族人为人宽厚，品行良好，在当地各族群众中口碑较好，子孙后代在当地经济发展、民族团结、社会稳定等领域建言献策；在文化、教育、政法各条战线奋斗，沿袭家族忠诚爱国、谦恭宽厚、与人为善的优良传统，继续为社会做出应有的贡献。马氏家族为循化人民的解放事业做出了重要贡献，为循化县新的历史增添了浓墨重彩的一笔。

# 回忆当初征编循化文史资料的经过

韩京夫 *

　　1983 年 7 月，我从青海民族学院汉语言文学系毕业，毕业典礼后，一辆辆来自青海各地政府部门的车来到民院，把毕业的同学们一个个接走了。时任循化县人事局局长王俊德开着北京吉普车来民院接我们，并通知我被分配到循化县政协当秘书。

　　我在循化政协工作的短短几年，正好赶上循化政协开始进行的文史资料整编工作，并积极参与其中，征集撰写了一些文章，完成了《循化文史资料专辑》（第一辑）和《循化文史》（第二期）的征编工作。现将征集的基本情况叙述如下，望知情者及读者朋友们批评指正。

　　我在循化县政协工作的几年，是在政协循化县第六届委员会、第七届委员会履职期间。循化政协第六届委员会主席为李加（藏族），副主席马建业（撒拉族）、韩麦扫日（撒拉族）、叶雄（藏族），政协委员主要由各界代表及宗教界代表组成，政协秘书长兼办公室主任为马海鳌。1984 年 8 月，循化县第七届委员会成立，主席李加（藏族），副主席交巴结（藏族，兼县委副书记）、马维林（撒拉族）、韩麦扫日（撒拉族）、叶雄（藏族），秘书长兼办公室主任马海鳌。1984 年 10 月，循化县政协成立了征集文史资料办公室，我作为政协秘书协助马海鳌主任承担编辑工作，参加了征撰文史资料的一系列会议。

　　循化政协文史资料办公室自成立之后积极工作，传达海东地委下达的全国政协、

---

＊　韩京夫，循化县退休干部。

青海省政协、海东政协的文件、通知精神，召集政协委员开会，学习 1959 年周恩来总理倡导的政协文史资料工作的"三亲"（亲见、亲闻、亲历）原则，"存史、资政、团结、育人"功能等材料，明确文史资料工作的重大意义。按照循化县委和政协第七届委员会提出的具体要求，我参与制订了循化县政协文史工作计划，而且是每次政协活动的亲历者。记得每次开会，领导们反复强调循化解放前后的史料我们从未整理过，存在空白和断档。而且亲历者大都年近古稀，甚至有的已是耄耋之年，如不及时抢救征集，随时都有消失的可能，到那时，一切都悔之晚矣。当时征集文史资料的重点是循化解放时的一些重大事件、经济社会发展情况等，出发点是挖掘、抢救历史资料，弥补循化文史资料的空白，推进循化县文史资料的挖掘整理工作。

作为踏入政协文史资料收集工作的一员新兵，我全程参与了政协文史资料的收集工作。在政协反复开会向老同志们征求采访的对象、采访的主题等建议的基础上，我和时任政协副主席马维林、办公室主任马海鳌 3 人组成调研小组，先后走访县政协老同志，到县档案馆查阅资料。在这个过程中，印象比较深刻的是，我多次陪指导工作的青海省政协工作人员张博到循化解放初临时人民政府县长周文焕家中采访，仔细聆听周老对循化解放初期一些重要情况的介绍。然后，由张博主笔写成文章《回忆循化解放前后》，收录在 1984 年 12 月公开打印的《循化文史资料专辑》（第一辑）中。我个人多次上门采访熟悉循化解放初期基本情况的一些老人，深入伊麻目村，了解解放军渡河时的一些情况，到城关清真寺走访阿訇、学董和了解情况的老人们，先后整理出《循化解放时我在伊麻目渡口所做的点滴工作》《马步芳在乐家湾办阿訇、满拉培训班的始末》《循化城关清真寺今昔简述》等多篇文章，收录在 1988 年 8 月公开刊印的《循化文史》第二期。

在稿件征集过程中，我们从不放弃任何一条有用的线索，多次上门寻找亲历者。有的老人自己不能撰写文稿，我们上门采访，边问边记录，由我整理成文稿。整理好的文稿再拿到采访老人的家中征求意见，并再次修改。修改好的文稿又在政协以座谈会的形式征求意见，最后形成定稿。虽然调研形成文稿的过程细微、琐碎，反复推敲文字的过程比较辛苦，但意义不凡，为循化历史文化研究工作留下了珍贵的第一手资料。

根据征集到的文章，马维林、马海鳌和我组成的团队，对稿件进行反复筛选，找出符合要求的文史稿件，从文字编辑、文稿校对、版式设计等方面再进行加工，其间的工作量非常大。但我们充满信心认真核对稿件，完成了循化文史资料最初两期的编撰工作，并于1984年开创性地刊印了第一辑，以"亲见、亲闻、亲历"为原则，收录了《惊涛骇浪救亲人》《回忆循化解放前后》《回忆循化回族、撒拉族初期兴办教育经过》《循化编组保甲及训练壮丁情况》《循化创办邮局始末》《循化河源庙今昔谈》《马仲英起事经过——循化的简述》《马呈祥在新疆解放前夕出国的经过》《喜饶嘉措大师生平事略》9篇文稿，1988年征集、收录、刊印了《循化解放时我在伊麻目渡口所做的点滴工作》《循化城关清真寺今昔简述》等7篇文稿。

能够亲身参与循化文史资料开创性的征集、整理、编辑和刊印工作，为家乡文史资料工作发展做出一点贡献，对于刚参加工作的我来说，是一件值得庆幸的事，也是作为政协工作者的重要职责和光荣使命。

（黄军成　整理）

# 托坝泉夜话

*绽海燕*

一眼古泉，可以承载一部厚重的历史，这历史，馥郁而芳醇；一眼古泉，可以丰润几代人绵延的记忆，这记忆，历久而弥新。

"落纸云烟堕碧泉，一轮弯月斗清寒"，是中原四庄的人们对托坝泉的最早印象。

◎托坝村新貌 （绽海燕 提供）

## 欲说当年旧模样

在距循化县城西侧不到两公里处，有一个绿树掩映的回族村庄叫托坝。托坝村里有一眼神奇、美妙的泉水，这就是闻名遐迩的托坝泉。

托坝泉占地面积50亩，南握线尕拉，北汇黄河，东润瓦匠庄，西拥托坝村，是中原四庄显要的地理坐标，也是人丁兴旺、五谷丰登的生命之脉。

托坝泉，是外庄人因其地域所属的称谓，而托坝本村的人则一直称其为"麦子泉"。这是因为泉中生长着一种高六七寸、形状如生长期中的庄稼、草尖有像麦粒状骨朵的"麦子草"而得名。除了郁郁葱葱的麦子草之外，那里到处都是高过人头的芦苇。四季潮湿，水质含碱量高，不适宜种植农作物，被人们统称为"野潮"。古书中记载说"托坝泉春秋盛水时，方圆近五百亩，而夏冬枯水期，也有二百亩之大"，说的是泉水四处漫延、渗透而至的范围。

托坝泉周边的一部分地皮属于瓦匠庄孙氏家族，大部分属于托坝村几户马氏家族，其中多半是托坝村曾任国民党员的马培清所属。因此，从最初直到五山庙被拆除之前，托坝泉一直由瓦匠庄和托坝村共同管理。

关于托坝泉的来历，坊间有两种说法。据托坝村老者说，这里原是沙石堆积之地，因其北临黄河，所以从地底下有黄河支流水穿过来，自然从石缝中向上冒水形成了泉眼。而瓦匠庄几个老人则说，托坝泉的泉根在西沟，主泉眼原本在南山根的"神仙洞"。那时候遇到灾荒或家有不顺时，人们常去"神仙洞"祈福祷告，多有灵验。在我的记忆里，"神仙洞"属于瓦匠庄管辖，那时祖父常去那里（我也跟随祖父去过几次），从远处可看见洞四周有一道道弯弯曲曲白色的水道痕迹，走近时也能感觉到十分潮湿。后来不知哪个冒失鬼不慎玷污了那片领域，惹怒了神仙，导致神泉搬到了瓦匠庄与线尕拉、托坝村殷洼庄交界处的乌山庙底下。听祖父说过，自从这神泉搬家后，他深夜诵读经书时常隐约听到神仙哭泣的声音。

老者们说乌山庙是在清初，由最早定居于瓦匠庄的汉族孙氏家族所建，他们在此处还有一部分田地，因此归孙氏家族管辖。乌山庙建在托坝村入口处，是因为此处为元末红巾军杰出将领、明朝开国名将常遇春征战路经此地时的拴马宿营之地。据传，常遇春是回族猛将，在军中有"常十万"之称。各地的五山庙都说所供塑像是包裹其遗体而就的。其实，常遇春的陵墓在南京市太西门外紫金山之阴白马村。至于朱元璋将帅封神之说，更富传奇色彩。汉族人中传说明太祖朱元璋火烧庆功楼，遇难元勋大闹阎王殿，要求还魂再返人间，但诸将帅尸骨销化，阎王只好封他们为地方神。回族大将常遇春被封为"五山龙王"，循化"五山池"也是他的封地，成为人们敬仰的英豪化身。循化有些地方的藏族人也信奉五山庙和达力加"五山池"。究其原因，相传，在赞普王朝，有一位叫达里加云布杰的将领在此地受命戍边，他统领千军万马出征时，擂战鼓以振士气，他去世后转为山神。"五山池"是因达力加神池周边有五座山峰而得名。所以，有位长者说，本该是"五山庙"，在此写为"乌山庙"，是因为在此庙竣工庆典的那天，有人看见一只乌鸦背着个慈眉善目的和尚飞进了庙里，所以叫"乌山庙"是有禅意和机缘的。根据庙门楣之上悬挂的蓝底黑字"乌山庙"来说，民间也认可这种传说。乌山庙建在此处也是寄寓其"坐镇一方，保国安民"之意。如果遇到荒年或水涝灾害，托坝泉周边的汉族群众用"阴轿"抬着乌山神常遇春塑像，在泉边焚香，磕头求雨、祈福，听说三天后总会灵验。由此可见，乌山庙和古泉的灵性相投，人们祈福祷告的内容和形式也相同。"夜来古井跃新泉"，使这一片土地生动而丰饶，让托坝村成为长在神将臂膀下、泡在古泉神水里的古朴小村庄。

托坝泉共有七个泉眼，主泉眼就在乌山庙大门门槛正中心处，托坝泉以此得名。那时，托坝村与瓦匠庄村接壤，一眼泉水可以灌溉两村农田。为了避免两村矛盾，两村长者协议商定立下字据：先由托坝村灌溉，因托坝村的田地比瓦匠庄村要多，时间为六天六夜，后由瓦匠庄村灌溉三天三夜，以此轮值。富人家土地比贫困人家土地多，为了保证大家都能浇上水，就以烧香来计算时间。在主泉西南面，还有一眼稍小的泉眼，被称为"姊妹泉"，用于灌溉托坝村民们的蔬菜，瓜果地，归马培清管辖。主泉东南处还有两眼小泉，一眼供线尕拉和沙坝塘两村生活用水和牲畜饮用，另一眼供殷洼庄几户黎姓汉族村民饮用。其他三眼小泉都在主泉旁边，跟主泉汇流一起。

泉西地势稍高，有一条由南而北的小溪直通黄河，溪水两岸柳树成荫，这两排柳树大部分都属马培清家族。这条小溪以东的上半部分基本都是托坝村民的菜地，下部分是麦田。托坝村多半村民就居住在这条溪水东侧；"野潮"以东还有一条由南而北的小溪，它是瓦匠庄与托坝村的交界处。托坝人传统意识里认为跨过这条溪就是进了托坝村。

每到下午四五点，泉的西南面蜿蜒着一列长长的、穿戴花花绿绿的挑水队伍，西北处是抢着饮水的牛羊，场面甚是热闹壮观。尤其是每至秋夏之时，牛羊在此撒欢，小主人们则在泉水四周的芦苇、草丛中捉迷藏、玩游戏，直至夕阳西下，牛羊肚子圆鼓时才满意而归。这眼古泉将托坝、瓦匠庄、线尕拉和沙坝塘紧紧拥簇在一起，几个村落共守一方高天厚土，共享一份怡然自乐。

## 藏宝纳神显神奇

在托坝泉主龙口稍西南，有一处回族墓园，这里安葬着一位清顺治年间有名的回族先贤。据说最早遇不雨之年时，他率众站到泉水里，颂祷请雨，祈求风调雨顺。果然没几天，就会降下及时甘露，因此托坝村及其周围百姓都很敬重他。殷洼庄的汉族百姓说，曾在天刚破晓时分，在墓园门口隐隐约约看见过这位先贤站在古泉边张望，形象高大，络腮胡须，面善目慈。这只是个无从考证的传说，可这位先贤德高望重，曾在托坝泉边生活过是真实的。汉族百姓逢年过节时，都要到先贤墓地焚香、祭拜。如果久旱缺雨，托坝村和邻村回族群众都聚集其墓地祈福求雨，一周内如心之所愿。

托坝泉在循化颇负盛名，除了其神灵福至外，还因为奇景珍禽绝无仅有。白天蝶飞蜂舞，野鹤、野鸭戏水其中；夜晚如琴瑟和鸣，各种声音不绝于耳。每隔三天会来一对鸳鸯在泉水中浴身游乐；每隔七天会有七只仙鹤排队而来，在芦苇丛深处戏水、荡漾，好像是为专程赶一次难得的聚会。更加神奇的是，老人们说泉水深处藏有金牛一头、金狗一对，还有金蟾无数。那时候每到深夜，除了蟋蟀、金蟾的鸣叫外，还可以听到金狗清脆的叫声。正如汉良先生所说的"寻者近，声愈远；寻者远，声愈近，其诡种者，不可言说"，故有"月夜吠天"之说。据说在20世纪30年代前期，有来自美国的一对传教士夫妇在循化县城附近传教、看病。他们得知托坝泉藏宝无数的情况后，在一个星密月暗的晚上来到泉水边，穿着浴裤进入泉中捞走了一对金狗中的一只。自此以后，"月夜吠天"的金狗陷入了永远的两地寂寞之中，也听不到金狗深夜鸣叫了。所幸还有沉卧泉底的金牛、藏在水草深处的另一只金狗和数不清的金蟾，与回族先贤、乌山神一起守护着中原四庄。

别说托坝泉是一片沼泽之地，可自古以来传奇故事颇多。最早时村上有这样的传说：村子里有一位姓白的回族老妪，她有三个女儿。她们趁黄河睡着之际，去黄河背水时舀来了三桶金子，引得全村人又是羡慕又是妒忌。有一天，老奶奶听说衙门里有人想占"托坝泉"那片领域的地皮。老奶奶私下和管事的人说，只要不占地，就给他一皮袋金子。那人听后很高兴地答应了。在兑现时，老奶奶果然给了他"一皮袋"金子，只是一老鼠皮袋而已。管事的知道是被要了，但毕竟也白得了一笔财富，最终悻悻作罢。老奶奶的护泉故事也因此传扬开来，得到同村人的称赞。据说马步芳掌权后不久，也看准了托坝泉这块风水宝地，想在此处为自己修建公馆。先征得了零散户的地皮和树木，然后想买马培清的那部分。当马步芳和马培清协商时，马培清以两条理由婉言相拒：一是托坝泉来历神圣，灌溉四周农田，兼顾四个村庄百姓和牲畜用水，不可卖；二是百姓全赖这自然资源种植蔬菜、修剪的树木当柴火，用来改善生活条件。马培清表示宁可出让自己的家产，也不愿意变卖托坝泉边的田地。马步芳看他态度坚决，只好作罢，将原先买到的田地归了托坝清真寺，将一些树木也分给了瓦匠庄、线尕拉和沙坝塘几个村的清真寺。买卖没成，但马培清自忖因此得罪了马步芳而积虑重重。不久他毅然将自己的二十几亩田地和几十棵大树分给同村百姓，让村民们自力更生，自给自足。而他自己远走宁夏绥远投奔了马鸿宾父亲马福禄（因为他在16岁时在河州镇南当过兵，后历任西军精锐军先锋，马家父子非常器重他，后成为骑兵团团长），再也没有回来。

到20世纪30年代后期，马步芳将"三青团"办公室设在乌山庙里，企图以抗日救国的名义笼络青年，管控百姓。不过有些活动如学生作业展览、教学成绩评优、体育比赛等照样在这里进行。除了附近四庄外，还有上四工和下四工的人们参加。

## 托坝泉边话端阳

因为托坝泉神灵福至，加上回汉民族风雨同舟，比邻若亲，共兴家园，吸引了外界更多人的目光，全县在托坝泉边过"端午节"成为一大奇观，盛况无与伦比。

自端午到来的前一周开始，周围和县城外的商人小贩、各学校代表和邻村百姓，都集聚在托坝泉周边，扎帐篷、埋锅灶，钉柱子，挂物品，提前做好过端午节的所有准备。到节日那天时，汉族群众烧香拜神、祈福还愿，还往泉水里抛粽子，纪念伟大的爱国诗人屈原。各种特色小吃，如凉粉、酿皮、甜麦子（甜醅）、糖瓜、炒大豆、粽子、凉面等令人垂涎欲滴；儿童响气球、小喇叭、拨浪鼓、蜡染彩陀螺等各种小商品应有尽有，让人目不暇接；风格各异的山歌、"花儿"比赛，余音袅袅，不绝如缕。随着社会进步和发展，还增加了民族传统体育项目，如赛马、打篮球、打蚂蚱等。后来又增加了托坝泉四邻学校的学生作业展览和师生成绩评优等内容。

更有趣的是，女孩子们戴着各式各样颜色各异的香荷包出来兜风，男孩们打趣争抢荷包，一旦荷包被抢了，女孩们就追着去讨要。要不回来就意味着男方已经看中这女孩，不多久会打发媒人去提亲。这项活动演绎出很多美丽动人的爱情故事。因此，托坝泉还成为滋润爱情之泉。

据说那时谁家要给儿子说媳妇，大多都是等下午排队挑水之时借机去看的（一般来挑水的都是十五六岁的女孩），而且四个村庄的谈婚论嫁大多都是在相互之间进行。"君住泉之南，我住泉之西，日夜思君不见君，只有泉边等"的爱情佳话经久不衰。

白日里览尽各种风华，到了傍晚时分，人们在自家帐篷门口席地而坐，品美食，话家常；用铜茶壶煮沸一壶"天然矿泉水"，听蛙声齐鸣，说端午故事，好一派芦苇丛中话端午，"听取蛙声一片"的惬意和温馨。这样"黄发垂髫，并怡然自乐"的场面一直到第七天下午才结束。

## 甘霖育才远名扬

俗话说"一方水土养育一方人"。托坝泉润泽四周农田，泽被邻里百姓，是自古以来被传颂的歌谣。在中原四庄中，托坝村的读书人多，出的名人也最多，都说是受了"托坝泉"的滋润哺育所致。

马培清（1889—1966），曾用名马建漠，国民党党员。1905年起，先后在河州镇南马队当兵，后历任西军精锐军光锋、哨官、帮带，凉州镇羌营游击。1924年以后，历任西军巡防护卫步兵二队队长，西北陆军骑兵八旅十六团三营营长、旅参谋长，东北第十五路军第一纵队副司令，冯玉祥部参议，陇南绥靖指挥部参谋长，西安绥靖公署参议，阻击川军前敌指挥部指挥，新编第七师二十一旅旅长，陆军三十五师骑兵团团长，一〇四旅旅长，马鸿逵十七集团军参议，石明山精碱公司总经理。1949年9月由杨得志同志介绍参加革命工作。十九兵团曾派其与郭南馆等人赴宁夏洽谈和平解放事宜，后历任甘肃调解民族纠纷工作团委员，是甘肃省第一、二届人大代表，政协甘肃省委员会第一、二届委员、常委，甘肃省保卫世界和平委员会常委，兰州市保卫世界和平委员会副主席，中国伊斯兰教协会一、二、三届委员、常委，甘肃省中苏友协理事。1949年曾作为甘肃国庆参观团成员到北京参加观礼，接受过毛主席接见。1951年曾作为中国保卫世界和平代表团代表，参加华沙第二届保卫世界和平代表大会，是政协甘肃省委员会第一届委员。

马如彪（1895—1962），字文德。曾任巴戎县立第一高级小学校长、马营高级小学校长、循阳中心小学校长、积石小学校长，循化回教促进分会会长。1945年任循化师范学校校长、循化县教育局局长等。新中国成立后，任县政协委员，青海省文史馆馆员、青海省人民政府文化教育委员会委员、青海省文物管理委员会委员。一生关心民族教育事业，热心地方公益，为青海省文化教育做了很大贡献。

此外，北京国际汉字研究会顾问、常务理事，中国少数民族双语教学研究会顾问，

《汉字文化》杂志编辑部主任、中国伊斯兰教协会五、六届委员、中央民族大学教授马树钧先生和中央民族出版社维吾尔文校对、翻译马兴仁老先生等德绩兼收的老前辈都是喝托坝泉水长大，受托坝泉滋润成才，在托坝泉里留下了他们的童年和一生最美好的时光！

## 昔日胜景成追忆

自古以来，无数文人墨客为托坝泉留下了锦绣诗章。瓦匠庄文化名人高凤翔老人曾写诗赞美托坝泉：

托坝泉里好姻缘，

诗人骚客常流连。

腹地石台白鹤王，

芦苇影底金鱼旋。

身为瓦匠庄人的一代文化名宿绽秀老人也不禁为托坝泉鼓与呼：

东有蛤蟆泉，

西居托坝泉，

二泉遥相应，

共育才人出。

出生在托坝泉边的回族诗人马汉良更是为哺育过自己生命与灵魂的托坝泉留下了脍炙人口的《托坝泉赋》。他曾如此盛赞托坝泉的四季美景：

## 一

天含轻丝万古潮，

烟依垂柳千秋韵。

泉鸣脆笛蝶舞处，

人语幽径莺闹春。

## 二

二三点新雨奏泉，

四五缕骄阳散金。

六七只仙鹤踏浪，

八九影顽儿捞梦。

## 三

近水鹌鹕话夕斜，

远空鸳鸯舞霞醉。

炊烟朦胧宿月下，

宾鸿掠光入画中。

## 四

翠藻碧苔弄霁霜，

暖龙冰肌蒸寒云。

潜流明水藏鱼虾，

闲云远风鸣鸥鹭。

在他的眼里，托坝泉"春之深不可名状；夏之盛藏于其里；秋之远归于其大；冬之韵倾于其素"！这些若景若幻的文字足以折射这眼古泉的无穷魅力！

1958年"大跃进"运动中乌山庙被拆除。不久，泉水也开始变小。那些鸳鸯、仙鹤和野鸭、金蟾也渐渐销声匿迹了。有人说五山神走了，神泉也跟着走了；有人说是因为修建西沟路而断流了；有人说泉以南十几公里之外，因截流而使其接近断流……"泉衰、草黄、鸟飞、蛙匿"难免让人心生萧然和凄凉。世间万物都会归于沉寂或消亡，而托坝泉故事成为几代人的记忆。

如今，乌山庙原址上的托坝村回族小学书声琅琅，继往开来；托坝泉原址之上洋房林立，其乐融融。汉良先生说"泉之名胜，故事之奇，是让故乡变得更温暖、更神奇而引以为骄傲和自豪"！如果我们还可以从古泉夜话中找到骄傲和自豪的理由，那一定是那些生在黄河边、长在托坝泉的、用丰厚的学识和美好的德行装点了故乡的先辈和正在路上奋勇前行的人们吧。

# 蛤蟆泉趣话

*绽海燕*

蛤蟆泉是循化瓦匠庄村北毗邻黄河的一眼颇有名气的小泉。

据说在远古大禹治水时期，循化是一片汪洋之地，称为西海。后遇洪水泛滥，大禹便到此治水。由于积石峡阻塞，洪水无法疏通，淹没了下游村庄。此时玉帝将下贬到西海的仙女玉媛变为癞蛤蟆在此等候前来治水的大禹，让她帮助大禹治水立功赎罪。她用神力凿通积石峡，顿时一片汪洋大水倾泻而下，显露出青藏山川之地。她立功后准备返回天庭时，看到这里竟是一片绿油油的肥美之地，随即改变主意摇身一跃便钻入一汪清澈见底的清泉之中，蛤蟆泉由此得名。后来，村里有名的学者绽秀、高凤翔老人又命名此泉为神蟾泉。有人说这眼泉的祖根在文都香玉沟，可无从考证。村里人为了铭记蟾神恩典，拓宽泉边场地，简单修葺泉眼四周，种植了一些白杨、榆树等，使这眼泉在绿树掩映下与黄河遥

◎瓦匠庄村蛤蟆泉（绽海燕 提供）

相呼应。那时蛤蟆泉距村落 2 公里左右。自从有了这眼泉后，村民们不用到黄河挑水饮牛羊了，既减少了风险又节省了时间，村里 200 多户人家的生活用水全靠"蛤蟆泉"供给。

那时我的祖父被下放回家守河滩，离蛤蟆泉很近，我们隔三岔五就要跟着祖父走一趟蛤蟆泉。村民在泉水上游排队挑水、下游饮牛饮马的场面，热闹非凡。那穿戴各色的挑水人排成的弯弯曲曲的队列、夹杂在牛羊中影影绰绰的男女、身旁奔涌着的黄河，与落日的余晖构成一幅绝美的天然风景——那是至今储存在我记忆中最美的画卷。祖父总要等人少时，蹲在泉边，用双手捧掬清清泉水，畅饮几口，捋捋胡须，满意啧啧。说喝了蛤蟆泉的水神清气爽，感觉眼睛都一下子明亮了起来。还说村子里好多即将离世的老人都要喝一口蛤蟆泉水后才能安然离去。有一次，我在村口碰见一个年轻人牵着一头驴，驴背上挂着两个小塑料桶，问我蛤蟆泉在哪里，说家里老人病危，嚷嚷着要喝蛤蟆泉的水。我给他指了路径后回家问祖父其中缘由，他只说蛤蟆具有神奇的灵性，对自然界的阴晴圆缺之变的预感是最敏感的，同时还是庇护人类、捉拿害虫的能手。至于泉水的神奇性,也无确切解释。当时我对蛤蟆的认知仅仅来自课本里张衡的地动仪。因此，对蛤蟆泉也肃然起敬了。

它没有庐山谷帘泉那般"其味不败，与井泉绝殊"，也没有北京玉泉那样被皇帝御封，更没有济南趵突泉"海内之名泉第一，齐门之胜地无双"的美誉,可在那个贫穷的年代，她的姿态是那么丰硕，唯有她那么坚定慷慨地守护着整个村庄。

众所周知，蛤蟆也叫蟾蜍，能一产多子。古代民间很珍视蛤蟆，视蛤蟆为吉祥、财富之物。从考古发掘出来的上古器皿中，我们能够见到很多蛙纹饰，这就是中国古人对生殖的信仰。在众多关于月宫镜的饰纹中，中间为一株高大的桂花树，两侧一边为腾空飞舞的嫦娥，一边为持杵捣药的玉兔，树下是一只呈跳跃状的蟾蜍。《抱朴子》中云"蟾蜍三千岁"，认为它是长寿灵物。民间则有"万岁蟾蜍"之说，还视其为辟兵神物和致富灵物。此外，金蟾还比喻运势顺利，财运亨通，用"蟾宫折桂"来比喻考取进士。于是，又带上一层"锦绣前程"的意思了。

我村的蛤蟆泉之所以让人魂牵梦绕，除了她与蛤蟆结缘之外，还因为整个村庄得它滋养而相对富足。

瓦匠庄村民风淳朴，百姓朴实善良，吃苦耐劳，擅长搞小庭院式经济。不违农时，辛勤耕作，将几亩田地规划得精致而与众不同。当大地从沉睡中醒来，农人们便开始在农田里劳作了。先用铲子把地翻一遍，把土疙瘩一块一块地敲碎，拣出土里的小石头，再用锄头整成一方方小菜畦。种上豆角、黄瓜、南瓜、韭菜、西红柿、萝卜等各种蔬菜。一场春雨过后，菜畦里星星点点的菜芽探出了头，小径蜿蜒处穿插着花花绿绿闪动的人影，除草、拣苗、施肥，引一股蛤蟆泉水汩汩流入田地的心脏……一垄一垄的红绿辣椒就像一条条长龙伏在菜畦上，绿叶一片挨着一片，仿佛绿色的水波风生水起。

更有趣的是，在盛夏的夕阳里，我们帮父母把韭菜、菠菜，还有红蛋蛋萝卜，用浸湿的马连草分绑成一把一把的小捆，在门前溪水里淘洗干净后，放在背篓立在大门口，第二天大清早吃过早饭后，大人们又把背篓驮在毛驴背上走街串巷，吆喝着，换钱换物。时间长了，瓦匠庄村的水萝卜和韭菜成为四庄里最出众的菜蔬了。我的祖辈、父辈就是在这眼泉水滋润过的一方方菜畦里将小日子经营得红红火火。

追忆蛤蟆泉边的先辈，有全国闻名的体育界精英马明善，妇孺皆知的绽福寿老人、高凤翔老人；被称为"积石一秀"的我祖父绽秀、德高望重的马和琴校长、马精威校长；建筑业精英马明高等，都是被蛤蟆泉滋养出的才子佳人。母校循阳学校一直是人才的摇篮，学风正，师德高，成绩斐然，引得好多学生舍近求远，慕名而来。

祖父和高凤翔老人在世时共同为蛤蟆泉作诗留文：

前有山，积石山，笔架旭日照山川，波涛黄河万里延；后有南山两个洞，神仙洞，老虎洞，一百年前曾引游。最稀罕，神蟾泉，俗名唤作"蛤蟆泉"。曾有蟾神助禹治河妖，通峡疏水泽万民。忆往昔，蟾助禹王治河妖，功成入

◎绽秀、高凤翔先生为蛤蟆泉撰赋
（绽海燕 提供）

化古泉中。神蟾遗址今犹在，从古至今美名扬！神蟾后人居此地，神蟾佳话代代传。

随着时代变迁，生活变样。从自家掘井取水到现在的自来水通到灶台，人们自然不需要再费时费力地去蛤蟆泉边挑水了，蛤蟆泉自然也慢慢退出了人们视线。遗憾的是，随着城市、乡村建设步伐的不断加快，不知何时，蛤蟆泉水源被阻断。曾有好几年光景，蛤蟆泉被冷落，甚至被遗弃，但村民们的记忆里永远叮咚着一泓清澈的泉水。2019 年，经村委会商议后，在蛤蟆泉遗址修了观瞻台和栅栏木亭，将蛤蟆雕塑得活灵活现，栩栩如生，并为蛤蟆泉正式立碑并以祖父、高凤翔二人题诗为碑文。

如今,蛤蟆泉四周高楼林立,新路四通八达,车辆南来北往。虽然看不见碧绿的菜畦,听不到悦耳的蛙声,也看不到我们走过田间时潮湿的微笑。可蛤蟆泉的问题引起了县委、县政府部门的高度重视,"蛤蟆泉"得到了进一步的修缮和维护,基本恢复了清澈汩汩的样子。

# 后 记

　　"循化文史丛书"全四卷《积石古风》《福天宝地》《泉润四庄》《时空回响》如期出版，是循化县政协第十六届委员会的重要工作成果，也是打造书香循化、人文循化工程取得的重大成就。

　　这套颇具统战性、史料性和可读性的丛书，选材角度宽，人物类型多，内容涉猎广，时间跨度大，真实地记录了百年来循化的重大历史事件和重要历史人物以及社会变迁的方方面面，展示了时代文明进步的足迹。这些翔实可信的文化遗产，填补了循化地区民族史料征集出版的空白，必将为存史、资政、团结、育人、弘扬爱国主义精神、繁荣文化事业、促进民族团结发挥积极的作用。

　　《积石古风》展现了循化地区汉族人文历史镜像。"循邑名宿""学界名流""风流人物"等九个栏目，展示了近现代以来的历史风云人物和新中国成立至今在教育文化等诸多领域涌现出来的时代翘楚。

　　《福天宝地》聚焦于循化藏族地区的历史文化和人文情怀。丰厚的人文精神是循化藏族地区文化的灵魂，影响着这片土地上人们的思想观和价值观。

　　《泉润四庄》的诸多史料，都是在阡陌村巷和老人们零碎的记忆里捡拾和挖掘的珍宝。这些或美好或甜蜜或悲壮或沉重的乡村记忆，再现了历久弥新的精彩瞬间和悠悠乡愁。

　　《时空回响》是综合性的史料选辑。广征博采、史海淘宝，拾遗补阙、百态纷呈是其鲜明的特色。

"循化文史丛书"自征集、编纂至出版，得到了中共循化县委的高度重视和县政府的大力支持。青海民族大学也抽调部分教授和专家学者，为丛书的编辑工作付出了极大的心血。

中国文史出版社对基层政协文史资料工作的关心和支持，促成了"循化文史丛书"在专业的文史出版部门付梓。段敏副总编、王文运主任、李晓薇编辑以其深厚的专业学养和精益求精的敬业精神，严把政治关、史实关和文字关，坚持体现"三亲"特色，极大地提升了丛书的品质。

谨此，对所有关心、指导、支持和帮助征集、编纂和出版工作的领导、编辑和撰稿人员表示衷心的感谢。

本丛书在史料征集和编纂工作中仍有不少瑕疵或不尽如人意之处，诚望各位专家和广大读者批评指正。需要说明的是，由于各种原因，征集到手的史料未能全部入选丛书，我们在对这些撰稿员的辛勤付出致以谢忱的同时也表示深切的遗憾，望予见谅。

"循化文史丛书"编委会